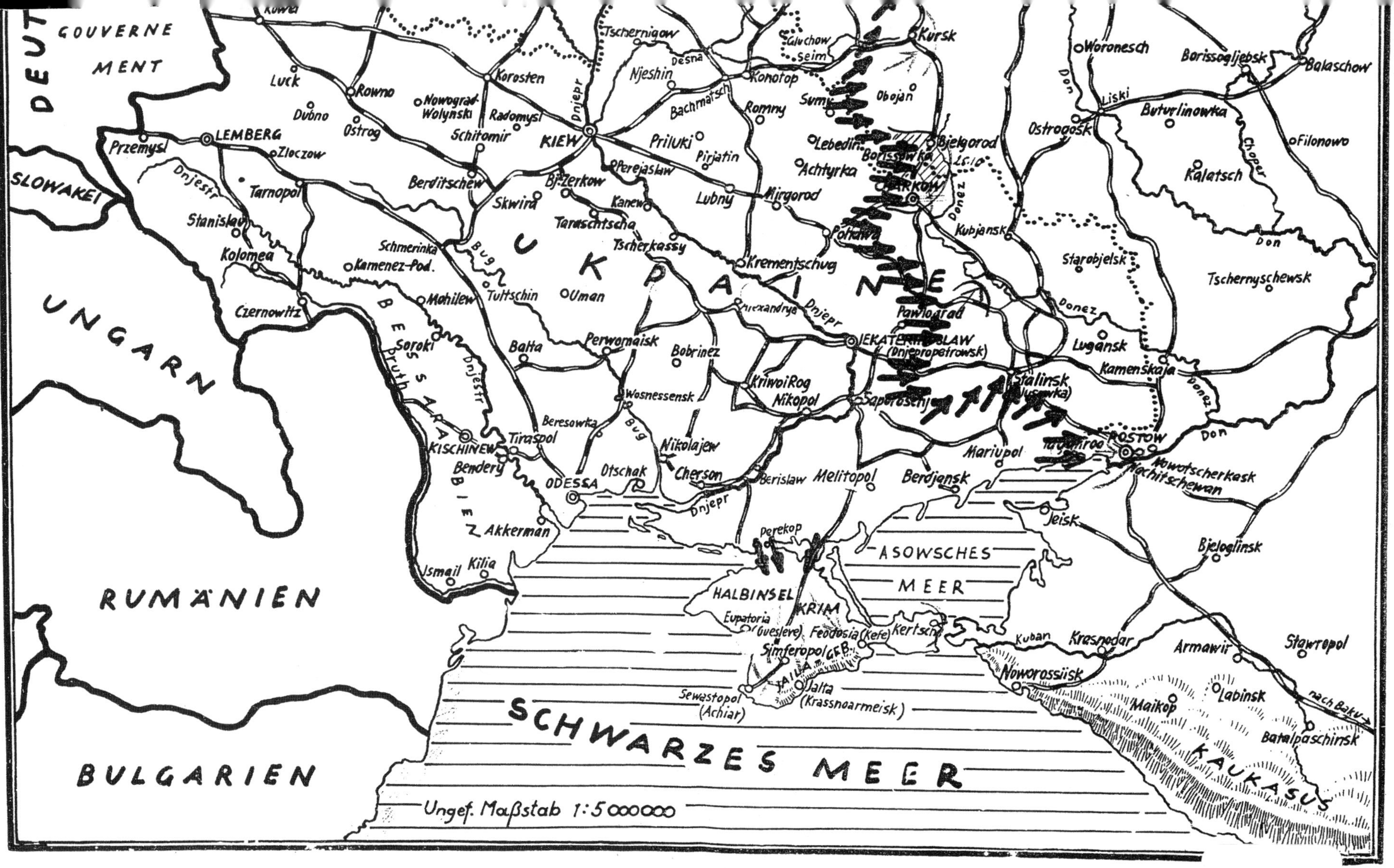
DEUT
GOUVERNEMENT
SLOWAKEI
UNGARN
RUMÄNIEN
BULGARIEN
UKRAINE
BESSARABIEN
SCHWARZES MEER
ASOWSCHES MEER
HALBINSEL KRIM
JAILA GEB.
KAUKASUS
Ungef. Maßstab 1:5000000
Kowel
Luck
Dubno
Rowno
Ostrog
Przemysl
LEMBERG
Zloczow
Tarnopol
Stanislau
Kolomea
Czernowitz
Dnjestr
Pruth
Korosten
Nowograd-Wolynski
Radomysl
Schitomir
KIEW
Dnjepr
Berditschew
Skwira
Bj. Zerkow
Perejaslaw
Kanew
Taraschtscha
Tscherkassy
Schmerinka
Kamenez-Pod.
Mohilew
Tultschin
Uman
Bug
Soroki
KISCHINEW
Tiraspol
Bendery
Balta
Perwomaisk
Beresowka
Wosnessensk
ODESSA
Otschak
Akkerman
Ismail
Kilia
Tschernigow
Desna
Njeshin
Bachmatsch
Priluki
Pirjatin
Lubny
Mirgorod
Krementschug
Alexandrya
Konotop
Romny
Gluchow
Seim
Sumy
Lebedin
Achtyrka
Poltawa
Kursk
Objan
Bjelgorod
Borissowka
CHARKOW
Kubjansk
Pawlograd
JEKATERINOSLAW
(Dnjepropetrowsk)
Bobrinez
Kriwoi Rog
Nikopol
Saporoshje
Nikolajew
Cherson
Berislaw
Melitopol
Berdjansk
Mariupol
Stalinsk
(Jusowka)
Taganrog
ROSTOW
Nowotscherkask
Nachitschewan
Perekop
Eupatoria
(Gueslere)
Simferopol
Feodosia (Kefe)
Kertsch
Sewastopol
(Achiar)
Jalta
(Krassnoarmeisk)
Lugansk
Kamenskaja
Donez
Starobjelsk
Woronesch
Liski
Ostrogosk
Don
Buturlinowka
Borissoglebsk
Balaschow
Filonowo
Choper
Kalatsch
Tschernyschewsk
Jeisk
Bjeloglinsk
Kuban
Krasnodar
Noworossiisk
Armawir
Stawropol
Maikop
Labinsk
Batalpaschinsk
nach Baku

Die Deutsche Reichsbahn

1939–1945

ANDREAS KNIPPING · REINHARD SCHULZ

Die Deutsche Reichsbahn

1939–1945

Zwischen Ostfront und Atlantikwall

Weltbild

Genehmigte Lizenzausgabe für
Verlagsgruppe Weltbild GmbH,
Steinerne Furt, 86167 Augsburg

Bildnachweis:
Die zur Illustration dieses Buches verwendeten Aufnahmen stammen – wenn nichts anderes vermerkt ist – aus der Sammlung Reinhard Schulz.

Umschlagmotive:
Vorderseite: Hauptmotiv Sammlung Reinhard Schulz (Innenteil Seite 350), kleines Foto Hollnagel, Hamburg (Innenteil Seite 250);
Rücken: H. J. Bandelow (Innenteil Seite 43);
Rückseite von oben: Sogawe (Innenteil Seite 353), Hollnagel (Innenteil Seite 250 oben), W. Steiner, Berlin (Innenteil Seite 442), Sammlung Reinhard Schulz (Innenteil Seite 336)

Umschlaggestaltung:
Uhlig, Augsburg / www.coverdesign.net

Lektorat:
Claus-Jürgen Jacobson, Dirk Endisch

Innengestaltung:
Viktor Stern

Gesamtherstellung:
Neografia, a.s. printing house, Martin

Printed in the EU
ISBN 978-3-8289-5423-6

2012 2011
Die letzte Jahreszahl gibt die aktuelle Lizenzausgabe an.

Vorwort

Gute Fotos zu Eroberung, Bau, Betrieb und Zerstörung von Eisenbahnen wurden im Ersten Weltkrieg um ein Vielfaches häufiger gefertigt als im Zweiten. Von 1914 bis 1918 sorgten die eigene Initiative von Offizieren und Beamten der Eisenbahntruppen und auch stetige Aufforderungen höherer Dienststellen des Feldeisenbahnwesens für eine dichte und hochwertige Dokumentation mittels Plattenaufnahmen, die in privaten Sammlungen und staatlichen Archiven in hervorragender Qualität zahlreich präsent sind und deren Zustrom aus Nachlässen unerschöpflich scheint.

Im Zweiten Weltkrieg war die Fotografie mit Stativ und Glasplatte fast ausgestorben. Die Funktion der Foto-Ansichtskarte als zentrales Bildmedium war hinter den Kinofilm und das inzwischen technisch einfach herstellbare Pressefoto zurückgetreten. Zwar fertigten Soldaten mit der Kleinbildkamera oder der »Box« spontan so manches Foto, doch waren die Ergebnisse großenteils von minderer Qualität. Im Übrigen galten Panzer und Flugzeuge im Vergleich zur Dampflokomotive als dynamischere Bildmotive des modernen Krieges.

Um so wertvoller sind die professionellen Lichtbilder, die ohne eine chronologisch oder regional zwingende Systematik im amtlichen Auftrag der Deutschen Reichsbahn von den bei ihr beschäftigten oder in ihrem Auftrag arbeitenden Berufsfotografen mit umfassender Genehmigung hinter den Fronten des Zweiten Weltkrieges gefertigt wurden. Viele im Format 18 x 24 cm produzierte Abzüge aus diesem Schaffen blieben bei Reichs- und Bundesbahndirektionen und bei den Fotografen selbst erhalten. Die größte Sammlung legte der Pressedienst des Reichsverkehrsministeriums (RVM) an. Dort entstand zusammen mit Fotos anderer Organisationen wie Reichsarbeitsdienst und Organisation Todt sowie von Pressefotografen und Propagandakompanien ein bemerkenswertes Bildarchiv, das als Basis für repräsentative Bildbände über den Beitrag der Eisenbahnen und der Eisenbahner zum »Endsieg« getaugt hätte.

Nachdem dieser ausgeblieben war, entschieden wie so oft bei Archiv- und Kulturgut in der Nachkriegszeit der Zufall und die private Initiative über den Verbleib der wertvollen Aufnahmen. Ein Kenner der Materie verbrachte große Teile des Bestandes aus dem zerstörten Ministerium im sowjetischen Sektor Berlins nach Westen und übergab die Sammlung nach Jahrzehnten seinem Freund Reinhard Schulz. Da dieser Verkehrshistoriker publizistisch vor allem auf das Gebiet des elektrischen Nahverkehrs spezialisiert ist, suchte er für einen aus den RVM-Fotos zu gestaltenden Bildband einen Textautor. Der Transpress-Verlag stellte die Verbindung mit Andreas Knipping her und stiftete damit nicht nur eine produktive Zusammenarbeit, sondern auch eine herzliche Freundschaft. Unter diesen Voraussetzungen entstand in den Jahren 1997 bis 1999 das Buch „Reichsbahn hinter der Ostfront«.

Die Arbeit mit den Fotos entwickelte ihre eigene Dynamik. Selbstverständlich galt es, in Zusammenarbeit mit vielen Eisenbahn- und Militärhistorikern und unter Auswertung von Büchern und Zeitschriften, Landkarten und Kursbüchern, möglichst genau zu analysieren, wo und wann die einzelnen Bilder entstanden sein könnten und um was für Lokomotiven, Wagen, Bahnhöfe, Brücken, Truppen, Waffen und Straßenfahrzeuge es sich im Einzelfall handeln könnte. Spätestens mit der Entdeckung gestellter Motive und nach ausgiebiger Beschäftigung mit verschleiernden, suggestiven oder absichtlich irreführenden Texten auf den Rückseiten der Abzüge wuchs die Aufmerksamkeit für die Fragen, was die scheinbar nur ihrem Handwerk und ihrer Faszination für die Eisenbahn ergebenen Fotografen abbilden wollten, sollten oder durften, mit welchen Motiven sie auf eine Veröffentlichung in der Zeitschrift »Die Reichsbahn« oder im Reichsbahnkalender hoffen durften und welche Bilder sie mit Blick auf Zensurvorschriften und Propagandavorgaben besser unfotografiert ließen. Unter diesen Aspekten musste sich das Buch mit der noch lange nach dem Zweiten Weltkrieg geglaubten Legende vom „anständigen Krieg« beschäftigen, in dem der deutsche Soldat und der deutsche Eisenbahner mit Improvisationskunst, Schwerarbeit und Opferbereitschaft riesige Probleme gemeistert hätten und dessen Andenken von den Absichten Hitlers und den vermeintlich streng geheimen Verbrechen eines kleinen Kreises von SS-Schergen nicht belastet sein sollte. Abbilden wollte man »bolschewistisches Chaos« und „deutsche Ordnung«, nicht aber die Grausamkeit des Vernichtungskriegs.

Die Auswahl und Kommentierung der Fotos fand in den Jahren 1997 bis 1999 statt und mithin in einer Zeit, in der nicht nur über den »Russlandfeldzug«, sondern insgesamt über Vergangenheit und Gegenwart deutscher Militärpolitik erregt diskutiert wurde, war es doch die Zeit nicht nur der viel diskutierten Ausstellung „Verbrechen der Wehrmacht« (in ihrer später korrigierten ursprünglichen Gestalt), sondern auch die Zeit der ersten Beteiligung Deutschlands an einem Krieg seit 1945. Unter diesen Vorzeichen war die »Reichsbahn hinter der Ostfront« nicht nur eine eisenbahnfachliche Fleißarbeit, sondern auch eine emotionale Herausforderung. Selten haben wir vor einer Veröffentlichung so viele einzelne Worte so lange abgewogen und die Formulierungen bis zur Drucklegung so oft geändert.

Der Verkauf des Buches und die Reaktionen in der Fachwelt ermutigten Verlag und Autoren nicht nur zu einer verbesserten zweiten Auflage, sondern zur Herausgabe eines Folgebandes „Eisenbahnen zwischen Ostfront und Atlantikwall« im Jahre 2002, der wiederum mit Fotos aus dem RVM-Bestand den Blickwinkel in andere Himmelsrichtungen erweiterte. Außer dem Kriegsgeschehen in Polen, Frankreich und Italien wurden diesmal auch Spezialgebiete wie Heimatfront, Kriegswirtschaft und Bahndienst bearbeitet. Längere Berichte von Zeitzeugen ergänzten die Darstellung, typische Amateurfotos wurden den Aufnahmen der amtlichen Lichtbildner gegenübergestellt.

Am erfreulichsten war, dass die nach Erscheinen beider Bücher als fast unvermeidbar erachtete Welle feindseliger Leserpost aus geschichtlich unbelehrbaren Kreisen ausblieb. Offensichtlich ist die absolute Verwerflichkeit der deutschen Projekte Zweiter Weltkrieg und Judenmord heute Allgemeingut. Neben vielfachem Lob von kompetenter Seite und nicht zuletzt von Kriegsteilnehmern und ganz wenigen ohne inhaltliche Auseinandersetzung hingeworfenen Beleidigungen fiel der Text eines studierten Historikers auf, der so wortreich wie vergeblich versuchte, uns (beginnend mit dem von uns angeblich verkannten Verhältnis zwischen England und Frankreich zur napoleonischen Zeit!) Wissensmängel und die Absicht bevormundender Indoktrination nachzuweisen. Ausgangspunkt war die kuriose These, der heutige in die Stuttgarter Paul Pietsch Verlage eingebundene Transpress-Verlag sei immer noch ideologischen Traditionen des einstigen VEB Transpress als Sprachrohr des DDR-Verkehrswesens verpflichtet. Pech nur für den Rezensenten: Nach seinem eigenen Bekunden wollte die von ihm für würdig gehaltene »Große Tageszeitung« seine Ausführungen nicht drucken.

Wir freuen uns, unsere Arbeit in einem nochmals überarbeiteten und im Detail vielfach korrigierten Band vorlegen zu dürfen. Mit unermüdlichem Spürsinn, beeindruckendem Detailwissen und zusätzlichem Material haben zur Verbesserung einzelner Bildtexte beigetragen Alfred Baronner, Martin Burghart, Keith Chester, Bengt Dahlberg, Peter Driesch, Björn Th. Geertz und Rolf Mehlhase. Wir danken ihnen genauso wie bereits den Mitarbeitern an den Ursprungsbänden.

Weiterhin gilt: vor Ihnen liegt ein Bildband, nicht ein auf Vollständigkeit und Systematik abzielendes wissenschaftliches Standardwerk. Wir präsentieren mit größtmöglicher Sorgfalt einen vorgegebenen Fotobestand, ohne dessen Grenzen weit zu überschreiten. Die Kriegführung in den Niederlanden, in Skandinavien oder auf dem Balkan wurde von uns nicht übersehen, sondern war offensichtlich nicht Gegenstand der amtlichen Dokumentation.

Auch wenn unser Ansatz also nicht enzyklopädisch ist, dürfen wir dennoch mit Stolz für uns in Anspruch nehmen, das umfassendste Buch der Gegenwart über Eisenbahnen im Zweiten Weltkrieg vorzulegen.

Manche Rätsel werden nie aufzulösen sein. Immer wieder tragen zwei Abzüge vom gleichen Negativ auf den Rückseiten einander ausschließende Angaben; insbesondere zu Uniformen und Abzeichen erreichten uns aus dem Leserkreis so apodiktische wie gegensätzliche Interpretationen. So bleibt das Thema Eisenbahnen im Zweiten Weltkrieg weiterhin ein offenes Forschungsgebiet.

Reinhard Schulz und Andreas Knipping
Köln und Eichenau im Mai 2006

Inhalt

Der Zweite Große Eisenbahnkrieg

Nicht zum ersten Male im Zwanzigsten Jahrhundert rollten ab 1938/39 deutsche (und ausländische) Räder »für den Sieg«, nämlich für einen mit zunehmender Kriegsdauer immer weniger realistischen Erfolg maßloser imperialer Bestrebungen. Einen weiteren Krieg, in dem die Eisenbahn eine bedeutende Rolle gespielt hätte, gab es nach 1945 nicht mehr. Die Veränderungen der Kriegsszenarien und der militärischen Techniken ließen den Einsatz von Eisenbahnen zu einem fast ausschließlich historischen Thema werden.

Rückblick

1914 hatten die deutschen Länderbahnen die größte Angriffsarmee der Weltgeschichte an die Westgrenze des Reiches transportiert, hatten Eisenbahnpioniere die gesprengten Brücken in Belgien und Frankreich wieder aufgebaut, hatten militärische Eisenbahnverbände bis an die Marne der Truppe ihren Nachschub geliefert.

1915 hatten deutsche Feldeisenbahner hinter den vorrückenden Armeen die Bahnen Polens, Litauens und Serbiens instandgesetzt und in Betrieb genommen.

1916 hatten Feldbahnen das »Menschenmaterial« zum Verbluten in die Schlachten an der Somme und vor Verdun gebracht, hatten Eisenbahnpioniere die zerstörten Brücken und Bahnhöfe des kriegführenden Rumänien instandgesetzt.

1917 hatten deutsche und österreichische Eisenbahner und Soldaten auf einem riesigen Streckennetz in vielen Spurweiten zwischen Flandern und Palästina, zwischen Oberitalien und dem Baltikum mit schwindenden Reserven nie dagewesene Transportleistungen für eine den Hunger verwaltende Kriegswirtschaft und eine das Blut bedenkenlos opfernde Kriegführung erbracht.

1918 waren die Züge zur Vorbereitung der letzten Westoffensive »Große Schlacht in Frankreich« gerollt, hatten deutsche Truppen auf den ukrainischen und russischen Eisenbahnen weite Vorstöße in das von Krieg, Revolution und Bürgerkrieg zerrüttete einstige Zarenreich unternommen und gespenstisch leichte letzte Siege in einem schon verlorenen Krieg erzielt, hatten Militäreisenbahner den Rückzug aus Mazedonien, Rumänien und schließlich aus Frankreich organisiert – und eine deutsche Regierung im Salonwagen in Frankreich die Niederlage des Kaiserreichs anerkennen müssen.

Deutschland war relativ glimpflich aus dem »Weltkrieg«, der damals noch keine Nummer tragen musste, hervorgegangen. Gewiss waren die Gebietsverluste erheblich, doch waren die Grenzen des Reiches nun unter Sprach- und Volkstumsaspekten nicht viel ungerechter zu Lasten der deutschen Seite gezogen, als sie vorher in französisches, dänisches und polnisches Gebiet gereicht hatten. Die Verpflichtung zur Abtragung einer ungeheuren Reparationsschuld über Generationen hin war ökonomischer Unsinn und niemals zu realisieren. Die Festschreibung der alleinigen deutschen Kriegsschuld gehörte in den Bereich der politischen Propaganda und war psychologisch höchst ungeschickt, von der historischen Wahrheit jedoch nicht so diametral entfernt wie man es sich jahrzehntelang einredete. Und für eine so schnelle und vollständige Beendigung ihrer Rolle als Kolonialmacht, wie sie dem Deutschen Reich verordnet wurde, wären Belgien, Frankreich, die Niederlande oder Portugal später sehr dankbar gewesen. Sicherlich, Rüstungsbeschränkungen, Rheinlandbesetzung, internationale Verwaltung der Wasserstraßen, das wog alles schwer, war bewusst zum Teil auf Demütigung und zum Teil auf wirtschaftliche Schädigung ausgerichtet und konnte gewiss nicht das bringen, was in der Überschrift des Versailler Vertrages stand: »Frieden«.

Aber: Was die Kriegspropaganda in ihren Durchhalteschriften ausgemalt hatte, war nicht eingetreten. Das Reich war nicht zerstückelt worden, die Versklavung, Verschleppung, Vertreibung und blutige Dezimierung des deutschen Volkes war Phantasie geblieben. Vieles davon sollte ein Vierteljahrhundert später grausame Wirklichkeit werden, als man die Welt noch einmal und noch dreister herausgefordert hatte.

Neuer Krieg als Programm

Auch wenn viele Paragrafen und Realitäten des friedlosen Mitteleuropa nach 1918 berechtigte Wünsche nach Genugtuung und Revision laut werden ließen, musste doch eine Lehre aus dem Weltkrieg unabweisbar erscheinen: Der große Krieg, unter Aufbietung aller militärischer und wirtschaftlicher Kräfte von den stärksten Nationen der Welt zu Lande, zu Wasser und in der Luft jahrelang geführt, durfte sich nicht wiederholen. Zu ungeheuerlich waren die Zerstörungskräfte der Waffentechnik des ausgereiften Industriezeitalters, zu groß der in Generationen kaum auszugleichende Blutzoll für das apokalyptische Ringen, zu groß die Opfer nicht nur für die Besiegten, sondern auch für die Sieger.

Die Zwanzigerjahre zeigten denn auch: Sieg und Niederlage waren in ihren Folgen durchaus relativ. Die Siegerstaaten Frankreich, Belgien, Italien, die neu gegründeten Staaten Tschechoslowakei, Polen und Jugoslawien oder das vergrößerte Rumänien waren an Wohlstand und politischer Stabilität den Verlierern Deutschland, Österreich und Ungarn keineswegs eindeutig überlegen. So manchem kleineren Staat wie Dänemark, Norwegen, den Niederlanden oder der Schweiz ging es per saldo besser, obwohl sie nicht über jene weiten »Kornkammern« und vielfältigen Bodenschätze verfügten, deren Besitz nach der Logik der Kriegszieldiskussionen angeblich über Wohl und Wehe der Völker entschied.

Deutsche Politiker des Ausgleichs und der Vernunft – so mancher von ihnen fiel feigen Attentaten zum Opfer oder wurde vom maßlosen Hass der Rechtsextremisten in Krankheit und frühen Tod getrieben – erzielten wichtige außenpolitische Erfolge für ihr Land. Die alliierten Truppen verließen 1930 das Rheinland; die restlichen Reparationsschulden wurden im Juli 1932 praktisch gestrichen. Als wichtiger Handelspartner seiner östlichen Nachbarn hätte Deutschland durchaus genug Gewicht gehabt, um mit Selbstbewusstsein und Erfolgsaussicht über Minderheitenschutz oder gar über Grenzfragen mit Polen oder der Tschechoslowakei zu verhandeln. Das Deutsche Reich zehn oder zwölf Jahre nach »Versailles« hätte vieles gebraucht. Es hätte Arbeitsplätze und soziale Gerechtigkeit schaffen müssen, ihm fehlten demokratische Beamte und Richter, ihm fehlten verfassungstreue Lehrer und republikanische Journalisten, es benötigte aufblühenden Welthandel und gute Beziehungen zu seinen Nachbarn. Aber das Deutsche Reich brauchte keine Kolonien und keinen neuen »Lebensraum«; es brauchte am wenigsten einen neuen Krieg.

Eine bedenkenlose von keiner Verantwortung und keinem Gewissen gehemmte lautstarke Minderheit glaubte es besser zu wissen. Weniger lautstarke, dafür aber mit viel Geld und Einfluss ausgestattete Kreise reichten dem Führer dieser Truppe die Hand. Wirtschaftlich bedrängte oder nach Orientierung suchende Menschen aus dem politischen Treibsand der ungefestigten Republik konnten gewonnen oder wenigstens in ihrem Widerstandsgeist verunsichert werden. So konnte sich 1933 ein unsägliches Regime etablieren. Sebastian Haffner hat in seiner bereits 1939 geschriebenen und erst posthum im Jahre 2000 erschienenen »Geschichte eines Deutschen« den Aufstieg und Charakter des Naziregimes glänzend beschrieben und zugleich bewiesen, dass weder ein gefestigtes oder gar dezidiert »linkes« politisches Bewusstsein noch ein Abstand von Jahrzehnten erforderlich waren bzw. sind, um dieses Regime zu bewerten und seine Absichten zu erkennen.

Seine Absichten? Hitlers Ziel war unabdingbar ein neuer Krieg. Schon bald besaß seine Wehrmacht mehr Panzer und Bombenflugzeuge als die meisten Nachbarstaaten. Besondere Überlegenheit nahm das »neue« Deutschland aber auf »geistigem« Gebiet für sich in Anspruch: es besaß ja nun nicht mehr nur die »Tugenden« des preußischen Kasernenhofes, sondern auch eine aus der »Philosophie« der Geflügelzucht und der »Ethik« der Schädlingsbekämpfung destillierte Ideologie »völkischer Reinheit«, »rassischer Selbstbehauptung« und der durch mörderische Ausgrenzungen definierten »Volksgemeinschaft«.

Unerreichbare Ziele …

»Dabeigewesene« und nachgeborene Stammtischstrategen wurden schon seit den ersten großen Niederlagen des Zweiten Weltkriegs nicht müde zu erörtern, wie »wir« den Krieg hätten gewinnen können. Ja, wenn »Hitler« in Dünkirchen nicht so lange gezögert hätte, wenn »wir« nicht wegen Jugoslawien erst so spät im Jahr 1941 die Sowjetunion angegriffen hätten, wenn »wir« den Italienern nicht so blind vertraut hätten, wenn Hitler mehr auf seine Generäle gehört hätte …

Alles vergebens. Man kann durchaus in der zeitgenössischen Logik klassischer Macht- und Gewaltpolitik denken, um festzustellen: Die Ziele und Methoden Hitlers konnten nicht zum »Endsieg« führen, sondern mussten mit grausiger Folgerichtigkeit fast die ganze Welt gegen das Reich zusammenschmieden, weite Teile Europas in ein Leichen- und Trümmerfeld verwandeln und Deutschland in engere Grenzen weisen als je zuvor. Die Kriegsziele Hitlers waren maßlos, die Prioritäten blieben austauschbar und beliebig, die politischen Winkelzüge wie auch die militärischen Schläge erschöpften sich allesamt in Überraschungseffekten von kurzfristigem Wert. Die in weiten Teilen der deutschen Rechten populären Vorgaben der Revanche für Versailles, der Ebenbürtigkeit mit England, der Rückkehr in den Kreis der Kolonialmächte und der nationalstaatlichen Arrondierung konkurrierten mit dem ideologisch fixierten Vernichtungs- und Ausrottungswahn gegen Juden, Slawen und Bolschewismus und den aggressiven Utopien eines Kolonialismus mitten im dicht besiedelten Europa und schließlich der Weltherrschaft. Das alles zusammengenommen waren Ziele, die in ihrer Maßlosigkeit jeden Realismus vermissen ließen und zu Recht nur noch als wahnhaft bezeichnet werden konnten. Hitler war nicht der erste »Feldherr« in der Geschichte, der versuchte, in seiner eigenen begrenzten Lebenszeit ein Weltreich zu erobern. Doch waren seine Vorbilder von Alexander dem Großen bis zu Napoleon stets auch Vorreiter geistig-politischer Prinzipien gewesen, die zu ihrer Zeit modern und zukunftsfähig waren und die der Welt auch nach dem Verstummen des Schlachtenlärms erhalten blieben. Daran fehlte es dem »Nationalsozialismus« allzu radikal.

Zu der Chronologie, die uns auch durch dieses Buch begleiten wird: Selbst die hier und da bis heute populären ersten außenpolitischen Aktionen des »Führers« waren bereits Schritte ins Chaos, von den Abenteuern der vierziger Jahre ganz zu schweigen.

- Im März 1938 holte Hitler die jubelnden Österreicher »heim ins Reich«. Für sich genommen war das seinerzeit durchaus nicht nur ein Ziel der extremen Rechten. Aber: Der Preis für das Stillhalten Italiens war hoch. Endgültig musste das Reich jeder Hilfe für die bedrängteste aller deutschen Minderheiten, die Südtiroler, abschwören. Wo, wenn nicht zwischen Brenner und Salurner Klause, hätte das Klischee des an die Scholle geklammerten von Fremdherrschaft bedrängten deutschen Bauernstammes zugetroffen! Wenige Jahre später begann die »Umsiedlung« der Südtiroler in entlegene Teile Europas.
- Im September 1938 hatte Hitlers Drängen Erfolg, ihm die deutsch besiedelten Randgebiete der Tschechoslowakei zu überlassen. Aus Sicht klassischer Nationalstaatspolitik und im Vollzug von Bestrebungen der Jahre 1918–1920 ein plausibler Erfolg. Aber: Hitler hatte England und Frankreich zu Notaren seiner Expansionspolitik ernannt und musste die größte Erbitterung dieser mächtigen Länder fürchten, wenn er ihr Vertrauen enttäuschen würde.
- Nur ein halbes Jahr ließ Hitler verstreichen, bevor er dies tat, in dem er das »Münchener Abkommen« zerriss, die strategisch nicht allzu bedeutsame »Resttschechei« besetzte und die Slowakei zum Satellitenstaat machte. Nun hatte er sich das Britische Weltreich zum Feind gemacht. Er hatte Chamberlain desavouiert und sollte Churchill fürchten lernen.
- Um das Risiko eines drohenden Zweifrontenkrieges beim Angriff auf Polen auszuschließen, verfiel Hitler fünf Monate später auf die Idee des Bündnisses mit dem angeblichen »bolschewistischen Todfeind«, der Sowjetunion. Er präsentierte Stalin für sein Stillhalten ein enormes territoriales Geschenk in Gestalt des Baltikums, Ostpolens und des nordöstlichen Rumäniens. Man wird in der Weltgeschichte lange suchen müssen, um ein Beispiel für eine solches Geschenk eines Herrschers an seinen ärgsten Feind und Konkurrenten zu finden. Verkehrte Welt: Mit Moskau verbündet, hatte Hitler im September die Kriegserklärungen aus London und Paris auf dem Tisch.
- Die brutale Besatzungspolitik in Polen schloss im Prinzip schon 1939 einen Kompromiss mit den Westmächten, die Begrenzung des Konfliktes auf Probleme in Danzig, im »Korridor« oder in Oberschlesien aus. Für das Regime in Berlin konnte es nur noch Sieg oder Untergang geben – und zuvor die grenzenlose Ausweitung des Krieges.

– Im April 1940 wurde Norwegen überfallartig besetzt, um die Nordflanke im Atlantik gegen England zu sichern.
– Im Juni 1940 wehte die Hakenkreuzfahne auf dem Eiffelturm. Unter Aspekten deutscher Interessen im Osten hatte ein Konflikt mit Frankreich im Prinzip keinen Sinn und ist nur mit Blick auf Hitlers Endziel – Krieg mit Russland – einzuordnen. Auch Hitler war es ja bei seinen großen Plänen gewiss nicht um Elsaß-Lothringen gegangen, und sogar er wusste, dass Deutschlands Wohlstand nicht mehr von den im Ersten Weltkrieg so heiß begehrten Erzgruben in Nordfrankreich abhängen würde. »Revanche für 1914/18« war das rückwärtsgewandte Motiv des Frankreichfeldzuges, innenpolitische Propaganda seine Funktion: »Der Weltkriegsgefreite hat geschafft, was Kaiser Wilhelm, Hindenburg und Ludendorff misslungen war.«
– Hatte der Angriff 25 Jahre zuvor an Marne, Somme und Maas gestockt, so kam er nun am Ärmelkanal zum Stehen. England blieb unerreichbar. Sofort traf Hitler wieder eine Entscheidung mit furchtbaren Folgen. Blinde Rachsucht bestimmte seinen Entschluss, Churchill mit der Bombardierung britischer Städte zu bestrafen. Nur zwei Jahre später sollte dieser Luftkrieg gegen Wohngebiete mit vervielfachter Gewalt von England nach Deutschland zurückkehren.
– Das Bündnis mit Italiens Diktator Mussolini war bestimmend für das nächste Abenteuer, den »Balkanfeldzug« gegen Staaten, mit denen Deutschland wiederum keine realen Konflikte hatte. Der Vormarsch nach Jugoslawien und Griechenland kostete geringe Opfer, doch um so aufwendiger gestaltete sich die Machtausübung in diesen Ländern. Verkehrter Krieg! Die Truppen Hitlers, der als »Einiger des deutschen Volkes« in die Geschichte eingehen und ihm »Lebensraum im Osten« sichern wollte, standen am Nordkap, an der Kanalküste, an den Pyrenäen, auf Kreta und neuerdings sogar in der Wüste Nordafrikas, während Stalin begann, die deutschen Minderheiten seines Imperiums aus- und umzusiedeln, weiterhin aber vertragstreu und pünktlich Treibstoff und Getreide für das Europa unter dem Hakenkreuz lieferte.
– Letzteres nur noch bis Juni 1941, denn nun ging Hitler an die Verwirklichung seiner alten Ziele im Osten, die Niederwerfung der Sowjetunion und die Kolonisierung neuen »Lebensraums«. Er selbst hatte freilich in den vorherigen beiden Kriegsjahren kunstreich für ein Bündnis gesorgt, das noch 1938 wohl niemand für möglich gehalten hätte: Das britische Weltreich und das überseeische freie Frankreich mobilisierten nun rund um den Erdball Hilfe für Stalin!
– Mit militärischer Expansion nichts zu tun hatte der hinter den vorrückenden Armeen im Osten in ein neues Stadium getretene »Krieg« gegen die Juden. Als hätte der Rest der Welt nicht schon genug Gründe für äußersten Widerstand gegen Deutschland gehabt, setzte Hitler sich und sein Land mit dem Massenmord an den Juden endgültig in den krassesten Gegensatz zu allem, was irgendwo in der Welt als Minimum von Recht und Zivilisation galt.
– Schon das von Hitler gegen Deutschland auf den Plan gerufene Bündnis zwischen französischen Generälen in Nordafrika, national gesinnten Partisanen in Serbien und Polen, dem britischen Königreich und all seinen Kolonien sowie der Sowjetunion und jedem Kommunisten in aller Welt war breit genug angelegt, aber: im Dezember 1941 reihte Hitler auch noch die USA in die Front seiner Gegner ein. Die offizielle deutsche Kriegserklärung an Washington nötigte zahlreiche Vertragspartner der USA in Mittel- und Südamerika zur Kriegserklärung an Deutschland. Jetzt hatte Hitler seinen »Zweiten Weltkrieg« – und hatte ihn damit auf lange Sicht definitiv verloren.

Ab der Jahreswende 1941/1942 hatte Hitler keine politischen Optionen mehr. Ganz egal, welche Gipfel des Kaukasus und welche Abschnitte der Sahara er noch eroberte, welche Leichenberge er in Litauen oder der Ukraine verscharren ließ, wie viele Millionen Menschen er in die Gaskammern schickte, welche Panzer, Lokomotiven, Flugzeuge und »Wunderwaffen« er noch bauen ließ, ganz egal auch, wieviele Sklaven er in die Produktion und wieviele Kinder und Greise er an die Front schickte: Der Krieg war und blieb verloren, so absolut und total verloren, wie er angelegt und geführt worden war.

... und vergebliche Anstrengungen

Vor all den Bildern, die von Zerstörung und Wiederaufbau, von Verwaltungskunst und technischem Geschick, von Einfallsreichtum, Ordnungssinn und Erfolg im Detail künden, ist es unabdingbar, sich zugleich die Sinnlosigkeit der Kämpfe und der dabei geleisteten Arbeit vor Augen zu halten. Zweifellos erlebte ein Pionier oder Bahningenieur es mit Befriedigung, wenn »seine« Strecke oder Brücke wieder befahrbar war. Gewiss war der Leiter eines Bahnhofes oder eines Bahnbetriebswerkes zufrieden und sogar stolz, wenn »bei ihm« die Züge fuhren. Doch irgendeinen höheren Nutzen für Deutschland, für die Welt, für irgendein Ideal oder ein Recht oder ein fördernswertes Prinzip hatte all das nicht. Wir müssen es als historische Tatsache anerkennen, dass die allermeisten Deutschen, auch die Nichtnazis und sogar viele Antinazis, sich damals an irgendeinen vermeintlichen Sinn ihrer Mühen und Opfer klammerten. Es ist die Tragik gerade auch der Eisenbahner, daß sie – wie so viele andere – in diesem Krieg mitwirken mußten, ohne es jemals beabsichtigt oder sogar gewollt zu haben. Es wäre daher verfehlt, sie für diese Tätigkeit zu verdammen. Den Widerspruch zwischen Pflicht und Verbrechen aufzulösen, überforderte die in der damaligen Tradition und Erziehung geprägten Menschen völlig. Propaganda und Terror taten das Ihrige, um ein allzu intensives Nachdenken über die Ziele dieses Krieges zu verhindern, zumal in den letzten Kriegsjahren der Wunsch, aus der sich abzeichnenden Katastrophe mit heiler Haut davonzukommen immer stärker das Denken dominierte. Die wenigen, die schon damals Klarheit über das zutiefst unmoralische Nazi-System besaßen und ihren offenen oder verborgenen Widerstand oft genug mit ihrem Leben bezahlten, verdienen unsere größte Hochachtung.

Der letzte »Eisenbahnkrieg«

Die Eisenbahn war – letztmals – ein Kernbereich der militärischen und wirtschaftlichen Kriegführung. Wie schon im Ersten Weltkrieg waren Aufmärsche, Truppenbewegungen, Nachschubtransporte und der Austausch zwischen den über das ganze besetzte Europa verflochtenen Produktionsstätten elementar auf die Eisenbahn angewiesen. Auch dort, wo Luftschläge und Panzerangriffe anfangs die Kampftätigkeit beherrschten, mussten sich weitere Vormärsche, flächendeckende Besetzungen und die anschließenden Herrschaftstechniken doch wieder auf die Eisenbahn stützen.

Allein in Deutschland und den zur Gänze von Deutschland besetzten oder mit ihm verbündeten Ländern Österreich, Belgien, Niederlande, Luxemburg, Frankreich, Ungarn, Jugoslawien, Rumänien, Bulgarien, Griechenland, Dänemark, Norwegen, Tschechoslowakei, Polen, Litauen, Estland und Lettland gab es (nach Vorkriegsstand) ein Streckennetz von 180.000 Kilometern, auf dem etwa 63.700 Lokomotiven, 264.000 Personenwagen und 1,6 Millionen Güterwagen unterwegs waren. Zwei Millionen Eisenbahner bedienten dieses Riesenwerk. Ihre Zahl stieg im Laufe des Krieges noch stark an. 1943 beschäftigte allein die Deutsche Reichsbahn 1,5 Millionen Menschen. Einschließlich der Ostbahn im »Generalgouvernement« und den besetzten Gebieten in der Sowjetunion stützte sich die deutsche Eisenbahnverwaltung auf 2,1 Millionen Männer und Frauen. Rechnet man die mit Eisenbahnangelegenheiten befassten Wehrmachtsangehörigen, die Personalstände der selbständig gebliebenen Staatsbahnen in den besetzten Gebieten und die Belegschaften der Lokomotiv- und Waggonfabriken sowie der Privatbahnen im deutschen Machtbereich hinzu, so kann man die genannte Zahl getrost verdreifachen. Nicht zuletzt erinnert unser Buch auch an ihre Arbeit, die meist unter schwierigen Bedingungen und großen Gefahren, vielfach im Konflikt zwischen der Treue zum eigenen Vaterland und der Befehlsgewalt der deutschen Besatzungsmacht, oft aber auch unter unmittelbarem Zwang verrichtet wurde.

Das Ausmaß der Anstrengungen auf deutscher Seite würde eigentlich erst deutlich werden durch eine Dokumentation des Aufwandes, den die angegriffenen Staaten aufbringen mussten. Eine solche Darstellung ist nicht Thema dieses Buches. Es sei nur an wenige transporttechnische Aktionen erinnert, so an die verlustreichen Geleitzugtransporte von Nordamerika über den Atlantik nach England und in die Sowjetunion, an die Verlagerung der sowjetischen Industrie nach Osten, an den westalliierten Nachschub per Schiff nach Persien und weiter per Eisenbahn in die Sowjetunion sowie an die riskanten und schwierigen Vorbereitungen zur Invasion in Frankreich und zur weiteren Versorgung der Invasionsfront. Die Erkenntnis der Unausweichlichkeit der deutschen Niederlage relativiert nicht die Feststellung, dass die Niederringung Nazi-Deutschlands eine der schwierigsten und opferreichsten Aufgaben der Menschheit in ihrer ganzen Geschichte war.

Zu Bildauswahl und Bildtexten

Bei jedem Foto ist zunächst entsprechend der rückseitigen Angabe der Urheber genannt. Es handelt sich hauptsächlich um folgende Fotografen:

- Below, Stettin (später bei der HVB in Frankfurt am Main tätig)
- Hans-Joachim Bandelow (später in Wiesbaden tätig)
- Otto Donath, Presse-Bild, Berlin
- Max Ittenbach, Berlin (nach dem Krieg in Ost-Berlin tätig)
- Walter Hollnagel, Hamburg (nach dem Krieg Fotograf der BD Hamburg)
- Ludwig Schuster, München
- Willy Steiner, Berlin

Sodann folgt in Anführungszeichen der auf der Rückseite vorgefundene Bildtext. Anschließend sind behördliche Vermerke und Stempel zitiert, mit denen zensierende Anweisungen oder Verbote zur Veröffentlichung erteilt wurden. Allenfalls hieraus sind Aufnahmedaten erschließbar. Aus Gründen der Geheimhaltung sind die offiziellen Bildtexte bewußt nichtssagend gehalten. Demgemäß war es nicht ganz einfach, die jeweils anschließenden Informationen zu liefern, die trotz aller Recherche vielfach jede Angabe zu Ort und Zeit schuldig bleiben müssen.

Abkürzungsverzeichnis

BMB	Böhmisch-Mährische Bahnen (von 1939 bis 1945 im »Protektorat«)
Bw	Bahnbetriebswerk
BBÖ	Österreichische Bundesbahnen
CFR	Rumänische Staatsbahn
ČSD	Tschechoslowakische Staatsbahnen (bis 1939 und ab 1945)
EAW	Eisenbahnausbesserungswerk
FBD	Feldeisenbahndirektion (bis März 1942)
Fekdo/ FEKdo	Feldeisenbahnkommando (ab März 1942)
FS	Italienische Staatsbahnen
HBD	Haupteisenbahndirektion (September 1941 bis Dezember 1942)
HVD	Hauptverkehrsdirektion
OKH	Oberkommando des Heeres
OKW	Oberkommando der Wehrmacht
OT	Organisation Todt
PKP	Polnische Staatsbahnen (bis 1939 und ab 1945)
RAD	Reichsarbeitsdienst
RAW	Reichsbahnausbesserungswerk
Rbd	Reichsbahndirektion (bis 1937)
RBD	Reichsbahndirektion (ab 1937)
RVD	Reichsverkehrsdirektion (ab Dezember 1942)
RVM	Reichsverkehrsministerium
SNCF	Nationalgesellschaft der Französischen Eisenbahnen (seit 1937)
SZD	Sowjetische Staatsbahnen
Wifo	Wirtschaftliche Forschungsgesellschaft
WVD	Wehrmachtsverkehrsdirektion

Vorspiel 1938: Österreich und Tschechoslowakei

Frühzeitig hatte Hitler sein Heimatland Österreich als leichte Beute und als unverzichtbares Aufmarschgebiet für die weitere Expansion in Richtung Osten ausersehen. Die schwierige Wirtschaftslage in dem vom weiten Hinterland der einstigen Monarchie abgeschnittenen Land und die unpopuläre Politik des seit 1934 dort herrschenden klerikalfaschistischen Regimes kamen der Destabilisierungspolitik Berlins entgegen. Sowohl die auf Anschluss an das Reich sinnende nationalsozialistische Bewegung als auch die Arbeiterbewegung waren verboten und leisteten illegalen Widerstand. Als der österreichische Bundeskanzler Schuschnigg für den 13. März 1938 eine Volksabstimmung zur Bekräftigung der Eigenstaatlichkeit seines Landes ansetzte, sah Hitler Gelegenheit, die »österreichische Frage« zur Entscheidung zu treiben. Mit militärischen Drohungen bewegte er die österreichische Regierung zum Rücktritt und erzwang die Bildung einer nationalsozialistischen Regierung in Wien. Deren einzige Funktion war es, die Wehrmacht ins Land zu rufen. Am 12. März

Max Ittenbach, Berlin

Die Angabe des an der Westbahn zwischen Amstetten und Wien gelegenen Heimatbahnhofs Krummnußbaum an dem vierachsigen Kesselwagen erinnert an die Bedeutung der »Ostmark« für die Rohstoffwirtschaft des kriegführenden Reiches. Das Foto muss frühestens 1942 entstanden sein, da der von den BBÖ stillgelegte Bahnhof Krummnußbaum erst in diesem Jahr wieder eröffnet wurde. Die am Nachbarwagen als Eigentümerin angeschriebene »Wirtschaftliche Forschungsgesellschaft«, kurz »Wifo«, gehörte zu den Firmen, die unter harmlos klingenden Tarnbezeichnungen in den dreißiger Jahren die Aufrüstung und die wirtschaftliche Kriegsvorbereitung vorangetrieben hatten. Die Anschrift »Wien« bedeutete am Kesselwagen eines privaten Einstellers übrigens keinen »Gattungsbezirk«, sondern kennzeichnete im Gegensatz etwa zu den Bezeichnungen »Linz« an einem halbhohen offenen Wagen oder »Oppeln« an einem gedeckten Wagen mit Tonnendach eine regionale Zugehörigkeit.

Deutsche Reichs
Wien
922 9
Bahnhof K

Reichsbahndirektion Breslau: »Eisenb. Baukompagnie beim Ausbessern der Strecke bei Setzdorf. Aufgen. 7.10.38 13 Uhr«

Die Strecke von Barzdorf bei Jauernig nach Nieder Lindewiese in Österreichisch Schlesien war unterbrochen. Die Art der Beschädigung lässt annehmen, dass das Gleis mit Hilfe eines schweren Kraftfahrzeuges seitlich aus seiner Lage gerissen wurde. Vermutlich hatten sudetendeutsche Freikorpsmitglieder die Verbringung von Eisenbahnmaterial in die verbleibende Tschechoslowakei verhindern wollen. Der militärische Schutz der Bauarbeiten dürfte nur symbolische Bedeutung gehabt haben, da es beim Rückzug der Tschechen und danach an keiner Stelle des nunmehrigen »Sudetenlandes« zu bewaffneten Auseinandersetzungen kam. Die Strecke konnte alsbald unter der Kursbuchnummer 129 s (später 151 x) in den Reichsbahnbetrieb gehen. Zuständig wurde die RBD Oppeln, nicht die für das Foto verantwortliche RBD Breslau.

1938 rückten die deutschen Truppen in Österreich ein. Sie trafen nicht auf Widerstand, sondern wurden begeistert begrüßt. Der Eisenbahnaufmarsch zeigte erhebliche Mängel und führte zu Nacharbeiten an den Mobilmachungsplänen für einen militärischen Ernstfall.

Die Österreichischen Bundesbahnen wurden unverzüglich in die Deutsche Reichsbahn eingegliedert und nach deren Muster umorganisiert. Die Strecken in den westlichen Landesteilen wurden den Reichsbahndirektionen Augsburg und München unterstellt, der Rest des Netzes wurde nun von den RBD'en Linz, Wien und Villach verwaltet. Auf den nach langjähriger Wirtschaftskrise rückständigen österreichischen Bahnen setzte umgehend eine erhebliche Investitionstätigkeit ein. Erwähnt seien der zweigleisige Ausbau der Strecke Passau–Wels und der Bau eines Rangierbahnhofes in Wels sowie die Reaktivierung abgestellter Lokomotiven. Mit besonderem Nachdruck intensivierte man die Ausbeutung der für eine alsbaldige Kriegswirtschaft wichtigen Bodenschätze, so des niederösterreichischen Erdöls und des steirischen Eisenerzes.

Am 20. Mai 1938 gab Hitler den Auftrag zur Überarbeitung der Aufmarschpläne gegen die Tschechoslowakei, deren Gebiet nun von der Donau bei Preßburg bis zur Oder am deutsch-tschechisch-polnischen Dreiländereck von Deutschland umschlossen war. Bis 25. September sollten wichtige Bahnbauvorhaben in Schlesien, Bayern und Österreich abgeschlossen werden. Zugleich wurde die »Sudetendeutsche Volkspartei« als Organisation der deutschen Bevölkerung in den ans Reich angrenzenden Gebieten veranlasst, eine innenpolitische Krise in der Tschechoslowakischen Republik herbeizuführen. Im Zusammenhang mit Manövertransporten und den alljährlichen Sonderzüge zum Nürnberger Reichsparteitag wurde in getarnter Form der Eisenbahnaufmarsch organisiert.

Max Ittenbach, Berlin

Irgendwo im Sudetenland entstand dieses symmetrische Foto. Ein Reichsbahner steht im Zentrum, rechts und links flankieren je ein Infanterist und eine Lokomotive. Bei letzteren handelt es sich links um eine 58^{22}, vormals ČSD 534, rechts um eine 77^{3} ex ČSD 354.1. Typisch altösterreichisch die »Bahnsteige«, wie man sie übrigens auch in Österreich und in Jugoslawien noch lange fand: Nur flach gewölbte Erdaufschüttungen zwischen den Gleisen helfen den Reisenden beim Besteigen der Wagen. Das Foto muss nach 1942 entstanden sein, denn bis zu diesem Jahr waren die Schirmmützen den Gebirgsjägern vorbehalten.

Im »Münchner Abkommen« sprachen am 29. September 1938 Politiker aus Italien, England und Frankreich dem Reich die deutsch besiedelten Randgebiete der Tschechoslowakei zu. Vom 1. bis zum 10. Oktober 1938 besetzte die Wehrmacht diese Gebiete. Das vor allem im industriellen nördlichen Bereich dichte Eisenbahnnetz wurde von der Reichsbahn übernommen und auf die angrenzenden RBD'en Wien, Linz, Regensburg, Dresden, Breslau und Oppeln aufgeteilt. Nachdem die Tschechen zunächst fast alles Rollmaterial mitgenommen hatten, wurde alsbald eine systematische Aufteilung vereinbart.

Schon am 21. Oktober 1938 befahl Hitler die Vorbereitungen zur Besetzung der restlichen Tschechoslowakei. Ein »Erster Wiener Schiedsspruch« überschrieb am 2. November 1938 einen Gebietsstreifen im Süden der Slowakei an Ungarn. Mit nachdrücklicher Unterstützung des Reiches erklärten am 14. März 1939 die Slowakei und die ganz im Osten der ČSR gelegene Karpatho-Ukraine ihre Unabhängigkeit. Dem nach Berlin genötigten tschechoslowakischen Staatspräsidenten Hacha wurde seine Zustimmung zur deutschen Besetzung der restlichen Gebiete Böhmens und Mährens abgepresst. Am 15. März 1939 erfolgte die Besetzung, die Wehrmacht rückte in Prag ein. Hitler proklamierte das »Protektorat Böhmen und Mähren«. Die dortigen Bahnen blieben selbständig, unterlagen aber der unmittelbaren Aufsicht des Reiches.

Am 23. März 1939 besetzte Ungarn die Karpatho-Ukraine. Am selben Tag übernahm Deutschland von Litauen das 1920 von Ostpreußen abgetrennte Memelland.

Zehn Tage später befahl Hitler die Vorbereitung des Angriffs auf Polen für den 1. September 1939. In der Propaganda rückten nun der Status von Danzig, die Situation der deutschen Minderheit in Polen und die Probleme des Korridor-Verkehrs nach Ostpreußen an die oberste Stelle.

Max Ittenbach, Berlin: »Streckenbau«

Im »Protektorat« oder einem sudetendeutschen Bahnhof in der Nähe der Grenze zwischen Reichsbahn und BMB muss das Foto der 354.620 zwischen Gleisarbeitern entstanden sein. Es handelte sich um eine auf Heißdampf-Zwillings-Bauart umgebaute ehemalige 1'C1'n2v-Lok der altösterreichischen Gattung 329. Wie bei kkStB und BBÖ trugen auch bei ČSD bzw. BMB die Tender separate Nummern, so dass die hinten lesbare Nummer 815.030 keine Rückschlüsse auf die Identität der Lok zulässt. Die weißen Markierungen an Puffertellern, Pufferträger und Trittstufen sollten die Sichtbarkeit bei Verdunkelung erhöhen. Im Hintergrund ist die 56 3674 ex kkStB 434.2183 (Krauss 1918) der Deutschen Reichsbahn zu sehen. Die Verwendung eines französischen Güterwagens im Bauzugdienst beweist ein Aufnahmedatum nach 1940.

Max Ittenbach, Berlin

Und wieder werden im Sudetenland unter Bewachung Gleise repariert. Schauplatz ist diesmal der Bahnhof Petersdorf a.d. Teß nördlich von Mährisch Schönberg. Seit Jahren wird Krieg geführt, und der bewaffnete Posten beaufsichtigt die Zwangsarbeiter, die mit der Erneuerung der Weichen beschäftigt sind.

»Und schon sind die Deutschen am Wiederaufbau« Die Aneignung der Polnischen Staatsbahnen

Während des ganzen Sommers 1939 wurde in getarnter Weise ohne förmliche Mobilmachung der Angriff auf Polen militärisch und verkehrsmäßig vorbereitet. Wie bei dem Aufmarsch gegen die Tschechoslowakei gab die Sonderzugplanung für einen Reichsparteitag die Gelegenheit zu einer unauffälligen Bereitstellung von Lokomotiven und Wagen. Nachdem der Parteitag (»des Friedens»!) intern bereits am 15.8. abgesagt worden war, konnten Fahrzeuge und Fahrpläne für Militärtransporte genutzt werden. Truppenteile wurden nach Ostpreußen verlegt unter dem Vorwand, sie sollten an der 25-Jahr-Feier der Schlacht bei Tannenberg teilnehmen.

Am 23. August 1939 wurde die Welt vom deutsch-sowjetischen Nichtangriffspakt überrascht. Zunächst geheim blieben die zusätzlichen Vereinbarungen über die Aufteilung des östlichen Mitteleuropa zwischen den Diktatoren. Am selben Tag terminierte Hitler den Angriff gegen Polen auf den 26. August 1939. Nach Bekanntwerden des britisch-polnischen Bündnisvertrages widerrief er am Abend des 25. August diesen Termin. Am 28. August wurde der Überfall dann endgültig auf den 1. September 1939, 4.45 h deutscher Sommerzeit, festgelegt. Ein »Höchstleistungsfahrplan« sicherte die fristgerechte Beendigung des Aufmarsches der Wehrmacht. Insgesamt wurden im August und September 14.857 »Vollzüge« an die polnische Grenze gefahren.

Photo-Donath Pressebilder, Berlin, den 1.11.1939

Die Präzision des bürokratischen Vollzuges sollte von 1933 bis 1945 allen staatlichen Raub- und Mordaktionen stets einen Anstrich von Legalität und Korrektheit verleihen. Ganz sorgfältig hat der amtliche Schriftenmaler dem Personenwagen die neue Eigentumsbezeichnung »Deutsche Reichsbahn« verliehen und das polnische Staatswappen sowie die Abkürzung P.K.P. der Polnischen Staatsbahnen (Polskie Koleje Panstwowe) gestrichen, ohne sie jedoch unkenntlich zu machen.

Deutsche Reichsbahn
P.K.P.

Reichsbahndirektion Breslau: »6.9.39 Gesprengte Straßenüberführung Bf Ostrowo«

Wie schon die Franzosen zu Beginn des Ersten Weltkrieg und später die Deutschen in der Endphase des Zweiten Weltkrieges versuchten auch die Polen im September 1939 den feindlichen Vormarsch durch systematische Brückensprengungen aufzuhalten. In Ostrowo, dem wichtigen Kreuzungsbahnhof der Strecken Oberschlesien–Posen und Sagan–Warschau, brachte man eine Straßenbrücke zum Absturz und blockierte damit sowohl das Gleisfeld als auch die Straße. Die Hebung des Tragwerks und die Wiederherstellung des gesprengten Widerlagers dürfte keinen großen Zeitaufwand erfordert haben. Zahlreiche uniformierte und zivile Kräfte aus Polen und Deutschland haben mit der Arbeit bereits begonnen. Den Fotografen entsandte die RBD Breslau, die sich nach ursprünglicher Planung in Richtung Südpolen erweitern sollte. Zum 1. Dezember 1939 wurde jedoch das Streckennetz im gesamten »Warthegau« der wieder gegründeten RBD Posen unterstellt.

(Zum Vergleich: Die Mobilmachung des Jahres 1914 war mit 31.900 Zügen vonstatten gegangen.)

Der von Luftschlägen unterstützte und von Panzerverbänden angeführte Einmarsch nach Polen vollzog sich rasch und war bereits Mitte September 1939 fast abgeschlossen. Der polnischen Armee gelang weder der Abschluss der am 30. August angeordneten Mobilmachung noch der Aufbau einer Abwehrfront, wohl aber die Sprengung der meisten großen Eisenbahnbrücken. Am 17. September begann auch die Rote Armee mit der Invasion in die Gebiete östlich der am 23. August festgelegten »Interessengrenze«.[1]

Für Polen begannen über fünf Jahre eines außerordentlich grausamen Besatzungsregimes. 16 bis 17 Prozent der polnischen Vorkriegsbevölkerung kam ums Leben, die 2,3 Millionen Juden wurden fast alle ermordet.

Noch am 1. September 1939 wurde die Freie Stadt Danzig an das Reich angegliedert. Nach der Beendigung des »Polenfeldzuges« am 25. September 1939 wurden weite Teile des besiegten Landes über die bis 1920 gültige Grenze und über die Volkstumsgrenze hinaus annektiert. Die Reichsbahndirektionen Danzig und Posen wurden neu errichtet, die Gebiete der RBD'en Oppeln und Königsberg erweitert. In Zentralpolen wurde unter Wiederbelebung einer Bezeichnung aus dem Ersten Weltkrieg ein »Generalgouvernement« eingerichtet. Das dortige Netz der Polnischen Staatsbahnen wurde als »Ostbahn« separat, aber in enger Anlehnung an die Deutsche Reichsbahn und unter Weisungsrecht des Reichsverkehrsministeriums, ver-

1 Reimer, Lokomotiven für die Ostfront, München 1999, erkennt eine Zugehörigkeit dieser Gebiete zu Polen offenbar gar nicht erst an, sondern er nennt sie sogleich »Westbelorußland« und »Westukraine«. Mit der Datierung eines »von Finnland provozierten finnisch-sowjetischen Krieges« für den 30.11.1939 setzt er die kritiklose Übernahme einstiger sowjetischer Sprachregelungen fort. Stalins Krieg gegen Finnland war ein reiner Angriffskrieg zur Durchsetzung von Gebietsforderungen.
Im Standardwerk von Rakow, »Die Dampflokomotiven der Sowjetunion«, Moskau 1955, deutsch als »Russische und sowjetische Dampflokomotiven«, Berlin (Ost) 1988, gab es ganz einfach einen »Betriebspark der Ende 1939 gebildeten Bahnen von Bialystck, Brest-Litowsk, Kowel und Lwow«. Rakow freilich hatte im Gegensatz zu Reimer eine politische Zensur zu beachten.

Reichsbahndirektion Stettin, Below:
»Brücke bei Berent über die Ferse«

Im »polnischen Korridor« lag der kleine Knotenpunkt Berent. Hier war die Brücke über den Fluss Ferse im Verlauf der eingleisigen Nebenstrecke Konitz–Berent–Danzig gesprengt worden. Noch ist von Wiederaufbauarbeiten nichts zu sehen. Der Hauptverkehr Konitz–Danzig lief ohnehin über Dirschau.

Reichsbahndirektion Stettin, Below:
»Brahebrücke b. Mentschikal«

In der Nähe von Konitz und zwar auf der Strecke aus Richtung Lippusch war in ähnlicher Weise eine Brücke gesprengt worden. Das noch oben liegende Brückenende ist mit einem Schwellenstapel gesichert worden. Am anderen Ende steht aber noch viel Arbeit bevor, bis die RBD Danzig ihre nunmehrige Kursbuchstrecke 131 u wieder befahren kann.

waltet. Anders als im statusmäßig vergleichbaren Protektorat wurden die Fahrzeuge in das Nummernsystem der DRB übernommen. Die »Generaldirektion der Ostbahn« hatte ihren Sitz in Krakau, wo auch der »Generalgouverneur« amtierte.

Die Strecken im besetzten Polen hatten für die deutsche Kriegswirtschaft große Bedeutung. Kreidler[2] führt aus: »Auf Grund des deutsch-russischen Wirtschaftsabkommens vom 11.2.1940 entwickelte sich ein starker Güteraustausch. Für den Umschlag von Breit- auf Normalspur wurden zwei leistungsfähige Umladebahnhöfe in Malascewice bei Brest und Zurawica bei Przemysl gebaut, über die der überwiegende Teil der Transporte lief. Erdöltransporte aus Rumänien liefen mit Zustimmung der Sowjetunion über die von ihr nicht umgespurte Strecke Oraseni–Kolomea–Stanislau–Drohobycz–Przemysl. Durch die Räumung des Ölgebietes von Boryslaw-Drohobycz auf Grund der am 28.9.1939 festgelegten deutsch-sowjetischen Demarkationslinie waren die Transporte auf dieser Strecke von besonderer Wichtigkeit für die deutsche Kriegswirtschaft. Der Güteraustausch mit der Sowjetunion (durchschnittlich 15 Züge pro Tag und Richtung)

2 Die Eisenbahnen im Machtbereich der Achsenmächte während des zweiten Weltkriegs, Göttingen 1975

Ein deutsches Kommandounternehmen sollte die Zerstörung der außerordentlich wichtigen Weichselbrücke bei Dirschau im Verlaufe der alten Ostbahnstrecke Berlin–Königsberg und an der Grenze zwischen Polen und der Freien Stadt Danzig durch die Polen verhindern. Das Unternehmen misslang jedoch. Sowohl die mit Türmen bewehrte alte Brücke von 1857, die nur noch dem Straßenverkehr diente, als auch die neue Eisenbahnbrücke von 1888–1890 wurden gesprengt. Um die Bahnverbindung aus den Richtungen Konitz und Danzig im Westen nach Marienburg und Königsberg im Osten wieder herzustellen, bauten Eisenbahnpioniere die hier gezeigte Behelfsbrücke um die Trümmer herum. Sie wurde am 18. Oktober 1939 in Betrieb genommen.

Berkowski: »Dirschauer Brücke, Die letzten Trümmer der alten Brücke werden beseitigt.«

Anschließend wurde der gesprengte Teil der Brücke durch einen Neubau in originaler Linienführung ersetzt. Nach den für die Schifffahrt wichtigen Aufräumungsarbeiten wurde auch die Lücke der Straßenbrücke geschlossen. 1945 wurden die Dirschauer Brücken erneut gesprengt. Nach dem Wiederaufbau sind ihre ursprünglichen Bauformen noch heute unverkennbar.

wickelte sich zügig ab. Ende Oktober kam die *Kohlenmagistrale* von Oberschlesien nach Gdingen wieder in Betrieb, die die Versorgung Ostpreußens mit oberschlesischer Kohle wesentlich erleichterte.«

Am 21. Juli 1940 gab Hitler die Weisung, den Angriff auf die Sowjetunion vorzubereiten. Hierzu gehörten auch umfangreiche Bahnbauvorhaben, die bis zum 15. Mai 1941 abgeschlossen sein sollten. 30.000 Arbeitskräfte wurden nun an den Strecken und Bahnhöfen der Ostbahn tätig. Ab 22. Juni 1941 war Polen dann Hinterland des Ostfeldzuges. Ende 1944 erreichte die Rote Armee wieder die »Interessengrenze« von 1939; im Januar 1945 hatte sie fast ganz Polen von der deutschen Besatzung befreit.

Die Fotos aus dem soeben besetzten Polen handeln zumeist von vorgefundener Zerstörung und tatkräftigem Aufbau. Die deutsche Propaganda versuchte ja, die Zerstörung des Nachbarstaates, die Versklavung des polnischen Volkes und den Massenmord an den in Polen besonders zahlreichen Juden, alles in allem die Herauslösung einer alten europäischen Kulturnation aus jeder Rechtstradition, ausgerechnet unter das Motto der »Ordnung« zu stellen, die man in einem von dem »nicht staatsbildenden Volk« der Polen und den Juden angeblich herabgewirtschafteten Gebiet zu errichten hätte.

Photo-Donath, Presse-Bild Berlin: »Arbeitsdienst bei den Aufräumungsarbeiten an der von Polen gesprengten Eisenbahnbrücke über die Weichsel bei Thorn«, Abzug erworben Berlin, den 1.11.1939

Die zweite Eisenbahnhauptverbindung zwischen Berlin und Ostpreußen verlief über Frankfurt/Oder–Posen–Thorn–Deutsch Eylau. Sie überquerte die Weichsel bei Thorn. Auch hier hatten die Polen die Brücke gesprengt. Dem Fotografen der Agentur Donath gelang ein ästhetisch hervorragendes Bild. Die Symmetrie der Brückenträger wird von der Trümmerpyramide betont und von den beiden Feldbahnloren widergespiegelt. Eingesetzt ist eine Wehrmachts-Eisenbahn-Baukompanie und nicht, wie im amtlichen Bildtext behauptet, der Reichs-Arbeits-Dienst.

Reichsbahndirektion Breslau: »Zerstörte Eisenbahnbrücke über die Prosna (2 km östl. Kalisch), aufgen. 7.9.39«

Eine wichtige Ost-West-Achse war die zweigleisige Verbindung von Niederschlesien über Ostrowo nach Lodz und Warschau. Sie war u.a. durch die Sprengung der Prosnabrücke unterbrochen. Interessanterweise waren die Brückenfelder von unterschiedlicher Konstruktion: Das auf dem linken Bild vorne erkennbare Tragwerk ist viel zierlicher und deutlich älter als das anschließende Tragwerk. Das zweite Bild zeigt die noch massivere Bauart der Brücke des zweiten Streckengleises. Der Grund für die gemischte Bauform: Die Brücke war schon einmal anlässlich eines Rückzuges in Richtung Osten gesprengt worden, als nämlich die Deutschen am 3. August 1914 gleich zu Beginn des Ersten Weltkriegs Kalisch eroberten und die Russen sich hinter der Prosna verschanzten.

Reichsbahndirektion Breslau: »21.10.39 Prosnabrücke nördl. Kalisch«

Die eingleisige Befahrbarkeit der Strecke wurde hergestellt, indem man auf den heruntergefallenen, aber wohl recht stabil und in der Gleisachse liegenden stärkeren Tragwerken eine Balkenstapelbrücke bis zur ursprünglichen Höhe aufbaute. Ein Wehrmachtsoffizier hat für die Besichtigung ein Fernglas dabei.

Reichsbahndirektion Breslau: »6.10.39, Warthebrücke ostwärts Sieradz«

Dieselbe einst preußisch-russische Strecke Ostrowo–Warschau überquerte etwa auf halber Länge zwischen Ostrowo und Lodz die Warthe. Das Foto zeigt, dass schon am 6. Oktober 1939 die Befahrbarkeit wieder hergestellt war. Ein langer Militärtransport mit einem (tschechoslowakischen) Schnellzugwagen für die Offiziere und Güterwagen für die Mannschaften fährt gerade westwärts. Es führt eine 1'D-Lok der polnischen Gattung Tr 20. Hierbei handelte es sich um »Pershing«-Kriegsloks, die kurz nach dem Ende des Ersten Weltkriegs aus den USA nach Europa gekommen waren. Die Deutsche Reichsbahn übernahm die polnischen »Pershings« als 56 3701–3844.

Reichsbahndirektion Breslau: »21.10.39 Warthebrücke bei Sieradz«

Ein zweites Foto von der selben Brücke zeigt die Bauart des Behelfsbrückenfeldes mit zweifach abgestützten Peine-Trägern sowie den Beginn der Arbeiten zur endgültigen Wiederherstellung. Diese Brücke war übrigens von der russischen Armee auch schon einmal gesprengt worden, nämlich im November 1914 bei ihrem Rückzug hinter die Weichsel, und von deutschen Feldeisenbahnern wieder aufgebaut worden.

Reichsbahndirektion Breslau: »7.9.39, zerstörte Eisenbahnbrücke bei Czekanow.«

Ebenfalls auf der Strecke Ostrowo–Lodz hatten die Polen auch diese Brücke gesprengt. Auf dem rechten Gleis haben sie einen Zug mit der Ty 23-255 in die Trümmerstätte fahren lassen, auf dem linken Gleis liegt das Antriebsdrehgestell eines leichten Triebwagens. Ein Foto von der selben Stelle etwas später findet sich als Titelbild auf dem Buch »Lokomotiven für die Ostfront«[3]. Es zeigt, dass das linke Gleis schneller wieder hergestellt wurde und schon befahrbar war, als die schwere Güterzuglok immer noch in der Sprenglücke lag. Die 1'E-Lok erhielt später die Reichsbahnnummer 58 2466.
Um 1942 wurden zahllose Orte im »Warthegau« mit deutschen Ortsnamen versehen. Czekanow hieß dann »Kohland«, Zdunska Wola »Freihaus«, Sieradz »Schieratz« und der einstige russische Grenzübergang in Richtung Preußen Skalmierzyce wurde zu »Kolmen«, um nur einige Orte dieser Kursbuchstrecke 141 m zu nennen.

3 a.a.O.

Reichsbahndirektion Breslau: »8.9.39, zerstörte Eisenbahnbrücke vor Sieradz Strecke Kalisch–Lodz (6 km westlich Sieradz)«

Hier war es die Ty 23-443, später 58 2611, die zusammen mit einem alten preußischen Güterzug-Gepäckwagen und einem ebenfalls preußischen D-Zug-Wagen die Strecke blockierte. Dieser Oberlichtwagen mit der Nummer 7130 verdient nähere Betrachtung: Er enthält alle drei Wagenklassen. Das an der Stelle eines Zuglaufschildes befindliche Schild lautet soweit entzifferbar (und in deutscher Übersetzung): »Wagen für ...-Züge Warschau Danziger Bf«.

Reichsbahndirektion Breslau: »21.10.39 Migabrücke westl. Sieradz«

Sechs Wochen später war das weniger beschädigte Brückenfeld mit Schwellenstapeln abgestützt und wieder befahrbar, die Fahrzeuge waren beseitigt.

Bilderdienst Bittner, Berlin

Eine mehrgleisige Brücke, vermutlich die Warthebrücke in Posen, ist mit Peineträgern auf einem hölzernen Zwischenpfeiler provisorisch wieder hergestellt worden. Eine vormals preußische P 8 führt den darauf fotografierten Personenzug. Diese als Ok 1 bezeichneten PKP-Loks wurden wenig später von der Reichsbahn mit Nummern bereits ausgemusterter 38er bezeichnet. Preußisch sind auch der vierachsige Oberlichtpackwagen und die meisten Abteilwagen des Zuges. Immer wieder wird in der Literatur behauptet, die zahlreichen preußischen Lokomotiven und Wagen seien nach dem Ersten Weltkrieg als »Reparationen« an Polen abgegeben worden. Dies ist nicht korrekt. Während des Ersten Weltkrieges existierte gar kein polnischer Staat, gegen den Deutschland Krieg hätte führen können und der hieraus Ansprüche hätte herleiten können. Vielmehr enthielt der 1918 neu gegründete polnische Staat weite vormals preußische Gebiete, in denen Fahrzeuge der Eisenbahn-Direktionen Königsberg, Danzig, Bromberg, Posen, Breslau und Kattowitz ganz einfach auf ihren angestammten Einsatzstrecken verblieben.

Reichsbahndirektion Stettin, Below

Auch hier fährt eine preußische Lokomotive auf eine behelfsmäßig hergestellte Brücke. Das zahlreiche Publikum auf der hölzern abgestützten Stahlträgerfahrbahn deutet auf eine Belastungsprobe als Anlass zur Aufnahme hin. Erinnerungen an den Ersten Weltkrieg werden wach: Auch 1914 in Frankreich und 1917 in Rumänien wurden preußische Loks mit Soldaten und Eisenbahnern auf kunstvollen Behelfsbrücken fotografiert. Gerade in der ersten Phase des neuen Weltkrieges beschwor man systematisch Symbole aus dem Ersten Weltkrieg. So mancher Offizier der »alten« Armee mochte fürs erste an eine erfolgreichere Neuauflage von Kaiser Wilhelms Krieg glauben und die Ziele und Methoden von Hitlers Krieg verdrängen.

Reichsbahndirektion Breslau: »Straßenbrücke Nordende Bf Leczyka Strecke Lodz–Kutno, aufgen. 18.9.39«

Mit zwei Bildern gesprengter Straßenüberführungen endet die Dokumentation der beim polnischen Rückzug zerstörten Brücken. Hier wurde eine Nord-Süd-Verbindung westlich von Warschau blockiert. Interessant ist, dass sie trotz zweigleisiger Trassierung nur eingleisig ausgebaut ist.

»Straßenüberführung bei Orlau«

Auch die oberschlesische Strecke Oderberg–Karwin war durch Sprengung einer Straßenbrücke lahmgelegt. Maßnahmen dieser Art wirkten nie schlacht- oder kriegsentscheidend, sondern verzögerten feindliche Vormärsche und den Aufbau von Nachschublinien nur um Stunden. Obwohl die Wehrmacht dies bei all ihren Feldzügen zwischen 1939 und 1941 feststellen konnte, sprengte sie beim eigenen Rückzug 1945 bis tief ins Reichsgebiet jedes noch so bescheidene Brückchen. Der Mann mit Stahlhelm gehört zum Bahnschutz.

Reichsbahndirektion Breslau: »12.9.39 Bahnhof Pabianice«

Im ersten Bahnhof westlich von Lodz hatten deutsche Luftangriffe schwere Schäden verursacht. Noch oft im Zweiten Weltkrieg sollte sich jedoch erweisen, dass Bahnhöfe mit mehreren Durchfahrgleisen durch Fliegerbomben kaum nachhaltig blockiert werden konnten. Hier scheinen gerade einmal zwei oder drei Gleise zerstört zu sein. Die RBD Breslau fotografierte offensichtlich auch weit außerhalb des anfänglich für sie vorgesehenen Bezirks. Hier wie an allen auf den Vorseiten gezeigten Streckenabschnitten übernahm alsbald die RBD Posen das Kommando.

Reichsbahndirektion Breslau: »18.9.39 Bf Lowicz«

Auf den Gleisen des Bahnhofs ist vor allem ein mit Autos beladener Zug Opfer der Sturzkampfbomber geworden. Im Hintergrund sind Lokomotiven erkennbar: Einer Tp 1 oder Tp 2 (ex preußische G 7^1 oder G 7^2) folgt nach einigen Wagen eine Ty 23.

Lichtbildstelle Gedob Girwert 27.3.40: »Rudawa Vernichtetes Bahnhofsgebäude«

Der Bahnhof Rudawa, dessen Empfangsgebäude nicht gerade vernichtet wurde, sondern lediglich ausbrannte, liegt auf der Strecke Trzebinia–Krakau. Sie gehörte in diesem östlichen Teil zum »Generalgouvernement«, sodass die »Generaldirektion der Ostbahn«, kurz: »Gedob«, ihren Fotografen entsandte. Der deutsche Eisenbahner demonstriert dienstliche Beflissenheit.

Reichsbahndirektion Breslau: »18.9.39 Bf Lowicz«

Im Bahnknoten Lowicz westlich von Warschau hatten deutsche Bomben große Verwüstungen angerichtet. Beachtenswert der Unterschied zwischen den Körperhaltungen des Eisenbahners in Rudawa und des höheren Polizeioffiziers in Lowicz. Letzterer trägt selbstbewusste Lässigkeit zur Schau.

Photo Donath, Pressebilder Berlin:
»Und schon sind die Deutschen am Wiederaufbau«

Text: »Gleise, Untergestelle und Wagentrümmer zu unentwirrbaren Knäueln verschlungen – umgestürzte und zerfetzte Lokomotive – ausgebrannte Güterzüge: das war das Bild, das sich auf allen großen Eisenbahnknoten in Polen bot. Aber nachdem die Luftwaffe den Vor*(handschriftlich korrigiert:* Auf)marsch des Feindes gehemmt hatte, galt es für die nachrückenden deutschen Eisenbahner, die zerstörten Strecken unter Einsatz des Arbeitsdienstes so schnell wie möglich wieder in Gang zu setzen.«
(Text auf einem weiteren Foto der selben Szene: »Trichter einer deutschen Fliegerbombe auf dem Bf in Jedrzejow, Eisenbahnpioniere bei den Aufräumungsarbeiten«)
Auf der Strecke Krakau–Kielce liegt der Abzweigbahnhof Jedrzejow, den deutsche Luftangriffe verwüstet hatten. Die offenen Güterwagen sind ausgebrannt, die Gleise aufgerissen.
Mit dem Eifer des Wiederaufbaus, mit der schnellen Durchsetzung einer rechtlosen neuen »Ordnung« und mit der Sorgfalt der administrativen Einverleibung der neuen Kolonie mitten in Europa mochte sich die Illusion »vollendeter Verhältnisse« verfestigen, gegen die Frankreich und England ihren ohnmächtigen Widerstand demnächst aufgeben würden…

Lichtbildstelle Gedob, Girwert,
»19.12.39 Warschau West, zerstörte Lokhalle mit Loks«

Wohngebiete und Infrastruktur von Warschau wurden im September 1939 massiv bombardiert. Der vordere Teil des Lokschuppens ist total zertrümmert. Der Schutt bedeckt im Vordergrund eine Ti 4, vormals preußische G 5^4, später umgezeichnet auf 54^{11-12}. Die von der Bombenexplosion hochgeworfene Tenderlok ist eine TKi 3, einst pr. T 9^3, später auf Lücken der Nummernreihe zwischen 91 303 und 1007 genummert. Die Architektur des Lokschuppens mit den spitzen Giebeln über den Toren verrät russische Bautraditionen. Ein Bild auf Seite 72 zeigt einen Schuppen der selben Bauart in Bialystok. Zum Aufnahmezeitpunkt wurde das Depot schon als Bw Warschau West des Maschinenamtes Warschau 1 der Ostbahndirektion Warschau geführt.

Photo Donath, Pressebilder Berlin: »Arbeitsdienst räumt auf! Von dem Luftdruck einer Fliegerbombe umgeworfener Eisenbahnwagen.«
Freigegeben Hauptreferat Bildpresse Reichsministerium für Volksaufklärung und Propaganda, Berlin, den 2. Okt. 1939

Sorgfältig aufgenommen wurde ein entgleister und beschädigter Kühlwagen älterer Bauart aus der Zeit vor dem Ersten Weltkrieg mit Bremserhaus, Speichenrädern und Trockeneisbehälter unter dem Dach. Ob er wohl wieder in Betrieb genommen wurde? Wie schon bei einem anderen Bild aus den Aufräumaktionen in Polen ist auch hier die amtliche Bezeichnung der Uniformierten zu korrigieren: Abgebildet sind Mitglieder einer Eisenbahn-Baukompanie. Für den Reichs-Arbeits-Dienst wären sie übrigens zu alt, denn dieser war gleich nach Vollendung des 18. Lebensjahres abzuleisten.

Photo Donath, Presse-Bilder Berlin

Neben der Sowjetunion besaß von allen europäischen Ländern Polen die meisten Panzerzüge. Nicht weniger als 85 Züge wurden zwischen 1918 und 1920 gebaut oder von Russland erbeutet. In den zwanziger Jahren wurden viele ältere Fahrzeuge ausgemustert und die Zahl der Panzerzüge auf zehn reduziert. Dieser Restbestand wurde mehrfach modernisiert. Zur Verteidigung gegen die deutschen Angreifer brachten diese Kampfmittel trotz lebhaften Einsatzes keinen großen Nutzen mehr, waren sie doch durch Luftangriffe leicht auszuschalten und im Vergleich zu Panzern zu unflexibel. Zugloks waren zumeist 1'C-Loks der Reihe Ti 3, weiland preußische G 5^3. Von den Panzerloks wurden nur die Ti 3-4 und Ti 3-13 auf 54 651 und 54 654 umgezeichnet, nicht aber die hier gezeigte unzerstört erbeutete Ti 3-12. Außer Schornstein und Dampfdom erhebt sich nur die Pfeife über die Verkleidung.

RZA Berlin: »Poln. Beute-Lazarettzugwagen, Raum für liegend zu befördernde Kranke (Blick nach Wagenmitte)«

Weniger imposant als ein Panzerzug, als Beute aber längerfristig wertvoll, war ein gut eingerichteter Lazarettzug. Der gezeigte Wagen ist bereits vollends in Besitz genommen: Im hinteren Raum hängt ein Bild des »Führers«; der Herr rechts über der Zwischentür ist nicht identifizierbar.

Lichtbildestelle (sic!) Gedob, Girwert: »16.1.40 Przemysl Rückwanderer, Ein Panjewagen passiert in Przemysl die Grenze« Stempel: »Die Reichsbahn, Schriftwaltung«

Mit dem Beginn des Zweiten Weltkrieges setzten auch die Maßnahmen der »Umsiedlung«, »Rückführung« oder »Heimholung« volksdeutscher Minderheiten aus den baltischen Staaten, der Sowjetunion, Rumänien, Jugoslawien und Italien »heim ins Reich« ein. Eine Regierung, die doch eigentlich den deutschen Siedlungsraum bis zum Ural ausdehnen wollte, half zunächst einmal befreundeten Diktatoren, jahrhundertealte deutsche Dörfer und Landschaften im Süden Russlands und der Ukraine, in Bessarabien, Siebenbürgen, dem Banat und Südtirol aufzulösen. Zugleich gewannen Wehrmacht und Kriegswirtschaft kurzfristig »Menschenmaterial«. Die Umsiedler waren letztlich nur Verlierer. Ihre Bauernhöfe tauschten sie vielfach nur ein gegen Plätze in Barackenlagern. Soweit ihnen geraubte polnische Anwesen in Polen zugewiesen wurden, war 1945 die Flucht oder Vertreibung noch weiter nach Westen fällig. Ihre eigentliche Heimat sahen die »Umsiedler« abgesehen von einem Teil der Südtiroler nicht wieder. Zur Umsiedlung der Volksdeutschen über die deutsch-sowjetische »Interessengrenze« und der Abschiebung von Polen aus den unmittelbar dem Reich zugeschlagenen Gebieten ins »Generalgouvernement« schreibt Kreidler[4]: »Ende 1939 begann der am 28.9. mit der Sowjetunion vereinbarte Bevölkerungsaustausch, bei dem vom 21.12.1939–31.01.1940 im strengsten Winter rund 118.000 Volksdeutsche mit Pferden, Großvieh und Wagen aus Wolhynien, Podolien, der Bukowina und Bessarabien durch das Gouvernement transportiert werden mussten. Etwa zur gleichen Zeit liefen die Aussiedlertransporte mit Polen aus den eingegliederten Ostgebieten nach dem Gouvernement an, die bis März 1941 andauerten.«

Das Foto zeigt die Ankunft einer Familie, deren Wagen in Przemysl aus einem sowjetischen Zug ausgeladen worden war und die mit Pferdekraft über die Sanbrücke in den deutschen Machtbereich gekommen ist. In Zurawica wird die Reise auf der »Ostbahn« ihre Fortsetzung finden. Auf der Brücke lag links ein Breitspurgleis und rechts ein Normalspurgleis. Unmittelbar vor der Brücke kreuzten sich die Gleise. Nach dem Angriff auf die Sowjetunion wurde das »Generalgouvernement« über den San hinweg auf das ukrainische Gebiet um Lemberg ausgedehnt und reichte dann bis Kolomea und Tarnopol. Przemysl war als heiß umkämpfte österreichische Festung im Ersten Weltkrieg recht bekannt geworden.

4 a.a.O. S. 51/52

H. J. Bandelow: »Kurzer Aufenthalt«
Freigegeben durch OKW (Heer) und Presseabteilung der Reichsregierung am 3. 8.43

Die 55 854 ex PKP Tp 2-287, gebaut von Linke 1902 für die Königlich Preußische Eisenbahnverwaltung, jüngst hauptuntersucht im RAW Posen, steht in Brest-Litowsk. Die Wehrmacht herrscht und die Reichsbahn fährt nun auch östlich des Bug, der von 1939 bis 1941 im nördlichen Polen die »Interessengrenze« zwischen den Imperien Hitlers und Stalins darstellte. Längst ist der »Russlandfeldzug« in vollem Gange, wobei allerdings im Zeitpunkt der Aufnahme Rückzugsoperationen und Absatzbewegungen schon deutlich überwiegen«. Weniger als ein Jahr nach der Freigabe dieser Aufnahme musste am 22. Juli 1944 Brest-Litowsk geräumt werden, und im Januar 1945 endete fast überall in Polen die deutsche Besetzung.

Frankreichfeldzug

Frankreich und England erklärten am 3. September 1939 aufgrund ihrer Bündnisverpflichtungen gegenüber Polen dem Deutschen Reich den Krieg. Zunächst verzichteten jedoch beide Seiten auf nennenswerte militärische Aktivitäten. Auf beiden Seiten der deutsch-französischen Grenze wurden die Randgebiete geräumt. Betriebe wurden stillgelegt, die Bevölkerung evakuiert. Aus Saarbrücken und dem umliegenden Industriegebiet mussten im Rahmen der »Freimachung« der »Roten Zone« etwa 300.000, vom Oberrhein etwa 135.000 Menschen abtransportiert werden. Die Verwaltung der RBD Saarbrücken wurde nach Koblenz und Mainz rückverlegt. Am 12. Oktober 1939 sprengten die Franzosen die Eisenbahnbrücken über den Rhein bei Wintersdorf, Breisach und Neuenburg, am 14. Mai 1940 die Brücke bei Kehl.

Hitler befahl am 9. Oktober 1939 die Vorbereitung eines Angriffs gegen Frankreich. Die Pläne wurden mehrfach abgeändert, der Termin 29 mal verschoben. Zwischenzeitlich besetzte bzw. eroberte die Wehrmacht im April 1940 Dänemark und Norwegen. Am 10. Mai 1940 um 5.30 h begann schließlich die Westoffensive. Hitler und Göring residierten mit ihren Sonderzügen von diesem Tage an in Euskirchen. Die Heeresgruppe B griff die Niederlande und Belgien an, die am Krieg bislang nicht beteiligt waren. Die Heeres-

W. Steiner, Berlin

Ein Bewacher mit deutschem Stahlhelm posiert vor einer 1'D1'-Mehrzwecklok der früheren PLM. Die 141 G gehört zur Region 5 »Süd-Ost« . Diese wurde zunächst nur im nördlichen Teil von der Wehrmacht besetzt. Der südliche Teil mit der »Hauptstadt« Vichy gehörte zum unbesetzten Gebiet, in das allerdings ab 11. November 1942 ebenfalls die Wehrmacht einmarschierte. Welche Dienststellung der Posten hat, ist nicht erkennbar: Seine unmilitärische Kleidung trägt keinerlei Hoheits- und Rangabzeichen.

Deutsche Reichsbahn, Reichsbahndirektion Karlsruhe: »Zerstörte Brücken der Elsaß-Lothring. Eisenbahnen. Straßburg–Kehl, km 6,20 Brücke über den Hafenkanal (Bassin Vauban), Im Hintergrund eine Straßenbrücke, Aufn. 3. Juli 1940«

Außer der Rheinbrücke bei Kehl hatten die Franzosen auch diese Brücke im weiteren Verlauf der Strecke nach Straßburg gesprengt. Aber schon ab Juni 1940 konnte die RBD Karlsruhe die Kursbuchstrecke 302 n »Kehl–Straßburg (Els)« befahren. Das Eisenbahnnetz – vormals »Alsace-Lorraine« – wurde zwar nicht in die Deutsche Reichsbahn integriert, verwaltungsmäßig aber am 2. August 1940 (entsprechend der Übertragung der Zivilverwaltung an die Leiter der benachbarten »Reichsgaue«) den Reichsbahndirektionen Karlsruhe und Saarbrücken zugewiesen. Die Trennlinie der Zuständigkeitsbereiche wurde zwischen den Bahnhöfen Merzweiler und Mietesheim, zwischen Ingweiler und Wimmenau, in Drulingen sowie zwischen Lützelburg und Arzweiler (jeweils Namen nach damaliger Diktion) gezogen.

gruppe A durchbrach mit Panzerkräften die französische Front, überschritt die Maas und erreichte bereits am 20. Mai die Kanalküste. Am 4. Juni verließen die in Dünkirchen eingeschlossenen britischen Truppen fluchtartig den Kontinent. Ab 5. Juni wendeten sich die Heeresgruppen A und B nach Süden und besetzten schon am 14. Juni Paris. Am selben Tag überschritt die Heeresgruppe C den Oberrhein und durchbrach die Maginotlinie.

Die Eisenbahn spielte beim Frankreichfeldzug keine sehr bedeutende Rolle. Der Aufmarsch der Wehrmacht an der deutschen Westgrenze war während des ganzen Winters 1939/40 ohne Zeitdruck durchgeführt worden; der überaus schnelle Vormarsch im Mai und

R. R. Schuchmann, Saarbrücken: »Auf dem Bf. Saargemünd kurz nach der Besetzung durch deutsche Truppen«
Veröffentlicht: Die Reichsbahn 1941, Heft 1

Erst als die Wehrmacht bereits am Atlantik und in Paris stand, stieß sie auch nach Lothringen vor. In Saargemünd/Sarreguemines wenige hundert Meter südlich der deutschen Grenze wurde dieses Stellwerk in moderner Betonarchitektur der zwanziger oder dreißiger Jahre gesprengt vorgefunden. Im deutsch-französischen Grenzbereich an der Saar tobten immer wieder Kämpfe: Im August 1870 fand hier die Schlacht bei Spichern statt, im Juni 1940 durchbrach die Wehrmacht die Maginotlinie, und gegen Ende des Zweiten Weltkriegs verlief die Front monatelang in der Nähe der Grenze.

R. R. Schuchmann, Saarbrücken: »Zerstörtes Stellwerk auf Bf. Beningen«
Veröffentlicht: Die Reichsbahn 1941, Heft 1

An der Strecke Saarbrücken–Metz ebenfalls nahe der Grenze liegt Beningen/Béning. Hier deuten die Schäden am alten Hebelstellwerk eher auf einen Luftangriff hin. Auch hier gibt es Fußnoten aus dem vorvorigen Krieg: Schon am 11. August 1870 hatte die preußische Feld-Eisenbahnabteilung Nr. 4 den Bahnhof Beningen übernommen.

Juni 1940 stützte sich vor allem auf motorisierte Einheiten, zumal es den Verteidigern wie in Polen gelungen war, wichtige Eisenbahnbrücken zu sprengen.

Am 22. Juni 1940 musste die französische Regierung einen Waffenstillstand unterzeichnen – in Compiègne und wieder in jenem Salonwagen Nr. 2419, in dem am 11. November 1918 das Ende des Ersten Weltkrieges besiegelt worden war. Der Waffenstillstand sah unter anderem vor, dass Elsaß-Lothringen wieder unter deutsche Verwaltung gestellt wurde. Am 2. August folgte ein nicht veröffentlichter Führererlass, der die Zivilverwaltung in Elsaß-Lothringen den deutschen Gauleitern Bürckel und Wagner übertrug. (Mit dieser nichtförmlichen Annexion entstand nach dem »Protektorat« und dem »Generalgouvernement« wiederum ein Herrschaftsgebiet mit einem schwer zu definierenden Sonderstatus. Weitere solche Territorien sollten folgen.) Nordfrankreich und ein Gebietsstreifen entlang der Atlantikküste bis zur spanischen Grenze wurden von der Wehrmacht besetzt. In Vichy im unbesetzten Gebiet konstituierte sich eine französische Regierung, die in

Dr. Werner Klaer, Köln: »Mai 1940 von den Franzosen bei Diedenhofen (Loth.) gesprengte Moselbrücke (Strecke Diedenhofen–Luxemburg)«
Abzug erworben Berlin, den 12.5.1941

Von Diedenhofen/Thionville führt eine wichtige Strecke nach Norden in Richtung Luxemburg. Sie überquert am Stadtrand die Mosel. Als die Aufnahmen entstanden, war auf der gesprengten Brücke bereits ein Fußgängersteg installiert. Auf dem unteren Foto sind antiquierte Absperrtore erkennbar, die schon 1870 kein ernsthaftes Hindernis darstellen konnten.

Reichsbahndirektion Saarbrücken, Lichtbildstelle: »4gleisige Brücke bei Diedenhofen (Lothr)«

Die Strecke Metz–Diedenhofen/Thionville war schon von den Reichseisenbahnen Elsaß-Lothringen auf vier Gleise ausgebaut worden. Auch die Moselbrücke dieser Strecke wurde zerstört vorgefunden. Das Bild zeigt rechts schon eine Behelfsbrücke. Am gesprengten Bauwerk haben die Arbeiten begonnen.

Reichsbahndirektion Saarbrücken: »Creutzwald (Lothr)«

Auf der Strecke von Beningen/Bening nach Diedenhofen/Thionville kurz vor Hargarten-Falck war dieser Viadukt aus der deutschen Kaiserzeit zerstört. Nur die Gleise hingen über den Trümmern.

jeder Hinsicht deutschen Weisungen zu gehorchen hatte und deren Kompetenzen vor allem für das besetzte Gebiet sehr begrenzt waren.

Geführt wurde der neue »Etat Français« vom hochbetagten Marschall Pétain, der im Ersten Weltkrieg als Verteidiger Verduns zum Nationalhelden geworden war. Das neue Regime nahm bewusst Abstand von der seit 1789 gepflegten Tradition der Republik und schlug sich ideologisch auf die Seite des in Deutschland, Italien und Spanien herrschenden Faschismus. Autorität, Gehorsam und Antisemitismus beherrschten unter der offiziellen Parole »Arbeit, Familie, Vaterland« die Propaganda. Vor allem mit der Auslieferung der Juden an den Vernichtungsapparat des Deutschen Reiches schrieb das Vichy-Regime das erbärmlichste Kapitel der französischen Geschichte.

Die rasche Niederlage des von 1914 bis 1918 so widerstandskräftigen Landes und die schnelle Etablierung einer Regierung der Kollaboration sind nicht zu erklären ohne einen Rückblick auf die innenpolitische Situation vor 1940: Ein erheblicher Teil des politischen Spektrums im Lande hatte sich in den dreißiger Jahren an der unausgesprochenen Parole »lieber Hitler als die Volksfront« orientiert und im spanischen Bürgerkrieg für Franco Partei ergriffen. Ein faschistischer Putsch war 1934 nur mit Mühe verhindert worden. Der Hitler-Stalin-Pakt hatte dann im August 1939 auch noch die mächtige kommunistische Bewegung tief verunsichert und in ihrer Haltung gegenüber Hitler neutralisiert. Die politische und militärische Führung Frankreichs hatte in den Monaten seit dem Polenfeldzug untätig verharrt. Die Sicherheitsorgane entfalteten ihre nachhaltigste Aktivität gegenüber den zahlreichen deutschen Emigranten, die in Frankreich Asyl gefunden hatten und schon aus eigenem Lebensinteresse jederzeit an der Verteidigung des Landes teilgenommen hätten. Sie wurden interniert und nach dem Juni 1940 der Gestapo ausgeliefert, was für die meisten Antifaschisten und Juden den sicheren Tod bedeutete.

W.V.D. Paris, Abt. E, 25 Juil. 1940

Mit französischen Beutestempeln datierte die Wehrmachts-Verkehrs-Direktion Paris ihre Fotos. Zwei Behörden mit dieser Bezeichnung wurden eingerichtet. Ihre Aufgabe war die Kontrolle und Lenkung der eigenständig bleibenden Bahnverwaltungen in Belgien und Frankreich. Die erste wurde am 17. Mai 1940 in Düsseldorf aufgestellt und am 24. Mai in Brüssel etabliert. Sie war zuständig für Belgien und für Frankreich nördlich der Somme-Linie. Die zweite wurde am 15. Juli 1940 in Paris für das südlichere Frankreich angesiedelt.

Die Brückenbaustelle befindet sich an der Kreuzung zwischen einer zweigleisigen Hauptbahn und einem der vielen stillen Schifffahrtskanäle in Frankreich. Gleisreste liegen im Wasser. Ein Viadukt ist gesprengt worden. Die Betonierung der neuen Widerlager hat gerade begonnen.

Als am 25. Juni 1940 der Waffenstillstand in Kraft trat, waren 448 Brücken und 27 Tunnel im französischen Eisenbahnnetz (ohne Elsaß-Lothringen und das von Italien beanspruchte Gebiet) unbenutzbar.

W.V.D. Paris, Abt. E, 3 Août 1940

Eine eingleisige Behelfsbrücke ist wieder befahrbar. Die Widerlager sind aber für den Einbau einer Bogenbrücke vorbereitet. Man wird also weiterbauen … und vielleicht 1944 beim Rückzug wiederum das ganze Bauwerk zerstören.

Leider fehlt hier ein erläutender Text auf der Rückseite dieser Betriebsaufnahme. Die gezeigte Örtlichkeit dürfte mit großer Sicherheit die französisch-spanische Grenze in Hendaye sein, wobei rechts das breitspurige RENFE-Gleis mit interessanter Dreiwegeweiche und in der Mitte das normalspurige SNCF-Gleis verläuft. Links ist die etwas provisorisch wirkende Fahrleitung der meterspurigen Überlandbahn Hendaye–Irun–San Sebastian, die den Spitznamen »El Topo« trägt, zu erkennen. Das Triebfahrzeug ist ein dieselhydraulischer 360 PS-Nebenbahntriebwagen aus den Nummerngruppen VT 137 241–270 und VT 137 442–461 der Deutschen Reichsbahn. Diese ab 1937 gebauten Fahrzeuge wurden besonders intensiv von der Wehrmacht in Anspruch genommen. Nur eine geringe Anzahl kam noch als VT 36 zur DB. Angehängt ist nicht ein passender Steuerwagen, sondern ein österreichischer VT 44 (= DRB vT 905–930).

Dr. Werner Klaer, Köln: »Maasbrücke bei Visé, 1914–18 von deutschen Eisenbahntruppen erbaut, Mai 1940 von den Belgiern gesprengt. (Strecke Montzen–Visé–Tongern)« Abzug erworben, Berlin, den 12. 5. 1941

Im Ersten Weltkrieg hatten die Deutschen zur Verbesserung des Nachschubes nach Belgien eine zweigleisige Neubaustrecke von Aachen unmittelbar an der niederländischen Grenze entlang nach Tongern gebaut. Es handelte sich um ein außerordentlich aufwendiges Projekt. An Kunstbauten waren u.a. erforderlich eine 387 m lange Betonbrücke mit 14 Bögen, ein 795 m langer Tunnel und eine 1107 m lange Stahlbrücke mit 22 Öffnungen und einer größten Höhe von 45,75 m. Die drittgrößte Brücke führte über die Maas und wurde 1940 gesprengt. Sie bestand aus sieben kleinen Brückenfeldern zu je 40 m und drei großen mit zweimal 75.50 m und einmal 93 m Spannweite.

Reichsbahndirektion Saarbrücken, Pressedienst der Reichsbahndirektion Saarbrücken: »frz. zerschossener Tank im Gbf. Saarbrücken«

Der Waffenstillstand verpflichtete die Vichy-Regierung zur Abgabe militärischen Materials in großen Mengen an das Deutsche Reich, teilweise zur Weiterverwendung, teilweise zur Verschrottung. Der stark beschädigte Panzer war einer von nur sechs überhaupt gebauten »Durchbruchspanzern« des Typs »Char Lourd 2C« und gehörte mit einem Gewicht von 72 t zu den schwersten jemals gebauten Panzern. Mit einer Geschwindigkeit von nur 5 bis 6 km/h waren die Giganten auf den Schlachtfeldern viel zu langsam und wurden alle schon in den ersten Tagen des Westfeldzuges durchs Stukas außer Gefecht gesetzt. Interessant ist die Transportkonstruktion: Der Panzer besitzt »Tragschnäbel« , die auf den Drehgestellen ruhen. Zwischen diesen läuft kein Tragwerk durch, sondern nur eine Zugstange. Alsbald wird er vermutlich in einem Stahlkonverter des Ruhrgebiets sein Ende finden.

Theo Weingandt, Bildberichterstatter RDP, Essen/Ruhr/RBD Essen: »Beutegut der Wehrmacht auf der Reichsbahn«** bzw. **»Erbeutete Eisenbahngeschütze auf der Fahrt nach einem Hochofenwerk an der Ruhr«

Die Wehrmacht erbeutete in Frankreich eine größere Zahl von Eisenbahngeschützen hauptsächlich der Kaliber 305, 320, 340 und 370 mm. Mehr als 20 davon setzte sie ab 1942 wieder ein, der Rest wurde verschrottet. Einerseits war der Bedarf gering, andererseits fehlte passende Munition. Die Bilder zeigen verschiedene Größen von Schiffsgeschützen auf starren Eisenbahnlafetten. Sie benötigen zum Einsatz einen Gleisbogen, in dem das gesamte Fahrzeug in Schussrichtung positioniert wird. Der Rückstoß wird mit Schienenbremsen abgefangen, die mittels Handkurbeln abgesenkt werden.
Oben ist die schwerste Ausführung mit vier vierachsigen Drehgestellen gezeigt. Hier sind fünf Schienenbremsen unter dem Hauptrahmen und je eine zwischen den Drehgestellen der achtachsigen Tragwagen angeordnet. Das Geschütz stammt von Schneider (Le Creusot) und hat ein Kaliber von 32 cm. Auf dem unteren Bild sind im selben Schrottzug Baumuster des Ersten Weltkrieges mit 285 mm-Kanonen zu sehen, links eine Variante mit 4 + 4 Achsen und sechs Schienenbremsen unter dem Hauptrahmen und rechts ein Exemplar mit 6 + 6 Achsen und sechs zentralen und zwei äußeren Schienenbremsen.

Propagandakompanie RAD Bildber. Ofm. Tomaschek: »Kriegseinsatz des Reichsarbeitsdienstes im Osten 1941. Arbeitsdienst bei Verladearbeiten für die Nachschuborganisation der Wehrmacht am Schwarzen Meer.«

Diese Aufnahme entstand nicht in Frankreich. Sie stammt auch nicht vom Schwarzen Meer, denn das Hinweisschild am Hafenkran ist weder russisch, ukrainisch oder bulgarisch (dann wäre es natürlich kyrillisch geschrieben) noch ist es rumänisch. »Celtspeja« ist vielmehr lettisch und heißt »Tragfähigkeit«. Wehrmacht und Arbeitsdienst sind also in Libau oder Windau an der Ostsee tätig. Und warum wird das Bild im Zusammenhang mit dem Frankreichfeldzug präsentiert? Die kriegsentscheidende Fracht an der baltischen Küste besteht aus französischem Champagner der exklusiven Marken »Piper Heidsieck« und »Lanson!« Auch hinter der Ostfront wollte man nicht nur von Krimsekt leben. Durchaus komfortabel ist natürlich auch der Dienst-BMW des Arbeitsdienstes.

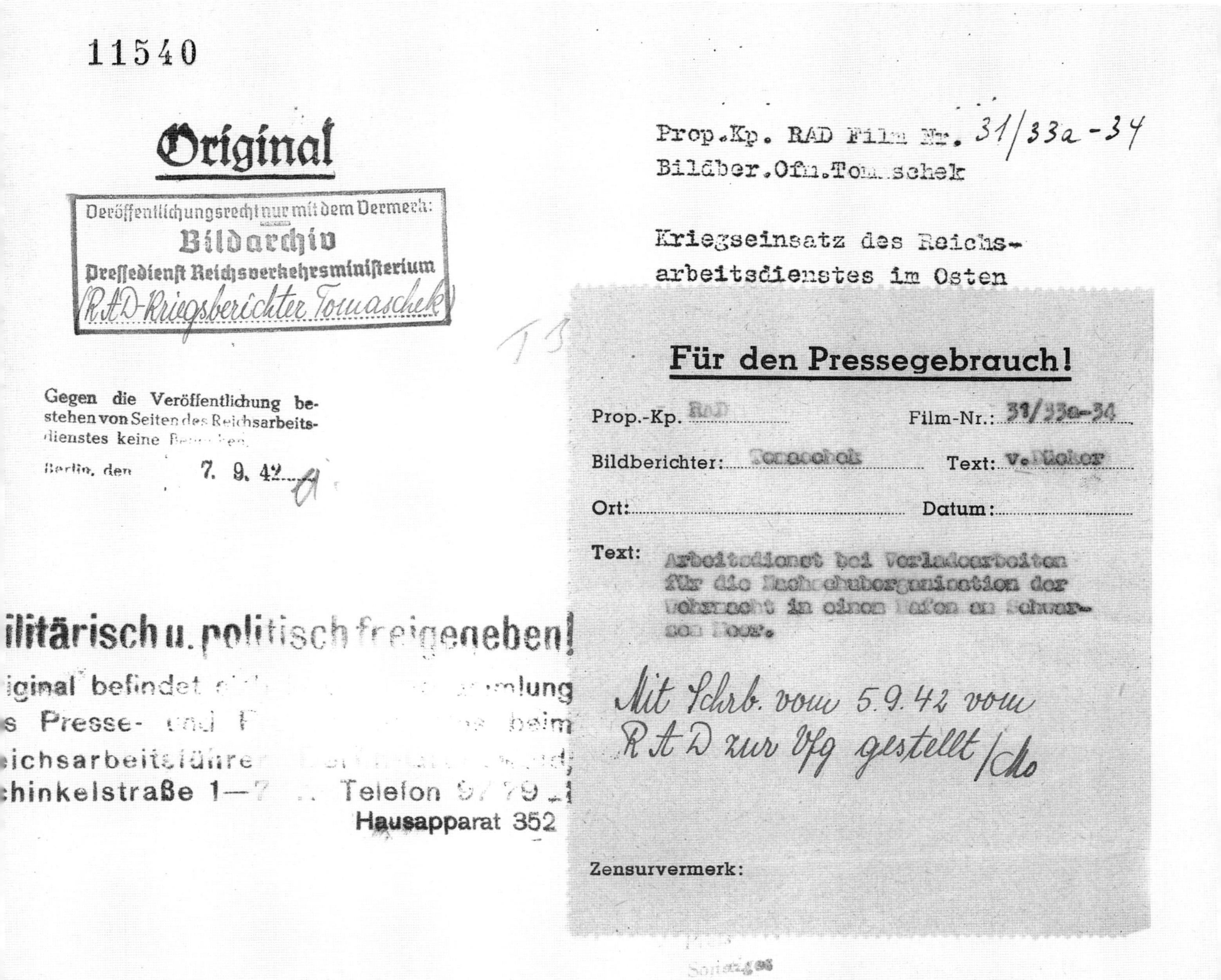

11540

Original

Veröffentlichungsrecht nur mit dem Vermerk:
Bildarchiv
Pressedienst Reichsverkehrsministerium
RAD-Kriegsberichter Tomaschek

Gegen die Veröffentlichung bestehen von Seiten des Reichsarbeitsdienstes keine Bedenken.
Berlin, den 7. 9. 42

Prop.Kp. RAD Film Nr. 31/33a-34
Bildber.Ofm.Tomaschek

Kriegseinsatz des Reichsarbeitsdienstes im Osten

Für den Pressegebrauch!

Prop.-Kp. RAD Film-Nr.: 31/33a-34

Bildberichter: Tomaschek Text: v. Bücher

Ort: Datum:

Text: Arbeitsdienst bei Verladearbeiten für die Nachschuborganisation der Wehrmacht in einem Hafen am Schwarzen Meer.

Mit Schrb. vom 5.9.42 vom RAD zur Vfg gestellt /Cho

Zensurvermerk:

ilitärisch u. politisch freigegeben!
iginal befindet … …mlung
s Presse- und F… beim
eichsarbeitsführe…
:hinkelstraße 1—7 … Telefon …
Hausapparat 352

Die Rückseiten vieler Fotos dieses Buches sowie in »Reichsbahn hinter der Ostfront« dokumentieren den administrativen Aufwand, mit dem die Behörden des »Dritten Reiches« eine im Sinne von Propaganda und Geheimhaltung zweckentsprechende Verwendung der Fotos in den Medien sicherstellen wollten. Daher wird von diesem Bild beispielhaft auch einmal die Rückseite gezeigt.

Rohland, Hamm (Westf.): »Weltgeschichte auf Schienen. Der Wagen von Compiègne, in dem im Jahre 1918 unter verheißungsvollen Versprechungen der Feindmächte der in seinen unheilvollen Auswirkungen für Deutschland so entehrende Waffenstillstand abgeschlossen wurde, nach Beendigung des Blitzfeldzuges im Westen auf der Fahrt nach Berlin«

Deutsche und französische Politiker hatten im 19. und 20. Jahrhundert Unverstand genug bewiesen, um ihre Völker mit ausgesuchten Provokationen gegeneinander aufzubringen. Ausgerechnet im königlichen Schloss zu Versailles wurde das deutsche Kaiserreich gegründet und trug dann schon als Geburtsfehler seine unselige Eigenschaft einer Gründung weniger »für« Deutschland als vielmehr »gegen« den Rest Europas. Genau im selben Schloss musste die deutsche Delegation 1919 den Friedensvertrag nach dem verlorenen Weltkrieg unterschreiben, einen Vertrag, der dann auch wieder nicht der Welt und Europa dienen sollte, sondern den Kampf gegen Deutschland mit wirtschaftlichen und psychologischen Mitteln fortsetzen sollte.
Am 11. November 1918 war es zufällig der von Marschal Foch dienstlich genutzte Salonwagen 2419 D der CIWL gewesen, in dem der deutsche Staatssekretär Mathias Erzberger die Niederlage gegen die Entente hatte protokollieren müssen. Der Wagen wurde ab 1921 in Paris ausgestellt und 1925 in eine Gedenkstätte in Compiègne integriert. Am 20. Juni 1940 wurde der Wagen aus dem Gebäude geholt. Am 22. Juni unterschrieb die französische Delegation unter General Huntziger den von Hitler und Keitel präsentierten Waffenstillstandsvertrag. Anschließend wurde der Wagen nach Berlin überführt. Der Fotograf hat ihn in Hamm abgepasst. Der 2419 D wurde im März 1941 noch einmal auf Straßenrollern im Triumph durch das Brandenburger Tor gefahren, in den folgenden Kriegsjahren in Berlin aufbewahrt und 1944 nach Ohrdruf überführt. Als absehbar wurde, dass das Deutsche Reich ein zweites Mal in diesem Jahrhundert kapitulieren mußte und der Salonwagen womöglich erneut den Siegern in die Hände fallen könnte, befahl Hitler die Sprengung des symbolträchtigen Fahrzeugs.

W. Steiner, Berlin

Ab Juni 1940 reichte der deutsche Machtbereich bis zur spanischen Grenze. Im Grenzbahnhof Hendaye hing die Hakenkreuzfahne. Hier begegneten sich verschiedene Eisenbahnwelten. Links steht auf einem Breitspurgleis die Lokomotive 2510 der spanischen NORTE, rechts steht ein französischer Schnellzug. Wer hier um 10.30 h einsteigt, kann um 21.00 h in Paris Austerlitz sein, um 22.55 h ab Paris Est weiterfahren, um 8.27 h in Saarbrücken, um 10.24 h in Frankfurt (Main) und um 19.10 h nach knapp 33 Stunden Fahrt in Berlin Anhalter Bahnhof ankommen (Kurswagen des D 103, Sommerfahrplan 1941). Am 23. Oktober 1940 traf Hitler in Hendaye den spanischen Diktator Franco und versuchte vergeblich, ihn zum Kriegseintritt gegen England zu bewegen. Hendaye war bereits von beiden Seiten her elektrisch zu erreichen: Von Paris bis zur spanischen Grenze (968 km) und weiter nach Irun reichte die französische Gleichstromstrecke, von Bilbao und Alsasua nach Hendaye das spanische System.

Presse-Bild-Zentrale Braemer u. Güll, PK-Hasert: »Der ungarische Honvedminister Vitez Bartha bei einer Fernkampfbatterie an der Kanalküste, Geschütz ,Feuer', herausgeg. 18.2.41«

Am 16. Juni 1940 befahl Hitler die Vorbereitung eines Landeunternehmens in England. Als erste Staffel einer Angriffsarmee wurden 13 Divisionen aus verschiedenen Teilen Frankreichs an die Kanalküste verlegt, wo sie zwischen 28. Juli und 3. August eintrafen. Das »Unternehmen Seelöwe« wurde aber immer wieder verschoben, weil die Voraussetzungen für einen Erfolg nicht zu erreichen waren. In schweren Kämpfen gelang es der Luftwaffe im August 1940 nicht, die Lufthoheit über Südengland zu erringen. Stattdessen konnte die Royal Air Force im September 1940 im Luftraum über England und dem Kanal die Übermacht gewinnen. Im Februar 1941 wurde das Landemanöver gegen England gänzlich aufgegeben. Zahlreiche Luftangriffe zunächst weitgehend gegen zivile Ziele in England und schweres Artilleriefeuer über den Kanal sollten über eine empfindliche und entscheidende Niederlage Hitlers hinwegtäuschen – und hier laut Bildtext einen Minister des verbündeten Ungarn beeindrucken. Das Eisenbahngeschütz ist auf einer Art Drehscheibe postiert.

Presse-Bild-Zentrale Braemer u. Güll, PK-Aufnahme Kriegsberichter Kuhn: »Fernkampfgeschütz feuert gegen England, der Abschuß, herausgeg. 20.8.42«

Sogar zu einer Zeit, da die Wehrmacht schon schwere Niederlagen gegen die Sowjetunion erlitten hatte, ging die Beschießung Englands über den Kanal mit Eisenbahngeschützen weiter. Längst aber hatten sich die Engländer auf die nach Zielrichtung und Reichweite kalkulierbaren Schüsse einstellen können. Größeren Schrecken verbreiteten erst wieder ab 1944 die unbemannten Lenkwaffen »V 1« und vor allem die Raketen »V 2«.

»Zerstörte Eisenbahnbrücke über einen Nebenfluss der Drau und über eine Reichsstraße (Unterdrauburg)«

Genau wie im Ersten Weltkrieg suchte die deutsche Führung auf dem Balkan und im Osten Entlastung für Misserfolge im Westen. Ab 1939 wurden Ungarn, Rumänien und Bulgarien außen-, militär- und wirtschaftspolitisch immer mehr in die deutsche Interessensphäre einbezogen. Ungarn zog aus dem Bündnis mit dem Reich Vorteile, indem es tschechoslowakische und rumänische Gebiete zugesprochen bekam. Rumänien musste in dichter Folge territoriale Ansprüche der Sowjetunion, Ungarns und Bulgariens erfüllen, orientierte sich aber trotz des deutschen Beistands für diese Staaten ebenfalls in Richtung Berlin, um in enger Anlehnung an Deutschland wenigstens die Souveränität über die restlichen zwei Drittel seines Gebiets zu retten. 1940 begannen an der »großdeutschen« Südgrenze sowie auf ungarischem, rumänischem und bulgarischem Gebiet die deutschen Vorbereitungen zu einem Krieg gegen Jugoslawien und Griechenland. Motive waren die Hilfe für italienische Bestrebungen auf dem Balkan, die Flankensicherung für den geplanten Angriff gegen die Sowjetunion und die Begrenzung des britischen Einflusses im östlichen Mittelmeer. Am 6. April 1941 begann der deutsche Angriff, der mit dem Einmarsch in Athen bereits am 27. April weitgehend seinen erfolgreichen Abschluss fand.
Das Foto zeigt eine beim jugoslawischen Rückzug gesprengte Brücke im Verlaufe der Strecke Klagenfurt–Marburg/Maribor direkt südlich der damaligen Reichsgrenze.
So einfach sich die Eroberung des Balkans gestaltet hatte, so kräftezehrend war fortan die Kontrolle der weiten Gebiete von Slowenien bis zur den griechischen Inseln und zur türkischen Grenze. Außer Soldaten waren auch viele deutsche Eisenbahner und viele deutsche Eisenbahnfahrzeuge in den Ländern gebunden, in denen sich ein zäher und letztlich unbezwingbarer Partisanenkrieg gegen die Besatzungsmacht entwickelte.

Wie die Reichsbahn nach Rußland kam

Am 22. Juni 1941 griff die deutsche Wehrmacht zusammen mit rumänischen Truppen auf einer breiten Front von der Ostsee bis zum Schwarzen Meer die Sowjetunion an. Der blutigste und folgenreichste Konflikt zwischen zwei Völkern oder Staaten in der ganzen Weltgeschichte hatte begonnen. Er sollte über die Ukraine, Weißrußland, Litauen, Lettland, Estland und große Gebiete Rußlands ein jahrelanges Besatzungsregime von beispielloser Grausamkeit bringen, mindestens 30 Millionen Todesopfer kosten, Mittel- und Osteuropa in unvorstellbarem Maße verwüsten, die Sowjetarmee in die Mitte Deutschlands holen, die deutschen Siedlungsräume nicht wie geplant maßlos erweitern, sondern auf Dauer radikal verkleinern und den russischen bzw. kommunistischen Machtbereich für lange Zeit bis über die Elbe ausdehnen.

Deutschland und Rußland – eine wechselvolle Beziehung

Die Beziehungen zwischen Deutschen und Russen hatten nicht geradlinig auf eine solche Konfrontation hingeführt. Preußische bzw. österreichische Monarchen waren in den europäischen Kriegskoalitionen der vergangenen Jahrhunderte Verbündete wie auch Gegner der russischen Zaren gewesen. Die deutsche Kultur hatte in Rußland großes Ansehen genossen. Siedler aus dicht besiedelten deutschen Regionen hatten mit überlegener landwirtschaftlicher Methodik und handwerklicher Kunst Inseln des Wohlstandes in Rußland geschaffen. Deutsche wurden mit Heeres- und Verwaltungsreformen betraut und als Erzieher des Adelsnachwuchses ins Land geholt. Eine deutsche Fürstentochter wurde eine der bedeutendsten Herrscherinnen über das Zarenreich. Rußlands neuerbaute Hauptstadt erhielt einen deutschen Namen: Sankt Petersburg. Umgekehrt waren russische Musik und Literatur in Deutschland wie überall in Europa berühmt,

Erinnerung an einen (aus späterer Sicht paradiesischen) Friedenszustand: Eydtkuhnen war der östlichste Bahnhof Preußens und des Deutschen Kaiserreiches und bis 1914 der wichtigste Grenzübergang zum Zarenreich. Hier auf knapp halbem Wege zwischen Berlin und St.Petersburg mußten die Fahrgäste wegen des Wechsels der Spurweite umsteigen. 28 Stunden dauerte die 1637 km lange Reise nach dem letzten Friedensfahrplan.
Aufnahme: Sammlung Andreas Knipping

russische Adelige waren geschätzte Gäste in deutschen Heilbädern.

Mit den Teilungen Polens zwischen Preußen, Österreich und Rußland begann 1793 eine lange Phase deutsch-russischer Kooperation zu Lasten kleinerer Völker. Die Teilnahme deutscher Soldaten an Napoleons erfolglosem Feldzug nach Moskau wurde nach der Waffenbrüderschaft zwischen Deutschen und Russen in den Befreiungskriegen gegen Napoleon in den Jahren 1812 und 1813 schnell vergessen. Das Völkerschlachtdenkmal in Leipzig, das an dieses Bündnis erinnerte, sollte nach 1871 einer der hochaufgemauerten Eckpfeiler der nationalen Selbstinszenierung des Kaiserreichs werden.

Im weiteren Verlauf des 19. Jahrhunderts nach dem Ende der Ära Napoleon wurde das preußisch-österreichisch-russische Machtkartell zu einem bestimmenden Faktor bei der Niederhaltung nationaler und liberaler Tendenzen in Mittel- und Osteuropa. Das beginnende Zeitalter der Technik gab der deutsch-russischen Zusammenarbeit neue Betätigungsfelder: Borsig und Schwartzkopff bauten Lokomotiven für Rußlands Bahnen, die deutsche Industrie bezog russische Rohstoffe, russisches Getreide half die Ernährung der ab 1870 schnell wachsenden deutschen Bevölkerung sicherzustellen.

Nicht zuletzt ist an die verwandschaftlichen Beziehungen zwischen dem preußischen Königs- und deutschen Kaiserhaus der Hohenzollern und der Zarendynastie der Romanows zu erinnern.

Von einer »Erbfeindschaft« zwischen Deutschen und Russen, wie sie etwa zwischen Deutschland und Frankreich beschworen wurde, konnte also keine Rede sein. Allerdings gehörte zu den gängigen nationalistischen Klischees der Kaiserzeit neben der Verachtung der vermeintlich »unernsten und faulen« romanischen Völker auch der selbstgefällige Vergleich des »edlen« deutschen Nationalcharakters mit der angeblichen kulturellen Wüste in den Ländern der »naturverhafteten« und »blutgierigen« Slawen.

Daß Deutschland und Rußland 1914 zu Weltkriegsgegnern wurden, lag nicht an Konflikten zwischen den beiden Reichen. Unmittelbar ursächlich hierfür waren vielmehr Bündnisverpflichtungen Rußlands gegenüber Serbien und Deutschlands gegenüber Österreich-Ungarn. In drei Jahren erbitterter Kämpfe ging es beiden Seiten letztlich um das Gleiche: Um den Fortbestand unzeitgemäßer Monarchien und um die Beherrschung kleinerer Völker vom Baltikum über Polen bis Rumänien.

Rußland erzielte im August 1914 sofort Erfolge gegen das zunächst in Belgien und Frankreich vordringende Deutschland und gegen Österreich. Aus Ostpreußen konnte die zaristische Armee nach der »Schlacht bei Tannenberg« wieder vertrieben werden. 1915 wurde sie mit deutscher Hilfe auch aus dem österreichischen Galizien zurückgedrängt. Ebenfalls 1915 eroberten deutsche Armeen Russisch-Polen und Litauen.

Das Deutsche Reich als Geburtshelfer und harter Vertragspartner Sowjetrußlands

1917 zeigten die Völker des Zarenreiches immer deutlichere Kriegsmüdigkeit. Im März kam es zur Revolution. Bürgerliche und gemäßigt linke Parteien erkämpften den Weg zu einer Demokratisierung Rußlands. Der Zar dankte ab. Das neue Regime zeigte jedoch keine Neigung, den Krieg schnell zu beenden. Dies war vielmehr das Programm der vom Schweizer Exil aus gesteuerten linken »Bolschewiki«.

Es kam nun zu einem der kuriosesten »Geschäfte« der Weltgeschichte: Die erzkonservative, jeder Form von Sozialismus zutiefst abgeneigte Oberste Heeresleitung des Deutschen Kaiserreiches verfiel auf den kühnen Gedanken, dem Führer der russischen Kommunisten W. I. Lenin die Reise von Zürich nach Petrograd zu gestatten, um ihm dort den kriegsbeendenden Umsturz zu ermöglichen. Hierdurch hoffte die deutsche Führung, dem immer bedrohlicheren Zangengriff des Zwei-Fronten-Krieges zu entkommen.

Am 9. April 1917 betrat Lenin mit 31 weiteren russischen Emigranten im badischen Grenzbahnhof Gottmadingen deutschen Boden. Am 12. April kam der militärisch eskortierte Sonderzug in Saßnitz an, wo die Reisenden aufs Fährschiff nach Schweden umstiegen. Am 16. April trafen sie in Petrograd ein. Die Rechnung der deutschen Machthaber ging auf: Am 8. November desselben Jahres (nach alter russischer Zeitrechnung am 26. Oktober) rissen die Bolschewiki unter Lenins Führung die Macht in Rußland an sich. Bereits am 15. Dezember 1917 unterschrieb die neue Regierung des vom Kriege zerrütteten Landes mit den Mittelmächten einen Waffenstillstand, der einer Kapitulation gleichkam.

In den darauffolgenden Friedensverhandlungen erhoben Deutschland und Österreich-Ungarn weitrei-

Die 1916 abgestempelte Feldpostkarte zeigt den Bahnhof Brest-Litowsk, der in diesem Buch noch mehrfach gezeigt werden wird. 1918 wurde in dieser Stadt der Frieden zwischen dem Kaiserreich und dem revolutionären Rußland unterzeichnet, 1939 wurde sie aufgrund des Hitler-Stalin-Paktes sowjetisch, der Bahnhof wurde wichtigster Grenzübergang zwischen den beiden Diktaturen. 1941 überschritt die Wehrmacht die neue Grenze; unzählige Soldaten in der einen und Gefangene in der anderen Richtung fuhren fortan durch den Schicksalsbahnhof Brest-Litowsk in ein jeweils fremdes Land, das ihnen die unterschiedlichsten Schicksale bereiten sollte.
Aufnahme: Sammlung Andreas Knipping

chende Forderungen: Russisch-Polen, Litauen, Lettland, Teile von Estland, die Ukraine und Weißrußland sowie auch das 1916 von deutschen Truppen niedergeworfene Rumänien sollten bei formeller Selbständigkeit künftig dem deutschen bzw. österreichischen Machtbereich angehören. Als nach einem Separatfrieden mit der Ukraine vom 9. Februar 1918 die Verhandlungen mit Sowjetrußland scheiterten und die ukrainische Regierung um Hilfe gegen die Bolschewiken ersuchte, überschritten deutsche Truppen am 18. Februar die Waffenstillstandslinie. Sie konnten, da sie auf keinen nennenswerten Widerstand mehr stießen, für ihren Vormarsch weithin die Bahnstrecken benutzen. Die Besetzungsaktion ging daher als »Eisenbahnkrieg« in die Geschichte ein. General Groener, der damalige Chef des Feldeisenbahnwesens, erinnerte sich[1]: »Die militärische Aufgabe erwies sich bei dem Ukraine–Unternehmen als die leichteste. Mit verhältnismäßig wenig Truppen wurde das weite Land rasch und ohne großen Widerstand besetzt. Die deutschen Truppen gingen auf Eisenbahnen vor, improvi-

[1] Wilhelm Groener, Lebenserinnerungen, Göttingen 1957, S. 386

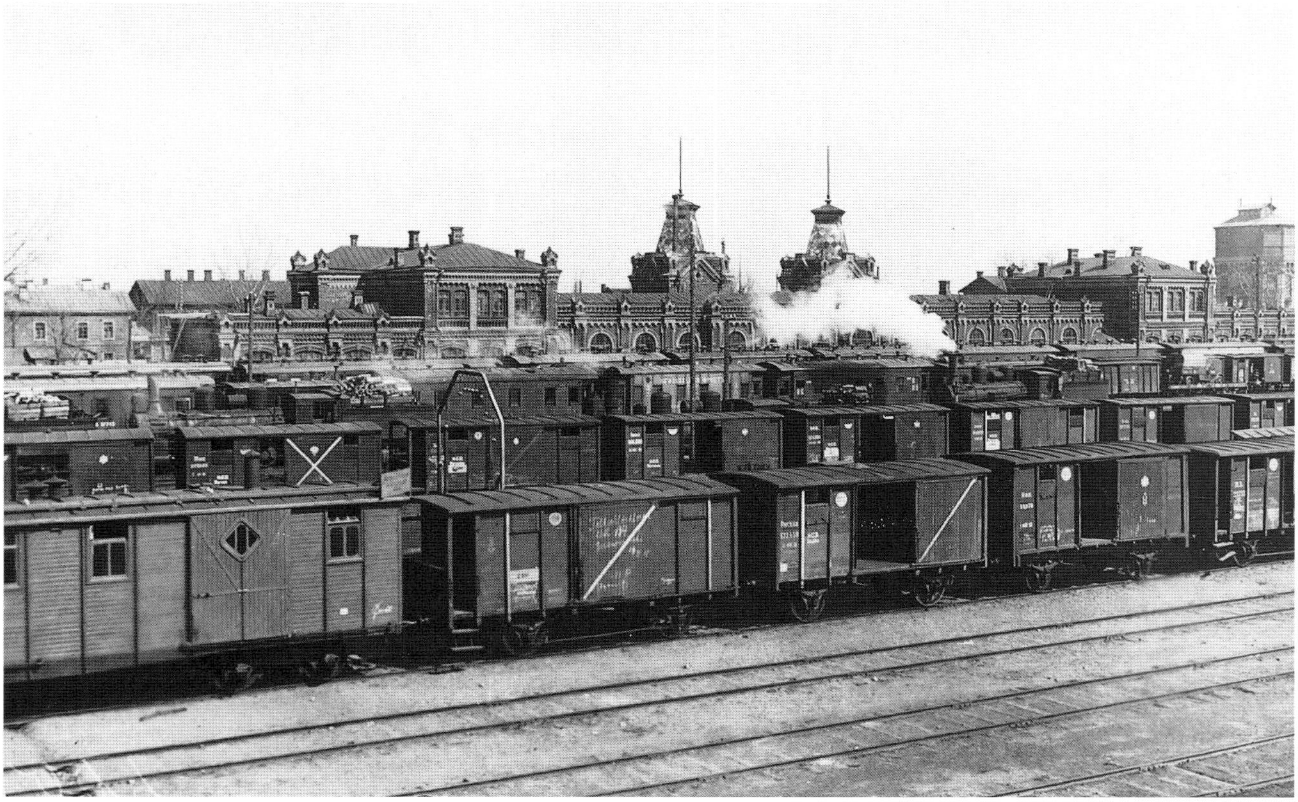

Reger Betrieb herrscht in diesem russischen Bahnhof gegen Ende des Ersten Weltkrieges. Allein drei Güterzuglokomotiven der Reihe O sind erkennbar. Nur wenige deutsche Kreidebeschriftungen auf den Wagen verraten, daß der komplett mit russischem Material auf Breitspur durchgeführte Personen- und Güterverkehr unter deutscher Regie steht.
Aufnahme: Sammlung Andreas Knipping

sierten mit großem Geschick Panzerzüge, mit denen sie die Bolschewiken vor sich her jagten. Da zu wenig Eisenbahnpersonal vorhanden war, mußten die Soldaten selbst lernen, mit den Eisenbahnen umzugehen, und sie lernten es überraschend schnell; sie luden selbst ein und aus, bauten Rampen, stellten ausgerissene Gleise und zerstörte Brücken wieder her. Sie stießen mit kleinen Abteilungen durch den Feind hindurch an der Bahnlinie entlang, hinter sich den Feind, nur die Bahn notdürftig besetzt... Binnen zweieinhalb Monaten war ein Landgebiet in unserer Hand, größer als Deutschland«

Am 3. März 1918 mußte die Sowjetregierung in Brest-Litowsk den Frieden gemäß den deutschen Bedingungen unterschreiben. Bis dahin waren die deutschen Armeen bis zu einer Linie Pskow (Pleskau)–Witebsk–Orscha–Mogilev–Gomel–Kursk–Rostow vorgedrungen. Im April und Mai 1918 rückten sie ungeachtet des Vertrages weiter bis Georgien und auf die Krim vor. Über der Erinnerung an Hitlers Rußlandfeldzug wurde später fast vergessen, daß ein großer Teil der ab 1941 okkupierten Gebiete bereits 23 Jahre zuvor eine deutsche Besetzung erlebt hatte – freilich ohne die Elemente von Vernichtungskrieg und Völkermord.

Mehrere deutsche und schwedische Hersteller bauten Anfang der zwanziger Jahre insgesamt 1200 kräftige Fünfkuppler der Reihe Э für die Sowjetische Staatsbahn. So manche sollte ab 1941 unter deutsche Herrschaft geraten.
Aufnahme: Sammlung Andreas Knipping

Die Rohstoffe und Nahrungsmittel der 1918 eroberten Gebiete trugen mit dazu bei, daß Deutschland im Westen noch einige Monate standhalten konnte. Der so unwirklich leichte Feldzug von 1918 sollte bei der Planung des Unternehmens von 1941 noch eine verhängnisvolle Rolle spielen: Besonders Hitler war davon überzeugt, die Bolschewiken militärisch nicht ernst nehmen zu müssen und zitierte die alte Formel von Rußland bzw. der Sowjetunion als dem »Koloß auf tönernen Füßen«.

Wer später von deutscher Seite die Härte der Friedensbedingungen von Versailles beklagte, hätte sich an das Diktat von Brest-Litowsk erinnern sollen: Hier war der »Frieden als Fortsetzung des Krieges mit anderen Mitteln« beispielhaft vorexerziert worden. Zugleich war Brest-Litowsk ein Exempel für den »modernen« Unterwerfungsfrieden, der sich nicht mit der Übernahme von Grenzfestungen und der Annexion strategisch wichtiger Gebietsstreifen aufhielt, sondern auf lange Sicht die Ausbeutung ganzer Wirtschaftsräume sicherstellte. Spätestens seit Kriegsbeginn hatten die »alldeutschen« Militärs und Industriellen neben Annexionen in Belgien und Nordfrankreich mit Nachdruck ein deutsches Ostimperium angestrebt, das dem Reich künftig alle wirtschaftlichen Sorgen nehmen sollte.

Die Niederlage des deutschen Reiches im Westen ließ den Frieden von Brest-Litowsk vom März 1918 noch im selben Jahr zu Makulatur werden. Wenig später aber kämpften versprengte Verbände der kaiserlichen Armee und »Freikorps« aus ehemaligen deutschen Frontsoldaten Seite an Seite mit westalliierten Truppen gegen die Bolschwisten: Der sowjetische Bürgerkrieg hatte begonnen – und der antijüdisch-antislawisch-antibolschewistische Feldzug rechtsextremer deutscher Fanatiker, der gut zwei Jahrzehnte später Millionen unschuldige Opfer fordern sollte.

Von Rapallo zum Hitler-Stalin-Pakt: Wechselbäder der deutsch-sowjetischen beziehungen

Als die Oberste Heeresleitung unter Ludendorff und Hindenburg 1917 Lenin nach Rußland reisen ließ, ahnte sie nicht, daß der revolutionäre Funke keine zwanzig Monate später nach Deutschland überspringen würde. Im November 1918 wehte die rote Fahne auch auf den Schiffen der kaiserlichen Marine und auf den Regierungsgebäuden in Berlin. Für Jahrzehnte wurde nun die »rote Gefahr aus dem Osten« zur Lieblingslegende der deutschen Rechten. Daß die deutsche Staats- und Gesellschaftsordnung 1918 selbst genügend revolutionären Zündstoff barg, übersah man bei der Vorstellung einer – unter angeblicher Vermittlung eines »internationen Judentums« – heimtückisch nach Deutschland exportierten Revolution sehr gerne.

Die Feindbilder der Nationalisten und Militaristen konnten nicht verhindern, daß die aus dem Bürgerkrieg hervorgegangene Sowjetunion und das Deutsche Reich alsbald gemeinsame Interessen erkannten: Beide Staaten, das kommunistische Riesenreich genauso wie die in Versailles unnötig gedemütigte Weimarer Republik, waren auf internationaler Ebene geächtet. Die Sowjetunion war auf Handelsbeziehungen mit dem kapitalistischen Ausland dringend angewiesen. Die deutsche Lokomotivindustrie konnte 1920 einen in der weltweiten Nachkriegsrezession unschätzbaren sowjetischen Auftrag über nicht weniger als 700 Güterzuglokomotiven verbuchen.

1922 schlossen Deutschland und die Sowjetunion im italienischen Rapallo ein umfassendes Abkommen über die Bereinigung von Kriegsfolgen, die diplomatischen Beziehungen und den Handel zwischen beiden Staaten. Schon vorher hatte eine geheime militärische Zusammenarbeit begonnen: Die der Weimarer Republik zugestandene, auf 100 000 Mann beschränkte Reichswehr durfte in den Weiten Rußlands Übungen mit friedensvertraglich verbotenen Waffengattungen abhalten, während die Rote Armee Waffen aus Deutschland bezog. Die kuriose Zusammenarbeit von 1917 zwischen monarchistischer deutscher Armeeführung und weltrevolutionärem Kommunismus hatte ihre Fortsetzung gefunden. Für die deutsch-sowjetische Partnerschaft mag auch der Umstand eine Rolle gespielt haben, daß man einen gemeinsamen außenpolitischen Gegner erkannt hatte: Wie schon mehr als hundert Jahre zuvor gab es zwischen Deutschen und Russen wieder einen polnischen Staat. Er reichte im Westen in deutsches, im Osten in ukrainisches und weißrussisches Siedlungsgebiet hinein. Seine Grenzen, letztlich aber auch seine Existenz, wurden von beiden großen Nachbarn nicht akzeptiert.

Ab 1933 waren die Haßphantasien von einer bolschewistisch-jüdischen Weltverschwörung und ihrer Schuld an Niederlage und Umsturz von 1918 in Deutschland Staatsdoktrin, der Verfasser der in »Mein Kampf« formulierten östlichen Lebensraumpläne bestimmte nun die Politik des Reiches. Um so mehr überraschten Hitler und Stalin am 23. August 1939 die Welt mit dem Abschluß eines Nichtangriffspaktes. Dieser war verbunden mit einem geheimen Zusatzprotokoll, das Osteuropa vom Baltikum bis Rumänien in »Interessensphären« aufteilte.

Die Kommunisten in aller Welt stürzten in tiefe Ratlosigkeit, hatte ihnen doch das »Vaterland der Werktätigen« als Zentrum des internationalen Kampfes gegen Faschismus und Krieg und als unbeugsamster Bundesgenosse gegen Hitler gegolten. Sehr schnell zerschlugen sich Illusionen, daß Stalin etwa nur zur Vermeidung einer Einkreisung der Sowjetunion einen taktischen Winkelzug ausgeführt habe, der an der grundsätzlichen antifaschistischen Orientierung Moskaus nichts ändern würde. Nein: Auch in der Sowjetunion selbst endete schlagartig jede antifaschistische Propaganda; deutsche und österreichische Emigranten wurden von einem Tag auf den anderen von Helden des proletarischen Internationalismus zu unerwünschten Ausländern herabgestuft, nicht wenige sogar an die Gestapo ausgeliefert. Stalins Sowjetunion war längst nicht mehr das Mutterland einer Revolution, die den Arbeitern der Welt Befreiung von Ausbeutung und Hunger versprach, sondern eine auf schrankenlose geheimpolizeiliche Willkür und zynischen Justizterror gestützte Diktatur mit deutlichen Zügen eines riesenhaften Arbeitslagers.

Der deutsche Angriff auf Polen begann nur eine Woche nach dem Abkommen am 1. September 1939. Polen wurde nach makaberster imperialistischer Tradition geteilt. Weite Gebiete im Westen und Norden des Landes wurden ins Reichsgebiet eingegliedert, Zentralpolen wurde als »Generalgouvernement« unter einen halbkolonialen Status gestellt, der Ostteil von der Sowjetunion annektiert. 1940 brachte die Sowjetunion auch alle anderen Gebiete östlich der mit Hitler vereinbarten »Interessengrenze« an sich, das bedeutete die Annexion Estlands, Lettlands, Litauens und der nordöstlichen Teile Rumäniens. Ein umfassendes Handelsabkommen sorgte dafür, daß russisches Öl Hitlers Kriegsmaschine im Frankreichfeldzug schmierte und russisches Getreide seine Soldaten nährte.

Die Eisenbahnverwaltungen in Ostmitteleuropa ab 1939

Schon die deutsche Gewaltaktion im März 1939 hatte die Landkarte der Bahnverwaltungen verändert: Die durch die deutsche Annexion des »Sudetenlandes« und durch die erzwungene Abtretung von Gebieten auch an Polen und Ungarn 1938 stark verkleinerten Tschechoslowakischen Staatsbahnen waren in die »Böhmisch-Mährischen Bahnen« im »Protektorat Böhmen und Mähren« und in die Slowakischen Staatsbahnen aufgeteilt worden.

Die Teilung Polens 1939 hatte erhebliche Auswirkungen auf dem Gebiet der Eisenbahnorganisation:

- Das Streckennetz in den vom Reich annektierten Gebieten im nördlichen und westlichen Polen gehörte ab 1939 zur Deutschen Reichsbahn. Die schon bestehenden Reichsbahndirektionen Oppeln, Breslau und Königsberg wurden vergrößert, die Reichsbahndirektionen Danzig und Posen neugegründet.
- Die Bahnen im »Generalgouvernement« wurden einer »Generaldirektion der Ostbahn« mit Sitz in Krakau unterstellt, die im Laufe des Krieges in ihrer Organisation immer mehr der Reichsbahn angeglichen wurde und deren Lokomotiven auch Reichsbahnnummern erhielten.
- Die Bahnen in den baltischen Staaten und den polnischen und rumänischen Gebieten östlich der »Interessengrenze« wurden der Sowjetischen Staatsbahn zugeschlagen. Im Frühjahr 1941 begann die Umspurung der Gleise auf die in Rußland bzw. in der Sowjetunion seit jeher üblich gewesenen 1524 mm.

Das »Unternehmen Barbarossa«

Gleich nach dem Sieg über Frankreich im Juni 1940 ließ Hitler unter der Tarnbezeichnung »Barbarossa« die Planungen für den Angriff auf die Sowjetunion anlaufen. Er hatte ja »seinen« großen Krieg nicht um Danzig oder den polnischen Korridor und nicht für Elsaß-Lothringen vom Zaun gebrochen, sondern zur Erringung der Weltherrschaft auf der Basis eines weit nach Osten ausgedehnten Imperiums. Schon Monate bevor der erste Wehrmachtssoldat die deutsch-russische Demarkationslinie überschritt, war in Grundzügen der »Generalplan Ost« konzipiert, der für die Slawen und Juden des zu erobernden »Raumes« in jeweils zweistelliger Millionenzahl die »Dezimierung« und die »Aussiedlung« in Richtung Sibirien vorsah.

Ein überspanntes strategisches Ziel verband Hitler zusätzlich mit dem geplanten »Ostfeldzug«: Nachdem die Fortsetzung des Frankreichfeldzuges über den Kanal nach England recht kläglich gescheitert war, sollte das britische Weltreich nun »von hinten« auf dem Wege über Rußland und Indien »aufgerollt« werden. Jede realistische Einschätzung der Möglichkeiten der Wehrmacht und der Reserven der deutschen Volkswirtschaft war ihm offensichtlich längst verloren gegangen. Hitler sah den Rußlandfeldzug denn auch nicht als sein schwierigstes oder riskantestes Projekt an. Er war weithin ein Gefangener von Erfahrungen und Vorstellungen aus dem Ersten Weltkrieg und glaubte von daher, nach dem unerwartet schnellen Sieg vom Juni 1940 über das im Ersten Weltkrieg so hartnäckige Frankreich könne die Vernichtung des »jüdischen Bolschwismus« keine große Anstrengung mehr kosten.

Die Goebbels-Propaganda rechtfertigte den Überfall auf die Sowjetunion mit angeblichen Angriffsplänen von dortiger Seite. Solche Theorien wurden bis in die neueste Zeit immer wieder vertreten. Richtig ist sicher, daß der berechnende Taktiker Stalin seinen Pakt mit Hitler nicht als für alle Zeiten verbindlich ansah, sondern in Ruhe abwarten wollte, bis sich Deutschland und die Westmächte gegenseitig soweit geschwächt haben würden, daß er als lachender Dritter auf den Plan treten könnte. Genauso sicher ist aber auch, daß Stalin 1941 weder auf Angriff noch auf Verteidigung eingestellt war. Die »Liquidierung« der wichtigsten Generäle der Roten Armee im Zuge der politischen Prozesse der dreißiger Jahre hatte die Sowjetunion militärisch geschwächt und der deutschen Führung Hoffnung auf ein leichtes Spiel gemacht. Gerade der Ablauf der Kampfhandlungen in den ersten Monaten des deutschen Angriffs zeigte überdeutlich, daß die Rote Armee zunächst kaum kriegsbereit war. Schon im Dezember 1940 beschäftigte sich Hitler im Detail mit den Zielvorgaben für die einzelnen Heeresgruppen im Osten – und mit ihrer weiteren Verwendung nach dem erfolgreichen Abschluß des Ostfeldzuges. Eine Analyse der deutsch-sowjetischen Wirtschaftsbeziehungen von Anfang 1940 bis Juni 1941 schließlich läßt erkennen, daß die Sowjetregierung mit den Öl- und Getreidelieferungen an das Reich bis an die Grenze der Leistungsfähigkeit ihrer Wirtschaft ging, um den seit dem Frankreichfeldzug durchaus gefürchteten Partner im Westen bei Laune zu halten. »Während in der Nacht vom 21. auf den 22. Juni die deutschen Sturmtruppen am San bei Przemysl auf die Stunde des Vormarsches warteten, rollten die sowjetischen Züge mit Erdöl weiter donnernd über die Brücke ins deutsch besetzte Gebiet.«[2]

Stalin schlug im Frühsommer 1941 eine ganze Reihe von Warnungen in den Wind, die ihm vom eigenen Geheimdienst und von deutschen Hitlergegnern zugetragen wurden. Grund zu höchster Wachsamkeit und Sorge hätte in jeden Falle bestanden, denn die deutschen Stellen konnten die umfassenden Baumaßnahmen kaum tarnen, die 1940/41 an den Verkehrswegen in Polen ausgeführt wurden. Genausowenig konnte verborgen bleiben, daß von Januar bis Juni 1941 nicht weniger als 33 800 Züge mit Truppen und Ausrüstung an die Demarkationslinie in Polen rollten.

Die Bündnisse des Deutschen Reiches mit Rumänien, Ungarn und der Slowakei ermöglichten es, die Sowjetunion auf einer vom Schwarzen Meer bis zur Ostsee reichenden Front anzugreifen. Finnland, das kurz vorher Opfer eines sowjetischen Überfalls geworden war, nahm an einer karelischen Front an der Offensive teil. Am 22. Juni 1941 um 3.15 Uhr eröffneten 118 Infanteriedivisionen, 15 motorisierte Divisionen und 19 Panzerdivisionen mit zusammen etwa über 3 Millionen Soldaten die Kampfhandlungen. Der erste zu erobernde Gebietsstreifen war noch nicht lange sowjetisch: Ostpolen, Litauen, Lettland, Estland und die zuvor rumänischen Gebiete Nordbukowina und Bessarabien hatte die Sowjetunion ja erst 1939 und 1940 aufgrund des Hitler-Stalin-Paktes annektiert.

Das Tempo der ersten Vormärsche entsprach den in Berlin gehegten Erwartungen. Der Wehrmacht gelangen die größten Einkesselungen der Kriegsgeschichte. Kesselschlachten wie die von Bialystok und Minsk brachten im Sommer und Herbst 1941 an mehreren

[2] Hermann Teske, Die silbernen Spiegel, Heidelberg 1952, S.92

Orten jeweils 100 000 bis 650 000 sowjetische Gefangene in deutsche Gewalt. Nun fanden Hitlers Befehle Anwendung, die dem Krieg im Osten einen grundsätzlich anderen Charakter gaben als den Feldzügen des Ersten Weltkriegs und den in Polen, Skandinavien, Westeuropa und auf dem Balkan seit 1939 geführten. Die eingekesselten und entwaffneten Heere wurden zunächst tage- und wochenlang ohne jede Nahrung in den unwirtlichen Kampfgebieten unter freiem Himmel gefangengehalten und so dem massenhaften Tod durch Hunger und Seuchen preisgegeben. Die »Richtlinien des Oberkommandos der Wehrmacht für die Behandlung politischer Kommissare« vom 6. Juli 1941 verlangten die sofortige Tötung jedes gefangengenommenen Parteifunktionärs in der Roten Armee. Ebenfalls aus der Menge der Gefangenen ausgesondert und sofort erschossen wurden Soldaten, deren Aussehen auf jüdische oder asiatische Herkunft schließen ließ. Auch nachdem die sowjetischen Gefangenen endlich in halbwegs geordnete Lager im Reichsgebiet überführt worden waren, deportierten die Wehrmacht und die SS zehntausende von ihnen zur Erschießung in die Konzentrationslager. Krankheit oder Verwundung war genauso ein Todesurteil wie der Eindruck intellektueller Befähigung oder politischer Meinungsführerschaft. Widerstand der Generalität der Wehrmacht gegen die Zugriffe des Reichssicherheitshauptamtes auf die im Kampf gefangen genommenen wehrlosen Gegner blieb selten. Von insgesamt etwa 5 Millionen sowjetischen Gefangenen der Wehrmacht im Zweiten Weltkrieg starben bis 1945 nicht weniger als 60 %, davon sehr viele aufgrund der genannten Maßnahmen bereits im Sommer 1941.

Der vorrückenden Wehrmacht folgten »Einsatzgruppen«, die mit der sofortigen Ermordung der jüdischen Zivilbevölkerung in den eroberten Gebieten beauftragt waren. Tausende von Juden wurden Tag für Tag aus den soeben besetzten Städten und Dörfern getrieben, ohne besondere Geheimhaltung erschossen und in Massengräbern notdürftig verscharrt. Wehrmachtseinheiten leisteten hierbei vielfältige Hilfe. Die nach Berlin geschickten Statistiken bilanzierten makabre Triumphe der Vernichtungswut: Allein am 29. August erschossen die Deutschen bei Kamenez-Podolski 14 000 und am 29. und 30. September bei Kiew 33 780 Juden.

Aus den besetzten Gebieten wurden Lebensmittel und andere Wirtschaftsgüter ohne jede Rücksicht auf die Bedürfnisse der Bevölkerung abtransportiert. Soweit man es für zweckmäßig ansah, bediente man sich hierzu bedenkenlos der vorgefundenen zwangskollektivistischen Bürokratie, die ja in Ostpolen und im Baltikum gerade erst eingeführt war.

Daß Nachrichten über all diese Maßnahmen über die Front dringen würden und den Kampfeswillen der Roten Armee steigern würden, nahmen »Führer« und OKW genauso in Kauf wie die schnelle Entwicklung einer Partisanenbewegung in der Zivilbevölkerung, die mancherorts (namentlich in der Ukraine) zunächst mit Blumen die vermeintlichen Befreier vom stalinistischen Joch begrüßt hatte.

Schon Anfang August 1941 mußten die deutschen Truppen feststellen, daß sie inzwischen einer geordneten sowjetischen Front begegneten. Auch wenn diese Front noch monatelang schnell zurückweichen mußte, war doch das Ziel des »Blitzkrieges«, nämlich die Zertrümmerung der gegnerischen Abwehrstruktur im ersten Ansturm, bereits gescheitert. Auch wenn am 5. August Smolensk und am 19. September Kiew eingenommen werden konnten, auch wenn Leningrad ab 8. September 1941 vollständig von deutschen Truppen eingeschlossen war und die Zahl der sowjetischen Gefangenen bis November 1941 die Zahl von 3,6 Millionen erreichte: Rußland war noch groß, Moskau noch weit, die wirtschaftlich leistungsfähigen Gebiete Zentralrußlands zwischen Moskau und dem Ural unerreichbar.

Am 11. Juni 1917 wurde diese Ansichtskarte von Bialystok nach St. Vith (Eifel) geschickt. Sie zeigt einen russischen Lokschuppen mit Normalspurloks aus Preußen und aus Russisch-Polen. Das bis zum Ersten Weltkrieg russische Bialystok wurde 1915 von den Deutschen besetzt, fiel nach dem polnisch-sowjetischen Vertrag von 1921 an Polen, wurde 1939 im Hitler-Stalin-Pakt der Sowjetunion zugesprochen und alsbald von dieser besetzt, 1941 von der Wehrmacht erobert und dem Reichsgebiet einverleibt, 1944 von der Roten Armee zurückerobert und kam 1945 wieder zu Polen. Die im Ersten Weltkrieg eingeführte Anschrift des Heimatbetriebswerkes mit großen Buchstaben an Rauchkammer oder Schornstein wurde auch im Zweiten Weltkrieg üblich.
Aufnahme: Sammlung Andreas Knipping

Die unter Dauerregen mehr und mehr verschlammenden Straßen machten den deutschen Vormarsch ab Anfang Oktober 1941 immer mühsamer und langsamer. Noch im Oktober setzten Schneefälle und Frostwetter ein. In völlig ungenügender Sommerbekleidung waren die Wehrmachtssoldaten ab November Temperaturen von 20 bis 30 Grad Kälte ausgesetzt. Rasch zunehmende und immer besser organisierte

W. Steiner: »Zur Verladung bereitstehende Kleinlok«

Eine alte Bekannte aus dem Ersten Weltkrieg war die Brigadelok der deutschen Heeresfeldbahnen. Das gezeigte Exemplar HF 2690 wurde erst 1919 von Borsig gebaut und vom Eisenbahn-Ersatzpark Sperenberg nach Polen abgegeben, stand bis 1939 im Dienste der Polnischen Staatsbahn, wurde unter deutscher Herrschaft zur 99 1563 umgezeichnet und nach 1941 in der besetzten Sowjetunion verwendet. Laut Anschrift gehört sie zum Kleinbahn-Bw Janow-Poleski östlich von Brest-Litowsk im vormaligen Ostpolen. Am 5. Januar 1943 hat sie eine L 2-Ausbesserung erhalten.

Partisanentätigkeit trug dazu bei, daß sich auch die Deutschen immer mehr in jener Hölle fühlen mußten, die sie den Bewohnern des eroberten Landes zugedacht hatten.

Da der Kraftwagenverkehr zur Versorgung der tausend Kilometer von der Heimat entfernten Front völlig ausgefallen war, hingen die militärische Handlungsfähigkeit wie auch das Leben der Soldaten erstmals im Zweiten Weltkrieg von den Leistungen des Eisenbahnwesens im besetzten Land ab. Der Zweite Weltkrieg war entgegen den Vorstellungen und Wünschen der deutschen Führung wie der Erste zum »Eisenbahnkrieg« geworden.

Zur Geschichte des deutschen Militäreisenbahnwesens vom deutsch-französischen Krieg bis zum Rußlandfeldzug

Der auto- und flugzeugselige »Führer« mußte sich erst unter dem Eindruck des russischen Winters von der Bedeutung der Eisenbahn für die Kriegführung überzeugen lassen. Jahrzehnte vorher, spätestens nach dem deutsch-französischen Krieg von 1870/71 waren sich politische Führung und Generalität über diese Bedeutung klar gewesen. Bei den Armeen Preußens und Bayerns wurden nach der Reichsgründung spezielle Eisenbahntruppen geschaffen, die Bahnbau und Bahnbetrieb für den Kriegsfall übten. Dem Chef der Eisenbahnabteilung des Großen Generalstabes war für Zeiten von Mobilmachung und Krieg umfassende Befehlsgewalt über alle Bahnen in der Heimat wie im Feindesland eingeräumt.

Am 1. August 1914 trat der Ernstfall ein. Unter weitgehender Stillegung des zivilen Verkehrs wurden bis 10. August mit 11 100 Kriegstransporten 3 120 000 Mann und 860 000 Pferde an die westliche und die östliche Reichsgrenze gebracht. Wenig später hatten die Eisenbahnpioniere Strecken und vor allem Brücken in Belgien und Frankreich wieder aufzubauen und hinter der schnell vorrückenden Front die Wiederaufnahme des Bahnbetriebes zu ermöglichen. Vier Jahre lang leiteten deutsche »Militär-Eisenbahn-Direktionen« (MED) fortan den Eisenbahnbetrieb in fast ganz Belgien und einem bedeutenden Teil Frankreichs, nach den weiteren Eroberungen ab 1915 auch den Bahnbetrieb in Russisch-Polen, Litauen und Serbien und ab 1916 in Rumänien. Der zunächst notdürftige Wiederaufbau ging fast überall sogleich in eine intensive Neubautätigkeit über, deren Spuren besonders im ostmitteleuropäischen Eisenbahnnetz bis heute erkennbar sind.

Typisch für den Ersten Weltkrieg wurden außer den Vollbahnen u.a. mit preußischen, bayerischen, sächsischen, österreichischen, belgischen und rumänischen Lokomotiven und Wagen die 600 mm-Schmalspurbahnen, die in Frankreich auf kürzerer Distanz die Spitzen des Normalspurbetriebes mit der Front verbanden, in Russisch-Polen, Litauen und Mazedonien hingegen größere Räume mit schlechter Verkehrsstruktur auch weit hinter den Fronten erschlossen. So manche 600 mm-Brigadelok des Ersten Weltkrieges sollten die deutschen Eroberer ab 1939 wiedersehen.

In dem 1917 erreichten vollen Ausbauzustand dienten dem deutschen Feldeisenbahnwesen in den besetzten Gebieten nicht weniger als 442 000 Mann, davon 108 000 Köpfe militärisches Personal, 70 000 deutsche Zivileisenbahner, 45 000 Kriegsgefangene und 219 000 Einheimische.

Erfahrungen aus dem Kriegsbetrieb des Ersten Weltkrieges etwa beim Bau von Behelfsbrücken nach dem Baukastensystem, bei der Lenkung des Betriebes im Falle längerer Sperrungen von Strecken oder Richtungsgleisen und bei der überörtlichen Leitung des Zugverkehrs in Krisenzeiten blieben auch nach der Niederlage von 1918 nicht nur Bestandteil des militärtechnischen Wissensschatzes, sondern flossen auch für immer in die zivile Eisenbahnpraxis ein.

Ab 1938 verlangte die politische Führung von der Eisenbahn wieder die Lösung größerer militärischer Aufgaben. Bei der Besetzung Österreichs, des Sudetenlandes und der zentraltschechischen Gebiete 1938/39 beschränkten sich diese auf den Truppentransport an die Grenzen. Die Vormärsche wurden von motorisierten Verbänden ausgeführt. Die Eroberungen Polens, Dänemarks, Norwegens, Luxemburgs, der Niederlande, Belgiens, Frankreichs, Jugoslawiens und Griechenlands 1939 bis 1941 gelangen nach Eisenbahnaufmärschen mittels Panzertruppen, motorisierter Verbände und Luftwaffe so schnell, daß bei der vollen Inbetriebnahme der Eisenbahnen in den besetzten Gebieten die Kampfhandlungen bereits wieder beendet waren. Aufgrund der Schnelligkeit der Vorstöße hielten sich Zerstörungen von Bahnanlagen durch zurückweichende Truppen in Grenzen. Wenn die »Großdeutsche« Reichsbahn und die unter deutscher Aufsicht fahrenden Bahnen im besetzten Teil Europas zwischen 1938 und 1941 stets an den Grenzen ihrer Leistungsfähigkeit arbeiteten, dann weniger wegen unmittelbarer militärischer Anforderungen etwa hinter schwer umkämpften Fronten oder wegen Kriegszerstörungen, sondern wegen der ausufernden Inanspruchnahme einer in den zwanziger und dreißiger Jahren kaum verbesserten Bahnstruktur durch eine immer mehr expandierende Kriegswirtschaft. Die Investitionen der Expansionsjahre hielten mit der Aufgabensteigerung bei weitem nicht mit.

Völlig veränderte Verhältnisse ergaben sich im Verlaufe des Rußlandfeldzuges. Die Entfernungen zwischen der Heimat bzw. den polnisch/rumänischen Aufmarschräumen und der Front sowie die Straßenzustände im »Osten« überforderten alsbald die Möglichkeiten des Kraftverkehrs. Entgegen den deutschen Erwartungen gelang es den Sowjets, den größten Teil ihrer Eisenbahnfahrzeuge beim Rückzug mitzunehmen. Somit sahen sich die Eroberer gezwungen, die sowjetischen Bahnen von der russischen Breitspur (1524 mm) auf die Normalspur (1435 mm) umzunageln und deutsche Lokomotiven und Wagen einzusetzen, deren massenhafter Abzug zu großen Transportproblemen in der Heimat führte.

Zur Organisation des Eisenbahnwesens in der besetzten Sowjetunion stellte die Wehrmacht bereits im April 1941 vorsorglich drei »Feldeisenbahndirektionen« (FBD) mit Betriebs-, Maschinen- und Werkstättenämtern in einer Stärke von jeweils etwa 10 000 Mann (zumeist eingezogenen Eisenbahnern) und zwei neue Eisenbahnpionierregimenter auf. Nachdem die FBD 1 in Jugoslawien zum Einsatz kam, wurde für den Ostfeldzug eine FBD 4 gebildet. Die FBD'en 2, 3 und 4 waren mit wechselnden Standorten für die Operationsgebiete der Heeresgruppen Mitte, Süd und Nord (in dieser Reihenfolge) zuständig.

Da die Wehrmacht mit diesen militärischen Eisenbahnbehörden und ihren »(feld)grauen Eisenbahnern« nicht das riesige eroberte Netz betreiben konnte, wurden gemäß Befehl vom 6. September 1941 für das rückwärtige Gebiet vier »Haupteisenbahndirektionen« (HBD) in Riga, Brest-Litowsk (später Minsk), Lemberg (später Kiew) und Poltawa (später Dnjepropetrowsk) eingerichtet. Als Oberbehörde wurde für sie die »Betriebsleitung Osten beim Chef des Transportwesens« in Warschau-Praga gebildet.

Aus den Organisationsformen für die Eisenbahnen in der besetzten Sowjetunion wurden einige Gebiete herausgenommen:

- Das Streckennetz in dem östlich an Ostpreußen angrenzenden bis 1939 polnischen Bezirk Bialystok wurde der Reichsbahndirektion Königsberg einverleibt, weil dieses Territorium unmittelbar ins Reichsgebiet übernommen wurde.
- Das Streckennetz um Lemberg in dem bis 1918 österreichischen und bis 1939 polnischen Galizien, das zum Generalgouvernement kam, wurde der »Ostbahn« angeschlossen, die nun in die drei Ostbahndirektionen Warschau, Krakau und Lemberg gegliedert war.
- Die Bahnen in den von Rumänien beanspruchten Gebieten (das war das bis 1940 rumänische Bessarabien zwischen Pruth und Djestr und zusätzlich »Transnistrien« bis zum Bug) wurden bis auf die Durchgangsstrecken Shmerinka–Odessa und Wirsula–Golta der Rumänischen Staatsbahn CFR übergeben.

Es muß kaum erwähnt werden, daß auch während des Krieges der Überblick über die wechselnden Zuständigkeiten und Befugnisse oftmals verloren ging.

Der Verkehr im besetzten sowjetischen Gebiet brach im Oktober/November 1941 aufgrund der winterlichen Verhältnisse sowie wegen Personal- und Fahrzeugmangels und zunehmender Partisanenaktivität weithin zusammen. Der Nachschub für den weiteren Vormarsch blieb aus, die Züge mit der im Reich eilig gesammelten Winterkleidung stauten sich auf den verschneiten Strecken des »Ostens« und kamen für viele Soldaten zu spät an der Front an. Die Verkehrskrise des Winters 1941/42 führte zu hektischer Aktivität der politischen Führung auf dem Gebiet des Eisenbahnwesens, dem nun eine Schlüsselrolle für den Erfolg des gesamten Krieges zuerkannt wurde.

Mit Wirkung vom 15. Januar 1942 wurden die Eisenbahnen in den besetzten sowjetischen Gebieten dem Reichsverkehrsministerium unterstellt und der Betrieb an die Deutsche Reichsbahn übergeben. Die »Betriebsleitung Osten beim Chef des Transportwesens« wurde demgemäß am 14. Januar 1942 in »Zweigstelle Osten des Reichsverkehrsministeriums« umbenannt. Der Wirkungsbereich der Feldeisenbahndirektionen wurde auf die frontnäheren Bereiche beschränkt. Damit war ein Konflikt zwischen Wehrmachtsführung einerseits und Reichsverkehrsministerium und Generaldirektion der Reichsbahn andererseits zugunsten der letztgenannten Institutionen oder, auf eine Person bezogen, zugunsten des greisen Ministers und Generaldirektors Dorpmüller entschieden. Vorangegangen waren ständige grundsätzliche Meinungsverschiedenheiten über die Formen und Möglichkeiten des Einsatzes der Eisenbahn für militärische Zwecke. Die Dienststellen der Wehrmacht hatten während des Vormarsches im Sommer 1941 und in den Monaten der Verkehrskrise im Herbst zu wenig Verständnis für die Eigengesetzlichkeiten des Bahnbetriebes gezeigt. So hatte man sich bei zweigleisigen Strecken mit der Umspurung nur eines Gleises begnügt und die Bedeutung eines Gegengleises für die zügige Rückführung der knappen Fahrzeuge sowie die Erforderlichkeit von Bahnhofs- und Abstellgleisen sowie von Werkstättenkapazitäten unterschätzt. Mit der Unterstellung der Eisenbahnen »im Osten« unter die zivile Bahnverwaltung war freilich die Transportkrise nicht gelöst, sondern nur ins Reich zurückverlagert. Betriebsführung und Ausbau der eroberten Bahnen durch die Reichsbahn führten sehr bald zu einem personellen und materiellen Ausbluten der Eisenbahnkapazitäten im Reich. Französische und belgische »Miet«lokomotiven oftmals hohen Alters und geringer Eignung mußten immer mehr deutsche Länderbahnlokomotiven ersetzen, die »nach Osten« geschickt worden waren. Zwangsarbeiter – nicht zuletzt aus der Sowjetunion! – mußten hinter der Ostfront tätige deutschen Eisenbahner ersetzen. Die Lösung der materiellen Probleme wurde nicht Dorpmüller überlassen, sondern in den Verantwortungsbereich des Reichsministers für Bewaffnung und Munition Albert Speer verlagert, unter dessen Federführung alsbald die Entwicklung der »Kriegslokomotive« anlief, deren Fertigung freilich viel zu spät kam, um noch kriegsentscheidend zu wirken.

Am 27. März 1942 wurde die Bezeichnung »Feldeisenbahndirektion« in »Feldeisenbahnkommando« (FEKdo oder Fekdo) geändert. Für den 30. April 1942 sind die Betriebslängen von Normal- und Breitspurstrecken in der besetzten Sowjetunion bekannt: Die FEKdo's betrieben 4334 km Normalspurstrecke und 1326 km Breitspurstrecke, die HBD'en 15 975 km Normalspurstrecke und 24 km Breitspurstrecke. Im Sommer 1942 wurde für das im Südosten neu eroberte Gebiet ein FEKdo 5 gebildet, dessen Gebiet jedoch bis Februar 1943 wieder vollständig verloren ging. Am 5. September 1942 wurde für das in der Sommeroffensive eroberte Gebiet auch eine fünfte HBD (»Südost«) in Rostow errichtet, deren Streckennetz aber ebenfalls schon im Februar 1943 wieder aufgegeben war. Ab 15. September 1942 wurden die

HBD'en statt nach der Lage nach ihrem Sitz bezeichnet, die HBD'en Nord, Mitte, Süd, Ost und Südost erhielten also die Namen Riga, Minsk, Kiew, Poltawa und Rostow, die sich wenig später infolge der Rückzüge häufig ändern sollten. Am 1. Dezember 1942 wurden die Hauptbahndirektionen in »Reichsverkehrsdirektionen« (RVD) umbenannt, die Zweigstelle Osten des Reichsverkehrsminsteriums in »Generalverkehrsdirektion Osten«. Entsprechend der Bewegung der Fronten wurde die Betriebsgrenze zwischen FEKdo's und HBD'en bzw. RVD'en ständig verschoben, bis Herbst 1942 in Richtung Osten, sodann in Richtung Westen.

Kriegswende Dezember 1941

Am 5. Dezember 1941 stockte der deutsche Vormarsch an einer Frontlinie, die sich von Leningrad über den Ilmensee, Kalinin, die Vororte Moskaus, Jelez und Charkow bis Taganrog am Asowschen Meer erstreckte. Den zwei Tage später erfolgten Überfall Japans auf den US-Flottenstützpunkt Pearl Harbour nahm Hitler zum Anlaß, in völliger Verkennung der Kräfteverhältnisse auch den USA den Krieg zu erklären.

Damit war der Krieg zum Zweiten Weltkrieg geworden – und er war nun für das Deutsche Reich militärisch, wirtschaftlich und politisch verloren. Daß das bis Indien, Kanada und Australien reichende britische Weltreich, die überseeischen Kräfte Frankreichs, die unbesiegte und in ihrem Kampfeswillen aufs äußerste gereizte Sowjetunion und die unverbraucht in den Krieg eintretenden USA auf längere Sicht stärker sein würden als das Reich mit seinen Verbündeten, lag auf der Hand. Ebenso klar war, daß die Verbrechen in allen besetzten Ländern ein Ausmaß erreicht hatten, das jeden Kompromiß mit den jeweiligen Völkern und mit dem Rest der Welt ausschloß.

Die unter diesen Umständen aufkommende Ahnung, den Krieg nicht mehr gewinnen zu können, trug dazu bei, daß die nationalsozialistische Führung bei Formulierung und Durchsetzung ihres wichtigsten »Kriegsziels« nach innen die letzten etwa noch verbliebenen Rücksichten auf das Völkerrecht und die zivilisierte Menschheit fallen ließ: Am 20. Januar 1942 koordinierten Staatssekretäre und andere hohe Funktionsträger des NS-Staates unter Leitung des Chefs des Reichssicherheitshauptamtes Heydrich auf der berüchtigten »Wannseekonferenz« die Einzelheiten der von Hitler vermutlich im Herbst 1941 befohlenen Ermordung der europäischen Juden, der sogenannten »Endlösung«.

Der manipulierten Öffentlichkeit in Deutschland wurde der Ernst der Kriegslage 1942 noch nicht klar. Die Wehrmacht stand an der Ägäis, am Atlantik und am Eismeer, hielt nach empfindlichen Rückzügen wieder eine stabile Front in Rußland und erzielte Erfolge in Nordafrika. Die Schlagzeilen wurden beherrscht von japanischen Erfolgen im Pazifik. Britische und amerikanische Flugzeuge bombardierten zwar immer häufiger Ziele im Reichsgebiet, dafür erzielten deutsche U-Boote noch einmal Rekordziffern bei der Versenkung alliierter Handelsschiffe im Atlantik und dicht vor der amerikanischen Ostküste.

Der Marsch nach Stalingrad

Nach einer deutlichen Zurücknahme des Mittelabschnitts der deutschen Front unter schwerem sowjetischen Druck im Dezember 1941 und Januar 1942 und nach verlustreichen Abwehrschlachten bei weiterhin schwierigsten Witterungsbedingungen im Frühjahr 1942 begann am 29. Juni 1942 die deutsche Sommeroffensive, die sich auf den Südflügel der Ostfront beschränkte.

Zugleich verfeinerten die Schreibtischtäter in Berlin ihr Konzept für die Zeit nach dem »Endsieg«: Die Zahl der zu ermordenden oder nach Asien zu vertreibenden Polen, Tschechen, Ukrainer, Weißrussen und Russen präzisierte der »Reichsführer SS« Himmler am 12. Juni 1942 mit 31 Millionen.

Ziel des deutschen Vormarsches vom Sommer 1942 waren die Ölfelder am Kaukasus und die Industriestadt Stalingrad, mit deren Einnahme man den Verkehr auf der Wolga unterbrechen wollte. Am 19. August 1942 hißten Gebirgsjäger die Reichkriegsflagge auf dem 5633 Meter hohen Elbrus, dem höchsten Berg des Kaukasus, am 25. August schloß die Wehrmacht einen Belagerungsring um Stalingrad.

Ab Mitte September 1942 vereitelte zunehmender sowjetischer Widerstand jeden weiteren Vorstoß. Das von der deutschen Wehrmacht besetzte Gebiet in der Sowjetunion hatte nun seine größte Ausdehnung erreicht.

Das Universum »Reichsbahn im Osten«

Eine Dreiviertelmillion deutsche Eisenbahner und Soldaten und einheimische Arbeitskräfte betrieben im Herbst 1942 in der Sowjetunion mit 4600 Lokomotiven ein Streckennetz von etwa 35 000 km Länge auf einem Gebiet von etwa 1,25 Millionen Quadratkilometern. Das war ein Drittel des gesamten sowjetischen Eisenbahnnetzes. Zum Vergleich: Das Streckennetz der Reichsbahn hatte sich im Jahre 1937 vor allen Gebietserweiterungen auf etwa 54 000 km erstreckt, das Reichsgebiet hatte etwa 470 000 Quadratkilometer umfaßt.

Trotz der Rückzüge des Winters 1941/42 und der Jahre 1943/44 standen weite Gebiete zwischen Estland und der südwestlichen Ukraine mehr als drei Jahre unter deutscher Herrschaft. Die Bilder dieses Buches zeigen uns die Eisenbahnen mit 600, 750, 1000, 1435 und 1524 mm Spurweite. Sie zeigen die Strecken in den Wäldern und Sümpfen Litauens und Weißrußlands, zwischen der Ostsee und dem Schwarzen Meer, im baumlosen Hügelland der Ukraine und in den Steppen und an den Strömen des Südens. Sie zeigen die Bahnhöfe in den Industriestädten und in der Einsamkeit des weiten Landes, die Werkstätten und die Brückenbaustellen in diesen Jahren als ein Universum von Zerstörung und Aufbau, von Arbeit, Machtausübung und Leid – und von letztendlicher Sinnlosigkeit aller noch so ehrlichen Mühe des Eisenbahners in einem Krieg, der nie hätte geführt werden dürfen und der nie zu gewinnen war.

Zerstörungen durch sowjetischen Rückzug und deutsche Eroberung

Schuster, München: »Ausgebrannter Bahnhof im Osten«

Als Ruine wurde das Empfangsgebäude des kleinen Bahnhofs Golta am Bug in der Südukraine im Sommer 1941 erobert.

Schuster, München: »Mit Schienenaufreißgerät zerstörte Gleise im Osten«

Das linke Gleis der Strecke Raddelnaja – Odessa ist mit einer von der Lokomotive nachgezogenen Schleife aus Schienen zerstört worden, deren Funktion es war, die Schienen von den Schwellen abzureißen. Das rechte Gleis konnte unbeschädigt in Besitz genommen werden. Hier ist an den Schwellen erkennbar, daß die rechte Schiene bereits zwecks Umspurung nach innen umgenagelt worden ist. Die Bahn muß im übrigen als Fußweg dienen: Mit dem Trampelpfad im Sandoberbau muß sich auch ein Verwundeter mit zwei Stöcken begnügen, denn Personenzüge fahren fürs erste nicht.

Nach den ersten Tagen des deutschen Überraschungsangriffs war die Rote Armee zwar noch lange nicht in der Lage, die Invasionstruppen aufzuhalten, doch gelang es ihr, beim Rückzug Maßnahmen zu treffen, die der Wehrmacht den Vormarsch erschwerten. Zum einen schaffte man es, die Lokomotiven zum größten Teil mitzunehmen und damit die Deutschen zur Umspurung der Breitspurgleise und zur Nachführung eigener Maschinen zu zwingen.

Wie es schon alle kriegführenden Mächte im Ersten Weltkrieg getan hatten (und wie es die Deutschen beim eigenen Rückzug bis zum Mai 1945 mit größtem Eifer tun sollten), zerstörte man des weiteren planmäßig die Bahnanlagen, die man dem Feind überlassen mußte. Hierzu kamen in Betracht die Sprengung von Bauwerken aller Art, die künstliche Herbeiführung von Entgleisungen und Kollisionen führerloser Züge und das Aufreißen des Oberbaus. Die spürbarste Wirkung wurde durch die Sprengung großer Brücken erzielt. Im Süden der Sowjetunion mußten die Angreifer die großen Ströme Dnjestr, Bug, Dnjepr und Don überqueren. Die wenigen Eisenbahn- und Straßenbrücken über diese Flüsse konnten nach der Zerstörung nur in langwieriger Arbeit repariert oder ersetzt werden.

Zu den Zerstörungen beim Rückzug kamen die Auswirkungen deutscher Luftangriffe vor dem Einmarsch und der Artillerie- und Panzerkämpfe bei der Eroberung, die von vielen Bahnhöfen nur Trümmerfelder mit vielen Toten übrigließen.

L. Schuster, München: »In diesem Zustand mußten die deutschen Eisenbahner die Gleise übernehmen«

Nun, gerufen hatte sie ja niemand. Ein russischer Eisenbahnerkollege und fünf Kinder bestaunen die G 8 auf dem bereits umgespurten Gleis und den Fotografen, der hier am 23.10.1941 auf freier Strecke für eine Aufnahme anhalten läßt.

M. Ittenbach, Berlin: »Bombenvolltreffer«,** durchgestrichen: **»ostw. Charkow«

Nach vernichtenden eigenen Luftangriffen konnte die Wehrmacht dieses Bahngelände im Sommer 1942 beim Vormarsch in Richtung Stalingrad nur als Trümmerwüste in Besitz nehmen. Die Lokalisierung »ostwärts Charkow« sollte im Falle der Veröffentlichung aus Gründen der Geheimhaltung entfallen.

M. Ittenbach, Berlin: »Zerstörte Bahnanlagen im Osten«

Von diesem Güterschuppen stehen nur noch die Stirnmauern und die eisernen Stützen. Der Luftdruck der Bombenexplosionen hat die Ladefahrzeuge in die Trümmer geworfen. Bemerkenswert ist die Wagenmischung links: Auf dem russischen Vierachser der sowjetischen Direktion Süd steht unter dem sowjetischen Wappen »Deutsche Wehrmacht F.M.A. 3«. Typisch für die älteren Eisenbahnwagen des Landes der kalten Winter waren die vielen einzelnen Schornsteine der Öfen des Fahrgastraumes. Es folgen, nach Länge und Lichtraumprofil wie Spielzeug wirkend, ein altösterreichischer Personenwagen und ein italienischer G-Wagen. Sie lassen auf Normalspurbetrieb schließen, so daß der nun folgende russische Gepäckwagen wie schon der zuerst besprochene Wagen umgespurt sein müssen.

Hollnagel, Hamburg: »Zerstörter Bahnhof im Osten«

Durch Luftangriffe und eventuell auch durch Artilleriefeuer weitestgehend zerstört sind die Hochbauten dieses sowjetischen Bahnhofs. Schon sind aber die wichtigsten Durchfahrgleise wieder hergestellt, und zwar in Normalspur, wie die Rungenwagen der Reichsbahn zeigen. Bemerkenswert sind im Hintergrund die ebenfalls schwer beschädigten Häuser in sehr moderner Betonarchitektur.

M. Ittenbach, Berlin: »Zerstörtes Stellwerk im Osten«

Der Gleisplan auf der Stelltafel und die Rundbogenfenster lassen erkennen, daß das ausgebrannte elektromechanische Stellwerk mit der Anzeigetafel für die Fahrstraßen, das der damals weltweit modernsten Technologie entsprach, in dem soeben gezeigten Bahnhof zu finden war. Nach langjähriger Indoktrination über die »bolschewistische Mißwirtschaft« wunderten sich deutsche Fachleute vielerorts über den Stand der Technik in der Sowjetunion. Zwar war dieser nicht in aller Breite mit der Entwicklung in den mittel- und westeuropäischen Industriestaaten zu vergleichen, doch war die Sowjetunion in manchen von der politischen Führung besonders gepflegten Bereichen sehr viel fortschrittlicher ausgerüstet als etwa Ostpolen oder die Agrarstaaten Rumänien und Jugoslawien.

L. Schuster, München: »Von den Russen zerstörter Zug in Odessa am 13.11.1941«

Absichtlich herbeigeführte Entgleisungen verursachten zwar ein auf den ersten Blick scheinbar kaum zu entwirrendes Chaos, doch war mit entsprechender schwerer Räumtechnik oder auch von ein paar dutzend Mann mit Schneidbrennern, Brechstangen und Seilwinden die Befahrbarkeit der Strecken in wenigen Stunden wiederherzustellen. Die breitspurigen Wagen waren für die Deutschen ohnehin kaum verwendbar und konnten auf den Bahndämmen liegenbleiben. Die Güterwagen hatten zwar bereits automatische Mittelpufferkupplung, im Hinblick auf noch vorhandene Fahrzeuge mit Schraubenkupplung aber auch noch Puffer.

Schuster, München: »Kurz nach dem Eintreffen deutscher Eisenbahner ging es ans Aufräumen«

Zwei- und vierachsige Personenwagen älterer Bauarten sollten in Odessa (Aufnahme 22.10.1941) den Eroberern den Weg versperren. Der Flachdachwagen links stammt noch aus der Zarenzeit. Die Armbinde des Eisenbahners war wichtig: Sie verlieh ihm den kriegsvölkerrechtlichen »Kombattantenstatus«.

L. Schuster, München: »Zerstörte russ. Wagen«

Freigegeben durch OKW (Heer) am 16.9.43. Vor Abdruck nochmals vorlagepflichtig bei der Presseabteilung der Reichsregierung

Hier sind die auch von der deutschen Seite besonders geschätzten Kesselwagen Opfer der Zerstörung geworden, wobei nicht mehr zu belegen ist, ob Rückzugsmaßnahmen, Minen oder Luftangriffe das Chaos angerichtet haben.

M. Ittenbach, Berlin: »Sewastopol, Bahnanlagen am Hafen«

Erst nach mehr als acht Monaten Belagerung konnte die Wehrmacht am 1. Juli 1942 die Festung Sewastopol auf der Südspitze der Krim einnehmen. Nach den langen Artilleriekämpfen boten die Bahnanlagen der Hafenstadt ein Bild der Verwüstung. Die Aufräumungsarbeiten in der Sommerhitze sind schweißtreibend.

M. Ittenbach, Berlin: »Zerstörtes Bahngelände von Sewastopol«

Schwer beschädigt sind auch die Rechteckschuppen älterer Bauart in diesem kleinen Betriebswerk. Aus dem Gleis geworfen und insbesondere im Triebwerksbereich getroffen ist die 1'C1'h2-Personenzuglokomotive der Reihe Cy (Su) / dritte Serie. Diese Type war erst 1935 - 1939 in knapp 600 Exemplaren beschafft worden. Bei den Gleisen ist der normalspurige Wiederaufbau im Gange. Bei der Umnagelung von Weichen blieb das Herzstück liegen, von dort aus mußte neu vermessen und gebaut werden.

Diese Wagen wurden von den deutschen Eroberern ausgegleist, damit die Strecke für die Umnagelung auf Normalspur frei wurde. Über Umspurung oder Verschrottung der Breitspurgüterwagen wurde vielfach erst nach Monaten entschieden. Wir erkennen u.a. einen älteren Zweiachser mit seitlich angeordnetem Bremserhaus und dahinter Selbstentladewagen, die nach amerikanischem Vorbild konstruiert waren und wie in den USA »Hopper« (ХОППЕР) genannt wurden.

Umspurung und Ausbesserung

Hollnagel, Hamburg

Der allergrößte Teil der in diesem Kapitel beschriebenen Arbeiten mußte bei Sonnenglut und Winterkälte mit einfachen Werkzeugen von Hand ausgeführt werden. Unter Aufsicht älterer deutscher Eisenbahner sind einheimische Kräfte in wattierten Jacken hier mit der Umnagelung einer Bahnhofseinfahrt beschäftigt.

M. Ittenbach, Berlin: »Umspuren«

Unter gestrenger deutscher Aufsicht prüft der russische Arbeiter die Spur des umgenagelten Gleises. Sein Kollege darf für einen Augenblick pausieren.

Wegen der Rückführung der meisten sowjetischen Lokomotiven und der Unmöglichkeit, den Nachschub auf der Straße abzuwickeln, sahen sich die Deutschen zur Umnagelung der Breitspurstrecken gezwungen. Allein bis Ende 1941 waren 15 000 km Gleis umgespurt, diese Zahl sollte sich bis 1943 mindestens verdreifachen. Technisch bereitete der Vorgang auf der freien Strecke keine besonderen Probleme, da die Schienen fast überall mit einfachen Nägeln befestigt waren, die sich weiter innen wieder in die Schwellen einschlagen ließen. Mühsam war die Umspurung von Weichenstraßen, fast unmöglich die von Drehscheiben und Schiebebühnen mit ihren Zufahrten oder von Gleisen auf Putz- und Schlackengruben.

Kaum in Betracht kam die Umspurung von originalsowjetischen Lokomotiven. Es wäre notwendig gewesen, die Rahmenwangen zu trennen und in geringerem Abstand wieder zusammenzufügen und die Achsen zu verkürzen. Umgespurt wurden aber viele der polnischen, litauischen und rumänischen Maschinen, die erst vor kurzem in sowjetischen Besitz gelangt und auf Breitspur umgerüstet worden waren. Auch das erforderte viel Arbeit: Die Räder waren umgekehrt auf die Achsen gesetzt worden, so daß sie mit ihrem Sturz nach außen statt nach innen ragten. Dementsprechend waren auch die Radreifen und die Treib- und Kuppelzapfen umgedreht worden. Diese Vorgänge mußten unter Ausbau und Erhitzung der Teile rückgängig gemacht werden. Die zwischen Rahmen und Zylinderblöcken angebrachten Distanzstücke waren wieder zu entfernen, Ein- und Ausströmung sowie Puffer, Kupplungen und Bremse wieder auf mitteleuropäische Norm zu bringen. Unter den wieder auf Normalspur gebrachten Loks waren so vertraute Typen wie die preußische P 8 und G 10 aus zuvor polnischem oder rumänischem Besitz. Manche Lokomotiven wurden für diesen Umbau weit nach Westen in die Reichsbahnausbesserungswerke Gmünd, Gleiwitz oder Posen transportiert.

Erst 1942, als die Hoffnungen auf einen schnellen Sieg begraben werden mußten, begann die Umspurung von Wagen. Mobile Umbauzüge und -trupps preßten mit 200 t-Pressen die Räder auf den Achsen um jeweils 44,5 mm nach innen und ersetzten die automatischen Kupplungen durch Schraubenkupplungen. Der größte Teil der Wagen war wegen des größeren sowjetischen Lichtraumprofils vom Übergang ins Reich bzw. in die zuvor besetzten Gebiete ausgeschlossen. Dies wurde mit einem Zeichen in Form eines Dreiecks mit darinliegendem Kreis auf den Wagen deutlich gemacht. Zum Stichtag 17. März 1943 wurde der Stand der Umspurung von Beutewagen wie folgt festgestellt:

Erbeutete Breitspurwagen:		davon umgespurt:
Personenwagen	2 315	2 234
Kesselwagen	5 229	4 395
sonstige Güterwagen	76 588	63 848

M. Ittenbach, Berlin

Frauen waren genauso wie Männer bei der schweren Umspurarbeit mit Schraubenschlüssel, Brechstange und Hammer eingesetzt.

Hollnagel, Hamburg: »In der Lok-Ausbesserungshalle eines EAW im Osten«

Die alte T 16[1] Kattowitz 8168 (BMAG 6082/1916) hieß in Polen TKw 1-39 und behielt diese Nummer auch in der kurzen Betriebszeit unter dem Sowjetstern. Sie gehört zu den Loks, die vor Inkrafttreten der Verfügungen über die Bahnverwaltung im »Osten« die inoffizielle Anschrift »Deutsche Wehrmacht« erhalten hatten. »U« steht für Umspurung. Warum die fehlenden Räder auf dem Rahmen mit Kreide nachgemalt sind, ist nicht ersichtlich.

Hollnagel, Hamburg: »Loks warten auf Umspurung und Ausbesserung in einem EAW des Ostens«

Im »Eisenbahn-Ausbesserungswerk Schiffswerft Nikolajew« stand diese polnische Lokreihe als Arbeitsvorrat für die Rück-Umspurung. Ab Dezember 1941 bestand ein Vertrag mit der Schiffswerft, worin sich diese pro Monat zur Ausführung von zwei Hauptuntersuchungen L 4 sowie zwei Ausbesserungen L 2 und zehn L 0 an Lokomotiven und von 20 Ausbesserungen nach Schadgruppe 4 und 5 und 120 nach Schadgruppe 3 an Güterwagen verpflichtet hatte.
Links sieht man drei 2'Dh2-Loks der Gattung Os 24. Ihnen folgen zwei Tw 12 aus der verbreiteten österreichischen Reihe 80 (Eh2 bzw. Eh2v). Nach einer Tw 1 (Eh2, preußische G 10) und einer älteren kleineren Lok folgt nochmals eine Tw 12. Ein »blauer Eisenbahner« sieht sich das ganze von oben an.

Polnische Ok 22 werden auf Normalspur rück-umgebaut

Die Ok 22 war eine Weiterentwicklung der preußischen P 8 für die polnischen Staatsbahnen. Auf das unveränderte Lauf- und Triebwerk war ein höher liegender Kessel mit breiter Feuerbüchse gesetzt worden. Bemerkenswert ist das im Hinblick auf schlechte Kohle auf dem Schornstein angebrachte Funkensieb. Inbesitznahme und Umspurung durch die Sowjetischen Eisenbahnen östlich der »Interessengrenze« von 1939 brachten den Loks zwar den roten Stern an der Rauchkammertür, aber keine neue Nummer. Die russischen und sowjetischen Reihenbezeichnungen wurden seit jeher nicht nach einem festen Schema oder im Sinne einer Kodierung technischer Merkmale vergeben. Die Buchstabenkombinationen konnten auf Herstellerwerke oder Politikernamen, technische Merkmale oder ausländische Herkunft hinweisen. Zusätzliche Nummern kennzeichneten Unterbauarten oder bei den Massengattungen der dreißiger Jahre die einzelnen Bauserien. Die sowjetischen Bahnen verzichteten bei der Einreihung fremder Lokomotiven auch auf die Änderung der Ordnungsnummer. So war bei der von Chrzanow 1929 gebauten Ok 22-42 lediglich der Klein- durch einen Großbuchstaben ersetzt worden. Nach der Rückumspurung trug die Ok 22-42 die deutsche Nummer 38 4623, die daneben stehende Ok 22-174 die Nummer 38 4624.

M. Ittenbach, Berlin: »Umspuren einer russ. Lokomotive«

Die Ok 22-174, deren Führerhaus auf dem oberen Bild sichtbar ist, wirkt besonders imposant, weil sie auf niedrigen Rollwagen ruht, während ihre Radsätze umgearbeitet werden.

W. Steiner, Berlin
Freigegeben durch Presseabteilung der Reichsregierung am 16.9.43

Zur Umspurung der Wagen wurden Umspurzüge eingesetzt. In ihrer regelmäßigen Zusammensetzung enthielten sie 14 Wagen, darunter einen Dampfkran mit 5 t Tragkraft, Wagen mit Radsatzpressen, Hebeböcken, Winden, Bohrmaschinen, Notstromaggregat, Drehbänken und Feldschmiede sowie zwei GG-Wagen als Wohnwagen und einen GG-Wagen als Speisewagen für 48 Russen und einen Personenwagen als Wohnwagen für 24 Deutsche.

Hollnagel, Hamburg

So wie die Umspurung wurde alsbald auch die laufende Fahrzeugausbesserung mittels mobiler »Eisenbahn-Ausbesserungszüge« bewältigt, die nach der Bombardierung der Reichsbahn-Ausbesserungswerke im Reich dann auch dort eingeführt werden sollten und bis Ende der vierziger Jahre unentbehrlich blieben.

W. Steiner, Berlin:
»Umspurzug im Osten«

Die Mannschaft des links abgestellten Umspurzuges im Einsatz. Schwere Handarbeit ist nötig, um den Gepäckwagen aus der Zarenzeit anzuheben, die Drehgestelle herauszufahren und aufzubocken und schließlich die Radsätze aus- und einzubauen.

M. Ittenbach, Berlin

Bei diesem Wagen lohnt sich die Mühe schon eher, denn es handelt sich um einen erst vor kurzer Zeit auf Breitspur umgestellten polnischen Schnellzugwagen, der mit seinem Lichtraumprofil nach Rückumbau überall im deutschen Machtbereich einsetzbar sein wird.

M. Ittenbach, Berlin: »Umspurung im Osten«

Ob Beseitigung von Schäden oder Gleisumbau, ob Lokreaktivierung oder Wagenumspurung: Schwere körperliche Arbeit deutscher Eisenbahner und einheimischer Hilfskräfte stand im Mittelpunkt aller Aktivitäten.

M. Ittenbach, Berlin: »Umspurung im Osten«

Primitivste Hilfsmittel müssen genügen. Noch nicht einmal Arbeitshandschuhe sind vorhanden.

Brücken und Fähren

M. Ittenbach, Berlin: »Zerstörte Brücke im Osten«

Ersichtlich mehr Sprengstoff als unbedingt nötig hat diesen Flußübergang vernichtet.

Sehr nachhaltig wurden der deutsche Vormarsch und die Aufnahme des Bahnverkehrs bis hinter die Front durch die Sprengung der großen Strombrücken behindert. So wurden die Brücken über den Dnjestr nördlich von Czernowitz, bei Mogilew-Podolsk und bei Tighina und diejenigen über den Bug bei Winniza, Golta und Nikolajew zerstört. Die Strecken Kowel–Kiew und Starakonstantinow–Kasatin waren durch die Sprengung der Brücken über den Slutsch unterbrochen. Der Dnjepr bildete zunächst eine durchgehende Sperre für den Eisenbahnbetrieb, waren doch in Kiew Nord und Süd, Kanew, Dnjepr-Krasnoje, Krementschug, Dnjepropetrowsk und Saporoshje auf einer Stromlänge von mehreren hundert Kilometern alle Brücken gesprengt. Östlich des Dnjepr mußte im Herbst 1941 vorläufig mit der beschränkten Zahl von erbeuteten Lokomotiven der Breitspurbetrieb aufrechterhalten werden. Hierfür wurde es sogar erforderlich, westlich von Kiew verbliebene Breitspurfahrzeuge auf der Eisfläche über den Fluß nach Osten zu bringen.

Im Norden bildeten die gesprengten Narwabrücken bei Narwa und bei Pleskau die größten Hindernisse. Gegen die Offensive von 1942 wehrten sich die Sowjets durch Sprengung der Brücken nun auch über Donez, Don und Tschir, so im engmaschigen Streckennetz um Woroschilowgrad und Stalino und in Rostow.

Eisenbahnpioniere, Eisenbahner und einheimische Arbeiter hatten monatelang zu tun, um durch Wiederaufbau gesprengter Pfeiler, Bau hölzerner Ersatzpfeiler, Bergung und Reparatur abgestürzter Tragwerke und Montage genormter Kriegsbrückenteile zunächst wenigstens eingleisige, in Schrittgeschwindigkeit befahrbare Behelfsbrücken zu schaffen. Diese mußten dann freilich Tag und Nacht bewacht werden, waren sie doch bevorzugte Ziele von Partisanenangriffen. Doch weder fortschreitender Ausbau noch größte Wachsamkeit konnten die erneute Zerstörung verhindern: Entweder sowjetische Bomben oder deutsche Sprengkommandos sorgten dafür, daß 1943/44 wieder alles in Trümmern lag.

Die Fotografien zerstörter und wiederaufgebauter riesenhafter Brücken haben einen nicht zu leugnenden Reiz schauriger Ästhetik. Die niedergestürzten Stahlkonstruktionen bilden auf Wasserflächen, Eisdecken und Uferböschungen bizarre Muster. Kein Künstler könnte die Sinnlosigkeit der Kriegszerstörungen symbolträchtiger in Szene setzen als der Sprengtrupp der Pioniere beim Rückzug, der uns beweist, mit welch unwirklicher Leichtigkeit das Werk von Jahren in Minuten vernichtet werden kann. Die Aufnahmen der wiederaufgebauten Brücken hingegen reihen sich zu einem Lehrbuch der Statik und zu einem Bilderbuch technischen Improvisationsgeistes. Schon im Ersten Weltkrieg ließen die Ingenieure und Hundertschaften von Handarbeitern schier unglaubliche Kombinationen aus Mauerwerk und Beton, aus Stahl und Holz, aus geborgenem und herangeschafftem Material über den Flüssen zusammenwachsen, bis dann eine Anzahl Lokomotiven zur Belastungsprobe – und zum Fototermin – auf knarzendem und knackendem Bauwerk die erste Fahrt über den weiten Strom oder den gähnenden Abgrund antrat. Die Erfahrungen aus dem Ersten Weltkrieg wurden nun wieder genutzt, zumal man in Litauen und der Ukraine durchaus noch deutsche Kriegsbrücken aus dem vorigen Feldzug vorfand.

Aus Gründen seinerzeitiger militärischer Geheimhaltung lassen sich nicht alle nachstehend gezeigten Brücken identifizieren. Die größeren dürften aber alle zu den am Kapiteleingang aufgezählten Brücken über Dnjestr, Bug, Dnjepr und Don gehört haben.

Schuster, München: »Zerstörte Eisenbahnbrücke im Osten«

Das Haupttragwerk der Brücke über die Insylgul, einen Nebenfluss des Bug in der Nähe des Bahnhofs Wesjeldinowo auf der Strecke Odessa – Wosnesensk, ist von den teilweise gesprengten Pfeilern seitlich abgekippt. Der Schwellenstapel auf dem Brückenkopf wird demnächst als Basis für den Vorschub an der an Ort und Stelle zu montierenden Behelfsbrücke dienen. Ein Fußgängersteg führt bereits über das sumpfige Flüßchen. Aufnahme 6.11.1941.

Schuster, München: »Zerstörte Brücke im Osten«
Gesperrt OKW 16. Sep. 1943

Eine architektonisch sehr schöne Fachwerkbrücke ist hier der Sprengung zum Opfer gefallen. Zerstörung und Winterkälte haben aus dem Verkehrkehrsbauwerk ein Denkmal des Stillstandes gemacht. Winzige Menschen sind rechts auf der Eisfläche erkennbar. War es der völlige Mangel an Zeichen dynamischen Neubeginns, der die Aufnahme von der Veröffentlichung ausschloß?

Schuster, München: »Zerstörte Eisenbahnbrücke im Osten«

Außer der Brückensprengung unterbricht hier auch ein zur Entgleisung gebrachter Güterzug den Verkehr.

M. Ittenbach, Berlin: »Gesprengte Eisenbahnbrücke über den Dnjepr unterhalb des Stauwerks Dnjepropetrowsk«

Bevor die Wehrmacht am 28. August 1941 den überaus wichtigen Bahnknoten Dnjepropetrowsk erreichte, sprengte die Rote Armee die schön gestaltete Brücke über den größten Strom der Ukraine. Sie konnte am 6. November 1941 wieder in Betrieb genommen werden. Beim Wiederaufbau wurde die Siemens-Bauunion tätig, wie der Bauwagen oben in Bildmitte beweist. Ab 27. Dezember 1941 konnte über diese Brücke und die weiter südwärts führende Strecke erstmals auch das nördliche Ende der Krim auf Normalspur erreicht werden. Am 25. Oktober 1943 mußte die Wehrmacht Dnjepropetrowsk endgültig räumen.

Below, Stettin

Nur noch kleinere Arbeiten sind erforderlich, dann ist die Sprenglücke in dieser großen Strombrücke wenigstens eingleisig wieder befahrbar. Der Schleppkahn, der zum Einschwimmen des Behelfstragwerks verwendet worden war, kann abgezogen werden, nun werden die Gleise verbunden.

Below, Stettin

Vor der Probefahrt sind noch Vermessungsarbeiten fällig.

M. Ittenbach, Berlin: »Wiederhergestellte Brücke der Strecke Kiew – Poltawa«

Bevor der Dnjepr an ausreichend vielen Stellen auf Normalspur überquert werden konnte, mußte östlich des Stroms der Breitspurbetrieb aufrechterhalten werden. Daher hat man beim eingleisigen Wiederaufbau dieser Brücke auf der ukrainischen Linie Kiew – Poltawa (– Charkow) zunächst ein Vierschienengleis für Züge beider Spuren verlegt. Für ein Dreischienengleis, wie man es etwa von Kombinationen aus Normal- und Meterspur kennt, ist der Unterschied zwischen Normal- und Breitspur zu gering.
Auf der Brücke kommt noch eine Zwangsschiene hinzu, die im Falle von Entgleisungen das Ausbrechen der Fahrzeuge verhindern soll.

Fritz Korte, Berlin: »Brückenbau im Osten«

Solide Handwerksarbeit in Stahl und Holz wurde auch – wie hier – von einheimischen Helfern verlangt, um eine stabile Brücke mit den notwendigen Eisabweisern fertigzustellen.

Hollnagel, Hamburg

Wehrmacht, Reichsbahn und Partei lauschen anläßlich der Einweihung einer mit reichlich nationalsozialistischer Symbolik versehenen Brücke den Ausführungen über Schicksalskampf und Feldzug gegen den Bolschewismus.

Below, Stettin

Die Zusammenfügung der Brückentragwerke wirkt gewagt. Aber Not macht erfinderisch, und eingleisig ist der Flußübergang wieder befahrbar. Rechts ist eine auf zwei Kähne montierte Dampframme zu sehen. Wie mag die Stadt im Hintergrund mit den weißen Häusern und den sich am Ufer ausbreitenden ärmlichen Hütten heißen?

Schuster, München: »Die neue Brücke über den Dniestr«

Schon in der ersten Phase ihres Vormarsches über den Pruth im südlichsten Abschnitt der Front erreichte die rumänische Armee den Dnjestr, der bis 1940 die rumänisch-sowjetische Grenze gebildet hatte. Auch hier hatten die abziehenden Rotarmisten die Brücken gesprengt. Stacheldrahtzäune auf den verschneiten Ufern sollen das neue Bauwerk gegen die Annäherung von Partisanen schützen. Inmitten kriegerischer Verkehrs- und Sperrtechnik sehen wir im fast trockenen Flußbett eine Insel des Friedens mit ein paar Pferden und ihren Betreuern.

Fritz Korte: »Brücke im Osten«

Diese Brücke ist unzerstört in deutsche Hände gefallen, und damit dies auch so bleibt, haben die Okkupanten sie eingezäunt und auf ihren Portalen Flieger- und Partisanenabwehrstellungen errichtet, dabei aber auch eine Feldtoilette auf der Dammböschung nicht vergessen. Mehrsprachige Schilder verbieten alles Mögliche, darunter gewiß auch das Fotografieren des Bauwerks mit der kräftig dampfenden 38 2990 durch Normalsterbliche.

Hollnagel, Hamburg

Die Belastungsprobe der kunstvollen Holzpfeilerbrücke wurde mit einer Kriegslok der Reihe 52 mit Kondenstender vorgenommen. Der Schornsteindeckel deutet auf die erste Ausführung der Kondenslok hin. Die Bauform der hölzernen Vorflutbrücke am Bug bei Trichaty erinnert an die Pionierzeit des Eisenbahnwesens in den USA.

M. Ittenbach, Berlin:
»Truppentransport«
Freigegeben durch OKW (Heer) und Presseabteilung der Reichsregierung am 26. Okt. 1942

Aus Vergleichen mit anderen Bildern läßt sich feststellen, daß es es sich hier um die Fährverbindung bei Cherson handelt, die auf der Strecke Odessa – Nikolajew – Krim den südlichsten Übergang über den Dnjepr vor seiner Einmündung ins Schwarze Meer ermöglichte. Obwohl die abgebildete Fähre nur aus mehreren umgebauten Schleppkähnen besteht, handelt es sich bei dieser Verbindung nicht um ein Kriegsprovisorium: Hier hatte auch zu Friedenszeiten keine Brücke gestanden. Wehrmachtsangehörige und Eisenbahner in nicht ganz felddienstmäßiger Bekleidung genießen die Sommerhitze während der Überfahrt. Die Eisenbahnpioniere bauten hier eine 2000 m lange Brücke, deren Pfeiler durch eine Wassertiefe von 14 m und eine darunter liegende Schlammschicht von 9 m gegründet werden mussten. Am 2.11.1943 wurde das riesige Bauwerk eröffnet. Wahnwitz des Krieges: Nach genau einem Tag wurde die Brücke am 3.11.1943 beim Rückzug wieder gesprengt, so dass bis 1955 wieder Fährverkehr betrieben wurde.

Hollnagel, Hamburg: »Fähre in Osten«

Vorsichtig wird der Dienstwagen Nr. 331 der Reichsverkehrsdirektion Dnjepropetrowsk auf ein Fährschiff ähnlicher Bauart verladen. Kaum zu glauben, daß der Kahn mit seiner hohen Ladung nicht kentert.

M. Ittenbach, Berlin: »Fähre« Freigegeben durch OKW (Heer) und Presseabteilung der Reichsregierung am 3. Nov. 1942

Hier wird für einen dienstlich genutzten alten preußischen Schlafwagen das friedensmäßige Fährschiff benutzt. Die Verladung erfordert genaue Arbeit.

M. Ittenbach, Berlin: »Cherson-Fähre – Ein großer Salonwagen steht mit der hinteren Achse über«

Trotz aller Maßarbeit: Der preußische Sechsachser ist zu lang für die Fähre. Die äußersten Räder hängen in der Luft. Ein Schild warnt: »Wagen mit Personen besetzt«! Schon aus den Zeiten seiner Trajektfahrten über die Ostsee besitzt der Wagen am Langträger die Öse zur Vertäuung.

Sowjetische Lokomotiven und Güterwagen

L. Schuster, München: »In langen Reihen stehen russ. Loks zerstört oder ihrer Triebstangen beraubt auf den Strecken.«

Hier sehen wir von der O^B (O^W) mehr als nur das Führerhaus. Der laufachslose Vierkuppler erfreute sich bei den Bahnen des alten Rußland größter Beliebtheit. Die 1893 bis 1904 gebaute O^B (für **O**sovnoj = Normaltype mit der **W**alschaerts-Steuerung, die der Heusingersteuerung entspricht, Bauart Dn2v) war die wichtigste Vertreterin von insgesamt nicht weniger als 8500 Maschinen der Gattung O. Mit den abgestellten Maschinen 6684 und 6809 der Direktion Odessa wird die Rumänische Staatsbahn, die sich bei der Besetzung »Transnistriens« gleich als neue Eigentümerin verewigt hat, jedoch nicht viel Freude haben: Die Sowjets haben beim Rückzug die Stangen mitgenommen. Die dritte Lok ist eine Щ(Schtsch), eine 1'Dn2 der Baujahre zwischen 1907 und 1911.

Э.6809

Deutsche Wehrmacht.
ВИННИЦКАЯ Ж.Д.
Oв 6916.
Bw. Kirowo.

Bis zum Ersten Weltkrieg war die Entwicklung der russischen Eisenbahnfahrzeuge ähnlich wie in den Ländern Mittel- und Westeuropas verlaufen, aus denen ja auch viele Lokomotiven importiert worden waren. Das größere Lichtraumprofil und die weitere Spur hatten allerdings eine sehr viel großzügigere Dimensionierung der Lokomotiven und Wagen erlaubt. Im Personenverkehr dominierten schon zur Zarenzeit Drehgestellwagen.

In sowjetischer Zeit lehnte sich die Eisenbahntechnologie dann mehr an das Vorbild der USA an. Sowohl für den Personen- als auch für den Güterverkehr wurden von den zwanziger Jahren an ausschließlich Drehgestellwagen beschafft. Nach einem Beschluß von 1931 begann 1935 die Umstellung des gesamten Fahrzeugparks auf die automatische Kupplung. Der Lokomotivbestand wurde vereinheitlicht und allmählich auf sehr viel größere und leistungsfähigere Typen umgestellt, wobei die Achsfahrmasse für den größten Teil des Streckennetzes auf 16 t beschränkt blieb.

Hierbei stand in den Jahren nach Weltkrieg und Bürgerkrieg zunächst die Stärkung des Güterverkehrs im Vordergrund. 1200 Fünfkuppler, nämlich 500 der Reihe $Э^{Ш}$ ($Ä^{Sch}$) aus Schweden und 700 der fast gleichen Reihe $Э^{Г}$ ($Ä^{G}$) aus Deutschland) übernahmen während nur zweier Jahre zwischen 1921 und 1923 die Herrschaft im Güterzugdienst fast des ganzen Landes. Verstärkte Varianten dieses laufachslosen Fünfkupplers wurden sodann im eigenen Lande als $Э^{У}$, $Э^{Р}$ und $Э^{М}$ ($Ä^{U,R,M}$) in etwa 8000 (!) Exemplaren hergestellt. Ab 1934 folgte die 1'E-Lokomotive der Gattung CO (SO), die es bis 1951 auf mehr als 4400 Ausführungen bringen sollte. Bereits 1931 ging in Serie die ФД(FD), eine mächtige 1'E1'h2 mit Verbrennungskammer und sechsachsigem Tender, die den Güterzugloks vieler Bahngesellschaften in den USA nicht nachstand. Immer wieder beeindruckend die Stückzahlen pro Gattung: 3222 FD wurden bis in den Krieg hinein gefertigt.

Für den Personenzug- und leichteren Schnellzugdienst hatten die russischen Bahnen schon in der späten Zarenzeit die Bauart 1'C1' bevorzugt, während sich die 2'C1' in Rußland nicht durchsetzen konnte. 1925 erschien erstmals die modernisierte Variante $C^{у}$ (S^{u}), eine 1'C1'h2 mit 1850 mm Treibraddurchmesser. Sie sollte bis 1951 die stolze Zahl von mindestens 2700 erreichen. In enger Anlehnung an die ФД entstand eine stärkere Lokomotive mit gleichem Treibraddurch-

Kriegsberichter Koltzenburg, Atlantic Pressebilderdienst: »15 000 km russische Bahnen sind wieder auf deutsche Spur umgenagelt worden und über 25 000 km russische Bahnen sind wieder in Betrieb – so erklärte der Führer in seiner letzten Sportpalast-Kundgebung. Eine alte sowjetische Lokomotive hat eine deutsche Bezeichnung und einen deutschen Lokomotivführer bekommen, der hier von seinem Hauptmann der Feldeisenbahner Fahrtanweisung erhält.«
Abzug für das Bildarchiv des Pressedienstes des Reichsverkehrsministeriums erworben. Berlin, den 30. 10. 1941

Sowohl der Führer als auch der Pressedienst machten gelegentlich Fehler: Außer den ostpolnischen, baltischen und nordostrumänischen Strecken wurden die Bahnen natürlich nicht »wieder«, sondern erstmals auf jene Spur umgenagelt, die mit ihrer Verbreitung von den USA über fast ganz Europa bis China nicht die »deutsche«, sondern die Normalspur war und ist. Auch hat der alte Vierkuppler keine deutsche Bezeichnung erhalten (darauf wurde bei Originalbreitspurloks generell verzichtet), sondern sie firmiert weiterhin als die russische O^{B} 6916. Deutsch ist nur die inoffizielle Eigentumsangabe »Deutsche Wehrmacht« über der Angabe der Eisenbahndirektion Winniza und die Schreibweise »Bw Kirowo« für den südukrainischen Heimatort der Maschine.
Das Foto ist eines der ganz wenigen der dem Buch zugrundeliegenden Sammlung, das aus dem Jahr 1941 stammt. Es war am 8. Oktober 1941 im »Völkischen Beobachter« abgedruckt, zwei Tage vor jener Ausgabe dieses Blattes, die mit den Schlagzeilen erschien: »Der Feldzug im Osten entschieden – Das militärische Ende des Bolschewismus!« Wie man später feststellen mußte, war auch dies wieder ein Irrtum.

L. Schuster, München: »In langen Reihen stehen russ.Lokomotiven zerstört oder ihrer Triebstangen beraubt auf den Strecken«

Wer diese abgestellten Lokomotiven so stimmungsvoll fotografieren kann, erweist sich mitten im Lärm des Krieges als Meister der Eisenbahnfotografie auch an sehr stillen Motiven! Die Wintersonne scheint auf die Щ (Schtsch) 1652, eine der vor dem Ersten Weltkrieg in 1850 Ausführungen gebauten 1'Dn2v- und 1'Dh2-Güterzugloks. Die südukrainische Lok hat von deutscher Seite die Aufschriften »EBD Odessa« und »Bw Beresowka« erhalten. Nützen wird sie ohne Stangen nichts. Hat der Fotograf solange gewartet, bis die Wolke am Schornstein »paßte«?
Es folgen eine Cy (Su) mit vollständigem Triebwerk und eine ex-polnische Tr 12.

messer wie die Cy und der Achsfolge 1'D2', die mit den Initialen Stalins bezeichnete ИС (IS). 650 Exemplare wurden in Kolomna und Lugansk bis 1941 auf die Schienen gestellt.

Die großzügige Erweiterung und Leistungssteigerung des Wagen- und Lokomotivparks (sowie auch die im Kaukasus beginnende Elektrifizierung mit Gleichstrom) entsprach der Verkehrsentwicklung: Nach Stagnation in Weltkrieg, Bürgerkrieg und früher Sowjetzeit vervierfachte sich die Transportleistung der Sowjetischen Staatsbahnen zwischen 1928 und 1940 sowohl im Güter- als auch im Personenverkehr.

Die deutsche Fahrzeugbeute in der Sowjetunion fiel geringer aus als erwartet. Bis Ende August 1941 fielen etwa tausend sowjetische Loks in deutsche Hände, davon die Hälfte betriebsfähig. Da der Überraschungseffekt beim weiteren Vormarsch entfiel und beim sowjetischen Rückzug fortan auf die Mitnahme der Lokomotiven geachtet wurde, erhöhte sich diese Zahl nicht mehr bedeutend. Am 9. Mai 1942 wurden »im Osten« 315 normal- und 1059 breitspurige Beuteloks erfaßt, davon 162 bzw. 417 betriebsfähige. Am 17. März 1943 wurden an erbeuteten Breitspurfahrzeugen erfaßt 1338 Loks, 2315 Personenwagen, 5229 Kesselwagen und 76588 sonstige Güterwagen. Aufgrund des Kriegsverlaufes konnten diese Beutebestände fortan nicht mehr vergrößert werden.

Hollnagel, Hamburg: »Russische Lokomotive«

Nur wenige modernere und größere Lokomotiven fielen in deutsche Hand. Hier wird gerade die ИС (IS) 20-475 der Direktion Odessa inspiziert, eine Lok, die mit ihren Boxpok-Rädern und ihrem sechsachsigen Tender recht gut ins zeitgenössische Amerika passen würde. Imposant wirken die Zylinder mit 670 mm Durchmesser und 770 mm Kolbenhub. Die Initialien in der Reihenbezeichnung stehen für Josef Stalin, und ein Namensschild des Diktators war auch bei allen 650 Maschinen an der Rauchkammer angebracht. Zuviel Optimismus verrät das »U« für »Umspuren« am Führerhaus: Den Rahmen und die 13 Radsätze solcher Giganten auf Normalspur zu bringen, war zu aufwendig.

СССР
ЗАП.
Ж. Д.
Deutsche
ИС 20-113

L. Schuster, München: »Zerstörte russ. Lok«

Nein, das war natürlich entgegen dem offiziellem Bildtext keine Lok, sondern ein ausgebrannter und ausgeglühter kleiner Kesselwagen älterer Bauart. Wir sind bei den Beispielen für sowjetische Güterwagen angelangt.

Bandelow: »Umgespurter russ. Kesselwagen«

Auch vor 55 Jahren schon fast ein Museumsstück war dieser zweiachsige Kesselwagen mit seitlichem Bremserhaus und robuster Handbremsmechanik. Er diente (als Wasserwagen?) dem EAW Minsk.

Donath, Berlin: »Betriebsfähige Sowjetlok im EBW Smolensk Ost«

Das Kapitel über sowjetische Lokomotiven schließt wieder mit einer Führerhausansicht. Ob ИС (IS) 20-113 von der Westbahn allerdings entsprechend dem offiziellen Bildtext wirklich in verwendbarem Zustand übernommen werden konnte, bleibt angesichts ihres Zustandes etwas zweifelhaft. Jedenfalls hat sie die Anschrift »Deutsche Wehrmacht« erhalten, was das Reichsverkehrsministerium mit Schreiben vom 3. Oktober 1941 an den Transportchef untersagte, um militärischen Begehrlichkeiten auf die Eisenbahnverantwortlichkeit »im Osten« schon auf dieser symbolischen Ebene entgegenzutreten.

L. Schuster, München:
»russ. 50 to-Kesselwagen«

Modernen Bauprinzipien entsprach der geschweißte Großraumkesselwagen auf Drehgestellen mit nur innen in ganzer Fahrzeuglänge durchgeführten Längsträgern. Als neue Eigentümerin hat sich die »CFR ROMANIA« verewigt. Rumänien erhielt ja aus den frühen Gebietserwerbungen des Ostfeldzuges nicht nur die kurz zuvor durch sowjetische Erpressung verlorenen Gebiete Bessarabien und Nordbukowina, sondern auch »Transnistrien«, zu deutsch das Gebiet »jenseits des Dnjestr«.

Bandelow: »Umgespurter russ. Kesselwagen«

Dieser Wagen mit etwas schwächerem Rahmen für 42 t Ladung hat die Inschrift »Deutsche Reichsbahn Ru« mit dem Kennzeichen für das Übergangsverbot ins alte Normalspurnetz erhalten. Da Rohöl und die daraus gewonnenen Treibstoffe die wichtigsten Güter waren, die der deutschen Kriegswirtschaft aus dem »Osten« zufließen sollten, wurde auf die Ausnutzung des eroberten Kesselwagenbestandes besonderer Wert gelegt. Auch hier ist mit den »Diamond«-Drehgestellen ein typisch amerikanisches Element erkennbar.

H. J. Bandelow, Berlin: »Russischer Zug aus Holz«

Der »Zug« ist nicht »aus Holz«, sondern der im EAW Gomel eingesetzte Wasserwagen ist mit einer massiven Wärmeisolierung ausgestattet.

Schuster, München: »Russischer Kühlwagen«

Mit geöffneten Achslagerdeckeln präsentiert sich der mächtige »Lednik«, zu deutsch »Eisschrank«, in der Wintersonne.

H. J. Bandelow, Berlin: »Zerstörte sowj. Wagen« Freigegeben durch OKW (Heer) und Presseabteilung der Reichsregierung am 15.4.43

Diese wohl schon im Vorfeld des deutschen Einmarschs bombardierten und ausgebrannten offenen Großgüterwagen sind zwischen den Betriebsgleisen einfach stehengeblieben. Weiter hinten stehen Normalspurwagen, darunter ganz links einer von der Belgischen Staatsbahn.

Bahnhöfe, Betriebsstellen, Verwaltungs-gebäude

H. J. Bandelow: »Bahnhof im Osten«
Freigegeben durch OKW (Heer) und Presseabteilung der Reichsregierung am 27.4.43

Die Szenerie im Bahnhof Zelwa könnte als friedliche Idylle wirken, wäre da nicht das martialische Transparent mit einem Text, der in einer Zeit der wachsenden Zweifel am Sieg ersonnen wurde. So klein das Gebäude ist, die Funktion des Bahnhofs war bedeutend: Nach der Beinahe-Annexion des Bezirkes Bialystok war er der östlichste Bahnhof der RBD Königsberg und damit der ganzen Deutschen Reichsbahn und Grenzstation zwischen Reich und besetztem Gebiet auf der Magistrale Warschau–Minsk. Am Eingang ist das Schild des Zollamtes erkennbar.
Auch solche Tatsachen waren geheim: Auf dem Originalabzug war der Bahnhofsname mit dickem Bleistift durchgestrichen.

ZELWA
ssen rollen für den Sieg"
Zollamt
Zelwa

H. J. Bandelow, Berlin: »Auf einem Bahnhof im Osten«, *gestrichen:* ***»Bahnhof Dnjepropetrowsk« Freigegeben durch OKW (Heer) und Presseabteilung der Reichsregierung am 15. 4. 43***

Orientalische Anklänge zeigte die Architektur des teilweise zerstörten Bahnhofs Dnjepropetrowsk. Eine mittelfränkische Firma ist mit dem Wiederaufbau beauftragt. Die Sprengung beim Rückzug 1943 wird dann wieder Sache der Wehrmacht sein.

Die Sachausstattung einer Eisenbahn besteht nicht nur aus Schienen, Lokomotiven und Wagen. Tausende von Bahnhofsgebäuden, Stellwerken, Blockstellen, Lokschuppen und Verwaltungsgebäuden jeden Alters und jeden Bauzustandes aus einer auch in Rußland schon mehr als hundertjährigen Eisenbahngeschichte nahmen die deutschen Soldaten und sodann die deutschen Eisenbahner entlang der Strecken zwischen Ostsee und Schwarzem Meer in Besitz, unversehrt das eine, ausgebrannt das nächste, gesprengt das dritte. Im ehemals österreichischen Galizien zwischen Lemberg und Czernowitz war die mitteleuropäisch geprägte k.u.k.-Architektur aus der Zeit vor 1914 noch vorherrschend. Für den altrussischen Bereich war typisch die Holzbauweise vor allem der kleineren Bauwerke. Die Sowjetmacht hatte mit dem Aufkommen neuzeitlicher Baustoffe wie Stahlbeton auch die klare und sachliche Formensprache der 20er Jahre gewählt, ehe ab etwa 1935 Stalins überladen-repräsentative »Zuckerbäckerarchitektur« in Mode gekommen war.

Schuster, München: Bombentrichter auf einem Bahnhofsvorplatz im Osten«, *handschriftlich:* ***»Odessa«***

Vor dem prunkvollen Bahnhof der Schwarz-Meer-Hafenstadt und auch in seinem linken Seitenflügel haben deutsche Bomben vor oder sowjetische Bomben nach dem 16. Oktober 1941 mächtig eingeschlagen. Die Eroberer waren hier übrigens die Rumänen, deren Flagge auch auf dem Gebäude weht.

Vorgefundene Zerstörungen und neue Verkehrsaufgaben verlanlaßten die deutsche Besatzungsmacht alsbald zu einer umfangreichen – und noch 1941 in keiner Weise einkalkulierten – Bautätigkeit. Die Programme »Ostbau 1942«, »Winterostbau 1942« und »Ostbau 1943« sahen umfassende Eisenbahninvestitionen von Umspur- und Neubaugleisen über Bahnhofs- und Blocksignale, Fernsprechleitungen und frostsichere Wasserstationen bis zu Hochbauten aller Art vor. Allein im Bezirk der RVD Minsk waren nur mit Bauarbeiten beschäftigt: 16 932 Mann am 1. Juni 1942 und 35 552 Mann am 15. September 1942. Bis September 1943 wurden fertig Hochbauten mit etwa 1,5 Millionen m³ umbautem Raum. Der größte Teil der gesamten Baukapazität der Deutschen Reichsbahn war ab Frühjahr 1942 in der Sowjetunion gebunden. Die vor dem Krieg für den Bau des Westwalls gegründete »Organisation Todt«, der Reichsarbeitsdienst und neue Formationen wie der »Baustab Speer« waren mit zehntausenden von Arbeitskräften »im Osten« vertreten. Hunderttausende einheimische Männer und Frauen leisteten unter Zwang schwerste Hilfsarbeit. Nur ein geringer Teil der gigantischen Aufbauleistung war später nutzbar: Beim Rückzug sprengte und verbrannte die Wehrmacht mit großer Systematik das zurückgelassene volkwirtschaftliche Potential.

Unsere Bildfolge kann nur einen knappen Überblick über die Vielfalt der Gebäude liefern, die 1941 und 1944 für deutsche Eisenbahner zum Arbeitsplatz – und zur dienstlichen »zweiten Heimat« – wurden, und wenige Beispiele vom kriegerischen Universum des Bauens und Zerstörens zeigen.

Schuster, München: »Fahrdienstleiterbude im Osten«

Im Vergleich zu Odessa ist dieses Gebäude am absolut anderen Ende des Spektrums der Bahnhofsarchitektur angesiedelt. Borschtschi ist ein Knotenbahnhof im südlichen Teil der Strecke Lemberg – Odessa.

Below, Stettin: »Zerstörtes Empfangsgebäude im Osten«

Gomel war ein wichtiger Knotenpunkt etwa in der Mitte des deutschen Besatzungsgebietes in der Sowjetunion. Das Empfangsgebäude des dortigen Westbahnhofes läßt unter dem Behelfsdach die Merkmale traditioneller russischer Holzarchitektur erkennen.

L. Schuster, München: »Blockstelle im Osten«

Geradezu romantisch wirkt die Blockstelle Chrabowka irgendwo in der Ukraine.

Fritz Korte: »Blockstelle an einer Brücke im Osten«

Ob Gomel in Weißrußland oder Chrabowka in der Ukraine, ob rumänisch beanspruchtes Odessa am Schwarzen Meer oder hier ein Weichenstellerhäuschen in Lettland tausend Kilometer weiter nördlich: Alles wird von den Schreibtischtätern der nationalsozialistischen Großraum- und Volkstumspolitik großzügig unter »Osten« zusammengefaßt, als habe es in diesem riesigen Gebiet ganz unterschiedliche Völker, Kulturen und Sprachen nie gegeben. Im Ergebnis dieser Politik sollte Lettlands Strom jahrzehntelang weder Düna noch Daugav heißen, sondern Dwina – und zwar in kyrillischer Schrift!

H. J. Bandelow, Berlin

Der zunehmende Partisanen- und Bombenkrieg ließ – nicht nur im besetzten Osten – die Aufstellung seriengefertigter Betonbunker ratsam erscheinen. Im Falle eines allzu nahen Volltreffers konnten sie freilich zum Sarg werden…

H. J. Bandelow, Berlin: »OT baut für die Reichsbahn« Freigegeben durch OKW (Heer) und Presseabteilung der Reichsregierung am 13. 8. 43

Die »Organisation Todt« war die Arbeitsarmee von Fritz Todt, der bereits den Bau der Reichsautobahnen und des Westwalls organisiert hatte. Die Tätigkeit seiner Organisation im Rahmen der »Ostbau«-Programme sollte er freilich nicht mehr erleben: Am 8. Februar 1942 kam er durch einen Flugzeugabsturz ums Leben. Dieser Tag fiel in jene heiße Phase, in der nach der Niederlage vor Moskau die Karten der Machtverteilung in Sachen Rüstung und Verkehr neu verteilt wurden. Der so auffallend termingerechte Helden-Tod(t) eines potentiellen Konkurrenten des Reichsministers für Bewaffnung und Munition Albert Speer ließ mancherlei Spekulationen aufkommen. Doch dafür werden sich die OT-Männer und die einheimischen Bauarbeiter an einem Stellwerk »im Osten« kaum interessieren. Der Lastwagen ist ein deutscher Ford BB aus den dreißiger Jahren. IIS stand für den Zulassungsbezirk Mittelfranken.

Fritz Korte, Berlin: »Stützpunktartiger Ausbau eines Haltepunktes im Osten. So sichern die deutschen Eisenbahner ihren kleinen Stützpunkt und damit den Verkehr zur Front gegen heimtückische Bandenüberfälle.«
Freigegeben durch OKW (Heer) und Presseabteilung der Reichsregierung am 28. 5. 43

Die Bedrohung durch Partisanen machte die verschiedensten Vorsichtsmaßnahmen und Schutzvorrichtungen notwendig, die freilich bei Nacht und bei undurchsichtigem Wetter doch stets nur begrenzte Sicherheit bieten konnten. Hier hat man massive Holzbarrikaden vor der Dienstbaracke errichtet und durch das Fällen der hierzu benötigten Birken auch noch die Sicht verbessert. Ein wenig erinnert die Szenerie an den Wilden Westen – und an den Schriftsteller, der den Deutschen das vor fünfzig Jahren noch gültige Bild von der amerikanischen Pionierzeit geliefert hatte, nämlich an Karl May. Der Sachse war übrigens der Lieblingsschriftsteller des »Führers«, und es ist überliefert, daß Hitler sich in vielen Lagebesprechungen zur Problematik des Partisanenkrieges ausdrücklich auf Wissensschätze aus den Werken Karl Mays bezog. Für den »Endsieg« half solche Buchgelehrsamkeit freilich wenig.

Below, Stettin

Beklemmend müssen die Arbeitsbedingungen am Block Kalna irgendwo in den Wäldern Weißrußlands gewesen sein. Das stundenlange Ausharren in der getarnten Wärterbude konnte hier genauso zum Himmelfahrtskommando werden wie die paar Schritte zum Weichenhebel, denn wer kann hier schon Tag und Nacht wirklich effektiv die Annäherung von Partisanen mit Schußwaffe, Handgranate oder Brandsatz verhindern?

Von der Ausweichstation im Wald zur großen Zentralbehörde: In Minsk, das von Juli 1941 bis Juli 1944 ziemlich genau drei Jahre unter deutscher Herrschaft stand, residierte eine Reichsverkehrsdirektion für das weißrussische Netz. Die Betonarchitektur des Gebäudes ist modern und erinnert an US-Vorbilder und die – von den Nazis verpönte – Bauhaus-Schule.

Schuster, München: »Einfahrt zu einer Eisenbahndirektion im Osten«

Eine Eisenbahn-Betriebsdirektion (siehe Schild!) entstand durch die Zusammenfassung mehrerer an einem Ort ansässiger Eisenbahn-Ämter. Diese Organisationsform wurde anfangs im besetzten Gebiet häufig gewählt, mit Verfügung vom 17. Juli 1943 außer in Riga, Wilna und Reval jedoch wieder beseitigt. »Aus politischen Gründen« wollte man den baltischen Ländern jeweils eine Eisenbahn-Zentralbehörde belassen. Daß im rumänisch beanspruchten Odessa eine deutsche Betriebsdirektion amtierte, ist aus der Teilung der Betriebsführung in »Transnistrien« mit Wirkung vom 19. Januar 1942 zu erklären. Auf folgenden Strecken führte die CFR den Betrieb:
Odessa–Kolosowka–Bugbrücken bei Wosnessensk und Nikolajew; Rudnica–Gajworon; Wapnjarka–Sjakowzy und Shmerinka–Mogilew-Podolskij.
Auf den Strecken Shmerinka–Slobodka–Odessa und Birsula–Golta oblag die Betriebsführung der HBD Süd.
Die rumänische Eisenbahnhoheit wurde aber mehr und mehr ausgehöhlt: Ab 15. 11. 1943 verfügte der deutsche Transportbevollmächtigte in Odessa über »graue« und »blaue« Verbindungsoffiziere bzw. -beamte bei den größeren Dienststellen in Transnistrien, und am 28. März 1944 übernahm die »RVD Dnjepropetrowsk in Odessa« die Betriebsführung auf allen Strecken zwischen Dnjestr und Bug.

Wagen als Wohnung und Werkstatt

W. Steiner, Berlin: »Ochsengespann bringt Trinkwasser«

Mit einem einfachen Schlitten wird zur Winterszeit das Wasserfaß zu dem preußischen Schlafwagen gebracht, in dem durchaus auch Hindenburg oder Ludendorff im vorigen Weltkrieg schon dienstlich genächtigt haben könnten.

Nicht nur Gebäude wurden zu Kriegsquartieren fern der Heimat, sondern auch Eisenbahnwagen verschiedenster Bauarten. Schon im Ersten Weltkrieg hatten Speise- und Salonwagen als militärische Besprechungsräume, Schnellzugwagen als Offiziers- und Güterwagen als Mannschaftsquartiere, Gepäckwagen als Küchen und Personenwagen als Lazarette herhalten müssen, und zwar nicht nur während der langen Transporte, sondern auch in Zeiten des Stillstandes, wenn Gebäude nicht zur Verfügung standen oder mit erneuter Verlegung zu rechnen war. So wurden Eisenbahnwagen zu Dienstsitz und Dienstwohnung für Wochen und Monate.

Im Zweiten Weltkrieg war das nicht anders, zumal »im Osten«, wo die bauliche Ausstattung rings um die Bahnhöfe vielerorts spärlicher war als in zentraleren Bereichen Europas. Die Partisanendrohung ließ schließlich die Besatzungsorgane immer mehr um die Bahnhöfe herum zusammenrücken, wo am ehesten ein gewisser Schutz zu gewährleisten war.

Die ersten drei Bilder des Kapitels handeln von der Versorgung mit kostbarem Wasser.

M. Ittenbach, Berlin: »Am Küchenwagen eines Bauzuges«

Lok und Küche brauchen Wasser! Eine lebendig aufgenommene Sommerszene auf einem Unterwegsbahnhof. Der sechsachsige Schlafwagen mit Ofenheizung stammt aus der entschwundenen Zeit luxuriösen Reisens »im Frieden«, was einst nicht hieß »vor 1939«, sondern »vor 1914«!

M. Ittenbach, Berlin: »Morgenwäsche am Bauzug«
Freigegeben durch OKW (Heer) und Presseabteilung der Reichsregierung am 25. Aug. 1942

Der Lokomotivwasserkran wurde zu Wasserspender und Dusche für die Arbeiter. Die sowjetischen Arbeiter tragen zum Teil ehemalige Uniformstücke der Wehrmacht. Das gemeinsame Leben und Arbeiten erzeugte zwischen deutschen Eisenbahnern und einheimischen Hilfskräften oftmals mehr Kameradschaft, als es den Verkündern der offiziellen Lehre vom »Untermenschen im Osten« lieb war. Der Güterzuggepäckwagen trägt die Kreideaufschriften »Feldpost« und »Zutritt verboten«. Ihm folgt ein österreichischer Personenwagen und ein französischer gedeckter Güterwagen.

H. J. Bandelow, Berlin: »Freizeitgestaltung vor einem Reichsbahnbauzug im Osten«
Auf einer anderen Aufnahme desselben Motivs: Freigegeben durch OKW (Heer) und Presseabteilung der Reichsregierung am 26. 10. 42

Solche Fotos wurden mit Vorliebe veröffentlicht, denn so sauber, anständig und friedlich sollten sich Mütter, Frauen und Freundinnen in der fernen Heimat die »deutsche Arbeitskameradschaft im Osten« vorstellen. Dem alten preußischen Nebenbahnwagen hat man ein provisorisches Tonnendach über das Oberlichtdach gestülpt.

Zünftigkeit mit Akkordeon und Unterhose

Hier spielt das Trio vom oberen Bild plötzlich vor dem zum Werkstattwagen gewordenen Nebenbahnpackwagen, dessen Bauart von Güterwagen abgeleitet war. Der schnelle Stellungswechsel der scheinbar so entspannten Gemütlichkeitstruppe legt den Verdacht nahe, daß die Aufnahmen für den Fotografen arrangiert wurden.

Fritz Korte: »Wasserbauzug der OT auf einer Strecke im Osten«

In einem russischen Vierachser und zwei französischen Zweiachsern hat sich die »Organsiation Todt« etabliert, um für Fluß- und Kanalbauarbeiten mobil zu sein. Tarnanstriche der hier gezeigten Art boten jedoch erfahrungsgemäß wenig Schutz vor Luftangriffen oder Partisanen.

Below, Stettin

Dieser »GG russisch« der RVD Riga ist durch Tiefflieger schwer beschädigt worden. Ob die Maschinengewehrgarben Tote oder Verletzte gefordert haben, ist nicht bekannt. Die Befestigung der Schienen in den aus Frankreich und England bekannten »Schienenstühlen« erinnert an die Zeit, als ausländische Gesellschaften im zaristischen Rußland Bahnen bauten und betrieben.

M. Ittenbach, Berlin: »HJ in Nikolajew«

An politische Winkelzüge im besetzten Gebiet erinnert dieses Bild. Dort, wo die Bürokraten und Ideologen des »Rasse-und Siedlungshauptamtes« nach den zwischen Hitler und Stalin vereinbarten und eilig verwirklichten »Umsiedlungen« deutscher Minderheiten »heim ins Reich« doch noch Volksdeutsche antrafen, begannen sie damit, die »Volksgemeinschaft« im nationalsozialistischen Sinne zu »organisieren«. So entstand also im fernen Schwarz-Meer-Gebiet eine »Hitler-Jugend«, deren Spielmannszug bei irgendeiner Propagandafahrt abgelichtet wurde. Erwähnenswert ist auch das Plakat am Güterwagen der Gattung »Oppeln«. Es verkündet: »Kriegsbrandstifter und Mörder Stalin, nun kommt das Ende«. Mit einer Propaganda der Befreiung von Stalin im Sinne einer positiven Botschaft für die unterdrückten »Ostvölker« begannen die Nazis jedoch erst in der Rückzugsphase ab 1943. Da aber war Hitlers Ruf als Kriegsbrandstifter und Mörder bereits gefestigt, jedes der nun ins antibolschewistische »Europa« eingeladenen Völker hatte an die nationalsozialistische Vernichtungspolitik bereits einen ungeheuren Blutzoll entrichtet – und jeder wußte, daß Stalin den auf dem Plakat karikierten Würgegriff eines Armes mit Hakenkreuz am Uniformärmel bereits nicht mehr zu fürchten hatte.

M. Ittenbach, Berlin: »Brücke über die Bahn in Charkow«

Der ostukrainische Bahnknoten war von 24. Oktober 1941 bis 15. Februar 1943 und von 14. März bis 23. August 1943 in deutschem Besitz. Der Bahnhof zeigt schwere Beschädigungen, die Brücke ist behelfsmäßig wiederaufgebaut. Der auf Güterwagenbasis erbaute sowjetische Lazarettzug dient nun der Wehrmacht. Die einheimischen Jugendlichen verkaufen vermutlich irgendetwas. Bemerkenswert ist auch das moderne Lichtsignal.

Below, Stettin

Der Ofen zur Beheizung des russischen Vierachsers ist genauso voluminös wie der Herd, auf dem das Essen gekocht wird. Der Mann, der sich auf die Suppe freut, gehört ausweislich seiner Uniform zu einer der Polizeieinheiten, die sich nach dem Einmarsch mit der Erschießung der Juden und später mit der Ausrottung partisanenverdächtiger Dorfeinwohnerschaften befaßten.

Gleisbau

M. Ittenbach, Berlin: »Kiew«

Hier werden im Hauptbahnhof zu Kiew Gleise umgespurt oder repariert. Hinten steht ein Stellwerksbauzug aus der RBD Halle.

Die provisorischen Wiederinbetriebnahmen und ersten Umspurungen des Jahres 1941 und der ersten Monate des Jahres 1942 führten dazu, daß Ende April 1942 im besetzten Teil der Sowjetunion ein Streckennetz von 23 023 km befahrbar war, davon 20 309 km in Normalspur und 1260 km in Breitspur. Sodann begann eine umfassende systematische Bautätigkeit an Bahnhofs- und Streckengleisen. Die im Kapitel »Gebäude« schon erwähnten »Ostbau«-Programme führten auch auf diesem Gebiet zu eindrucksvollen Zahlen: Allein in der HVD Minsk wurden 1941 bis 1943 insgesamt 124 wiederaufgebaute und 457 neue Brücken mit einer Gesamtlänge von knapp zehn Kilometern sowie 9055 km umgespurtes Gleis, 868 km wiederaufgebautes und 340 km neues Gleis bilanziert. Beispielsweise im Bereich der RVD Riga wurden 7500 km Gleis umgespurt, 2250 km Gleis neu verlegt und 5180 Weichen eingebaut.

Die Maßnahmen dienten der Steigerung der Kapazität sowie der Erhöhung der betrieblichen Flexibilität. So wurden eingleisige Strecken mit einem zweiten Gleis ausgestattet, Bahnhofsgleise vermehrt und verlängert sowie Ausweichschleifen und -kurven um gefährdete Knotenpunkte herum gelegt. Hinsichtlich der grundsätzlichen planerischen Überlegungen konnte man Erfahrungen aus dem Ersten Weltkrieg heranziehen: Auch damals hatten deutsche Baueisenbahner und einheimische Arbeiter zwischen Flandern, Mazedonien und Litauen tausende von Kilometern Strecke saniert oder neugebaut. Ebenfalls an Vorbilder aus dem Ersten Weltkrieg knüpfte der Bau von Schmalspurbahnen an. Fertig wurden etwa 2000 km in 600 mm und 750 mm Spur.

In dem 1942 eroberten und bereits im Frühjahr 1943 wieder aufgegebenen Gebiet östlich von Charkow und Rostow in Richtung Stalingrad und Kaukasus unterblieben Umspurung und sonstige größere Arbeiten am Streckennetz. Die Zeit der deutschen Präsenz langte hier nur für die provosorische Wiederinbetriebnahme des weitmaschigen Breitspurnetzes.

Fast der gesamte Gleisbau wurde in Frost und Hitze, in Wäldern, Sümpfen und Steppen in Handarbeit durchgeführt. Ein großer Teil der für den deutschen Bahndienst verpflichteten Einheimischen kam im Gleisbau zum Einsatz.

M. Ittenbach, Berlin: »Gleisarbeiten mit russ. Arbeitern«
Freigegeben durch OKW (Heer) und Presseabteilung der Reichsregierung am 25. Aug. 1942

Weichenumbau mit der Schienenzange im Sommer …

Fritz Korte, Berlin:
»Streckenbau im Osten«
Freigegeben durch OKW (Heer) und Presseabteilung der Reichsregierung am 18. 5. 43

… und Bau des zweiten Streckengleises mit der Schienenzange im Winter

Below, Stettin

Hier sind, aus welchen Gründen auch immer, neue Gleisanlagen erstellt worden. 56 332 absolviert die Probefahrt. Sie hatte zum Bw Frankfurt (Main) 2 gehört und war am 20. August 1941 zum Osteinsatz abgefahren.

Below, Stettin

Dieses Bild derselben Anlage zeigt, wie die auf Sand gebetteten Gleise in engen Schneisen durch den Wald geführt wurden. Angaben zum Zweck der Baumaßnahme fehlen. Die Vegetation deutet auf eine nördliche Region hin.

M. Ittenbach, Berlin: »Inkermann«

Umspurung mit Hilfe sowjetischer Kriegsgefangener in der Sommerhitze auf der Südspitze der Krim nahe der mittelalterlichen Höhlenfestung von Inkerman …

M. Ittenbach, Berlin: »Der Arbeitszug nimmt Schwellen mit«

… und Altschwellenbergung einige hundert Kilometer weiter nordwestlich im winterlichen Ostpolen mit einer Lok österreichischer Bauart

Below, Stettin

Dieser Bahndamm wird durch Aufschüttung erhöht. Warum das erforderlich ist, kann ohne Kenntnis der Umgebung nicht erschlossen werden. Im Bauzug sind näher zur Lok hin deutsche O-und R-Wagen eingereiht. Die sowjetischen Wagen im Vordergrund haben noch die automatische Kupplung. Die »Blauen Eisenbahner« sind für die Schipparbeiten weniger praktisch gekleidet als die russischen Arbeiter. Ein wachsamer Blick schweift in die Ferne, denn der Feind ist überall …

Below, Stettin

Wehrmacht, Bahnschutz, Reichsbahn, Organisation Todt und sowjetische Eisenbahner beobachten die Montage der Weiche, für die der Arbeiter eine unbequeme Körperlage einnehmen mußte. Die Variationsbreite der jeweiligen Uniformen ist beachtlich. Allein drei verschiedene Kopfbedeckungen kommen vor.

M. Ittenbach, Berlin:
»Gleisarbeiten im Osten«
Freigegeben durch OKW (Heer) und Presseabteilung der Reichsregierung am 3. November 1942

Hochwasserschäden, wie sie insbesondere aus Poltawa vom Frühjahr 1942 überliefert sind, müssen hier behoben werden.

Hollnagel, Hamburg

Diesen Bauzug führt eine polnische Ty 23 (DR 58^{23}). Das Abladen der schweren Schienen wird von Hand bewältigt: Unsere ganze Bilderfolge über Gleisbau und Umspurung hat nicht eine einzige Gleisbaumaschine, keinen Kran und keinen Bagger gezeigt.

Strecken in einem weiten Land

Zweigleisige Strecke in der Weite der Sowjetunion

Kein Urhebervermerk und kein offzieller Text steht auf der Rückseite dieser stimmungsvollen sommerlichen Streckenaufnahme. Die nicht ganz symmetrische Lage der Schienen auf den Schwellen verrät die Umspurung.

H. J. Bandelow, Berlin

Ein Kreuzungsaufenthalt irgendwo in der Sowjetunion. Der rückwärts vor den Güterzug gespannten 57^{10} ist ein einzelner Leerwagen vorangestellt, der Minen auslösen soll, bevor die Lok sie erreicht. Der erste Wagen des Zuges gehört der Italienischen Staatsbahn. Im Hintergrund sehen wir schon den Gegenzug herandampfen.
Das Bild stammt aus der Zeit kurz vor der Übergabe der Strecke von der Wehrmacht an die Reichsbahn: Auf dem Gleis ganz rechts ist ein Schienen-LKW der Feldeisenbahner erkennbar. Die Signale der Reichsbahn sind noch als ungültig ausgekreuzt, doch bald wird hier die gewohnte deutsche Bahnhofsfahrordnung herrschen. Die Signalmasten tragen die Kennbuchstaben B und C in lateinischer und kyrillischer Schrift.

Zu den Geschichten, die man während des Krieges besser nicht allzu laut erzählte, gehört folgende: Ein altes Mütterchen macht sich Sorgen über die wachsende Zahl von Kriegsgegnern des Deutschen Reiches. Sie geht zu einem Nachbarn, der einen Globus besitzt, und läßt sich von ihm zeigen: »Hier ist das Großdeutsche Reich. Und das sind die USA; das ist England, und hier sehen Sie Kanada, Indien und Australien, die gehören da noch dazu.« »Und Rußland?« »Das alles hier ist die Sowjetunion.« – Erstauntes Schweigen. – Und dann: »Ja, weiß denn das der Führer?«

Liest man nach, welche Konzeptionen für den Vormarsch und welche Vorstellungen über die Beherrschung des »Ostraumes« nach dem Sieg Hitler und seine engsten Berater 1940/41 formulierten, und vergleicht man damit die praktischen Erfahrungen vom Herbst 1941 an, so kann man sich des Eindrucks nicht erwehren, daß sich ein siegestrunkener Diktator hier ganz einfach unglaublich verschätzt hat. Dies betraf die Reichweite motorisierter Vorstöße genauso wie die Möglichkeiten des Nachschubes per Lastkraftwagen, den Kräftebedarf für die Kontrolle eines unermeßlichen Hinterlandes genauso wie die Sicherung einer tausend Kilometer langen Front, und ebenso natürlich auch den Personal- und Fahrzeugbedarf für den Bahnbetrieb auf tausenden und abertausenden von Kilometern Strecke im fremden Land.

Zur Verdeutlichung nur ein paar Entfernungsangaben aus alten Kursbüchern: Vom Schlesischen Bahnhof zu Berlin fuhr man 789 km nach Brest-Litowsk und 1889 km bis Moskau. Von Bukarest, der Hauptstadt

M. Ittenbach, Berlin: »Auf stählerner Spur« Freigegeben durch OKW (Heer) und Presseabteilung der Reichsregierung am 10.9.1942

Eine 56^{20} wartet auf Ausfahrt. Der unbekannte Bahnhof ist bereits mit deutschen Signalen ausgestattet, Sandbettung und Bauform des Wärterhauses deuten auf einen Aufnahmeort im vormals österreichischen Galizien hin. Die Lok trägt zwar nur noch ein Nummernschild und ein Gattungsschild mit aufgemalten Ziffern, der Hoheitsadler und das Schild »Bw Liegnitz« sind aber noch in friedensmäßiger Metallausführung vorhanden. Die Heimatangabe gilt derzeit nicht, denn in Farbe ist (schwach erkennbar) aufgemalt »DR-Ost«. Nach Feldzugsende sollten die »nach Osten verliehenen« Lokomotiven selbstverständlich wieder in die Heimatdirektionen und -betriebswerke zurückkehren, doch nach dem Krieg gab es kein Reichsbahn-Bw Liegnitz mehr, und so manche 56^{20} war zur »TO« der Sowjetischen Staatsbahn geworden.

des Bündnispartners im Südosten, waren bis Moskau 2005 km zurückzulegen. Nach Lemberg, einst zu Österreich, bis 1939 zu Polen und zuletzt zur Sowjetunion gehörend, fuhr man von Berlin-Charlottenburg aus 681 km und von Wien Nord 755 km. Die Strecke Lemberg–Moskau mißt weitere 1499 km. Von Lemberg nach Kiew sind es 627 km, von Kiew nach Rostow 1097 km und von dort zur Betriebsspitze des Spätsommers 1942 in Mosdok nördlich des Kaukasus noch einmal 642 km. Von Berlin bis hierher waren also 3047 Kilometer zurückzulegen, und zwar im wesentlichen mit älteren Güterzuglokomotiven und auf schlecht verlegten und provisorisch reparierten Gleisen und somit selbst im günstigsten Falle gerade einmal mit 40 oder 50 Stundenkilometern! Durchmißt man den deutschen Machtbereich in seiner größten Ausdehnung 1942/43 in nord-südlicher Richtung, so kommt man von Leningrad nach Odessa auf 1795 km und von Riga nach Stalingrad auf 1917 km.

Das alles war aber immer noch bei weitem nicht die ganze Sowjetunion oder auch nur der größte Teil von ihr: Von Moskau nach Novosibirsk erstrecken sich weitere 3343 km, nach Irkutsk 5191 km, nach Zabaikalsk 6666 km, nach Chabarowsk 8531 km und schließlich nach Tichookeanskaja an der Pazifikküste die kaum mehr vorstellbare Entfernung von 9441 Schienenkilometern. Ob das der Führer wußte?

Unsere Bilder illustrieren nicht Kilometerzahlen, geben aber einen Eindruck von der Weite des Landes wieder – eines Landes, das man gerade auch um dieser Weite willen achten und lieben sollte, anstatt es beherrschen und vernichten zu wollen.

M. Ittenbach, Berlin

Eine Zugbegegnung irgendwo »im Osten«. Der entgegenkommende Zug ist wiederum mit einer 56^{20} bespannt. Zweigleisig ausgebaut waren in der Sowjetunion nur einige wichtige Magistralen. Immer wieder fällt der einfache Oberbau auf, der auch dem modernen sowjetischen Lokomotivbau eine Beschränkung auf 16 t Achsfahrmasse auferlegte.

Hollnagel, Hamburg: »Eisenbahnbrücke im Osten«

Eine 55^{25}, vormals preußische G 8^1, überquert einen Fluß in der Ukraine. Die filigrane Fachwerkbrücke ist nachträglich mit Fischbauchträgern verstärkt worden.

H. J. Bandelow, Berlin

Der Weite der Strecken entsprach die Schwierigkeit ihrer Bewachung. Hier patroulliert deutscher Bahnschutz an einer Behelfsbrücke. Die Brücke kam als Angriffsobjekt für Partisanen bevorzugt in Betracht, und die hier verordnete Langsamfahrstelle (das »E« signalisiert ihr »Ende« hinter der Brücke) gefährdet auch die Züge in besonderem Maße. Das Wachgebäude rechts ist mit Baumstämmen massiv gesichert.

H. J. Bandelow, Berlin: »Bahnschutz im Osten«
Freigegeben durch OKW (Heer) und Presseabteilung der Reichsregierung am 13.8.43

Ein kurzer Zug, dessen Bespannung mit zwei 55ern nicht durch die Zuglast bedingt ist, bringt willkommene Abwechslung in die Langeweile der Bewachung. Die Uniformen der drei Bahnschutz-Polizisten hat man sich lindgrün vorzustellen. Die 55 4160 (im Reich zuletzt beim Bw Dillenburg, in der besetzten Sowjetunion nachgewiesen bei den Bw Pleskau und Roslawl) hat wie alle Reichsbahnlokomotiven im Zweiten Weltkrieg Verdunkelungsblenden vor den Signallaternen. Diese Maßnahme sollte vor den Bombenangriffen schützen, die jedoch fast ausschließlich von westalliierten Luftflotten ausgeführt wurden und aufgrund ihrer begrenzten Reichweite nicht die Besatzungsgebiete im Osten und zunächst auch nicht die östlichen Reichsteile trafen.

W. Steiner, Berlin: »Kosaken zur Streckenbewachung«

Die in der Südukraine und auf der Krim lebenden Kosaken hatten bereits zur Zarenzeit und im russischen Bürgerkrieg erheblichen Widerstand gegen die Herrscher in Moskau geleistet und standen dem Stalinismus besonders distanziert gegenüber. In der Zeit des sinkenden deutschen Kriegsglücks wurden sie ähnlich wie Belgier, Niederländer, Dänen und Bosnier für würdig erachtet, für die Verteidigung eines »Europa« unter dem Hakenkreuz ihr Blut zu vergießen. Das weitere Schicksal der in der Sowjetunion angeworbenen Mitstreiter der Wehrmacht sah düster aus: Soweit sie unmittelbar in sowjetische Hand gerieten oder nach dem Krieg von britischer oder amerikanischer Seite dorthin ausgeliefert wurden, wurden sie als Deserteure und Verräter fast durchwegs sofort erschossen. Soweit sie in den westlichen Besatzungszonen Deutschland Zuflucht fanden, konnten sie zwar als »Heimatlose Ausländer« ihr Leben retten, sahen aber ihre Heimat nie wieder und konnten oft erst nach einer von der UNO unterstützten Auswanderung an einem anderen Ende der Welt in Kanada oder Australien wieder eine Existenz aufbauen.

L. Schuster, München: »Eisenbahner im Osten«

Eine ebenso öde wie gefährliche Tätigkeit war die Bewachung von Bahnhofsobjekten im Hinterland. Ständig war mit Überfällen von Partisanen zu rechnen, die sich mit Vorliebe für ihre Anschläge empfindliche Punkte wie Brücken, Stellwerke, Wasserstellen und abgelegene Weichenposten aussuchten, die fernab von großen Bahnhöfen meist nur von wenigen Leuten bewacht werden konnten.

Hollnagel, Hamburg: »Russischer Weichenposten«

Winterkälte, Schnee und ein über baumlose Ebenen fegender eisiger Wind ließen die Unendlichkeit der Entfernungen und die Einsamkeit des Schienenstranges im besetzten Land besonders deutlich werden. Der russische Weichen- und Schrankenwärter ist freilich mit den Wetterverhältnissen seines Landes und den Schwierigkeiten des winterlichen Bahnbetriebes vertraut und besitzt auch geeignete Kleidung. Das Foto zeigt einen Posten auf der Strecke Melitopol-Dschankoj.

Bahndienst »im Osten«

W. Steiner, Berlin: »Besichtigung einer im Bau befindlichen Feldbahnstrecke«

Welche der zwischen Baltikum und Kaukasus gebauten 900 mm oder 1000 mm-Bahnen hier gerade fertig wurde, ist genauso wenig bekannt wie die Herkunft der kleinen Lokomotive Nr. »3«. Das gegossene Schild am Führerhaus mit der Nummer und den Initialen deutet darauf hin, daß die Lok von einer Privat- oder Industriebahn und nicht aus dem Beschaffungsprogramm für die Heeresfeldbahnen stammte. An der Inspektion nimmt außer Reichsbahnern und Offizieren auch ein Beamter des Reichsaußenministeriums (ganz links in der Gruppe) teil.

Der Uferlosigkeit der Bau- und Betriebsaufgaben an und auf den Strecken der besetzten Sowjetunion entsprach die immer größer werdende Zahl der dorthin entsandten oder dort in den Dienst genommenen Eisenbahner (und Eisenbahnerinnen!) bzw. dem Eisenbahnwesen dienenden Soldaten. Der Vielfalt und Schwierigkeit der Arbeit entsprach die Härte des Dienstes zu allen Jahres- und Tageszeiten und in allen Stadien der Kriegführung.

Die Vorhut deutschen Personals bildeten die Pionierregimenter der Wehrmacht, denen schon im Juli 1941 nicht weniger als 50 Gleis- und Weichenbauzüge der Reichsbahn beigegeben wurden. Es folgten die drei Feldeisenbahndirektionen (FBD) mit einer Stärke von zunächst jeweils 10 000 Mann. Wegen ihrer Wehrmachtsuniformen blieben die FBD-Soldaten als »graue Eisenbahner« in Erinnerung.

Schon bis Oktober 1941 waren sodann 70 000 Reichsbahner, sogenannte »blaue Eisenbahner«, nach Osten abgeordnet. Anfang Januar 1942 ordnete Hitler die Übernahme des Eisenbahnbetriebes »im Osten« durch das Reichsverkehrsministerium und damit durch die Reichsbahn an. Ausgenommen hiervon waren die Bereiche der Feldeisenbahndirektionen, deren Tätigkeit nun aber auf das unmittelbare Hinterland der Front beschränkt wurde. Der entsprechende Erlaß trat am 15. Januar 1942 in Kraft. Mit diesem Tage endete regelmäßig die Abordnung von Reichsbahnbeamten zur Wehrmacht. Fortan lag der Bahnbetrieb im entfernteren Hinterland der Front in den Händen der regulären Bahnbediensteten, der bereits erwähnten »blauen Eisenbahner«. Ihre Zahl erhöhte sich bis Ende 1942 auf 112 000. Die FBD'en, seit März 1942 in Feldeisenbahnkommandos (Fekdo) umbenannt, blieben für den frontnahen Betrieb zuständig.

Die im besetzten Gebiet verbliebenen sowjetischen Eisenbahnerinnen und Eisenbahner nahmen zum größten Teil ohne besonderen Zwang durch die Besat-

M. Ittenbach, Berlin: »Zugübergabe vom blauen zum feldgrauen Eisenbahner«,** gestrichen:* ***»Übergabe eines Munitionszuges von den blauen an die feldgrauen Eisenbahner« Freigegeben durch OKW (Heer) und Presseabteilung der Reichsregierung am 25.8.1942
Veröffentlicht DR-Kalender 1943 Blatt 29

An der entsprechend dem Frontverlauf ständig verschobenen Trennlinie zwischen Reichsbahn- und Wehrmachtsbetrieb oder zwischen Hauptverkehrsdirektion und Feldeisenbahnkommando entstand das Foto des Zuges, dessen gefährliche Fracht gemäß Signalbuch durch die »Pulverflagge« kenntlich gemacht war. Der Wagen im Vordergrund war von der Jugoslawischen Staatsbahn in den Reichsbahnbestand übernommen worden, der nächste gehörte der Belgischen Staatsbahn.

M. Ittenbach, Berlin:
»Einheimischer Arbeiter beim Weiche Umlegen (Kowel)«

Nach kleiner Bahn und hohen Herren hier nun großer Bahnhof und kleiner Eisenbahner: Der Weichensteller in Kowel, einem der wichtigsten Bahnknotenpunkte Westrußlands (bis 1918), Ostpolens (bis 1939) und des Westrandes des deutschen Besatzungsgebietes seit 1941, stand am untersten Ende der Hierarchie des kriegerischen Bahndienstes. Seine Kopfbedeckung, die »Kwadratka«, deutet auf einen Polen hin.

zungsmacht die Arbeit wieder auf. Dies war dadurch erklärbar, daß sich der politisch aktive und zum Widerstand gegen die Invasion entschlossene Teil des Personals dem Rückzug der Roten Armee angeschlossen hatte oder sofort nach dem deutschen Einmarsch zu den Partisanen überging. Unter den im Dienst verbliebenen Eisenbahnern wie überhaupt in der Zivilbevölkerung hielten nicht wenige zunächst die deutsche Okkupation für das im Vergleich zur stalinistischen Diktatur geringere Übel. Der Dienst für die Reichsbahn garantierte im übrigen die Sicherung des Existenzminimums und schützte, was im Laufe der Jahre 1942 und 1943 immer wichtiger wurde, vor der Deportation zur Zwangsarbeit ins Reich. Ende 1942 wurden 634 000 Einheimische im Dienst der »DR-Ost« gezählt. Die Zahl der deutschen und einheimischen Eisenbahner im besetzten »Osten« überstieg nun den Personalbestand der gesamten Reichsbahn des Vorkriegsjahres 1937!

Die brutale Besatzungspraxis drängte sehr bald die freundlich oder wenigstens neutral gesonnenen Einheimischen in den Widerstand. Als dann die deutsche Niederlage absehbar wurde, mußten die Deutschen feststellen, daß immer mehr Bedienstete insgeheim mit den Partisanen zusammenarbeiteten. Der Nachweis einer solchen Zusammenarbeit war für die Zeit nach der Rückkehr der Sowjetmacht lebenswichtig: Für echte Kollaborateure der »Faschisten« waren das Todesurteil oder die langjährige Lagerhaft unausweichlich.

Jedes unserer Fotos vom Bahndienst in den Weiten des »Ostens« wirft die stumme Frage auf, welches Schicksal die abgebildeten Männer und Frauen in den Monaten und Jahren nach der Aufnahme genommen haben mögen…

W. Steiner, Berlin: »Rangierbewegungen mit Menschenkraft auf einem Bahnhof im Osten«

Der moderne Vierachser des französisch-luxemburgischen Erzkonzerns ARBEL wird fern der Heimat mangels Rangierlok mit Muskelkraft bewegt. Er besitzt keine Druckluftbremse, sondern nur eine durchgehende Luftleitung. Der helle Streifen unter der Wagenbeschriftung kennzeichnet die zwangsweise »Ausleihe« an die Reichsbahn. Warum sich neugierige Blicke unter den Wagen richten, werden wir nicht mehr erfahren.

M. Ittenbach, Berlin

Die 33 208 des Bw Lublin der »Ostbahn«, eine 2'D-Lok, die von Chrzanow 1926 für die PKP gebaut worden war und dort Os 24-32 geheißen hatte, fährt irgendwo im Generalgouvernement oder dem östlich davon eroberten altpolnischen Gebiet in einen ländlichen Bahnhof ein. Vor die (untauglichen?) Spitzenlaternen sind Zugschlußlaternen gehängt, wobei die linke zur Signalisierung einer Falschfahrt»rot« zu zeigen scheint. Der Aufsichtsbeamte hat momentan keine anderen Sorgen als die Frage, ob er mit seinem Bäuchlein auch profilfrei steht.
Die Bahnsteigkanten bestehen aus alten Schienen. Rechts ist eine für schwere Militärfahrzeuge geeignete Behelfsladerampe entstanden, vermutlich im Rahmen des »Otto-Programmes«, das im Oktober 1940 angeordnet wurde und bis 10. Mai 1941 eine wesentliche Ertüchtigung der polnischen Bahnstrecken zur deutsch-sowjetischen Demarkationslinie vorsah.

H. J. Bandelow, Berlin: »Umgespurter russ. Wagen«

Nein! Der Wagen war litauischer Herkunft und dürfte die kurze Zeit der ersten Sowjetherrschaft über Litauen auf der dort gültigen Normalspur überdauert haben. Das noch vorhandene Eigentumskennzeichen L. G. steht für »Lietuvos Gelezinkeliai«, zu deutsch »Litauische Staatsbahn«, und ist durch das Wappen der Sowjetischen Staatsbahn und den kyrillischen Zusatz LIT ergänzt worden. Nun benutzt ihn aber erst einmal die »DR-Ost«, die aus dem Reich den deutschen Zwanziger-Jahre-Stahlwagen im Hintergrund bekommen hat.

Below, Stettin

Eine kleine Plauderei im Bw Molodetschno an der Magistrale Wilna–Minsk–Gomel. »Kunst am (Ost)bau« hat für eine nette 57^{10} über dem Wegweiser zur Lokleitung gesorgt. Auf dem Tender ist das Kurzzeichen »Mo« angebracht. Die schon im Ersten Weltkrieg üblichen Bw-Kürzel basierten häufig auf dem ersten und dem letzten Buchstaben des Ortsnamens.

Hollnagel, Hamburg: »Auf einem Bahnhof im Osten«

Weiter östlich trifft 56 584 mit einem für ihre Verhältnisse schweren Personenzug in dem nicht näher identifizierbaren Bahnhof »Marsch...« ein. Die Dienstkleidung der einheimischen Aufsichtskraft ist nicht von übertriebener Strenge geprägt. Der Befehlsstab als Haltesignal zeigt, daß das Foto gestellt ist. Das »Ki« an der Rauchkammertür könnte für Kiwerce in der Ukraine stehen.

Hollnagel, Hamburg

Den Alltag im Inneren einer Lokleitung zeigt dieses Bild. Das Personal war ausschließlich russisch, und auch die Tafel über »Anwesenheit und Verwendung« der Lokpersonale trägt nur russische Beschriftungen. Die aufgrund des riesigen Arbeitskräftebedarfs gar nicht vermeidbare weitgehende einheimische »Selbstverwaltung« eines so wichtigen Bereiches wie des Eisenbahnwesens blieb für die Besatzungsmacht unter den Aspekten von Partisanenkrieg und Sabotage natürlich nicht ohne Risiko. Das Bw Bataisk (HBD Rostow) beispielsweise beschäftigte am 28. November 1942 für den Betrieb mit 88 Zug- und neun Rangierloks 306 Deutsche (davon 134 Lokführer und zwölf Heizer) sowie 1034 Russen (davon 198 Lokführer und 130 Heizer). Das Bw Ilowaskoje (HBD Poltawa) beschäftigte am selben Tag für 58 Zug- und sechs Verschiebeloks 163 Deutsche (davon 90 Lokführer und vier Heizer) sowie 1020 Einheimische.

Hollnagel, Hamburg: »Ukrainische Zeichnerin im Brückenbüro einer EBD«

Schon das vorige Foto hat uns eine Frau im Bahndienst vorgestellt. Entsprechend der sowjetischen Politik der weitestmöglichen Gleichstellung der Frauen mit den Männern in Bildung und Beruf war dort die weibliche Präsenz in technischen Bereichen weiter vorangekommen und selbstverständlicher geworden als in Deutschland – wo freilich die Personalnot des Zweiten (wie auch schon des Ersten!) Weltkrieges einen neuen Schub der Ausbeutung weiblicher Arbeitskraft und in der Folge dann auch bescheidene Fortschritte in Richtung beruflicher Emanzipation der Frauen bewirkte.

W. Steiner, Berlin: »Einheimische beim Bezetteln von Wagen«

Wie im Bw und im Brückendezernat der Direktion, so auch auf dem Güterbahnhof: Frauen waren in allen Bereichen des Eisenbahndienstes tätig.

M. Ittenbach, Berlin

Auch Frauen mußten schwere körperliche Arbeit leisten. Die in dieser Hinsicht schon sehr harte sowjetische Praxis der Gleichheit der Geschlechter wurde durch das Besatzungsregime noch verschärft, weil für die Behandlung der Frauen »im Osten« die grausame ideologische Vorgabe galt, daß auf künftige Mutterschaft und die Gesundheit des Nachwuchses keinerlei Rücksicht zu nehmen sei. Die kalte 57^{10} im Hintergrund verrät mit der Kurzbezeichnung des Bw Kasatin 1 den Aufnahmeort.

Below, Stettin: »Einheimische beseitigen Bombenschäden auf einem Bahnhof im »Osten«

Vor allem Frauen sind es, die mit typisch russischen Pferdegespannen nach einem offenbar nicht allzu folgenreichen sowjetischen Luftangriff die Gleisanlagen aufräumen müssen.

M. Ittenbach, Berlin: »Einheimische Arbeiterinnen im »Osten«

Mädchen und Frauen mit Kopftüchern müssen bei offensichtlich wärmerem Wetter in einem Ausbesserungswerk Stahlprofile schleppen. Hinten stehen polnische Ty 23 und warten noch 1942 auf die Umspurung, was auf ein Werk in dem bis 1939 polnischen Westgebiet der Sowjetunion schließen läßt.

Below, Stettin

Frauen schmieren Puffer für den Sieg. Die Schuhe sind kaum mehr brauchbar. Die Wagen scheinen Stroh geladen zu haben.

H. J. Bandelow, Berlin: »Einheimische Arbeiter auf einem Bahnhof im Osten« – Freigegeben durch OKW (Heer) und Presseabteilung der Reichsregierung am 16.3.43

Der amtliche Textverfasser hat übersehen, daß es auch hier wieder Frauen sind, die körperliche Schwerarbeit leisten. Sie transportieren Lokomotivasche über schlammig-eisiges Bahnhofsgelände. Nur selten ist auf unseren Fotos einmal ein größeres Gerät für die allgegenwärtigen Bau- und Reparaturarbeiten zu sehen. Selbst der kleine zweiachsige handbediente 5t-Kran aus einer Lieferung um 1930 von Beck & Henkel an die DRG mußte bereits als sehr begehrtes Hilfsmittel gelten!

W. Steiner, Berlin:
»Einheimisches Lokpersonal«

Wie oft haben Eisenbahnfotografen Lokpersonale in den Ruheminuten vor der Abfahrt aufgenommen, aber wie selten waren es der Lokführer und *die Heizerin*, die nach dem Abschmieren des Triebwerks und nach dem Aufbau gehörigen Kesseldruckes auf das Signal »Ausfahrt frei« oder auf den Abfahrauftrag warteten! Der gutmütig blickende Meister und die junge Frau mit den feinen Gesichtszügen auf der vom Feind ins Land gebrachten alten Güterzuglok: Eines der menschlich anrührendsten Fotos unserer Sammlung. Was mag aus den beiden geworden sein?
Wie gleichgültig ist plötzlich die nicht ganz sichtbare Nummer der 57er und die Kenntnis, ob sie nun 1945 in Rußland oder 1965 im Ruhrgebiet verschrottet worden ist. Wir wissen nur: Sie hat einen hölzernen Splitterschutz an der Führerhauswand und eine Tendervorderwand bekommen und ihre Rotgußschilder noch nicht der Buntmetallsammlung opfern müssen.

M. Ittenbach, Berlin

Spätestens der von Goebbels nach der Niederlage von Stalingrad proklamierte »totale Krieg« machte auch in Bezug auf die deutsche Frau das Wunsch- und Trugbild ihrer Schonung vor Industriearbeit und Schichtdienst gegenstandslos. Nun hatten die Mädchen und die Mütter in die Behörden, in die Verkehrsbetriebe, in die Postämter, in die zivilen und militärischen Fernmeldedienststellen und oftmals auch in die Rüstungsbetriebe einzurücken. Den Krieg zu gewinnen war vorerst wichtiger als dem Führer blonde Söhne zu schenken. Die Kriegswirtschaft war freilich mit dem weiblichen Aufgebot wenig zufrieden. Die meisten Frauen hatten damals noch keine Berufsausbildung und waren aufgrund ihrer familiären Pflichten zu wenig flexibel. Daher bevorzugte man den Einsatz von ausländischen Zwangsarbeiterinnen und -arbeitern, die weder Lohn noch irgendwelche Rücksichten verlangen konnten.
Das Bild zeigt Anwerbereklame der Reichsbahn auf einem Bahnhof der RBD Berlin an der »Heimatfront«, die mehr und mehr im Banne der Katastrophen an der Ostfront stand.
In der Phase der letzten Aufbietung aller Kräfte wurde der Einsatz auch deutscher Frauen im Lokheizerdienst diskutiert. In einer Dezernentenbesprechung am 20. und 21. Oktober 1944 trug Ober-Regierungs-Baurat Monschau (Ref 34) vor: *»Deutsche männliche Kräfte für die Heizerseite können kaum noch gestellt werden, sondern nur Ausländer. Der Mangel an Heizern ist durch Einmannbesetzung der Rangierlok und durch weibliche Heizer auszugleichen. Der Einsatz deutscher Frauen für diese Zwecke kann vorläufig noch nicht gestattet werden, weil noch genügend Ausländerinnen zur Verfügung stehen.«* Der menschenverachtende Geist des »Verschleißes« der Kräfte nach Rangfolge ihres »Wertes« hatte sich in der Verwaltung durchgesetzt …

Hollnagel, Hamburg: »Reichsbahngehilfin als Schreibkraft in einem Büro der DRB im Osten«

So konnte der Dienst der deutschen Frau dann aussehen! Im Vorzimmer von Reichsbahnrat Heinze unter einer Streckenkarte der Donezregion nördlich des Asowschen Meeres ließ es sich vermutlich ruhiger arbeiten als in dem von Bombenangriffen mehr und mehr bedrohten Reichsgebiet. Im Sommer 1943 ging dieses Gebiet jedoch verloren.

H. J. Bandelow, Berlin: »Rangierer im Osten« Freigegeben durch OKW (Heer) und Presseabteilung der Reichsregierung am 15.4.43

Das deutsche Signalbuch kannte zwar keine Hornsignale, aber Not macht erfinderisch, und auch die Beibehaltung bisheriger Vorschriften könnte das zweitönige Horn eines Rangierers erklärbar machen. Möglicherweise handelte es sich aber auch um einen Sicherungsposten an einer Baustelle.

Winter

Donath, Berlin: »Vereisung am Triebwerk einer Lokomotive«
Abzug und uneingeschränktes Veröffentlichungsrecht für das Bildarchiv des Pressedienstes des Reichsverkehrsministeriums erworben, Berlin, den 27.7.1942

Vermutlich eine polnische Ty 23 (als 58^{23} der Reichsbahn oder der Ostbahn) ist hier vom Eis schwer beeinträchtigt. Österreichischer Bautradition entsprach die doppelte Leiter zum Führerhaus an Lok und Tender. Die letzte Bremsuntersuchung war in Lapy (Bezirk Bialystok) am 12.11.41 ausgeführt worden.

Am 16. Juni 1941 vertraute Propagandaminister Goebbels seinem Tagebuch hinsichtlich der voraussichtlichen Dauer des bevorstehenden Abenteuers an: »Der Führer schätzt die Aktion auf etwa vier Monate, ich schätze auf weniger«. Einem zweifelnden General fuhr Hitler denn auch im Hochsommer 1941 mit den Worten über den Mund: »Ich will diese Rederei über die schwierige Versorgung unserer Truppe im Winter nicht mehr hören ... es wird keinen Winterfeldzug geben!«[1]

Es gab einen Winterfeldzug. Schon im Oktober 1941, als die Wehrmacht noch nicht die Zwischenziele Leningrad, Moskau, Kursk, Charkow und Rostow erreicht hatte, sank die Temperatur im nördlichen Operationsgebiet der Heeresgruppe Mitte und im Gebiet der Heeresgruppe Nord in einzelnen Nächten auf minus 20 Grad ab. Anfang Dezember wurden 32, in der zweiten Dezemberhälfte 35 und im Januar 1942 bis zu 42 Kältegrade erreicht. Im Februar sank das Quecksilber bis auf -30° C, im März erneut bis auf -42° C. Im gesamten Monat Januar 1942 lag die Durchschnitts(!)temperatur in Moskau bei -20,2°, in Kiew bei -15° und in Odessa an der »warmen« Schwarzmeerküste bei -9,8°. Der Schnee bereitete Probleme besonders durch die bei scharfem Wind entstehenden Schneeverwehungen, die Straßen und Bahnstrecken meterhoch blockieren konnten. Entgegen einer hartnäckigen Legende war der Winter 1941/42 jedoch kein meteorologischer Sonderfall.

Schon der Herbstregen und der sich dadurch bildende Schlamm auf den unbefestigten und überbeanspruchten Straßen hatten die Beweglichkeit der Truppen und den Nachschub per LKW und per Pferdegespann extrem behindert. Die Kälte ließ den Straßenverkehr gänzlich zusammenbrechen. Von 500 000 »im Osten« eingesetzten Kraftfahrzeugen war schon im November 1941 nur noch die Hälfte betriebsfähig. Seit Beginn der Schlammperiode war die Eisenbahn das einzige verläßliche Verkehrsmittel im besetzten Gebiet. Mit dem Kälteeinbruch kam jedoch auch der Schienenverkehr sehr schnell an die Grenzen seiner

M. Ittenbach, Berlin

Stellwerke waren in Osteuropa noch in den vierziger Jahren selten. Weichenwärter mußten in zugigen Buden ausharren oder wieder und wieder über die verschneiten, eisglatten oder schlammigen Bahnhofsgelände stapfen und die Weichen bedienen.

[1] Nach I.Krumpelt, Das Material und die Kriegführung, Frankfurt(M) 1968

Hollnagel, Hamburg: »Bahnhof im Osten«

Mit Gewehr und Winterkleidung verrichtet der Eisenbahner Dienst an der Wärterbude.

Möglichkeiten. Die Reichsbahnlokomotiven waren für die Temperaturen des »Ostens« nicht geschaffen. Das Wasser in den Tendern, die Leitungen von den Tendern zu den Loks, die Injektoren, die Speisepumpen und Vorwärmer, die Luftpumpen und sämtliche Wasser-, Luft- und Ölleitungen froren bei Temperaturen unterhalb von -20 Grad ein, Leitungen und Armaturen platzten und wurden unbrauchbar, die Lager liefen mangels Ölzufuhr heiß. Die Arbeitsbedingungen auf den ungeschützten Führerständen wurden bei arktischer Kälte und Schneesturm unerträglich. Eine Infrastruktur intakter Betriebswerke mit Einrichtungen zur Regeneration von Mensch und Maschine fehlte, von Ausbesserungswerken ganz zu schweigen. Auftauständе für Loks mußten erst gebaut werden. Man behalf sich mit Feuern in den Ausschlackgruben unter den Maschinen. So wuchsen die Ausfälle in den Lokomotivbeständen der Direktionen und Betriebswerke auf 50 bis 80 %. Das Bw Minsk P hatte Mühe, aus einem Bestand von 100 Maschinen täglich 10 zum Einsatz zu bringen. Der Lokomotivbedarf im »Osten« wurde uferlos und belastete den Betrieb im ganzen deutschen Machtbereich.

Maschinen ließen sich reparieren, Menschen mußten erfrieren. Soldaten und Eisenbahner mit Sommeruniform und dünnem Mantel waren in den von ihnen zerstörten Dörfern hinter der Front, unter schwerstem feindlichen Druck, ohne Nachschub und ohne warmes Essen und Trinken bei 25 oder 35 Grad Kälte einem schrecklichen Tod ausgeliefert. Neben der Verlusten durch die Kämpfe kostete die »Winterkrise« auf deutscher Seite allein 100 000 Tote durch Kälte.

Jedem geschichtlich halbwegs Bewanderten mußte sich nun ein historischer Vergleich aufdrängen: Schon Napoleon war nach einem Siegeszug durch fast ganz Europa im russischen Winter gescheitert.

Der Kriegswinter »im Osten«, von 1941 auf 1942 unvorbereitet erlebt und durchlitten und nach neuen Eroberungen von 1942 auf 1943 noch einmal über die deutschen Männer »hereingebrochen«, prägte zusammen mit dem Bombenkrieg gegen die deutschen Städte und mit der Flucht 1945 das Bild des Zweiten Weltkriegs in der Erinnerung des deutschen Volkes. Mehr noch: Zusammen mit Verdun, der Inflation von 1923, der großen Arbeitslosigkeit um 1930 und den Hun-

Donath, Berlin: »Strecke Orscha–Smolensk von der Strecke Smolensk–Witebsk gekreuzt mit Blockwärterhaus, das von deutschen und einheimischen Kräften besetzt ist, darunter einheimischen Frauen«

Winterliche Düsternis also endlich einmal nicht nur irgendwo im »Osten«, sondern anhand des Bildtextes genau bestimmbar in Katyn. An diesem Bahnhof überschneiden sich westlich von Smolensk die Hauptstrecken nach Dünaburg–Riga und nach Minsk–Warschau. Der Name dieses Ortes ging jedoch nicht deshalb in die Geschichte ein: 1943 entdeckten die Deutschen hier die verscharrten Leichen von 4143 polnischen Offizieren, die 1939 östlich der »Interessengrenze« in sowjetische Gefangenschaft geraten waren und 1940 vom Geheimdienst NKWD ermordet worden waren. »Katyn« ist noch heute die größte Belastung des Verhältnisses zwischen Polen und Rußland.

gerjahren nach 1945 gehört der »russische Winter« zu den kollektiven traumatischen Erfahrungen, die sich ins deutsche Bewußtsein tief eingegraben haben. Natürlich war nicht jeder Deutsche 1941/42 vor Moskau oder 1942/43 in Stalingrad dabeigewesen, doch trug ein breiter Strom des Erzählens die Erlebnisse von damals noch jahrzehntelang in die Wohnzimmer und in die Schulsäle. Solch schreckliche Erfahrungen aus dem Zweiten Weltkrieg führten nachhaltiger als alle staatsbürgerliche Erziehung zur Abkehr der Massenmentalität von Militarismus und Kriegsbegeisterung.

Zugleich befestigten die Erzählungen der Väter, Großväter und Lehrer aber auch ein groteskes Bild der Geschichte, das die Deutschen im zwanzigsten Jahrhundert vor allem als *Opfer* von »Schicksal«, Politik und Krieg darstellte. Kaum einer, der Nächte in den verschneiten Ruinen russischer Dörfer überlebt hatte, fragte nach dem Verbleib der Bewohner dieser Dörfer. Über die Kriegsgefangenschaft deutscher Soldaten in Rußland wurden Bestseller verkauft, die Lebensbedingungen sowjetischer Gefangener mitten in Deutschland blieben ein ungeliebtes Spezialgebiet historischer Forschung. Viele der Stammtischstrategen, Memoirenverfasser und Geschichtslehrer, die daraus, daß sie »dabei gewesen« waren, eine besondere Kompetenz zu kritischem Urteil ableiteten, geizten nicht mit scharfen Worten über Hitler und seine Generäle und charakterisierten den Nazikrieg durchaus als verwerflich und verbrecherisch – um sich im nächsten Atemzug mit eben diesem Krieg zu identifizieren, indem sie nämlich darüber spekulierten, wie er zu gewinnen gewesen wäre. »Ja, wenn man Rußland schon im April 1941 angegriffen hätte ... wenn doch die Führung für Winterausrüstung gesorgt hätte ... wenn man die 52er schon gehabt hätte ...«

Unsere amtlichen Bilder zeigen den Winter nicht als Katastrophe, sondern auftragsgemäß als erfolgreich gemeisterte Herausforderung und fotografisch kunstgerecht als Festspiel kalter Ästhetik in Eis und Eisen. Bilder erfrorener Volksgenossen hatten in der Durchhaltepresse nichts verloren.

H. J. Bandelow, Berlin: »Wintermorgen im Osten«
Freigegeben durch OKW (Heer) und Presseabteilung der Reichsregierung am 16.3.43

Jedes Detail dieses Bildes eines eisigen und sonnigen Wintermorgens auf einem weiten Bahngelände läßt die Härte des Winterdienstes erahnen.

H. J. Bandelow, Berlin: »Heizeinrichtung an einem Wasserkran«
Freigegeben durch OKW (Heer) und Presseabteilung der Reichsregierung am 15.4.43

Gut isolierte Wasserkräne mit Öfchen waren in östlichen Breiten seit jeher üblich gewesen. Die glühenden Kohlen eigneten sich auch zum Aufwärmen der Hände. Abermals sehen wir eine Frau im Bw-Dienst. Der ungebremste O-Wagen links gehört zur deutschen Bauart »Essen«, trägt französische Beschriftung und dient nun der Reichsbahn im besetzten Gebiet.

H. J. Bandelow, Berlin: »Auf einem Bahnhof im Osten«

Mit einem Truppentransport ist die 57 1896 in Minsk angekommen. Hölzerne Koffer enthalten wichtige Hilfsmittel für die kommende schwierige Zeit in Weißrußland. 57 1896 war vom Bw Oebisfelde über Zwischenstationierungen in Wien FJB und Eger nach Minsk Pbf gekommen und fuhr nach dem Krieg noch bis 1962 bei der DB.

H. J. Bandelow, Berlin: »Rangierer im Osten«
Freigegeben durch OKW (Heer) und Presseabteilung der Reichsregierung am 15.4.43

Und schon ist der nächste Zug eingefahren. Der österreichische Personenwagen in Bildmitte trägt die Inschrift »HBD Mitte Nr.9«.

H. J. Bandelow, Berlin: »Auf einem Bahnhof im Osten«
Freigegeben durch OKW (Heer) und Presseabteilung der Reichsregierung am 8. bzw. 13.3.43

Einheimische Frauen sehen sich aus gebührendem Abstand einen aus vielerlei Wagen zusammengewürfelten deutschen Militärzug an. An diesem Zug – oder wenigstens auf demselben Bahnhof – kam auch 57 3163 ins Bild. Sie kam von der RBD Breslau und gehörte zum Bw Minsk P. Ausgemustert wurde sie 1963 von der DB. Die Holzverkleidung des Wasserturms dient der Isolation.

M. Ittenbach, Berlin

Eine 93 oder eine der im Ostgebiet kaum nachgewiesenen 94er rangiert in einem winterlichen Bahnhof. Am unteren Bildrand ist gerade noch ein umgespurter sowjetischer Wagen sichtbar.

H. J. Bandelow, Berlin: »Achsen für ein EAW im Osten« Freigegeben durch OKW (Heer) und Presseabteilung der Reichsregierung am 8.3.43

Am vordersten der hier verladenen Radsätze ist zu erkennen, daß das Rad auf der Achse zwecks Umspurung nach innen gedrückt ist. Der Wagen besitzt laut Aufschrift die »Matrosow«-Druckluftbremse.

H. J. Bandelow, Berlin: »Panjeschlitten an einem Bahnübergang im Osten« Freigegeben OKW (Heer), Versen, Major. Gesehen, Bln., den 16.Mrz. 1943, Presseabteilung der Reichsregierung im Reichsministerium für Volksaufklärung und Propaganda – Bildpresse

Anfangs spotteten die Eroberer noch über die Verkehrsmittel aus Zeiten vor Eisenbahn und Auto, später waren sie dann selbst auf Fuhrwerk und Schlitten angewiesen.

Donath, Berlin: »Eisblöcke, die vom Bahnhofsgelände mit Schlitten abgefahren werden, auf Bf. Orscha«

An Gemälde aus versunkenen Zeiten erinnert diese Studie mit Menschen und Tieren und verschiedenen Generationen von Transporttechnik. Die Telegrafenleitung über der Ty 23 und der G 8[1] ist dick mit Rauhreif behangen. Im Hintergrund sind abgestellte Loks zu erkennen.

H. J. Bandelow, Berlin: »Einheimischer Rangierer im Osten«

Eine dokumentarisch und künsterisch gelungene Aufnahme von Mensch, Maschine, Eis und Sonne in einem der größeren Bahnhöfe des besetzten Gebiets. Die Tenderrückwand verrät eine preußische Güterzuglok.

Schuster, München: »Vereisungen an der Lok«

Ein ergiebiges Motiv waren die winterlichen Rückfronten der preußischen Lokomotivtender. Hier handelte es sich um die Bauart »3T16,5«, mit der die Mehrzahl aller 55^{25}, 56^{2} und 57^{10} unterwegs waren. Die Lok hatte noch Gasbeleuchtung.

Donath, Berlin: »Vereisung am Wasserkasten eines Lokomotivtenders«
Abzug und uneingeschränktes Veröffentlichungsrecht für das Bildarchiv des Pressedienstes des Reichsverkehrsministeriums erworben, Berlin, den 27.7.1942

Hier ist eine 55 25…, also eine der ersten G 8^{1} aus dem Jahre 1913, im eisigen Osteinsatz zu erkennen. Der Eisenbahner trägt im Winter 1941/42 bereits die viel zu spät gelieferten Filzstiefel und einen numerierten Mantel. Die Numerierung war auch für die an Eisenbahner ausgegebenen Filzstiefel und Taschenuhren vorgeschrieben.

Donath, Berlin: »Vereiste Lokomotive im Osten«
Freigegeben durch OKW (Heer) und Presseabteilung der Reichsregierung am 17.12.1942

Völlig vom Eis gepanzert ist das linke Rad des vierten Kuppelradsatzes eines nicht aus Deutschland stammenden Fünfkupplers (vermutlich einer Ty 23).

Donath Veröffentlicht DR-Kalender 1943, Blatt 9

Wer hätte gedacht, daß noch Originalfotos existieren, die einst dem auf dünnem und schlechtem Papier gedruckten und heute gleichwohl legendären und mit hohem Sammlerpreis gehandelten Reichsbahn-Kalender als Vorlage dienten?
Über und über mit Rauhreif überzogen ist der Tender der preußischen Lokomotive. Selbst die Kupplung ist nur noch schwer zu bewegen. Auf den Schienen scheint eine Weile nichts gefahren zu sein. Soll hier eine kalte Lok abgeschleppt werden?

Donath, Berlin: »Eisenbahnbetriebswerk im Osten** (gestrichen: **Smolensk Ost) mit Feldeisenbahnern beim Beseitigen der Eis- und Schneemassen.** (gestrichen: **Wegen der Nähe der russ. Front wagen die einheimischen Kräfte nicht, für die deutsche Verwaltung zu arbeiten.)«

Vorläufig zurückstellen OKW

Im Winter 1941/42 herrschte östlich von Smolensk noch Breitspurbetrieb. Ganz in Dampf eingehüllt steht eine O, daneben anscheinend kalt einer der sehr weit verbreiteten laufachslosen Fünfkuppler der Gattungen $Э^{M}$ oder $Э^{P}$ ($Ä^{M/R}$). Heeressoldaten kämpfen fürs erste gegen den Schnee statt gegen den Bolschewismus.

H. J. Bandelow, Berlin: »Vereiste Bahnanlagen in einem Bahnhof im Osten«
Freigegeben durch OKW (Heer) und Presseabteilung der Reichsregierung am 8.3.43

Relativ selten wurde die Baureihe 50 nach »Osten« abgeordnet. In ihrer Ursprungsausführung galt sie wie alle Einheitsloks als zu empfindlich und als zu kostbar für den russischen Kriegsbetrieb. Von Juni 1941 bis Herbst 1942 war die Zugförderung im besetzten Gebiet im wesentlichen den preußischen Länderbahnlokomotiven anvertraut. Für den Wintereinsatz geeignet war die 50 dann in der Ausführung als »Übergangs-Kriegslok« mit Frostschutz und ohne Vorwärmer, die also bereits weitgehend der Kriegslok der Reihe 52 entsprach. Das Bild zeigt die 50 2759 ÜK vom Bw Fastow I in Kiew. An ihrem Tender steht »Räder müssen rollen für den Sieg«. Die von Henschel im September 1942 abgelieferte Lok kam nach dem Krieg zur DB. Rechts dampft eine 91er. Schnee- und Eisschichten müssen wie Beton aufgehackt werden.

Donath, Berlin: »Vereistes und verschneites Führerhaus einer Reichsbahnlok«

Vom Bw Wustermark war die 57 3387 am 15. Oktober 1942 originalbeschildert und ohne Hoheitszeichen nach »Osten« abgegeben worden. Offizielles Marschziel war die »Lokauffangstelle Zdolbunow« kurz vor der alten polnischen Ostgrenze. Das Foto wurde in Minsk aufgenommen. Die nächste Meldung stammt vom Februar 1943: Damals, also nach einem nur sehr kurzen »Ost«-Abenteuer, war die Lok an die Bulgarische Staatsbahn verliehen. Nach dem Krieg dürfte sie bei den Griechischen Staatsbahnen verblieben sein.

Donath, Berlin: »Verschneite Loks im Osten«

Die Schäden durch Kälte zwangen zahlreiche dringend benötigte Lokomotiven für Wochen und Monate aufs Abstellgleis. Die 56^{20} in Bildmitte hat bereits eine vor dem Frost schützende Verkleidung der Luftpumpe erhalten, ist aber trotzdem schadhaft abgestellt. Daneben steht eine 57^{10} ohne Treibstangen, die dann folgende kräftig qualmende Lok entzieht sich der Identifikation. Die linke Lokreihe besteht aus einer 55^{25}, einer 56^{2} und zwei weiteren 57^{10}, von denen eine gerade Besuch auf dem Führerstand bekommt. Dahinter erahnbar: Ein Pferdeschlitten, vermummte Eisenbahner und ein verschneiter Güterbahnhof mit rauhreifüberzogenen Telegrafenleitungen.

H. J. Bandelow, Berlin: »In einem Bw im Osten«
Freigegeben durch OKW (Heer) und Presseabteilung der Reichsregierung am 9.4.43

Trotz unwirtlicher Bedingungen sind 38 1339 und eine weitere P 8 immerhin betriebsfähig. Hierfür sorgen die Frostschutzkästen um Pumpen und Ventile. Die 38 1339 war bis Juni 1942 beim Bw Stargard beheimatet gewesen und verblieb bei Kriegsende in der Sowjetunion. Das Kurzzeichen »NS.« dürfte für das zeitweise mit 35 Loks der Reihe 38 ausgestattete Bw Njeshin in der RVD Kiew an der Strecke Kiew–Moskau stehen.

H. J. Bandelow, Berlin: »In einem Bw im Osten«
Freigegeben durch OKW (Heer) und Presseabteilung der Reichsregierung am 8.3.43

Rechts wird an einer anderen P 8 mit Heizkupplungen und Ölkanne hantiert, links steht die 38 1826. Sie war nach dem Krieg als 377.0504 im Bestand der ČSD.

H. J. Bandelow, Berlin: »Bekohlungsanlage im Osten«
Freigegeben durch OKW (Heer) und Presseabteilung der Reichsregierung am 4.3.43

Vermutlich immer noch beim selben Fototermin im selben Bw hat der ambitionierte Eisenbahnfotograf Bandelow diese wunderbare Gegenlichtaufnahme vom Kohlenkran vor dem in den kalten Winterhimmel aufsteigenden Lokomotivdampf gefertigt. Im Vordergrund werden die Eisplatten zwischen den Schienen mit der Spitzhacke entfernt.

H. J. Bandelow, Berlin: »Ausfahrender Zug«

Nähere Anhaltspunkte für eine Lokalisierung und Datierung des Bildes mit dem preußisch bespannten Güterzug fehlen. Besonders gelungen ist die plastische Zeichnung der von der tiefstehenden Wintersonne ausgeleuchteten Dampfwolke.

H. J. Bandelow, Berlin: »Schneeschmelze« Freigegeben, Bln., den 15.Apr.1943 Presseabteilung der Reichsregierung im Reichsministerium für Volksaufklärung und Propaganda – Bildpresse – i.A. gez. Kurzbein, frei OKW (Heer), Klüter Hptm.

Auch das Tauwetter bescherte keine besseren Arbeitsbedingungen. Die einsame Drehscheibe war nun ringsum von Wasser umgeben, denn der noch vereiste Boden ließ das Tauwasser zunächst nicht ablaufen; war dann der Boden endlich frostfrei, verwandelte sich alles in grundlosen Morast – eine Problematik, die die Wehrmacht und die übrigen deutschen Kräfte ebenfalls nicht hinreichend bedacht hatten.

Lokomotiv-betrieb

Zwei preußische P 8 in der Ukraine

Von der 38 2594 wissen wir, daß sie vom Bw Halle P nach »Osten« abgegeben wurde. Der Rückzug verschlug sie in die Tschechoslowakei, so daß sie nach dem Krieg bei der ČSD Dienst tat. Unser Bild zeigt sie mit einer Schwesterlok im Bw Kiew Hbf, das Ende 1942 nicht weniger als 62 preußische P 8 besaß.

Schon mehrere Kapitel haben die Bedingungen des Lokomotiveinsatzes in der besetzten Sowjetunion illustriert, einem technisch und organisatorisch besonders interessanten Thema.

Die Deutsche Reichsbahn hatte in den zwanziger und dreißiger Jahren zu viele Lokomotiven besessen. Erhebliche Verbesserungen bei Lokeinsatz und Lokunterhaltung ermöglichten es, dieselben Leistungen mit deutlich weniger Maschinen zu erbringen, und die Weltwirtschaftskrise ließ die Verkehrsleistungen zurückgehen. So standen viele Länderbahnloks auch moderner Bauarten auf den Abstellgleisen, wurden ausgemustert oder ins Ausland verkauft. Für eine großzügige Beschaffung der vielbeachteten Einheitsloks fehlte also außer dem Geld auch der Bedarf.

Ab Mitte der dreißiger Jahre lasteten Wirtschaftsaufschwung und Aufrüstung die Reichsbahn und ihre Lokomotiven wieder voll aus. Die finanz- und wirtschaftspolitischen Prioritäten am Vorabend des Krieges und in den ersten Kriegsjahren ermöglichten der Deutschen Reichsbahn aber nicht die notwendigen Investitionen. So waren es immer noch die Länderbahnlokomotiven und ihre Nachbauten aus den frühen zwanziger Jahren, die den deutschen Truppen zwischen 1938 und 1941 nach Österreich, Polen, Jugoslawien und Griechenland nachgeführt wurden. (In der Tschechoslowakei und in den im Norden und Westen eroberten Ländern genügten zunächst die dort vorgefundenen Loks.)

Die Beschaffung der universell einsetzbaren Baureihe 50 und der Weiterbau der ebenfalls breit verwendbaren 86 sowie die Großserienfertigung der starken 44 waren gerade erst angelaufen, als ab Juni 1941 »der Osten« einen nie geahnten Lokomotivhunger entwickelte, für den wir mit der sowjetischen Rückführung der Breitspurloks, der für mitteleuropäische Verhältnisse ungewohnten Länge der Strecken und der Winterkatastrophe schon wichtige Gründe kennengelernt haben.

Zunächst mußte die Zugförderung in den riesigen besetzten Gebieten fast ausschließlich den preußischen Länderbahnlokomotiven anvertraut werden. Schnellzugloks kamen für die Streckengeschwindigkeiten im Osten nicht in Betracht. Loks mit Innenzylindern sowie Einheitsloks galten als zu kompliziert, so daß die 44 und die G 12 im Osteinsatz ohne Bedeutung blieben. Tenderloks waren aufgrund der Streckenlängen nur für den Rangierdienst zu gebrauchen. Achsfahrmassen von mehr als 16 t schränkten die Verwendbarkeit ein. So mußten denn die zwischen fast zwanzig und mehr als vierzig Jahre alten 38^{10} (P 8), 55^{0} (G 7^{1}), 55^{7} (G 7^{2}), 55^{16} (G 8), 55^{25} (G 8^{1}), 56^{2} (G 8^{1} mit Laufachse), 56^{20} (G 8^{2}) und 57^{10} (G 10) und als Verschiebeloks die 91^{3} (T 9^{3}), 92^{5} (T 13), 93^{0} (T 14) und 93^{5} (T 14^{1}) »nach Osten abrollen«, wie es in den Akten hieß. Ironischerweise waren mit G 7^{1} und G 7^{2} sowie mit der T 9^{3} Lokomotiven dabei, mit denen man schon einen Weltkrieg geführt – und verloren – hatte. In den Lokomotivstrom nach Osten wurden eingereiht die polnischen Ty 23 (58^{23}), die mit ihren 17 t Achsfahrmasse gerade noch osttauglich waren und als sehr kräftige Güterzugloks beliebt waren. Natürlich kamen in kleinerer Stückzahl auch noch die verschiedensten anderen Lokomotivgattungen zum Rußlandeinsatz.

Die Heimatdirektionen mußten die Loks zu den »Lokauffangstellen« Eydtkau, Snamenka oder Zdolbunow in Marsch setzen, von wo aus sie an die Bestimmungsorte geschickt wurden – und wo sie meist viel zu bald schadhaft wieder eintrafen. Allein für die Gebiete der Reichsverkehrsdirektionen, also ohne die Operationsgebiete der FEKdo's, ohne die zur RBD Königsberg und zur Ostbahn geschlagenen Gebiete und ohne die rumänisch beanspruchten Gebiete kamen für die Verwendung deutscher Normalspurloks in der Sowjetunion mindestens 149 Betriebswerke in Betracht. Außenstellen sowie reine Breit- oder Schmalspur-Bw's sind nicht mitgerechnet. Zählt man diese dazu, kommt man auf etwa 200 Betriebswerke, so viele, wie die ganze Deutsche Bundesbahn in den sechziger Jahren besaß!

Unzureichend waren die in der Sowjetunion vorgefundenen bzw. unzerstört gebliebenen Ausbesserungswerke. Nur in den baltischen Ländern genügte die Werkstättenkapazität. Ansonsten stand in Kiew das einzige leistungsfähige Lokwerk. Die Ausbesserungswerke insbesondere der Ostbahn, aber auch der Reichsbahn, mußten in größtem Umfang Hilfe leisten. Die drastischste Maßnahme war die Verlegung des gesamten RAW Kaiserslautern mit Ausrüstung und Personal nach Konotop in der Südukraine.

Nach dem Debakel des Winters 1941/42 und der zwangsweisen Anmietung belgischer und französischer Lokomotiven unterschiedlichster Bauart zur Aufrechterhaltung des Betriebes im Reich wurde Lokomotivbau plötzlich »Führersache« mit höchster Priorität. Den Bau der 44, 50 und 86 ließ man nun mit vereinfachten »Übergangs-Kriegsloks« auslaufen, um zur Fertigung einer »Kriegslokomotive« in nie dagewesenen Stückzahlen zu schreiten. Doch standen von der propagadistisch gefeierten 52 bei Einbruch des nächsten Kriegswinters im Osten Anfang Dezember 1942 gerade einmal 100 Exemplare zur Verfügung. Als Ende Januar 1943 etwa 300 Loks fertig waren, fiel Stalingrad. Ende März 1943 waren 750 Loks der Reihe 52 in Betrieb, doch da waren im Südabschnitt der Ostfront bereits Kursk und Rostow verloren. Nun beschleunigte sich die Kriegslokfertigung auf 300 und alsbald 400 Loks im Monat, doch als im August 1943 die Zahl von 2000 Kriegsloks erreicht war, war die Räumung der gesamten Ukraine in vollem Gange und der Rückzug auf die Dnjepr-Linie abgeschlossen. Der Lokbedarf im Osten nahm wegen des besonders durch Partisanenanschläge ständig steigenden Schadbestandes trotzdem noch ständig zu. Genau zu der Zeit aber, als das Kriegslokprogramm ab Herbst 1943 mit 500 Lokneubauten pro Monat endlich richtig florierte, war es

Fritz Korte, Berlin: »Lokschuppen im Osten«

Im Bw Neu Wilna (»N WA« bzw. »N Wa«) in Litauen stehen 55 2780, eine weitere 55^{25} und eine 55^{16}. 55 2780 wurde aus der RBD Essen ins östliche Eroberungsgebiet abberufen, stand bei Kriegsende in der sowjetischen Zone Deutschlands und wurde im Oktober 1945 in die Sowjetunion abgefahren.
Die Frostschutzeinrichtungen dürften bei kaum zwei Loks ganz gleich ausgeführt worden sein, was bei den Länderbahnloks allein schon durch die Unterschiedlichkeit der Leitungen und Armaturen auch innerhalb der selben Gattung bedingt war. Die Kohle in den Wagen besteht aus reichlich großen Brocken.

auch schon wieder sinnlos geworden: Die Spitze des Lokbedarfs im Osten war überschritten, für den nun schnell kleiner werdenden deutschen Machtbereich hätte der Lokpark von 1940 alsbald wieder ausgereicht. Der Bau einer zweiten Kriegslok, der Reihe 42, ging am realen Bedarf von Front und Heimat gänzlich vorbei.

Die Kriegsloks wurden nicht etwa direkt ab Werk in die besetzten Gebiete geschickt, sondern zur Füllung der entstandenen Lücken den Direktionen im Reich zugewiesen. Nur ein Teil von ihnen wurde später »nach Osten« abgeordnet.

Die Statistik der im »Osten« gebundenen Loks las sich 1942/43 am dramatischsten – und erledigte sich Ende 1944. Am 7. Oktober 1941 waren von 22 915 Reichsbahnlokomotiven 2075 in der Sowjetunion. Am 23. Juni 1942 waren es bereits 5307, von denen nur 3764 betriebsfähig waren. Hinzu kamen an diesem Stichtag 321 normalspurige Beuteloks, davon 166 betriebsfähig, und 869 Breitspurloks, davon 247 betriebsfähig.

Die weitere Entwicklung des nach Osten abgeordneten Reichsbahnbestandes ergibt sich aus der Tabelle.

Ab Frühjahr 1943 war in den Gesamtzahlen der nach Osten abgerollten Maschinen – von je hundert Reichsbahnloks waren nun vierzig hier gebunden! – eine immer größere Gruppe von Loks enthalten, die inzwischen den Besitzer gewechselt hatten: Die vielerorts überstürzten Rückzüge hatten so manche statistisch noch erfaßte Lok längst zu sowjetischer Beute werden lassen. Seit einigen Jahren lassen sich solche Vorgänge in Moskauer Archiven im einzelnen nachvollziehen.

Datum	**HBD/RVD'en**		**FEKdo's**		**zusammen**	
	Bestand	betr.fähig	Bestand	betr.fähig	Bestand	betr.fähig
31. 07. 1942	5 063	3 223	1 033	863	6 096	4 086
30. 09. 1942	6 004	3 645	1 441	1 176	6 445	4 821
31. 12. 1942	6 051	4 047	2 062	1 464	8 113	5 511
31. 03. 1943	6 909	4 399	1 518	704	8 427	5 103
30. 06. 1943	6 757	4 472	1 707	1 075	8 464	5 547
30. 09. 1943	7 762	4 381	1 091	443	8 853	4 824
31. 12. 1943	7 250	2 905	1 112	543	8 362	3 448
31. 03. 1944	5 784	2 308	763	191	6 547	2 499
30. 06. 1944	4 133	1 664	550	93	4 683	1 757

W. Steiner, Berlin: »Bw im Osten«

Auf dem Gleis links stehen eine 91^{3} und (dahinter schwach erkennbar) eine 93^{5}, in der Mitte die 55 2679 und rechts zwei weitere 55er. Leider ist das kleine Bw nicht lokalisierbar. Die 55 2679 kam am 14. Juli 1944 vom »Osten« zurück ins Reich und war bis zur Ausmusterung am 23. Oktober 1963 im Bestand der DB.

M. Ittenbach, Berlin: »Überall rollen im weiten russischen Raum deutsche Lokomotiven und Wagen«
Freigegeben durch OKW (Heer) und Presseabteilung der Reichsregierung am 25. August 1942

»Pj« an der Rauchkammertür steht für das Bw Pjatichatki des Maschinenamts Dnjepropetrowsk. Erkennbar sind von links nach rechts 57 3170, 55 444x, eine 56^{20}, 56 2635 oder 2835, eine 57 und die 55 4911. Der sehr weit im Süden gelegene Aufnahmestandort oder der relativ frühe Aufnahmezeitpunkt könnten das Fehlen jeglichen Frostschutzes erklären. Wieder sind Beispiele für die Vielfältigkeit der Lokomotivschicksale anzuführen: 55 4911, bis Dezember 1941 in Frankfurt (Oder) V beheimatet und sodann nach Osten verlegt, fuhr nach 1945 als Tp 4-50 der Polnischen Staatsbahn. 57 3170, am 12. Dezember 1941 vom Bw Naumburg zum Osteinsatz abgerollt, wurde im Juni 1957 von der Sowjetischen Staatsbahn ausgemustert.

W. Steiner, Berlin: »Von Hand bediente Drehscheibe auf einem Bahnhof im Osten«

Die dreiundzwanzigste überhaupt gebaute P 8, eine Borsig-Lokomotive aus dem Jahre 1908, verschlug es im Krieg vom Bw Breslau Hbf zum Bw Ljubotin am westlichen Rand des Knotens Charkow. Die Lok tat nach dem Zweiten Weltkrieg noch bis 1962 Dienst für die Deutsche Reichsbahn. Den Knoten Ljubotin sprengte die Wehrmacht am 15. Februar 1943 – um vier Wochen später für fünf Monate wiederzukommen. Wegen der Beschädigung des Antriebs mußte die Drehscheibe mit einem einfachen Hebel bewegt werden. Bei einer Scheibe dieser Größe mit einer darauf stehenden großen Schlepptenderlok bedeutete dies sehr schwere Arbeit.

Hollnagel, Hamburg

Bobrinskaja ist ein wichtiger Knotenpunkt zwischen Kiew und dem Schwarzen Meer bzw. der Krim. Das dortige Bw besaß zunächst 58^{23} (ex Ty 23, ganz links ist eine solche Lok von hinten sichtbar) und wurde ab 1943 mit 52ern ausgestattet. Die rechts identifizierbare 52 2133 wurde im Februar 1943 von Henschel an die RBD Berlin geliefert und offenbar alsbald nach Osten abgegeben. Nach der Räumung von Bobrinskaja um die Jahreswende 1943/44 gelangte sie nach Westdeutschland und wurde bereits 1948 ausgemustert. Die von vorne aufgenommene 52 4782 (MBA März 1943) gilt als verschollen.

Hollnagel, Hamburg

Vom Wasserturm aus entstanden die Aufnahmen des großen Betriebswerkes Snamenka (westlich des Knotens Dnjepropetrowsk). Die Bauart mit Rechteckschuppen und relativ weit davon entfernten Drehscheiben war in Mitteleuropa selten.

Hollnagel, Hamburg

Nicht weniger als 46 Dampflokomotiven der Reihen 38^{10}, 52, 55^{0} oder 55^{7}, 55^{25}, 56^{2}, 56^{20}, 57^{10}, 58^{23} und 93^{0} sind auf den beiden Übersichtsaufnahmen zu zählen.

Fritz Korte: »Auf einem Bahnhof im Osten: Sand für die Lok«

55 3485 des Bw Neu-Wilna in Litauen bekommt Sand. Das Speiseventil auf dem Langkessel hat eine unschöne Frost(schutz)beule erhalten, die fast wie ein abstürzender Speisedom aussieht. Die noch gasbeleuchtete Lok hatte bis 1939 als Tp 4-456 der PKP gehört, wurde nach dem deutschen Einmarsch in 55 3485 umgezeichnet, später vom Bw Jarocin aus nach »Osten« beordert, gelangte bei Kriegsende zufällig wiederum nach Polen und erhielt die neue PKP-Nummer Tp 4-269.

Fritz Korte

Jetzt wird an derselben Anlage Kohle gebunkert. Die hölzerne Kohlenrampe könnte auch irgendwo in der amerikanischen Prärie gestanden haben. Auf den Tender ist – ebenfalls in solider Holzarbeit – zum Schutz des Personals vor Kälte eine Führerhausrückwand aufgebaut worden.

M. Ittenbach, Berlin
Freigegeben durch OKW (Heer) und Presseabteilung der Reichsregierung am 25. Aug. 1942

In Cherson unter südlicher Sonne bekommen diese 38er ihre Kohle. Cherson ist ein sehr wichtiger Knotenpunkt zwischen Südwestukraine und Krim. 38 1973 ist mit einem S10-Tender größerer Kapazität ausgestattet, der auf den weiten Strecken der Ukraine sehr zweckmäßig ist. Die Lok gelangte nach dem Krieg zur DB und wurde 1959 ausgemustert. 38 2321 kam mit Einsätzen auch in Snamenka und Neu Wilna im »Osten« weit herum und beschloß ihre Tage als Ok 1-236 der PKP. Der Kohlekran ist in einfachster Form aus ein paar Schienenprofilen mit Abspannseilen gebaut. Der Kohleneimer wird nicht etwa per Kette hochgezogen, vielmehr wird der ganze Ausleger mittels Hebelkraft vom hinteren Ende auf- und abbewegt. Die Kette dient nur der Führung des Eimers. Mit einem Mann auf dem Tender, einem an der Kette und dreien am hinteren Ende der Wippe hat jede solche Anlage (wir sehen im Hintergrund noch eine) einen Personalbedarf von fünf Mann.

M. Ittenbach, Berlin: »Bekohlungsanlage im Osten«
Freigegeben durch OKW (Heer) am 22.4.43

Hier sehen wir die im Bild oben im Hintergrund stehende 38 2321 etwas genauer. Sie war von Henschel im Dezember 1918 geliefert worden, hatte zunächst die Nummer 2480 Altona getragen und in Wittenberge, Kiel, Flensburg und Lübbenau Dienst getan, bevor sie Anfang 1942 zum Osteinsatz eingeteilt wurde. Von Kohle ohnehin eingemauert, ist sie zur Aufnahmezeit nicht dienstfähig: Der linke Kreuzkopf wird repariert, der Kreuzkopfbolzen liegt auf dem Pufferträger. Auch der linke Pufferteller ist leicht desolat. Die Lok ist noch gasbeleuchtet und hat bislang keinen Frostschutz erhalten. Die Arbeiter am Kohlenkran sind Kriegsgefangene, wie an den restlichen Uniformstücken der Roten Armee erkennbar ist.

W. Steiner: »Bekohlungsanlage im Osten«

38 2829 hat es gemäß Verfügung vom 28. 12. 1941 von der RBD Mainz, Bw Kirn, zum Bw Nikolajew ebenfalls in der Südukraine verschlagen. Die Frostschutzmaßnahmen haben ihr eine hölzerne Führerhausverkleidung gebracht, auf der die Originalschilder wieder angebracht sind. Das Heimat-Bw in der Pfalz sollte ja nach dem Endsieg eine korrekt beschriftete Lok zurückerhalten. Doch es kam anders: Mit Datum vom 1. April 1943 erfaßte die sowjetische Eisenbahndirektion Odessa die 38 2829 als Beute.
Im Panoptikum der Bekohlungsanlagen sehen wir nach der Ausnutzung der Hebelwirkung nun die Anwendung eines anderen uralten Prinzips der Mechanik: Hier wird mit Flaschenzug gearbeitet.

Fritz Korte, Berlin

Wieder eine preußische Lok bei der Bekohlung, aber tausend Kilometer vom vorigen Aufnahmeort entfernt: Die frostgeschützte 91 1754 war in Libau an der litauischen Ostseeküste stationiert. Entsprechend dem höheren technologischen Niveau der baltischen Bahnen sehen wir hier bereits einen Kohlenkran mit einem am Ausleger aufgehängten Elektromotor. Er wird von einer Frau bedient.
Die Lok war von Oebisfelde nach Wilna gekommen und ist dort von März 1942 bis Juli 1943 nachgewiesen. Bei Kriegsende verblieb sie in Westdeutschland und wurde am 15. Juni 1962 als eine der letzten T 9^3 der DB ausgemustert.

W. Steiner, Berlin: »Vor einem Bw im Osten«
Freigegeben durch OKW (Heer) und Presseabteilung der Reichsregierung am 18.5.43

Da rechts wieder die 38 2829 mit der Tenderanschrift »Nj« und links eine weitere 38 mit derselben Abkürzung an der Rauchkammertür zu sehen sind, dürfte dieses Bild das Bw Nikolajew zeigen. Im Schuppen steht 55 243 aus dem Jahre 1904. Sie war vom Bw Wismar »nach Osten« abkommandiert worden und gelangte gegen Kriegsende nach Jugoslawien. Dort lief sie noch als 23-033. Die »DR Ru«-Dienstwagen haben ihre automatische Kupplung behalten. Die Bekohlung wird hier mit Greiferkran durchgeführt.

W.Steiner, Berlin: »Bekohlungsanlage im Osten«
Freigegeben durch OKW (Heer) und Presseabteilung der Reichsregierung am 18.5.43

57 3366 und 55 318 sind in der Reihe der preußischen Lokomotiven identifizierbar, die hier von einem auf Schienen laufenden Drehkran ihre Kohle erhalten. Hanomag hatte die 55 318 im Jahre 1906 gebaut. Das Bw Jülich hatte sie in Richtung Osten in Marsch setzen müssen, wo sie erstmals im März 1942 nachgewiesen ist. Ihr Tender hat zur Erhöhung des Fassungsvermögens einen Bretteraufsatz erhalten. Die sowjetische Staatsbahn musterte sie 1947 aus. Die Betriebsgeschichte der 57 3366 ist relativ gut dokumentiert: Von Nordhausen am 27. August 1941 nach »Osten« dirigiert, ist sie noch im August 1941 in Minsk, ab Januar 1942 in Jasinowataja und ab April 1942 in Bataisk nachgewiesen. Ausgemustert wurde sie 1965 von der DB.

Below, Stettin

Ein noch stabilerer Kran von Beck & Henkel oder von Scholten bedient die 55 4750. Die Lok war vom Bw Roßlau »nach Osten« abgegeben worden, wurde nach dem Krieg beim Bw Berlin Anhalter Bf erfaßt und 1967 beim Bw Guben ausgemustert.

Bekohlung mittels Kipplore

Die reine Schwerkraft ist hier Dienerin des Bekohlungswesens, was nicht ohne vorherige Anwendung des Prinzips der »schiefen Ebene« möglich wäre. Brennstoff, wie er einer Lokomotive mit Kohlenstaubfeuerung gut anstünde, bekommt hier die 55 083, eine der ältesten Veteraninnen des lokomotivtechnischen Volkssturms: Schwartzkopff hatte sie anno 1900 gebaut! Sie könnte als »Essen 4442« durchaus schon einmal östlichen Kriegsdienst geleistet haben. Ihr letztes Heimat-Bw vor dem Osteinsatz war Bochum Nord gewesen. Für die Zeit von 5. August 1941 bis 5. März 1942 ist eine Beheimatung in Schaulen nachgewiesen. Die Abkürzung »Sb« an der Rauchkammertür steht wahrscheinlich für das Bw Schwaneburg in Lettland. Die Lok verblieb in der Sowjetunion und wurde von der Sowjetischen Staatsbahn 1952 ausgemustert.

Fritz Korte: »Eine Bekohlungsanlage im Osten«

Diese 57^{10} hat Frostschutzvorrichtungen hinter dem Führerhaus erhalten und anstelle von Vorwärmer und Speisepumpe eine weniger kälteempfindliche zweite Strahlpumpe bekommen. Der Kohlekasten des Tenders ist mit Brettern vergrößert. Die Arbeit auf dieser Bekohlungsanlage mit Loren-Schrägaufzug und Fallschächten scheint nicht ganz ungefährlich zu sein.

Hollnagel, Hamburg: »Bekohlungsanlage im Osten«

Die imposanteste der bisher gezeigten Bekohlungsanlagen repräsentiert schönste Zimmermannsarbeit. Die Abkürzung »Wo« an der Rauchkammertür der 55 2897 paßt zum Bw Werchowzewo im Maschinenamtsbezirk Dnjepropetrowsk, das nachweislich mit G 8^1 und G 10 bestückt war. Auch diese Lok hat den vereinfachenden, aber auch leistungsmindernden Umbau von Speisepumpe und Vorwärmer auf den zweiten Injektor durchlaufen. Sie kam beim Rückzug in die Westzonen und fuhr noch für die DB.

Fritz Korte, Berlin

Eine Frau tut Dienst – oder sie darf nach Kohlestückchen suchen? Die Entschlackungskur gönnt sich 91 381. Von der Union-Gießerei in Königsberg 1904 gebaut, hatte sie in der Zwischenkriegszeit der Polnischen Staatsbahn gedient und erst 1941 die Nummer einer bei der Reichsbahn schon früher ausgemusterten T 9^3 erhalten. Die Lok hat noch den alten hoch angesetzten Bremsluftschlauch und trägt Frostschutz sowie Verdunkelungs-Warnanstrich. »Rs« steht für Radviliskis in dem bis 1939 polnischen und dann litauischen Wilna-Gebiet. Die römische »IV« dient wohl der einfacheren Unterscheidung der Loks beim Rangieren. Als 335.1519 der ČSD beendete die kleine Lok ihre Laufbahn.

Below, Stettin

Die frostgeschützte 57 1552 war im Jahre 1918 an die KED Kattowitz geliefert worden und dürfte bis zum Osteinsatz in Oberschlesien gefahren sein. Das Foto zeigt sie im Dienste des Bw Molodetschno an der Strecke Wilna–Minsk in dem bis 1939 polnischen Gebiet. Sie kam im Verlaufe des Rückzuges nach Westdeutschland und war bis zur Abstellung 1954 in den sauerländischen Bw's Altenhundem, Letmathe und Lennep im Einsatz. Der Eisenbahner rechts trägt das Kriegsverdienstkreuz mit Schwertern.

W. Steiner, Berlin: »Zerstörtes Betriebswerk im Osten«

Da von der Halle nicht mehr viel steht, muß der Treibradsatz der 55 2986 des Bw Nikolajew unter freiem Himmel aus- und eingebaut werden. Die von Schichau 1917 gebaute Lok hatte bisher die Nummern Königsberg 5256 (Preußen) und Tp 4-251 (Polen) getragen. Am Führerhaus ist schwach erkennbar die Anschrift der im Generalgouvernement tätigen »Ostbahn«, von der die Lok weiter nach Osten geschickt werden mußte. Frischer ist die Aufschrift »DR-Ost«, die übrigens für die Loks am 20. März 1942 vom Reichsverkehrsministerium Zweigstelle Osten angeordnet wurde. Mit ihrer von der Deutschen Reichsbahn verliehenen Nummer kam sie als Ostrückführlok in die RBD Hannover und wurde 1951 von der DB ausgemustert, weil aufgrund ihrer Herkunft Rückgabeansprüche möglich waren, die einen in die betagte Maschine investierten Unterhaltungsaufwand entwertet hätten.

H. J. Bandelow, Berlin: »Lokomotiven erhalten Winterschutz (EAW Gomel)«

In behelfsmäßigen Ausbesserungsständen mußten in Weißrußland die preußischen Lokomotiven repariert und mit Frostschutz ausgerüstet werden. Gerade in Arbeit ist die 91 779, bei der schon die Rotgußschilder zeigen, daß sie keine polnische Beutelok ist, sondern eine ursprüngliche Reichsbahnlok, und zwar die ehemalige 7317 Halle, von Hohenzollern 1906 gebaut. Die in der Zwischenkriegszeit bei der RBD Dresden beheimatete Lok kehrte gegen Kriegsende zufällig nach Sachsen zurück und kam in den Bestand des Bw Bautzen. Das EAW Gomel wurde am 5. Oktober 1941 statistisch mit folgendem Personalstand erfaßt: »Gefolgschaft 3000 Kräfte, darunter 20 Ukrainer, 150 bis 200 Polen, 50 Juden, der Rest Russen«.

H. J. Bandelow, Berlin: »Lokomotiven erhalten Winterschutz«

»Lok von Bw Molodetschno nach EAW Gomel Frostschutzlok« steht auf dem Laufschild der G 10, die auf der Vorseite schon als zweite Lok hinter der T 9^3 zu sehen war. Die Leitungen werden mit Glaswolle ummantelt, die Armaturen erhalten Schutzkästen.

Korte, Berlin

Der vorgegebene Bildbestand läßt die Schmalspurloks etwas zu kurz kommen. Hier wird eine 750 mm-Lok instandgesetzt. Die eigenartige Reihenbezeichnung »Rt« läßt sogar die Identifizierung zu: Es handelt sich um eine 1926 von der Estnischen Staatsbahn mit diesen Kennbuchstaben versehene Ct-Lok, die 1914 von Orenstein&Koppel für die »Festungsbahn Peter der Große« gebaut worden war. Die zum Teil verdeckte Ordnungsnummer lautet 230.

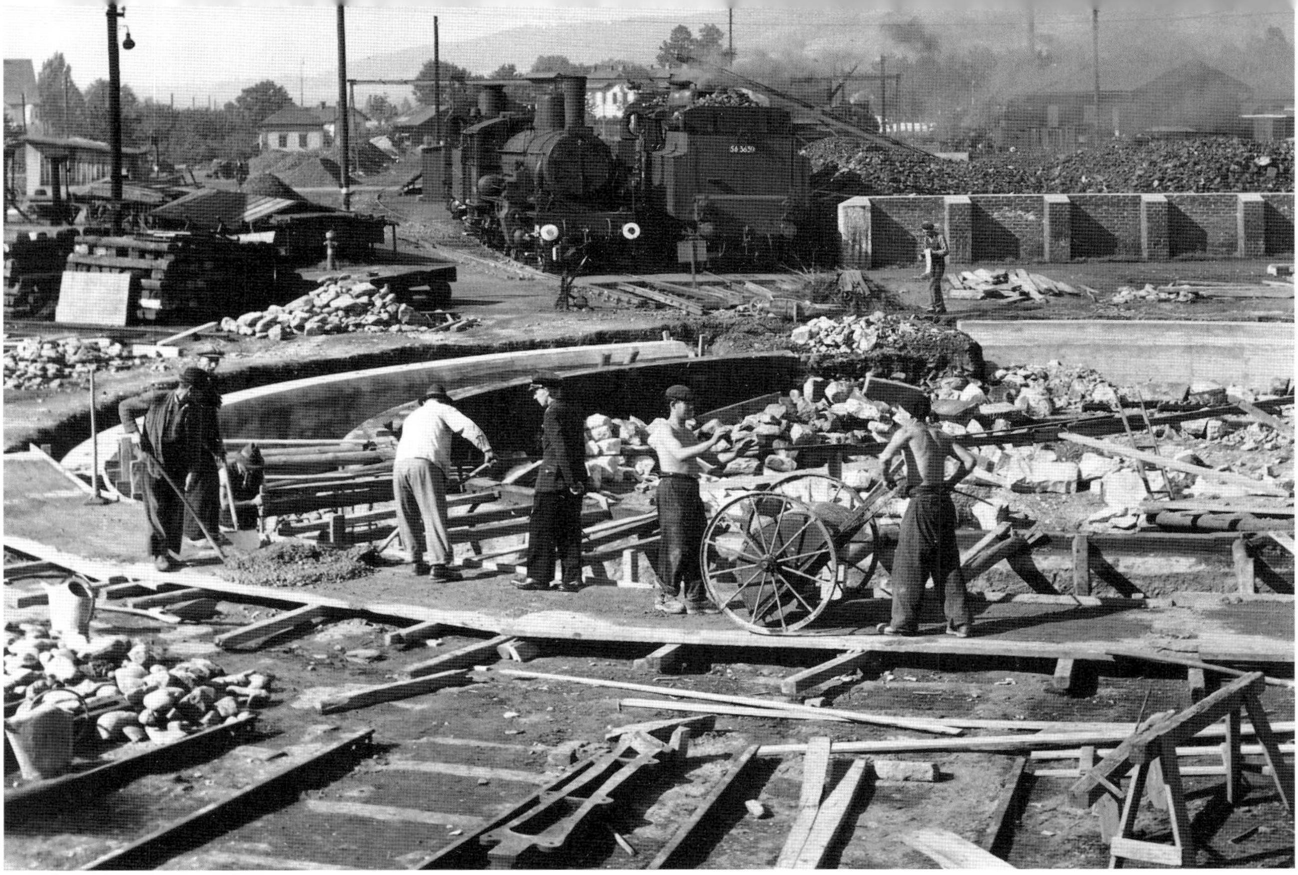

M. Ittenbach, Berlin: »Eine Drehscheibe wird vergrößert«

»Reichsbahn hinter der Ostfront«, das war nicht nur die Reichsbahn in der Sowjetunion! Die betrieblichen Probleme und Bedürfnisse zwischen Tallinn und Sewastopol wirkten sich in vielfacher Weise auch auf Eisenbahnen in den westlich angrenzenden Gebieten, so auf die »Ostbahn« im Generalgouvernement, die Slowakische Staatsbahn, die Protektoratsbahnen und auf die Reichsbahn besonders in den östlicheren Direktionsbezirken aus. Nachschubgebiet im weiteren Sinne waren auch die industriell wichtigen, bis 1938 tschechischen Gebietsteile der RBD'en Breslau und Oppeln. In Trautenau oder Umgebung dürfte die Aufnahme von der Drehscheibenerweiterung entstanden sein. Hinten stehen 37 302 und 56 3630, zwei Alt-Österreicherinnen aus den Jahren 1907 und 1918, die 1938 von der ČSD zur Reichsbahn gekommen waren und sich nach 1945 wieder im Bestand der ČSD befanden. Vor und nach dem großdeutschen Intermezzo hießen sie 344.002 und 434.280.

Below, Stettin

Von der Baustelle im sonnigen Böhmen oder Mähren zurück nach Rußland: Ein Luftangriff oder ein Partisanenanschlag oder eine Unachtsamkeit hat hier einen Lokschuppen abbrennen lassen und eine beschädigte G 8 (55 1915?) sowie die Schuppenöfen im Freien stehen lassen. Eine trostlose Szenerie!

M. Ittenbach, Berlin: »Wiederherstellung eines Lokschuppens und einer Drehscheibe«

Bis auf die Schuppenmauern muß in diesem Bw fast alles neu gebaut werden. Wie überall muß die ganze Arbeit unter Aufsicht deutscher Bahnbeamter von – z.T. sogar uniformierten! – »Hilfswilligen« oder Kriegsgefangenen mit Muskelkraft bewältigt werden.

Hollnagel, Hamburg: »Vor einem Bw im Osten«

Das Bw, in dem südliche Sonne auf die frostgeschützte 57 2217 und auf eine 91^3 scheint, kennen wir schon: Auf S. 88 ist die in Sewastopol auf der Krim gelegene Lokstation kurz nach Zerstörung und Eroberung bei Beginn der Umspurungsarbeiten abgebildet. Inzwischen herrscht also Normalspurbetrieb, das Haus links ist wiederhergestellt, doch der Schuppen im Hintergrund hat kein neues Dach erhalten. Die 57 2217 war zur Vorbereitung des Polenfeldzuges am 26. August 1939 von der Rbd Erfurt zum Bw Wien West und zu einem unbekannten Zeitpunkt in den »Osten« gekommen und verblieb nach dem Krieg bei der Sowjetischen Staatsbahn.

Hollnagel, Hamburg

52 6001 hat hingegen einen Platz in einem Rechteckschuppen, bei dem die schönen gebogenen Holzträger des Gewölbes auffallen. Die Lok war von der BMAG gebaut und am 28. Mai 1943 abgenommen worden und ist sodann beim Bw Zdolbunow nachgewiesen. Sie ist mit einem »Floridsdorfer Steifrahmentender« ausgestattet. Nach dem Krieg fuhr sie bei der DDR-Reichsbahn. Rechts steht eine 58^{23}, davor eine 50 oder eine 52 mit 50er-Tender.

W. Steiner, Berlin: »Transportzug auf der Fahrt zur Front« *mit Bleistift:* ***Bf. Gretschany***

Hier kocht eine 52, ebenfalls ein Exemplar mit dem Steifrahmentender, vor der Weiterfahrt kräftig Dampf. Typisch für Truppentransporte waren die wenigen Personenwagen für die Offiziere und die vielen Güterwagen für die Mannschaften. Links rangiert eine 55. Es scheint die Lok mit der schönen Nummer 55 5000 zu sein. Gretschany liegt an der Strecke Lemberg–Odessa etwas östlich der bis 1939 gültigen sowjetischen Westgrenze.

W. Steiner: »Vor einem Bw im Osten«

Hier wurde ein reines 52er-Bw abgelichtet! Die Abkürzung »Sd« an der 52 007 (?) links könnte für Sdolbunow (häufiger mit »Z« geschrieben) stehen, was freilich nicht bedeutet, daß die Aufnahme auch hier entstanden ist. 52 2200 (Henschel März 1943, ausgemustert von der DB 1954) hat am Steifrahmentender aufgeschraubte Frostschutzplatten. Zum »erweiterten Frostschutz« gehört auch der Schornsteindeckel.

Hollnagel, Hamburg

Selten sind Betriebsaufnahmen von den für Abdampfkondensation eingerichteten Henschel-Loks 52 1850 – 2027! Als sie 1943 geliefert wurden, waren die wasserarmen Gebiete in der Südukraine, wo man sie hatte einsetzen wollen, nicht mehr in deutscher Hand.

Oben sehen wir eine Kondens-52 hinter einer 52 mit frostgeschütztem Kastentender bei einem winterlichen Kreuzungsaufenthalt. Der erste Wagen ist aus Belgien. Unten wartet 52 1893 (Henschel August 1943) des Bw Nikolajew auf Ausfahrt. Sie kam später zur DB, wurde bereits 1950 ausgemustert, aber noch bis 1964 in der BD München als Heizlok verwendet. Auffällig ist die Fensterklappe, auf der die bei geöffnetem Zustand verdeckte Bw-Angabe an der Führerhauswand wiederholt wird.

H. J. Bandelow, Berlin: »Loks auf einem Bahnhof im Osten«

Gleich drei 57er sind einem Zug vorgespannt, der hier warten muß, bis der alte Wasserkran aus seinem dünnen Rohr alle Tender gefüllt haben wird. Da fuhr man mit der Kondens-52, die nur alle 1000 km neues Wasser brauchte, doch flotter!

W. Steiner, Berlin: »Wasserübernahme«

Ein von der Reichsbahn eingebauter Wasserkran vom Krausewerk in Neusalz an der Oder gibt hier einer 55er ihr Lebenselixier. Die Lok hat einen frisch glänzenden Gasbehälter am Tender erhalten. Die hölzerne Führerhauswand mit Gitterfenster verkörpert eine der unzähligen Bauartvarianten für Frostschutz und Vorratsvergrößerung. Der einheimische Eisenbahner trägt zur Kenntlichmachung seiner Funktion eine Armbinde.

Below, Stettin

Die preußische G 10 war im »Osten«, aber auch in anderen deutschen Besatzungsgebieten allgegenwärtig! Hier sind zwei Maschinen vor einen Güterzug gespannt. 57 3272 war 1923 bereits mit Reichsbahnnummer neu zum Bw Karthaus an der Mosel geliefert worden, gehörte im Reich zuletzt zum Bw Homburg/Saar, war spätestens seit März 1942 »im Osten« und ist für Januar 1943 beim Bw Rawa Ruska im »Generalgouvernement« nachgewiesen. Die nächste Meldung besagt, daß sie (nach einem RAW-Aufenthalt in Stendal von September bis Oktober 1943) im Jahre 1944 in Rumänien eingesetzt war. Ausgemustert wurde sie im August 1951 von der SZD. Die hintere Lok verrät uns nur ihre Stationierung in Molodetschno. Einheimische sammeln Kohlestückchen auf.

H. J. Bandelow, Berlin:
»Schadlokzug im Osten«
Freigegeben durch OKW (Heer) und Presseabteilung der Reichsregierung am 9.4.43

Der Schadstand bei den deutschen Loks in der Sowjetunion war extrem hoch. Nach einem Frost-, Minen- oder Entgleisungsschaden waren bis zum nächsten Ausbesserungswerk weite Wege zurückzuzulegen. Lokfriedhöfe und Schadlokzüge waren vertraute Anblicke. Hier machen sich eine ganze Anzahl 38er, 55er und 57er auf die lange Reise zur Reparatur. In den Tendern reisen Schwarzfahrer.

W. Steiner, Berlin: »Zerstörter Bahnhof im Osten«

57 1030 ist mit einem bayerischen 3T20 gekuppelt, der durch die Ausmusterung der G 4/5 H (56^{8-10}) freigeworden war. Vor dem Krieg war sie in Lindau am Bodensee und später in Hütteldorf bei Wien beheimatet gewesen. Ihr Verbleib ist unbekannt. Sehr erlesen ist die kurze Zuggarnitur aus einem CIWL-Speisewagen und einem preußischen Speisewagen. In solchen Dienstzügen reisten und residierten militärische Stäbe und höhere Bahndienststellen. Die Aufnahme entstand in Bachmatsch West am Kreuzungspunkt der Strecken Kiew–Kursk und Minsk–Poltawa.

M. Ittenbach, Berlin: »Güterzug in einem Bahnhof im Osten«

57 2430, weiland Bw Flensburg, gehörte zum Bw Fastow I und wurde in Kiew fotografiert. Auch sie hatte den bayerischen Tender. Sie diente nach 1945 noch wenige Jahre den Saar-Bahnen und wurde 1952 abgestellt und 1958 ausgemustert. Die Aufnahme zeigt sie ohne Frostschutz.

H. J. Bandelow, Berlin: »Im Osten«
Freigegeben durch OKW (Heer) und Presseabteilung der Reichsregierung am 13.3.43

Obwohl ein Rangierunfall ihr beide Puffer geraubt hat, muß 57 2487 eine schwere Vorspannleistung fahren! Rohre, Armaturen und Frostschutz sind dringend instandsetzungsbedürftig. Die Pumpenabdampfleitung schlängelt sich höchst originell an Stehkessel und Führerhaus entlang aufwärts. Von Henschel 1921 gebaut, war die Lok zunächst in Frankfurt/Oder beheimatet gewesen. Im Zuge der planmäßigen Vorbereitungen der »Sudetenkrise« war sie im Juni 1938 zum Bw Hof gekommen und später innerhalb der RBD Regensburg noch an die Betriebswerke Weiden und Plattling weitergegeben worden. Ab Juni 1939 hatte sie wieder zum Bw Frankfurt/Oder V gehört. Am 5. August 1941 war sie »nach Osten« abgerollt. Das Foto zeigt sie in den Diensten des Bw Losowaja (im Maschinenamtsbezirk Poltawa) an einer sehr wichtigen Streckenverzweigung zwischen Dnjepropetrowsk, Charkow und Woroschilowgrad. Nach einem Aufenthalt im RAW Aalen von 5. August bis 14. September 1943 ist sie für Februar 1944 in Dorpat nachgewiesen. Später wurde sie dem General für das Transportwesen Südost zur Verfügung gestellt. Nach dem Krieg gehörte sie der SZD, die sie im Februar 1950 ausmusterte.

Steiner, Berlin: »Mit Volldampf zur Front«

Trotz des martialischen Bildtitels: So fotografiert kein Berichterstatter einer Propagandakompanie, sondern ein Mann, der von Eisenbahnen und Eisenbahnfotografie etwas versteht. Die so gekonnt in Szene gesetzte 57 1467 (Borsig 1917) war im Frieden und der ersten Phase des Krieges beim Bw Stettin Hgbf gewesen und hatte nach der Ostverschickung ab 26. September 1941 zunächst bei den Bw Luga und Shepetowka gedient. Das Bild zeigt sie mit der Anschrift des Bw Belopolje. All diese Orte befinden sich in dem bis 1939 polnischen Gebiet. Nach einem Aufenthalt im OAW Lemberg von 19. November bis 13. Dezember 1943 verliert sich ihre Spur zunächst. Die Ausmusterung verfügte die Sowjetische Staatsbahn 1945.

M. Ittenbach, Berlin: »Truppentransportzug im Osten«

Eine der ersten G 8^1 (55 25..) wurde frostgeschützt und mit nur einer vorsintflutlichen riesigen Gaslaterne im Hauptbahnhof von Brest-Litowsk aufgenommen. Original preußisch sind auch die Abteilwagen!

Hollnagel, Hamburg

Mit größter Anstrengung setzt 58 2346 ihren Zug in Bewegung. Die in Deutschland, Belgien und Polen für die Polnische Staatsbahn gebaute Ty 23 erfreute sich bei ihren Eroberern größter Beliebtheit: Die Sowjets brachten umgespurte Maschinen auf der 1931 gebauten »TurkSib« zwischen Alma Ata und Nowosibirsk in Zentralasien zum Einsatz. Die Deutschen brachten sie in alt-sowjetische Gebiete, so daß die gezeigte Lok im Bw Bobrinskaja an der Magistrale Fastow–Dnjepropetrowsk beheimatet war. Die 1924 von Cockerill in Belgien gebaute Maschine kam beim Rückzug mit nach Deutschland und wurde Anfang der fünfziger Jahre von der BD Regensburg ausgemustert.

W. Steiner, Berlin: »Bahnhof im Osten«

57 3427 von der RBD Nürnberg mit bayerischem Tender war zur ukrainischen Lokauffangstelle Zdolbunow geschickt worden und wurde bei Tauwetter in Woroshba im Maschinenamtsbezirk Konotop in der Nordostukraine aufgenommen. 1945 wurde sie ausgerechnet in den Niederlanden etwa 3000 km weiter westlich aufgefunden, später an die DB abgegeben und 1959 beim Bw Koblenz-Lützel ausgemustert.

M. Ittenbach, Berlin: »Rangierlok in einem Bahnhof im Osten«

91 520 gehörte zu den von der Polnischen Staatsbahn übernommenen und mit den Nummern ausgemusterter Loks versehenen T 9^3. Sie gehörte zum Bw Brest-Litowsk Hbf und rangierte im Heimatbahnhof. Nach dem Krieg gehörte sie als TKi 3-99 erneut der PKP.

W. Steiner, Berlin: »Transport einer Schmalspurlokomotive«

Im fernen RAW Chemnitz, das auf Schmalspurloks spezialisiert war, hatte die »S.K. III 015« eine am 16. Februar 1943 abgeschlossene Untersuchung erhalten, von der sie nun auf einem französischen Wagen in den »Osten« zurückkehrt. Auch diese kleine Lok ist frostgeschützt. Bauartmerkmale der Lok mit dem für Holzbeförderung vorgesehenen Tender deuten auf das Herstellerwerk Kolomna hin. Da die mit Farbe aufgemalte Bezeichnung auch auf dem Gußschild am Führerhaus entzifferbar ist, und zwar ebenfalls mit lateinischem »S«, ist eine baltische oder polnische Heimat der Maschine anzunehmen. Angeblich ist »SK III« eine Bezeichnung der polnischen Armee für ihre Feldbahnloks.

W. Steiner, Berlin: »Im Bahnhof Bobrinskaja«

Die mit großem Frostschutzkasten am Langkessel versehene 55 556 befördert neue »Sturmgeschütze III Langrohr« an die Front. Stand der Technik im »Stellwerks«wesen war die Stationierung je eines Mannes an jeder Weiche! Deutsche Ausfahrsignale geben dem Bahnhof einen fast heimatlichen Anblick, zu dem auch die Windmühle am Horizont beiträgt. Die Lok stammte aus Troisdorf und schaffte die Rückkehr nach Deutschland: Sie wurde am 20. 9. 48 in den Westzonen ausgemustert.

W. Steiner, Berlin: »Auf einem Bahnhof im Osten«

Die 38 1153 vom Bw Dnjepropetrowsk gehörte zu den von der PKP übernommenen und mit Nummern ausgemusterter Artgenossinnen versehenen P 8. Die schwache Bauart der Puffer und das Fehlen der Windleitbleche lassen denn auch erkennen, daß das große Normungsprogramm, das die Deutsche Reichsbahn in den zwanziger und dreißiger Jahren an ihren Länderbahnloks vollzogen hatte, an dieser Lok vorbeigegangen war. Nach 1945 war sie als Ok 1-76 erneut bei der PKP. (Die polnischen Vor- und Nachkriegsordnungsnummern sind nicht identisch.) Der ebenfalls erbeutete Wagen ist beladen mit einem mittleren Schützenpanzer (links) und einem leichten Schützenpanzerwagen mit Rahmenantenne.

W. Steiner, Berlin: »Feldgraue warten auf Weiterbeförderung«

»Die Hälfte seines Lebens wartet der Soldat vergebens …«, wobei das Warten im Sonnenschein neben der 38 3253 durchaus erträglich gewesen sein dürfte. Die vor dem Krieg zur Rbd Kassel gehörige und zum Aufnahmezeitpunkt dem Bw Kiew Hbf zugewiesene Henschel-P 8 wurde 1965 beim Bw Uelzen ausgemustert. Beachtenswert ist auch die Gleisbaustelle mit Stahlschwellen.

Militär-transporte

M. Ittenbach, Berlin: »Auf einem großen Bahnhof im Osten«

Der »große Bahnhof« heißt Brest-Litowsk. Die charakteristische Fußgängerbrücke im Hintergrund erscheint auf vielen im Krieg und später entstandenen Fotos von diesem Grenzbahnhof zwischen »Generalgouvernement« und »Ostland« bzw. zwischen Nachkriegspolen und der Sowjetunion. Links steht die bereits weiter oben einmal gezeigte 55^{25} mit niedriger Nummer, rechts eine »im Osten« nur selten anzutreffende polnische OKz 32 (Reihe 95^{3} der Deutschen Reichsbahn bzw. Ostbahn). Der Oberschütze neben der Weiche dürfte andere Sorgen haben.

176

Bereits auf den letzten Bildern des vorangehenden Kapitels über den Lokomotivbetrieb waren militärische Fahrgäste und Ladegüter zu sehen, deren Beförderung selbstverständlich einen großen Teil der Eisenbahnkapazitäten im besetzten Gebiet in Anspruch nahm. Die Zusammenarbeit zwischen Wehrmacht und Reichsbahn hinsichtlich der Durchführung der Militärtransporte war kompliziert organisiert und wurde während des Krieges mehrfach reformiert. Die parallel zur Eisenbahnverwaltung bestehenden militärischen Transportbehörden waren ab 1942 wie folgt aufgebaut: Dem Chef des Transportwesens unterstanden jeweils für eine Heeresgruppe Generäle des Transportwesens und diesen wiederum Transport- und Bahnhofskommandanturen. Dem Chef des Transportwesens unterstanden unmittelbar die Eisenbahnpioniere und die weiter oben schon erwähnten Feldeisenbahndirektionen bzw. (ab März 1942) -kommandos, so daß in Frontnähe die militärische Führung das Eisenbahnwesen unmittelbar leitete, im besetzten Hinterland und in der Heimat hingegen als privilegierter Auftraggeber der Reichsbahn auftrat.

Die wichtigsten militärischen Zuggattungen waren die Truppen-, Nachschub-, Verwundeten- und Kriegsgefangenentransporte. Für Truppentransporte wurden »Einheitszüge« normiert. 1943 galt für den »I-Zug« zum Transport nichtmotorisierter Einheiten eine Regelzugbildung aus drei Personen- und 13 Mannschaftswagen, 35 Güterwagen verschiedener Bauarten für Pferde, Fahrzeuge und Waffen sowie zwei Luftschutzwagen. Der »K-Zug« für den Transport motorisierter Einheiten bestand aus fünf Personen-, zwei Mannschafts-, 40 Rungen- und Flachwagen sowie einem Luftschutzwagen. Der Transport einer Infanteriedivision erforderte etwa 65 Züge, einer Panzerdivision etwa 100 Züge, einer Waffen-SS-Division etwa 120 Züge. Beim Transport der 1942 eingeführten schweren Panzertypen »Tiger« und »Panther« mußte wegen Lademaßüberschreitung bei zweigleisigen Strecken das

M. Ittenbach, Berlin: »Betrieb in einem Bahnhof im Osten« Freigegeben durch OKW (Heer) und Presseabteilung der Reichsregierung am 16.3.43

Züge mit Rüstungsgütern beherrschen dieses Bild aus einem unbekannten größeren Bahnhof. Auf den Rungenwagen rechts sind Geschütze verladen, in der Mitte sehen wir u.a. Panzer, Panzerlaufrollen und Motorräder mit Seitenwagen. Daß an dem Zug links zwei hellgekleidete Mädchen stehen, könnte darauf hindeuten, daß dieser Zug Arbeitskräfte ins Reich bringt. Die großen Gittermasten im Hintergrund dienen nicht einer baldigen Elektrifizierung, sondern dem Einbau einer Flutlichtanlage.

Korte, Berlin

In den achttürigen Eilzugwagen steigen Gebirgsjäger ein, die 1942 im Kaukasus eingesetzt waren. Der Soldat in Bildmitte führt eine Kamera griffbereit mit.

Gegengleis gesperrt werden. Für die anderen Zugarten, zu denen in der Rückzugsphase noch die Räumungszüge kamen, war eine so starke Vereinheitlichung nicht möglich. Für alle Zugarten war jedoch eine Höchstlänge von 550 Metern und ein Höchstgewicht von 850 Tonnen (jeweils ohne Lok) festgelegt. Mit diesen Vorgaben konnten sowohl die Ausbaumaßnahmen an Bahnhöfen gesteuert als auch Fahrpläne entworfen werden, die mit den am meisten verwendeten Lokgattungen einhaltbar waren.

M. Ittenbach, Berlin: »Angekommen – alles aussteigen«

… aus den preußischen Abteilwagen und aus den gedeckten Güterwagen. Aber bald gehts weiter, vom ersten Bahnhof im Feindesland Brest-Litowsk viele hundert Kilometer weit an die Ostfront, die von allen Fronten die am meisten gefürchtete war. Oder geht die Reise in den Heimaturlaub? Siehe nächstes Bild!

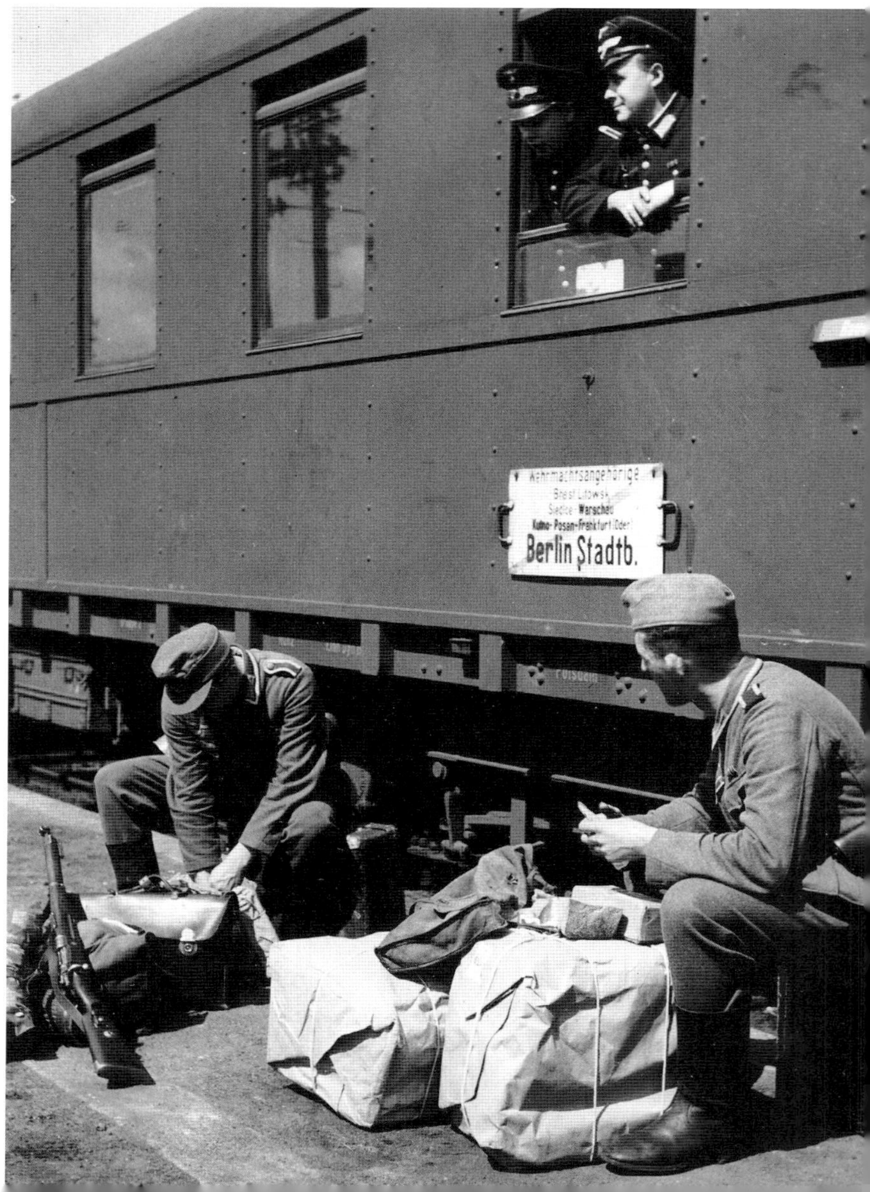

H. J. Bandelow, Berlin: »Am SF-Urlauberzug in Brest-L.«

Wiederum in Brest-Litowsk entstand diese Ansicht, und zwar an einem Zug besserer Art, dem Schnellzug für Fronturlauber. 789 km weit ist die Reise durch das Generalgouvernement, den Warthegau und das Altreich bis in die Reichshauptstadt. Aus dem Fenster blicken »blaue Eisenbahner«. Die beiden Unteroffiziere des Heeres auf dem Bahnsteig haben viel Gepäck. Die Soldaten pflegten schwer bepackt an die Front und in den Urlaub zur fahren. Warme Kleidung und zusätzliche Stärkungsmittel konnten in Rußland überlebenswichtig sein, Lesestoff milderte die Langeweile. Für die Rückfahrt versuchte man für die Familie z.B. Agrarprodukte zu »organisieren«, die in der Heimat allmählich knapp wurden, oder man bekam als Mitbringsel für Zuhause ganz offiziell das »Führerpaket« ausgehändigt.

Hollnagel, Hamburg

Hier wird wieder in militärischer Schlichtheit gereist. Das Ausfahrsignal zeigt »Frei«, also allmählich einsteigen, Kameraden! Das Signal mit Gegengewicht zum Signalflügel entspricht einer Bauform, wie sie von den Herstellern J.Gast und Max Jüdel in den letzten Jahrzehnten des 19. Jahrhunderts auch an die Preußische Eisenbahnverwaltung geliefert worden war. Wie auf so vielen Bildern fällt die Sandbettung der Gleise auf, die weder für Stabilität noch für Elastizität des Oberbaus sorgt und die Regen- und Schmelzwasser schlecht abfließen läßt.

M. Ittenbach, Berlin: »Mannschaften eines Truppentransportes angetreten zur Weiterfahrt auf einem Bahnhof im Osten«
Freigegeben durch OKW (Heer) und Presseabteilung der Reichsregierung am 11.12.42

Und wieder Brest-Litowsk! Wagenkundlich fällt rechts ein alter bayerischer D-Zug-Wagen auf.

Below, Stettin

Mit diesem Schnellzug dürfte militärische oder politische Prominenz angekommen sein, denn die annähernd zehn Millionen deutschen Soldaten, die für eine mehr oder weniger lange Zeit an der Ostfront eingesetzt waren, wurden nicht alle mit Blasmusik begrüßt.

H. J. Bandelow, Berlin: »Auf einem Bahnhof im Osten«

Einsteigen mit viel Gepäck in einen Personenzug, dessen kurzgekuppelte Abteilwagenpärchen vor der Elektrifizierung auf der Berliner Stadt- und Ringbahn eingesetzt gewesen waren.

M. Ittenbach, Berlin: »Wehrmachturlauberverkehr« Freigegeben durch OKW (Heer) und Presseabteilung der Reichsregierung am 25. Aug. 1942

Eine lange Reise auf Holzbänken stand diesen Soldaten bevor, doch im Vergleich zum Güterwagen waren »Donnerbüchse« und Abteilwagen noch komfortabel. Die Lokschuppen-Bauarbeiten im Hintergrund haben wir uns bereits auf Seite 196 genauer angesehen.

M. Ittenbach, Berlin: »Betreuung eines Fronturlauberzuges auf einem Bahnhof in Thüringen«

Tausende Kilometer weiter westlich an der »Heimatfront« entstand dieses Bild. Der »SF« fährt »nur für Wehrmachtsangehörige« von München Hbf nach Berlin Anhalter Bahnhof. Die im Abteil hängenden Chiantiflaschen zeigen, daß diese Fahrgäste von der italienischen Front auf Urlaub kommen. Im nächsten Abteil oder im nächsten Wagen mögen Kameraden sitzen, die aus Bayern oder Tirol wieder dorthin müssen, wo es keinen Rotwein gibt…

Below, Stettin

Zwei Obergefreite (davon einer mit Verwundetenabzeichen), ein Unteroffizier und drei Schützen vertreiben sich die Wartezeit auf dem Bahnsteig oder der Verladerampe. Der Frontverlauf auf dem Schachbrett zeigt, daß »Schwarz« zwar recht unbeholfen seine Figuren um die eigene Bauernreihe herum nach vorne geführt hat, daß »Weiß« aber seinen König im Führerbunker an der Ecke des Spielfeldes nicht mehr retten kann, weil er nur noch über Bauern verfügt.

Fr. Fr. Faull: »Wehrsoldauszahlung am Zuge«
Freigegeben Bln., den 29. Jul 1942, Presseabteilung der Reichsregierung im Reichsministerium für Volksaufklärung und Propaganda – Bildpresse – i.A. gez. Kurzbein, Abzug und uneingeschränktes Veröffentlichungsrecht für das Bildarchiv des Pressedienstes des Reichsverkehrsministeriums erworben, Berlin, den 3. 10. 1942
Frei OKW (Heer) Versen Hptm. Freigegeben Stellv. Gen. Kdo. VII. A.K. 2.7.42, Dr. Wolff

Noch Fragen? Die Lok dürfte eine österreichische 260 sein, die die Reichsbahn von der BBÖ, der ČSD und der PKP geerbt und als Reihe 54^1 eingenummert hatte.

Hollnagel, Hamburg: In einem Bahnhof im Osten«

Deutsche Soldaten warten in der Festungsstadt Sewastopol auf der Südwestspitze der Krim auf ihren Zug.

Hollnagel, Hamburg

Während diese Soldaten auf die Weiterreise warten, bläst bei der 52 im Hintergrund das Sicherheitsventil ab. Links rangiert eine Ty 23, rechts von der 52 steht ein Panzertransport mit einem italienischen Schlußwagen.

M. Ittenbach, Berlin: »Truppentransport im Osten«

Ein Schütze und zwei Unteroffiziere begleiten ihre Fahrzeuge auf dem Transport. Der ans Schutzblech des LKW gelehnte Uffz. liest eine der zur Bekämpfung der Langeweile im Kriegsalltag heißbegehrten Illustrierten.

M. Ittenbach, Berlin: »Militärtransport auf einem Bahnhof im Osten« Freigegeben durch OKW (Heer) und Presseabteilung der Reichsregierung am 28.5.43

Reger Betrieb in einem voll ausgelasteten kleinen Bahnhof! Links rangiert eine 91^3, rechts sind auf abgebordeten Rungenwagen mittlere geländegängige LKW für drei Tonnen Nutzlast vom Typ Henschel 33 D 1 verladen.

H. J. Bandelow, Berlin:
»Militärtransport im Osten«
Freigegeben durch OKW (Heer) und Presseabteilung der Reichsregierung am 3. Nov. 1942

Auf dem »Köln 12489« mit dem Gattungszeichen SS, welches nichts mit Politik zu tun hat, sondern für einen »offenen Wagen mit mindestens 35 t Ladegewicht mit eisernen Rungen und 15 m Ladelänge, vier- und mehrachsig« steht, ist wie auch auf dem Nachbarwagen ein »Panzer III, Ausführung J kurz« verladen. Seine Besatzung unterhält sich mit Schwestern vom Deutschen Roten Kreuz.

H. J. Bandelow, Berlin

Hier sind zwei »Schwere Infanteriegeschütze 15 cm sJG 33 auf Geschützwagen 38« und ganz hinten ein LKW mit hinterem Kettenlaufwerk (»Halbketten-LKW«) unterwegs. Hierfür genügten noch Rungenwagen, von denen man,wie vorne ersichtlich, damals vielfach die Bordwände entfernte.

Hollnagel, Hamburg

Eine 56^2 wartet auf Ausfahrt. Das Ladegut ihrer Wagen sind »Mörserzugmittel« auf dem »Fahrgestell Panzerkampfwagen 38 H«, bei denen es sich um 1940 erbeutete und später modifizierte französische Hotchkiss-Fahrzeuge handelt.

H. J. Bandelow, Berlin

Hier werden Lastkraftwagen verschiedener Typen befördert. Der LKW in Bildmitte ist ein Büssing NAG Typ 4500 A-1. Hinter zwei Rungenwagen mit Stahl- bzw. Holzbordwänden ist ein geradezu spielzeughaft kurzer Niederbordwagen eingereiht. Sein Eigentumskennzeichen »DR Ru« beweist, daß sich in der sowjetischen Güterwagenbeute auch solche Raritäten befanden. Links rangiert die 74 182, eine aus dem Bestand der PKP übernommene T 11 des Baujahrs 1907. Sie blieb bei der in Polen gebildeten »Ostbahn« und war von 1940 bis 1944 in Chelm am östlichen Rand des »Generalgouvernements« beheimatet, so daß wir hier auch den Aufnahmeort vermuten können.

H. J. Bandelow, Berlin: »Heißes Wasser von der Lok«

Während die erste Lok des dreifach bespannten Zuges gerade Wasser bekommt (siehe das Bild des gleichen Zuges weiter oben im Kapitel »Lokomotivbetrieb«!), spendet die 57 2241 einem Soldaten einen Topf voll Kesselwasser. Diese Lok hatte vor dem Krieg ihr Wasser aus Wasserkränen der Bw Kirchweyhe und Coesfeld bezogen, ihr weiteres Schicksal ist unbekannt.

Hollnagel, Hamburg

Obwohl dieser Wagen der damals besseren Zweiten Klasse der Italienischen Staatsbahn gehört (Gattung 50 000, Heimatbahnhof Vicenca), ist er laut Kreideanschrift in einen »Behelfsmäßigen Verwundeten-Zug« (BVZ) eingereiht. Der Wagen des Bündnispartners erinnert daran, daß außer den Armeen Rumäniens, Ungarns und der Slowakei in mehr oder weniger großer Zahl auch Italiener, Kroaten, Spanier, Franzosen, Belgier und noch andere Nationalitätengruppen an der Ostfront kämpften.

M. Ittenbach, Berlin: »Im Bahnhof Kowel«

Die Deutsche Reichsbahn stellte aus Personen- und Güterwagen insgesamt 137 Lazarettzüge, 67 Behelfslazarettzüge und 26 Leichtkrankenzüge zusammen. Einen der letztgenannten hat der Fotograf beim Zwischenhalt im Knotenbahnhof Kowel beobachtet. Der Schnellzugwagen links ist preußischer, der rechts bayerischer Bauart. Einheimische Frauen verkaufen den Verwundeten frische Lebensmittel. Die Beinbekleidung des Soldaten, der dem Betrachter den Rücken zuwendet, ist aus militärischer Sicht unkonventionell.

RBD Stuttgart/ G.Breuer-Courth: »Lazarettzug in Stuttgart Hbf«

Diese schwerer verletzten Soldaten sind im Reich angekommen und werden vom Roten Kreuz betreut. Für viele war der »Heimatschuß« lebensrettend.

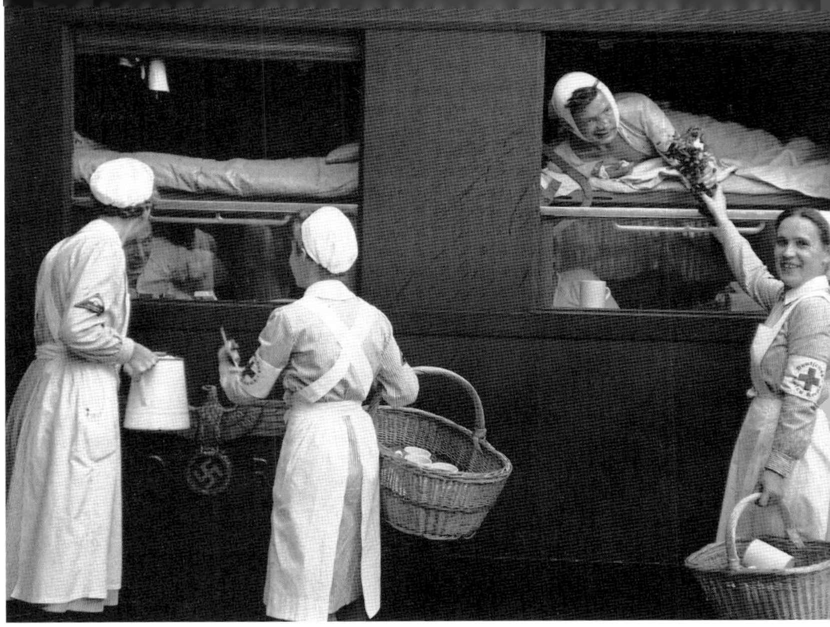

M. Ittenbach, Berlin

Die meisten Wege zu den Heeresgruppen Nord und Mitte der Ostfront führten über Berlin. Das Bild zeigt dichtes Gedränge auf dem Fernbahnsteig des Bahnhofs Zoologischer Garten. Der seit 1936 laufende Umbau ist nahezu abgeschlossen; die Halle wurde jedoch im Krieg nicht mehr verglast. Links nahe der Bahnsteigkante dreht sich ein Ost-Eisenbahner mit alter Mütze und RVD-Armbinde zum Fotografen um. Die Bahnhöfe der Stadtbahn sahen mit den von Bomben und Tieffliegern bedrohten Stadtbahnzügen in einer in Trümmer sinkenden Stadt, mit den Flüchtlingszügen, mit Stalins Sonderzug nach Potsdam, mit den ersten abenteuerlichen Interzonenzügen und mit dem ersten Zug nach der Berliner Blockade in ganz wenigen Jahren besonders viele Züge der Zeitgeschichte.

Hollnagel, Hamburg

Mit einer letzten Aufnahme aus dem auch weit hinter der Front vom Krieg immer mehr geprägten Reichsbahnalltag soll das Kapitel abgeschlossen werden: Durchhaltepropaganda und Bombenschäden im Hauptbahnhof von Kassel konfrontieren zahllose nicht zum Vergnügen reisende Zivilisten und Uniformierte mit der Unabwendbarkeit der Niederlage.

Was alles auf Schienen fahren kann

Below, Stettin

Die auf Seite 126 schon einmal gezeigte Blockstelle Kalna an einem offensichtlich neu verlegten Gleis erhält Besuch. Die niedliche Robel-Draisine (»Kl 3754«) schützt freilich weder vor dem Wetter noch vor den Partisanen. An der Uniform des Insassen ist das Ärmelabzeichen der Reichsverkehrsdirektionen (hier RVD Minsk) gut zu erkennen.

Hollnagel, Hamburg

Der mindestens 15 Wagen lange Schnellzug wird am Zugschluß mit leichter Flak gesichert. Der letzte der beiden hierfür hergerichteten Wagen ist ein russischer Vierachser. Rechts rangiert eine 92.

W. Steiner, Berlin: »Ehemalige russ. Draisine«

Nach einem anderswo veröffentlichten Bildtext soll die Aufnahme des kleinen Triebwagens zur Streckenbereisung mit der Nummer 0057 im Bahnhof Losowaja entstanden sein.

Sowohl die Vermischung deutscher, österreichischer, polnischer, rumänischer, baltischer und sowjetischer Fahrzeuge als auch die Ausrüstung von Schienenfahrzeugen für Kriegszwecke führte zu einer großen Vielfalt selbstfahrender Eisenbahnfahrzeuge und eigenartiger Wagen. Unsere Bildreihe führt einige solcher Merkwürdigkeiten vor, die konstruktiv großenteils auf der Kombination von Schienen- und Straßenfahrzeugtechnik beruhen.

M. Ittenbach, Berlin: »Im Osten« *bzw.* ***»Züge mit Panzerwagen auf dem Wege zur Front«***

Im besetzten Sowjetgebiet wurden zur Sicherung gegen die Partisanen einige dutzend Panzerzüge eingesetzt, deren Zusammensetzung und Bewaffnung sich ständig änderte. Der hier gezeigte Panzerzug mit der höchsten vergebenen Nummer 31 besteht aus einer nur im Bereich des Führerhauses gepanzerten und nicht einmal frostgeschützten 57^{10} und aus umgespurten sowjetischen Wagen. Der gleich vor der Lok eingereihte Wagen gehört dem erbeuteten und umgespurten Typ »BP 35« an, wobei einer seiner ursprünglich zwei Geschütztürme durch eine Flakstellung ersetzt ist. Auf den nächstfolgenden Wagen ist ein kompletter Beutepanzer gestellt, der bei Bedarf abgesetzt werden kann. Der Zug ist abgestellt, der Schornstein der Lok ist abgedeckt. Der Fotograf befindet sich auf dem ersten Wagen eines Zuges, dessen preußische Lok zum Bw Dnjepropetrowsk gehört.

H. J. Bandelow, Berlin

Zur Sicherung gegen Partisanen wurden am Schluß der Züge Wagen mit Panzern beigegeben. Hier ist es ein erbeuteter sowjetischer T 26 B mit 4,5 cm-Kanone und drei Mann Besatzung. Sowjetisch ist auch der letzte Wagen.

Hollnagel, Hamburg: »Panzerwagen auf Schienen auf einem Bahnhof im Osten«

In Poltawa Ost fand der Fototermin mit der Panzerdraisine statt, die aus einem französischen Panzerspähwagen Panhard 178 mit 2,5 cm-Kanone entstanden war und eine Rahmenantenne deutscher Bauart besaß.

Schienen-LKW

Sowohl durch Umbau vorhandener Lastkraftwagen als auch durch entsprechende Ausrüstung neuer LKW's ab Werk entstanden Schienen-Lkw's, die für Erkundung und Instandsetzung eroberter Strecken und in der Folgezeit für Transporte mit bis zu drei angehängten Wagen bestimmt waren. Die Eisenbahn-Pioniere erhielten 1941 für den Rußlandfeldzug 170 solche Fahrzeuge. Der wichtigste Hersteller war Büssing. Das hier aufgenommene Exemplar stammte von Magirus und hatte vor dem Krieg der Deutschen Reichsbahn gehört. »Typisch Lok« ist die Besandungseinrichtung an den Treibrädern!

M. Ittenbach, Berlin: »Auf Kontrollfahrt«

Ein vermutlich in Westeuropa erbeuteter Chevrolet wurde als Schienenauto in Wladimir-Wolynsk südlich von Kowel aufgenommen.

Hollnagel, Hamburg

Wehrmachtssoldaten besteigen eine Draisine vom österreichischen Hersteller Austro-Daimler. Ein hoher Offizier hat bereits Platz genommen. Das in eine Fahrbahn versenkte Gleis deutet darauf hin, daß hier eine für Züge und Autos befahrbare Brücke beginnt.

Below, Stettin

Bei der Bespannung dieses Bahnmeisterwagens ist man zur Pferdebahn der Eisenbahnfrühzeit zurückgekehrt. Der mit der 38 3062 bespannte Güterzug auf dem Nachbargleis ist beschädigt.

Alltag an der Bahn

W. Steiner, Berlin: »Stellwerk im Osten«

Rumänische Soldaten sind über Kamenez – Podolsk im Güterbahnhof Gretschany angekommen und steigen in einen Zug um, der von der anderen Bahnhofseite zur Südostfront fährt. Der verbindende Fußgängersteg war im August 1941 abgerissen worden. Die Tender voraus fahrende Zuglok hat sich schon abgesetzt. Rechts kocht eine G 10 Dampf für die Fahrt mit einem anderen langen Truppentransportzug.

Hollnagel, Hamburg: »Im Osten«

Wartende Pferde, ein kleiner LKW am Gütergleis, und dazwischen die kräftig dampfende 91 1369, im Hintergrund ein preußischer Personenzug: Ein geradezu friedliches Bild, das ohne weiteres die »gute alte Zeit« repräsentieren könnte, wenn nicht die Frostschutzverkleidung der T 9^3 an den historischen Zusammenhang erinnern würde. Die Lok stammte aus Stuttgart und kam nach Deutschland zurück. Die Ausmusterung wurde 1953 von der DB verfügt.

W. Steiner, Berlin: »Bahnhof im Osten«

Auf preußische Abteilwagen und gedeckte Güterwagen weitverbreiteter deutscher Gattungen schien in Woroshba die Sonne eines Vorfrühlingstages. Wir kennen die Szenerie bereits von einer Aufnahme mit der 57^{10} im Bildmittelpunkt.

Eine Anzahl besonders ausdrucksstarker Aufnahmen aus der uns zur Verfügung stehenden Sammlung illustriert nicht zielgerichtet die besonderen Probleme und Lösungen des Bahnbetriebes im Ostkrieg, sondern gewährt Blicke auf den Alltag an der Bahn mit seinen Begegnungen von Menschen, Tieren und Maschinen, von Soldaten, Eisenbahnern und Anwohnern, von Zügen, Autos und Fuhrwerken. Diese Bilder beruhen auf einer Motivwahl mit ruhigem Auge und erinnern daran, daß es selbst in einer von politischen und militärischen Dramen und Katastrophen so dicht angefüllten Zeit wie der des Zweiten Weltkrieges an jedem Ort immer wieder auch die Windstille des fast »normalen« Lebens und Erlebens gab.

RAD-Kriegsberichter Tomaschek: »Kriegseinsatz des RAD im Osten – Männer einer Arbeitsdienstabteilung beim Verladen ihrer Fahrzeuge« Militärisch u. politisch freigegeben, Original befindet sich in der Bildsammlung des Presse- und Propagandaamtes beim Reichsarbeitsdienstführer, Berlin-Grunewald. Fachgebiet NSKK, Mit Schreiben vom 5.9.42 vom RAD zur Verfügung gestellt. Gegen die Veröffentlichung bestehen von Seiten des Reichsarbeitsdienstes keine Bedenken, Berlin, den 7.9.42

Nun gut, da keine Bedenken bestehen, sei die Veröffentlichung nun nach bald 60 Jahren nachgeholt. Das Schiebemobil trägt das Rote Kreuz an der Beifahrertür. Die Ausfallquote bei den Autos blieb den ganzen Krieg über extrem hoch, was allein schon durch die Typenvielfalt erklärbar ist: Die Listen der Wehrmacht führten 2000 unterschiedliche Typen von Kraftfahrzeugen, für die insgesamt eine Million verschiedene Ersatzteile vorgehalten werden mußten.

W. Steiner, Berlin: »Verladung auf einem Bahnhof im Osten«

Der LKW Nr. 23 vom russischen Typ SIS-5 fährt immerhin selbst auf den Flachwagen, mit dem er schneller vorwärts kommen wird, als es auf den schwierigen sowjetischen Straßen möglich ist.

Hollnagel, Hamburg: »Ladestraße nach dem Tauwetter«
Freigegeben durch OKW (Heer) und Presseabteilung der Reichsregierung am 28.5.43

Die Mühsal nicht nur des Kraftwagenverkehrs, sondern auch des Arbeitsalltages wird aus diesen Bildern deutlich. Stellwerksteile aus geräumten Frontbahnhöfen werden in Snamenka entladen. Was der Inhalt der wenig stabilen Päckchen auf dem reichsbahneigenen Mercedes-LKW ist, läßt sich nicht erraten. Die Fenster des LKW sind bis auf kleine Sehschlitze von innen abgedeckt, möglicherweise, um die Insassen den Blicken von Angreifern zu entziehen. Die einheimischen Hilfskräfte tragen Armbinden zur Kennzeichnung ihrer Funktion.

Donath
Filmstelle des Reichsverkehrsministeriums. Darf nicht veröffentlicht werden ohne schriftliche Genehmigung des RVM.

Trostlos wirkt das Wühlen im Schrott oder Reservematerial bei Kälte und Nebel. Neben den vielen Signalflügeln sind rechts die Reste einer Draisine erkennbar.

Hollnagel, Hamburg

Kleine Idylle am Rande eines unbekannten Bahnhofs neben einem deutsch-russisch zusammengestellten Bauzug. Spielende Kinder haben sich einen Steg in die Tauwasserpfütze gebaut.

Hollnagel, Hamburg

Passantinnen an einem Bahnübergang am Rande eines mittelgroßen Bahnhofes, dessen Signaltechnik wohl schon vor 1914 von einer deutschen Firma ins Zarenreich geliefert worden war. Der Fotograf Hollnagel hat später im Dienste der Deutschen Bundesbahn viele ausdrucksstarke Aufnahmen aus dem Betrieb der BD Hamburg gefertigt.

Hollnagel, Hamburg

In Koristowka entstand die Aufnahme eines Bahnübergangs mit schwerer deutscher Schrankentechnik und geschottertem Reichsbahnoberbau. Die 38 3279, nach dem Stand der Ausrüstung der Normalfall einer P 8 der frühen Kriegszeit mit Verdunkelungsblenden, aber ohne Frostschutz, verblieb nach 1945 bei der DB und wurde 1962 ausgemustert. Der Triebwagen im Hintergrund entspricht keiner Reichsbahnbauart.

W. Steiner, Berlin: »Schrankenloser Wegübergang im Osten«

Soweit entzifferbar, war es die 52 070 vom Bw Schepetowka im Maschinenamtsbezirk Kowel, die hier an einem ungesicherten Bahnübergang rangierte und einem Zugpferd eine kleine Pause verschaffte. Die frühe Kriegslok war noch mit einem 50er-Tender bestückt, der Frostschutzplatten erhalten hatte. Wie dem auch sei: Jedenfalls ein melancholisches Stimmungsbild weit weg von aller aufgeregten Kriegsbildberichterstattung.

Hollnagel, Hamburg

Ein fotografisches Meisterwerk wiederum aus Hollnagels Kamera mit einer T 14 im Morgendunst. Das freie Ausfahrsignal gilt einem anderen überholenden Zug.

H. J. Bandelow, Berlin: »Verladung im Osten«

Pferdewagen mit typisch russischem Geschirr neben umgespurten Vierachsern. Wieder ist gut erkennbar das auf umgespurten Wagen übliche Kennzeichen »DR RU« für »Deutsche Reichsbahn Rußland« nebst dem Dreieck mit Punkt in der Mitte als Symbol für die Überschreitung des mitteleuropäischen Lichtraumprofils.

Korte, Berlin

Die Jungen dürfen mal auf die P 8! Der militärische Geist der Zeit hat auf sie übergegriffen, wie man an der Grußform sieht. Schuhe besitzen sie nicht. Wie mag es ihnen weiter ergangen sein? Wie blicken sie, wenn sie noch leben, heute mit Anfang sechzig auf ihre Kindheit im Krieg zurück?

Fritz Korte, Berlin: »Abgebrannte Bahnmeisterei im Osten«

Und vor allem hieß der Alltag stets: Arbeit, Arbeit, Arbeit. Hier werden Bahndienstgebäude (bis zum nächsten Partisanenanschlag oder bis zur Sprengung beim Rückzug) wieder aufgemauert. 57 1080 mit vierachsigem Tender vom Bw Smolensk und 56 2736 vom Bw Dünaburg (beide nach dem Krieg BD Hannover) stehen im Hintergrund.

Schäden durch den Partisanenkrieg

L. Schuster, München: »Durch Laschensprengung entgleiste Lok im Osten«

Ein Partisanenanschlag in dem noch auf Breitspur betriebenen frontnahen Streckennetz hat am 6.10.1941 bei Kapitanowka die 1'C1'-Lok C.36 (S.36) und eine weitere sowjetische Lok seitlich vom Bahndamm gekippt. Das Gleis ist inzwischen um die Unfallstelle herumverlegt. Möglicherweise wird man die Loks liegen lassen und die Strecke alsbald umspuren. Noch herrscht aber Breitspurbetrieb, wie man an der hinten wartenden russischen O erkennt.

Fast überall in den ab 1939 annektierten oder besetzten Gebieten regte sich über kurz oder lang Widerstand gegen Unterdrückung, Ausplünderung und Deportation. Konnte sich die Opposition gegen die Besatzer und ihre einheimischen Verbündeten in dicht besiedelten Ländern wie der Tschechoslowakei oder Frankreich nur in streng konspirativen Formen betätigen, so begegneten die Deutschen ab April 1941 in Jugoslawien und alsbald auch in Griechenland einer neuen Form der Abwehr: dem Partisanenkrieg. Die Eroberung Jugoslawiens hatte sich in fast unwirklicher Leichtigkeit vollzogen. 151 deutsche Soldaten waren dabei gefallen. Schon nach wenigen Wochen später mußten Wehrmacht und Besatzungsbehörden aber feststellen, daß ihre Herrschaft auf einige dichter besiedelte Ebenen und ansonsten auf Städte und Verkehrswege beschränkt blieb. In den ausgedehnten Wäldern, Gebirgen und Karstgebieten regierten nationalistische und kommunistische Freischärlerverbände weithin unangefochten. Sie vereitelten die Abfuhr von Rohstoffen und Landwirtschaftsprodukten, verübten von ihren Einflußgebieten aus Anschläge auf Bahnstrecken und Straßen und fügten den Besatzern blutige Verluste zu. Jede Exkursion außerhalb der gut gesicherten festen Standorte wurde ohne zahlenstarke Schutzmannschaft mit schwerer Bewaffnung zum tödlichen Risiko, besonders nachts.

Die Besatzungsmacht reagierte mit aller Schärfe. Spezielle Kommandos von Wehrmacht, SS, Polizei und einheimischen Hilfstruppen »säuberten« partisanenverdächtige Gebiete. Die Erfolge hielten sich in Grenzen, weil die Partisanen sehr beweglich waren und aufgrund ihrer Landeskunde und der Unterstützung durch die Zivilbevölkerung bei Gefahr schnell untertauchen konnten. So konnte man zwar Dorf um Dorf niederbrennen und die darin zurückgebliebenen Frauen, Kinder und Greise erschießen, doch den Kern der Partisanenbewegung traf man nicht. Für eine dauerhafte flächendeckende Kontrolle des Landes fehlten die Leute.

Den Soldaten wurde entgegen aller Wahrheit eingehämmert, daß vor allem die Juden jeden Alters und Geschlechts pauschal für sämtliche Taten der Partisanen verantwortlich seien. Daher sei die Tötung von Juden in jedem Falle gerechtfertigte Abwehr und Sühne, für die irgendwelche strafrechtlichen oder auch nur disziplinarischen Konsequenzen nicht zu befürchten seien.

Dies war auch die ab Juni 1941 für den Rußlandfeldzug geltende Befehlslage. Die mörderische Indoktrination der Truppe führte dazu, daß die Wehrmacht vielerorts den Einsatzgruppen der SS bei der Ermordung der Juden behilflich war oder sogar zuvorkam. Dabei war die von der deutschen Führung von vorneherein erwartete Partisanenaktivität zunächst gering. Ein entsprechender Befehl Stalins vom 3. Juli 1941 fand anfangs nur ein schwaches Echo, nachdem das kommunistische Regime in der Ukraine unbeliebt und im Baltikum verhaßt gewesen war. Hinter den vordringenden deutschen Truppen zurückgebliebene sowjetische Einheiten und entkommene Gefangene bildeten dann die ersten Partisanenverbände. Am 25. Juli 1941 erwähnte der Wehrmachtsbericht erstmals Partisanen. Die brutale Politik gegenüber Zivilbevölkerung und Kriegsgefangenen brachte ihnen dann schnell Zulauf. Ihr Kerngebiet wurde und blieb Weißrußland mit seinen unwegsamen Wäldern und Sümpfen. Hier war die Situation sehr bald dieselbe wie sie oben für Jugoslawien beschrieben wurde.

»*... Das Partisanentum macht uns und dem Eisenbahnbetrieb schwer zu schaffen, so daß mit den schärfsten Mitteln vorgegangen werden muß. Bei Anschlägen werden kurzerhand aus der Bevölkerung eine Anzahl Leute, besonders Juden, herausgezogen und an Ort und Stelle erschossen, ihre Häuser in Brand gesteckt. ...*« (aus einem Feldpostbrief von Reichsbahn-Inspektor K.S.

von der HBD Minsk vom 8. Oktober 1941, zitiert nach Süddeutsche Zeitung vom 22./23. Februar 1997)

Die Kriegswende im Winter 1941/42 führte zu einer Formierung der zunächst in ihren Organisationsstrukturen zersplitterten und anfangs auch nicht durchwegs kommunistischen Freischärlergruppen im Sinne Moskaus. 1942/43 gelang es der Roten Armee dann immer perfekter, die Tätigkeit der geheimen Armeen hinter der Front zu koordinieren. Die deutschen Maßnahmen führten den Partisanen laufend Verstärkung zu. Wer der Zwangsarbeit im Reich oder der riskanter werdenden Kollaboration mit der Besatzungsmacht entkommen wollte, hatte kaum eine Alternative zur »Flucht in die Wälder«. Als die deutsche Führung ab 1943 jeden Strohhalm zur Festigung der Front im Osten ergriff und Freiwillige aus den »Ostvölkern« zwecks Fronteinsatz oder »Banden«bekämpfung bewaffnete, kam es vor, daß diese Einheiten bei der ersten Gelegenheit mit ihrer gesamten Ausrüstung zu den Partisanen überliefen.

Die Unterbrechung der Eisenbahnen war vorrangiges Ziel der Partisanen, konnten sie doch hierdurch die Versorgung der deutschen Front mit Truppen und Nachschub, die Abfuhr von Wirtschaftsgütern und die Rückführung von Truppen und Material bei der Aufgabe von Gebieten gleichermaßen effektiv behindern, ohne die offene Feldschlacht mit den besser bewaffneten deutschen Verbänden zu riskieren. Die Zahl der Partisanenanschläge auf Bahnanlagen im Bereich der GVD Osten blieb zwischen Januar und April 1942 bei weniger als 100 pro Monat, überschritt diese Zahl im Mai 1942, die Zahl 500 im August 1942, die Zahl 1000 im Mai 1943 und erreichte mit mehr als 1900 Anschlägen im August 1943 ihren Höhepunkt. Entsprechend liest sich die Statistik der Schäden: Die pro Monat zerstörte Schienenlänge im Bereich der GVD Osten stieg von April 1942 bis Juli 1943 allmählich auf 50 km und erreichte im August 1943 schlagartig mehr als 300 km. Vom Beginn der Zählung im Juli 1942 bis Ende 1943 betrug die Zahl der pro Monat zerstörten Schwellen fast durchwegs mehr als 10 000, in mehreren Monaten aber 20 000 bis 30 000. Die Zahl der pro Monat beschädigten oder zerstörten Wagen

W. Steiner, Berlin

Inferno auf einem Güterbahnhof. Die Explosion der Wagen links hat der Fotograf nicht zu befürchten, denn es handelt sich um Weinfaßwagen!

Below, Stettin

Die seitlich vom Gleis gekippten Lokomotiven waren in der Zeit des Partisanenkrieges ein typischer Anblick. Vielfach waren die Loks noch nicht durch den Anschlag selbst umgeworfen worden, sondern im Zuge der Aufräumungsarbeiten abgekippt worden. Oftmals dauerte es eine ganze Weile, bis die Fahrzeuge geborgen werden konnten. Natürlich führten auch die Belastung schlechter Gleise oder nur provisorisch fertiggestellter Abschnitte mit schweren Fahrzeugen, die Mißachtung von Langsamfahrstellen und ähnliche Alltäglichkeiten des Kriegsbetriebes zu Entgleisungen. Warum die 93 343 den offenbar neu angelegten Gleisbogen seitlich verlassen hat, ist nicht mehr feststellbar. Vor dem Krieg war sie beim Bw Bestwig beheimatet gewesen, nach dem Krieg wurde sie in der sowjetischen Zone erfaßt und von der Besatzungsmacht erneut in die Sowjetunion verbracht. Im Bestand der SZD tauchte sie jedoch nicht auf, wurde also vermutlich wie die Mehrzahl der Tenderloks einen Industriebetrieb als Werklok zur Verfügung gestellt.

H. J. Bandelow, Berlin: »Unfallstelle: Partisaneneinwirkung«

Auch 56 2248 ist nach einer Schienensprengung vom Bahndamm gefallen. Sie wurde aber geborgen und nach Westen rückgeführt, um nach dem Krieg noch beim Bw Alzey Dienst zu tun, nicht allzuweit entfernt vom Vorkriegs-Heimat-Bw Darmstadt-Kranichstein. 1954 wurde sie ausgemustert.

überschritt erstmals im Juli 1942 die 200 und stieg nahezu kontinuierlich auf 2250 im Juli 1943. Die Zahl der monatlich beschädigten oder zerstörten Lokomotiven kletterte im Juli 1942 auf mehr als 100, bewegte sich bis März 1943 zwischen 100 und 200, um dann bis zum August 1943 auf mehr als 650 anzusteigen. Im Jahre 1943 wurden insgesamt 5250 Loks durch Anschläge beschädigt, grob gerechnet also *jede* im Osten eingesetzte Lok einmal.

Im Zusammenhang mit bestimmten militärischen Operationen wie der (gescheiterten) deutschen Sommeroffensive 1943 gegen den »Kursker Frontbogen« gingen die Partisanen großer Gebiete gemäß zentraler Anweisung gezielt vor. So registrierte der General des Transportwesens für die Heeresgruppe Mitte in den Nächten von 2. bis 4. August 1943 genau 8422 Sprengstellen und 1478 unschädlich gemachte Minen. In der Nacht von 19. auf 20. Juni 1944 wurden im Bereich der RVD Minsk 10 500 Sprengstellen gezählt und 3500 Minen ausgebaut.

Die Deutschen wehrten sich mit allen Mitteln, letztendlich aber vergebens. Auch stark befestigte Bahnhöfe und Betriebsstellen waren gegen nächtliche Angriffe größerer Trupps mit schwerer Bewaffnung nicht wirksam zu schützen, tausende von Streckenkilometern waren nicht effektiv zu bewachen. Jeder Wachposten, jeder Streckenkontrolleur war selbst in höchstem Maße gefährdet. Im März und April 1943 sprengten die Partisanen drei wichtige Flußbrücken im Hinterland des Mittelabschnittes der Front, nachdem sie in einer Stärke von tausend Mann die jeweils fünfzigköpfigen deutschen Brückenwachen überwältigt hatten.

Zwar wurden immer mehr Hilfs- und Aufräumzüge mit immer schwererer Räumtechnik gebildet, doch wurden gerade sie bevorzugte Opfer von Anschlägen. Die Zahl und die Auswirkungen der Anschläge überforderten bald alle Reparatur- und Improvisationsmöglichkeiten der Bahnverwaltung und wirkten zurück auf den Bahnbetrieb im gesamten deutschen Machtbereich, in dem übrigens ab 1943 außer in Jugoslawien und Griechenland auch in Italien und Teilen Polens der Partisanenkrieg in voller Schärfe entbrannt war. Zu den Schäden durch Anschläge kamen auch im »Osten« immer mehr Zerstörungen durch Fliegerbomben. Die Betriebsabwicklung unter Verdunkelung, der Einsatz beschädigter Fahrzeuge, die Durchschleusung von Zugkolonnen »auf Sicht« und ähnliche Notmaßnahmen aufgrund des Partisanenkrieges führten zu vielen Folgeunfällen.

Die Arbeit auf der Lokomotive, im Bahnhof oder an der Strecke unter dauernder unsichtbarer Bedrohung kann man sich nur als Alptraum vorstellen. Nachts oder bei nebligem Wetter wurde jede Fahrt durch den Wald und jede Dienstschicht auf einem Stellwerk zum Himmelfahrtskommando. Der Partisanenkrieg forderte auf beiden Seiten zahllose Opfer.

Korte

Schadensaufnahme durch eine bewaffnete Gruppe »blauer« Eisenbahner an einer doppelseitigen Schienensprengung. Wenige Meter weiter ist die nächste Schienenlücke sichtbar! Reihensprengungen machten eine schnelle Reparatur der Gleise unmöglich. Die Gruppe ist bewaffnet, denn gerade die mit Kontrolle und Reparatur der Strecken betrauten Kräfte wurden häufig Opfer erneuter Anschläge.

Hollnagel, Hamburg

Hier an der Strecke Snamenka-Dolinskaja ist schon ein Haufen Schienennägel abgekippt worden, doch zwei bis drei Schwellen fehlen auch noch, um das Gleis wieder befahrbar zu machen.

Fritz Korte, Berlin: »An einer Strecke im Osten«

Auf der Strecke Indra–Dünaburg wurden mit einem von der Wismarer Waggonfabrik an eine deutsche Privatbahn gelieferten Triebwagen die Folgen eines Anschlages besichtigt.

Below, Stettin

Hier hat eine Minenexplosion erhebliche Folgen gehabt. Der vorauslaufende Schutzwagen hat die 55^{16} nicht davor bewahrt, mit allen Achsen zu entgleisen. Um den Nutzen von Schutzwagen zu mindern, gingen die Partisanen zu Minen über, die erst kurz nach der ersten Berührung hochgingen. Noch punktgenauer konnte die Sprengung von Minen erfolgen, die mittels Schnur oder Draht aus sicherer Deckung heraus ausgelöst wurden.
Die 55^{25} hinten rechts ist zu Hilfe gekommen, während die Schwesterlok links warten muß, bis sie mit ihrem Personenzug das Gegengleis benutzen kann. Das Ausmaß der betrieblichen Behinderungen durch den Partisanenkrieg wird durch dieses Bild besonders deutlich.

Below, Stettin

Die Aufnahmen von der Bergung der 57 1020 vom Bw Molodetschno nordwestlich von Minsk mit dem »Aufräumzug 1« des Fekdo 2 sind so anschaulich, daß ihnen eine Doppelseite gewidmet sein soll. Solche schweren Dampfkräne waren Mangelware. Die abgebildeten Exemplare sind Beutestücke aus sowjetischem Bestand. Sie waren ursprünglich für eine Traglast von 18,5 t zugelassen gewesen. Die Besatzungsmacht hatte sie mit Haken und Flaschen der Ardeltwerke für 25 bzw. 45 t Traglast ertüchtigt. Der Kran links trägt die Nummer Minsk 714 323. Nur vier weitere solche Kräne sind in deutschen Diensten nachgewiesen. Ein Kran dieser Bauart wurde nach dem Krieg noch von der DB (BD München, später Regensburg) verwendet. Die 57 1020 wurde schon in der ersten Phase der Angriffsvorbereitung im September 1940 von der Rbd Halle zur Rbd Königsberg versetzt, ist im Mai 1944 beim Bw Molodetschno nachgewiesen und wurde im Dezember 1953 von der Sowjetischen Staatsbahn ausgemustert. Während der Bergungsarbeiten hält ein Reichsbahner mit dem Feldtelefon die Verbindung mit den nächsten Betriebsstellen.

Mo

Hollnagel, Hamburg

52 5548 vom Bw Dolinskaja in der Südukraine und all ihre Wagen sind entgleist. Die Strecke ist auf veränderter Trasse schon wieder befahrbar. 52 2263 vom selben Bw fährt mit einem schweren Güterzug an der Unfallstelle vorbei. Die zum Aufräumen eingesetzten Hilfskräfte wirken lustlos, die Zeit des freundlichen Lächelns für einen Fotografen aus dem Reich sind vorbei. Im Hinblick auf das Abnahmedatum der 52 5548 und aufgrund ihres nicht mehr taufrischen Zustandes kann das Bild nicht vor Herbst 1943 entstanden sein. Zu dieser Zeit rückte die Front bereits sehr nahe an dieses Gebiet zwischen Dnjepr und Bug heran. Es konnte aber noch bis März 1944 gehalten werden. Die 52 2263 wurde nach dem Krieg zur Ty 2-250 der PKP, die 52 5548 verblieb in der Sowjetunion, ohne aber im Lokbestand der Staatsbahn zu erscheinen.

Hollnagel, Hamburg

52 6176, eine im September 1943 von der BMAG ausgelieferte Maschine, gehörte zum Bw Bobrinskaja, als im Bahnhofsgelände (!) unter ihr offenbar rechts und links eine Mine explodierte. Lokführerseitig wird nun geschaufelt, heizerseitig besichtigt. Als das Einsatzgebiet um die Jahreswende geräumt wurde, führten die kürzesten Fluchtwege nach Rumänien. Demgemäß wurde die Lok 1944 offiziell von der Reichsbahn an die CFR verliehen, nach dem Krieg jedoch in Ungarn aufgefunden und schließlich von der Sowjetunion in Anspruch genommen.

Korte, Berlin

52 6037 war am zweiten Jahrestag des Angriffs auf die Sowjetunion abgenommen worden. Sie gehört zu den Kriegsloks, bei denen anstelle der eingesparten Windleitbleche hölzerne Windleitvorrichtungen zweifelhafter Wirksamkeit angebaut wurden. Während ihrer Dienstleistung für das Bw Radviliskis in Litauen wurde sie Opfer eines Anschlages. Sie wurde 1945 in der amerikanischen Zone Deutschlands vorgefunden, aber noch im selben Jahr auf Weisung der Besatzungsmacht an die sowjetische Zone abgegeben und schließlich als Ty 2-634 in den Bestand der Polnischen Staatsbahn eingereiht. Vorne ist eine hydraulische Pumpe für das hochmoderne »Deutschland«-Hebegerät im Einsatz.

Below, Stettin

Ein typisches Minenopfer war auch diese 57er. Zum Abtransport hat man die vordere Rahmenpartie mitsamt Zylindern und erster Kuppelachse kurzerhand abgeschnitten. Die Wiederherstellung wird sehr aufwendig werden, vom weiten Transport bis in ein Ausbesserungswerk im Reich ganz abgesehen.

Gräber am Gleis

Das östliche Kriegsgebiet wurde ab 1939 zum Massengrab. Nach der sowjetischen Besetzung Ostpolens hielten geheimpolizeiliche Truppen des Innenministeriums (NKWD) sogleich blutige Ernte mit dem Ziel der politischen, wirtschaftlichen und religiösen »Enthauptung« der dortigen Bevölkerung. Als im Juni 1941 die zweite Besatzungsmacht in dieses Gebiet kam, waren zahllose Gutsbesitzer, Beamte, Lehrer und Geistliche längst deportiert oder erschossen.

Die Kampfhandlungen zwischen Wehrmacht und Roter Armee forderten einen maßlosen Blutzoll. Die sowjetischen Soldaten und Zivilisten waren auf die Luftangriffe und Panzerattacken nicht vorbereitet und fielen ihnen schutzlos zum Opfer. Nach der Einkesse-

M. Ittenbach, Berlin: »Gräber in der Kesselschlacht von Charkow gefallener Soldaten am Bahndamm«

Nach dem Fall von Stalingrad drängte die Rote Armee die Deutschen aus allen im Sommer 1942 im Südabschnitt eroberten Gebieten wieder auf die Frontlinie des Frühjahrs 1942 zurück und eroberte hierbei 890 Lokomotiven und 22000 Wagen aller Spurweiten. Charkow wurde so stark bedrängt, daß die planmäßige Räumung am 14. Februar 1943 abgebrochen werden mußte. Am 15. Februar mußte die Stadt mitsamt 20 Lokomotiven und 1200 Wagen aufgegeben werden. Sie konnte am 15. März 1943 noch einmal zurückerobert werden. Die Gefallenen der Winterschlacht wurden damit nicht wieder lebendig. Nicht die beiden am Bahndamm beerdigten Soldaten und nicht die 850 000 deutschen Todesopfer an der Ostfront allein in den Monaten November 1942 bis März 1943. Und die Räder (hier der 57 3288, einst Bw Pasewalk, ausgemustert in der Sowjetunion 1953) rollen weiter – nicht für den Sieg.

W. Steiner, Berlin: »Soldatengräber am Bahndamm im Osten«

Soweit entzifferbar, lauten die Grabinschriften: »Karl Mager, Fp. 12578, g. ..., + 11. 8. 1941« und »Es fiel für Führer, Volk und Vaterland Uffz. Franz Mann ...«. Sie hatten Krieg und Kriegsverbrechen bestimmt nicht gewollt.

M. Ittenbach, Berlin: »Ehrenhain gefallener Soldaten und Eisenbahner bei Dnjepropetrowsk«

Der aus gleichgültigem Eisen bestehenden und ersetzbaren 38 2751 gelang der lange Weg von Kassel-Bahndreieck (bis 27. April 1943) über Dnjepropetrowsk (der Osteinsatz dauerte von 27. Mai 1943 bis 7. Januar 1944) in die französische Zone Nachkriegs-Deutschlands. Die jungen Männer hingegen mußten ihr eines unersetzbares Leben hingeben für nichts. »Ihr seid gestorben, damit Deutschland lebt«, rief Göring den Toten von Stalingrad nach. Wie aber sollte Deutschland leben, wenn seine Söhne in Rußland lagen?

lung ganzer Armeen ließ die Wehrmacht bis zum Abtransport der Gefangenen bewußt Tage und Wochen vergehen, um einer natürlichen Dezimierung Raum zu geben. Der kämpfenden Truppe folgten die Einsatzgruppen, die binnen weniger Wochen hunderttausende von Juden erschossen. Aber auch die deutschen Opfer waren bereits in dieser Anfangsphase des Krieges ungeheuer: 40 000 eigene Verluste pro Woche mußte das OKW im Sommer 1941 verbuchen. In den Winterschlachten und bei den hinhaltenden Abwehrkämpfen von Stalingrad bis Berlin fielen Millionen deutsche Soldaten. Auch die sowjetischen Verluste blieben groß: Die Taktik der Roten Armee pflegte auf Schonung der eigenen Truppe wenig zu achten.

Unter den Eisenbahnern waren die meisten Verluste dem Partisanenkrieg zuzuschreiben. Allein in

H. J. Bandelow, Berlin: »Beisetzung von drei durch Minensprengung verungl. Lokf. in Gomel«
Veröffentlicht DR-Kalender 1943, Bl. 13

Wehrmacht und Reichsbahn sind zur letzten Ehrung angetreten. Neben den drei Särgen der Eisenbahner deckt die Reichskriegsflagge den Sarg eines Soldaten.

der besonders betroffenen RVD Minsk wurden von 1942 bis zum 3l. März 1944 durch Anschläge getötet 158 deutsche Eisenbahner und 1073 Soldaten, verwundet 1212 deutsche Eisenbahner und 3670 Soldaten.

Das Buch[1], aus dem diese Zahlen zitiert sind, erwähnt weder in Wort noch in Zahl die Einheimischen, die im deutschen Bahndienst genauso schutzlos den Minen und Feuerüberfällen der Partisanen ausgeliefert waren. Die Wahrnehmung des Todes war selektiv. Auch wenn man laut OKW-Bericht fast täglich »den Bolschewisten hohe Verluste zufügte« und große Gebiete »rücksichtslos von Banden gesäubert hatte«, war der konkrete Tote nur der in ehrenhaftem Kampf gefallene deutsche Soldat. »An dem großen Kriegsabenteuer der Wehrmacht nimmt kein SS-Mann teil, es gibt keinen einzelnen Juden, keinen Galgen, kein Massengrab, es gibt nur Gräber der für das Vaterland gefallenen, heldenhaften Wehrmachtssoldaten.«[2]

So bilden denn auch unsere Bilder vom Eisenbahnertod hinter der Ostfront zwar Wahrheit, aber unvollständige Wahrheit ab. Nicht jeder Tod bei der Arbeit für die Bahn im Osten war eines würdigen Grabes oder eines Fotos wert: »... Es war in der Nähe von Minsk. Meine Kameraden vom Feldzeugpark mußten einen Kordon um die dort inhaftierten Juden schließen. Sie waren dort eingesetzt zum Umbau der Eisenbahn-Spurweite auf deutsche Spurweite. Als die Juden nicht mehr gebraucht wurden, erledigte man sie auf folgende grauenhafte Weise: Ein Rollkommando der SS zwang die Juden, sich nackt auszuziehen; sie wurden ihrer Wertsachen beraubt und in einen Heustadel getrieben, der angezündet wurde. Sie verbrannten dort, und wer herausschlüpfte, wurde abgeknallt ..." [3]

---

[1] Pottgießer, Die Reichsbahn im Ostfeldzug, S. 88
[2] Andrzej Szczypiorski am 24. Februar 1997 in einer Rede in München zur Eröffnung der Ausstellung »Verbrechen der Wehrmacht«, zitiert nach Süddeutsche Zeitung vom 1./2. März 1997
[3] Peter Büchl in einem Leserbrief an die Süddeutsche Zeitung vom 1./2. März 1997

Reisen hinter der Ostfront

Schuster, München: »Einheimische auf den Eisenbahnen«

Zivilisten und rumänisches Militär nutzen jeden Platz eines Zuges in »Transnistrien«, sei es im CFR-Personenwagen der gepolsterten Zweiten Klasse oder auf dem deutschen Vierachser für den Schienentransport.

12400 kg
401
Köln

Die Kriegs- und Nachkriegszeit ließ jede Form des Reisens vom Vergnügen zur bloßen Notwendigkeit und den Güterwagen in vielen Teilen Europas zum Hauptbeförderungsmittel für Menschen werden, die in den Krieg ziehen oder vor ihm fliehen mußten, verschleppt oder vertrieben wurden oder für ein paar Kilo Lebensmittel endlose Fahrten unternahmen – und oft genug hungrig und mit leeren Händen zurückkamen oder die zur Erfüllung irgendeines dringenden privaten Reisezweckes auf einem Güterzug mitfahren durften.

Auf eine Gruppe der zwangsweise Fernreisenden im Güterwagen muß näher eingegangen werden: 1941 begannen die deutschen Behörden in den bislang besetzten Ländern mit der Anwerbung von Arbeitern für Landwirtschaft und Industrie. Als man 1942 erkannte, daß für den nun in weite Ferne gerückten Sieg eine sprunghafte Steigerung der Produktion von Panzern, Flugzeugen und Lokomotiven erforderlich sein würde, warf man anfängliche Bedenken gegen »bolschewistisch verseuchte minderwertige Slawen« über Bord und propagierte zunächst in der Ukraine und später im ganzen besetzten Sowjetgebiet den Arbeitseinsatz in Deutschland.

Als sich dort jedoch herumsprach, wie schlecht die »Ostarbeiter« an den Bestimmungsorten behandelt wurden, versiegten die freiwilligen Meldungen. So wurde die auch nur noch formale Freiwilligkeit der Fahrt ins Reich durch die immer gewaltsamere Deportation ersetzt. Die Häscher waren ab 1943 nicht mehr wählerisch: Das Mindestalter für die lange Reise im Güterwagen zur Zwangsarbeit sank auf 10 Jahre!

Während die Zwangsarbeiterinnen und Zwangsarbeiter unter den Bedingungen von Hunger und Rechtlosigkeit in Deutschland Felder bestellten, Kohle förderten, Bombenschäden beseitigten, Granaten drehten und Kriegsloks bauten – und zu zehntausenden starben –, rangen unterschiedliche Fraktionen von Funktionären und Ideologen um die Formulierung der gültigen Ostarbeiterpolitik des Nazireiches. Während nämlich die Chefetagen der Konzerne, Görings »Wirtschaftsstab Ost« und der »Generalbevollmächtige für den Arbeitseinsatz«, Gauleiter Sauckel, einfach mit einem Heer beliebig verschleißbarer Sklaven ohne Ansprüche aus Lohn und Arbeitsschutz zufrieden waren, wollten Himmler und sein Reichssicherheitshauptamt das Konzept der »Vernichtung durch Arbeit« pflegen. Wieder anders der mit Befugnissen spärlich ausgestattete »Reichsminister für die besetzten Ostgebiete« Alfred Rosenberg, der jedenfalls die Ukrainer, die Balten und die nichtslawischen Kaukasusvölker als Bundesgenossen gegen den Bolschewismus gewinnen wollte. Und die »Rassenkundler« schließlich fahndeten unter Kindern und Jugendlichen nach »eindeutschungsfähigen Elementen«. So konnte der Ostarbeiter als Sklave verprügelt, als Facharbeiter belobigt, als frisch entdeckter »Europäer« mit einer veralteten Beutewaffe an der Front verheizt werden oder als »renitenter Bolschewist« im KZ sterben: Jedes dieser Schicksale entsprach einer dezidiert nationalsozialistischen Konzeption!

Für Arbeit und Leben der Ostarbeiter galten folgende Vorgaben: Sie standen in der Rangordnung der Fremdarbeiter an unterster Stelle. Sie mußten das Kennzeichen »OST« auf der Kleidung tragen, wurden am schlechtesten ernährt und untergebracht, hatten die geringste Bewegungsfreiheit und waren bei disziplinarischen Verstößen, mangelbedingten kleinen Straftaten, unerlaubten sexuellen Beziehungen oder gar bei Verweigerung und Widerstand am schnellsten mit KZ, Folter und Tod bedroht. In der Praxis konnte sich ihre Situation jedoch recht unterschiedlich gestalten: Allgemein wurden die auf Bauernhöfen eingesetzten Kräfte besser behandelt als die Zwangsarbeiter der Industrie. Auch dort war es jedoch möglich, daß insbesondere deutsche Arbeiter mit sozialdemokratischer, kommunistischer oder gewerkschaftlicher Vergangenheit ihren Kollegen ein wenig Schutz und Hil-

H. J. Bandelow, Berlin

Fast jede(r) gönnt dem Fotografen ein Lächeln, doch was wird die Zukunft den Passagieren des betagten, nicht mit einer Bremse ausgerüsteten »Stettin 21231« bringen?

fe angedeihen ließen. Vielerorts in Stadt und Land wurden die Fragen der Behandlung von Zwangsarbeitern zu Kristallisationskernen des Widerstandes gegen das Regime. Mindestens Zweifel an den ideologischen Vorgaben mußte die Begegnung mit den Frauen und Männern aus dem Osten auslösen: Wenn da nun fleißige und ehrliche Mädchen auf den Bauernhöfen mitarbeiteten, den Kindern der Bäuerin ihre Lieder vorsangen und am Sonntag mit in die Kirche gingen, wenn da technisch versierte Arbeiter mit kräftigen Fäusten in der Fabrik oder im Bergwerk mitanpackten, konnte von den antibolschewistischen und antislawischen Zerrbildern wenig übrigbleiben.

Die Zahl der sowjetischen Zwangsarbeiter im Reich ist unbekannt. Mitte 1944 bildeten sie mit etwas mehr als 2 Millionen (baltische Staaten und Bezirk Bialystok als Herkunftsgebiete nicht mitgerechnet) oder gut 36 Prozent aller Zwangsarbeiter die größte Gruppe von Fremdarbeitern. Wenn man die ständige Fluktuation durch Zwangsrekrutierung einerseits und Tod andererseits bereits seit 1942 berücksichtigt, muß man eine Gesamtzahl von 5 bis 7 Millionen annehmen.

H. J. Bandelow, Berlin: »Arbeitskräfte aus den besetzten Ostgebieten auf der Fahrt ins Reich« Gesperrt OKW (Heer) 16. Sept. 1943

Ein französischer Wagen (»Hommes 40, 40 Mann) bringt diese jungen Männer nach Westen. Grund für den Sperrvermerk könnte allenfalls die freudlose Miene der Reisenden selbst beim Fototermin sein.

1945 öffnete sich für die Überlebenden nicht das Tor zu Freiheit und Recht: Wegen des Vorwurfes der »Kollaboration mit den Faschisten« wurden sie nach der Rückkehr in die Sowjetunion verdächtigt, diskriminiert oder sogar bestraft. Viele von ihnen mußten über kurz oder lang erneut schwer bewachte Güterwagen besteigen und reihten sich ein in das graue Heer der mindestens 21 Millionen Sowjetbürger, die zwischen 1929 und 1953 von ihrer eigenen Regierung als echte oder vermeintliche politische Gegner, als Angehörige von Minderheiten, als »unzuverlässige Elemente« oder letztlich auch ohne jeden nachvollziehbaren Grund in die Lager, Bergwerke und Baustellen zwischen Eismeer, Ostsibirien und kasachischer Steppe verschleppt wurden, in gut der Hälfte der Fälle ohne Wiederkehr.

Die Nazizeit ist vorbei, die Baracken von einst sind abgebrochen, hier und da erinnert ein kleines Mahnmal an die Zeit der Sklaverei mitten in Europa mitten im 20. Jahrhundert. Erst nach jahrelangen Diskussionen einigten sich deutsche Politik und Wirtschaft endlich im Jahr 2000 auf eine symbolische finanzielle Anerkennung des Leidens der noch lebenden Zwangsarbeiter.

Hollnagel, Hamburg

Düster wirkt diese Verladeszene auf einem sowjetischen Bahnhof. Alsbald wird die Wachmannschaft den Abteilwagen besteigen, die Zwangsarbeiter werden sich in die Güterwagen drängen. Nicht jeder von ihnen wird die Heimat je wiedersehen. Bei dem Eisenbahner auf dem Trittbrett ist gut die Armbinde mit der Aufschrift »RVD Dnjepropetrowsk« zu erkennen. Die Wagen stammen zum Teil aus Frankreich, zum Teil aus Polen (»Deutsche Reichsbahn Pl«).

M. Ittenbach, Berlin Freigegeben durch OKW (Heer) und Presseabteilung der Reichsregierung am 22.4.43

Die jungen Frauen lachen noch. Anfangs verbanden Arbeiterinnen und Arbeiter aus den besetzten Gebieten mit dem Einsatz im Reich oft große Hoffnungen, die dann freilich bitter enttäuscht wurden.

Hollnagel, Hamburg: »Ukrainer-Transport im Osten«

Gedeckte Güterwagen unter anderem der DR und der SNCF sind für den militärisch bewachten Transport aus der Ukraine nach Deutschland eingesetzt. Reichsbahn, Wehrmacht und einheimische Wachorgane arbeiten Hand in Hand. Innerhalb der Sowjetunion mußte die Ukraine den größten Anteil an Zwangsarbeitern stellen. Nach der Sowjetunion war Polen das Land, aus dem die meisten Arbeitskräfte deportiert wurden. Auch hiervon war ein großer Teil ukrainischer Nationalität.

M. Ittenbach, Berlin

Hier besteigen Zivilisten und einheimische Sicherheitsorgane im Dienste der Besatzungsmacht einen preußischen Personenzug. Der Wagen ganz links hat ein polnisches Emailschild zur Klassenbezeichnung, der nächste trägt in Wagenmitte oben die verwaschene Inschrift »Ostbahn«. Seine Nummer 15701 deutet auf eine PKP-Herkunft hin. Vermutlich entstand die Aufnahme im Generalgouvernement, wo für die beruflich oder familiär bedingten Reisen der Bevölkerung mehr Personenzüge angeboten wurden als im sowjetischen Gebiet.

Fritz Korte, Berlin: »Personenzug in einem Bahnhof im Osten«

Schwer bepackt und gewiß nicht zu einer Vergnügungsreise besteigt man den Wagen mit der Kreideaufschrift »Nur für Zivilisten«. Immerhin ist er gut geheizt, wie der aus der Heizkupplung strömende Dampf beweist.

H. J. Bandelow, Berlin: »Einheimische auf einem Bahnhof im Osten«

Diese Reisenden sind vermutlich mit den für den Zivilverkehr freigegebenen Abteilwagen an dem Güterzug hinten links angekommen. Daß die Personenzüge am Bahnsteig hielten, konnte man nicht verlangen. Warum freilich die Dame mit Pelzjacke und Kochtopf oder die Herren mit den Koffern im Krieg auf Reisen gegangen waren, werden wir nicht mehr erfahren.

H. J. Bandelow, Berlin: »Arbeitsfreiwillige vor ihrer Abreise ins Reich, im Vordergrund italienischer Bahnhofsoffizier.«

Hier sind es wieder unübersehbar bewachte »freiwillige« Reisende ins Reich, die am selben Bahnhof auf den Abtransport warten. Bemerkenswert ist die altrussische Holzarchitektur des Empfangsgebäudes. In diesem Bahnhof residieren die italienischen Bundesgenossen. 1941 hatte ja ein Truppenkontingent des faschistischen Italien am deutschen Angriff teilgenommen. Der italienische Bahnhofsoffizier kann noch nicht ahnen, daß er nach dem Bruch der »Achse Rom-Berlin« im September 1943 ebenfalls ein Kandidat für Zwangsarbeit oder KZ sein wird.

Hollnagel, Hamburg: »Flüchtlinge aus dem Kaukasus«

Die mehrheitlich antisowjetisch eingestellten nichtslawischen Kaukasusvölker begrüßten die Wehrmacht im Sommer 1942 mit großer Sympathie und beteiligten sich mit Reiterverbänden am Krieg gegen die Rote Armee. Als die Gebiete zwischen Wolga, Asowschem Meer und Kaukasus bereits in den ersten Monaten des Jahres 1943 geräumt werden mußten, blieb den auf deutscher Seite Engagierten keine andere Wahl als die Flucht nach Westen. Der mit Kreide angeschriebene Ort Kertsch auf der Ostspitze der Krim kann nicht Ziel, sondern muß Ausgangsort des hier abgebildeten Transports sein, denn östlich der von den Flüchtlingen offenbar soeben überquerten Meerenge von Kertsch gab es unter deutscher Regie nur Breitspurbetrieb. Der Wagen ist aber umgespurt. Die Frau links ist barfuß, der Mann trägt eine Reithose.
Entsprechend dem Kriegsverlauf konnte die Flucht der Kalmücken, Inguscheten, Tataren, Kosaken u.s.w. erst enden, als der sowjetische Machtbereich im Sommer 1945 seine größte Ausdehnung erreicht hatte. Zusammen mit befreiten Kriegsgefangenen und Zwangsarbeitern sowie mit Überlebenden der Judenverfolgung bildeten die entwurzelten Kaukasier dann das Riesenheer der achteinhalb Millionen »Displaced Persons« in den deutschen Westzonen.

Schuster, München: »Einheimische auf den Eisenbahnen«

1941 war diese Art des Reisens neben oder unter (!) einem Bremserhaus noch eine Kuriosität exotischer Kriegsgebiete. 1945 mußten dann auch die Deutschen bei der Flucht aus den östlichen Reichsteilen, bei der Heimkehr aus der Gefangenschaft oder bei der Hamsterfahrt um ein paar Lebensmittel über jeden Platz auf einem Güterwagen froh sein. Und wieder eine ganz besonders ausdrucksstarke Fotografie!

Below, Stettin

Die Frauen, Kinder und unbewaffneten Soldaten scheinen mit Sack und Pack auf der Flucht zu sein. Nicht nur auf dem umgespurten Güterwagen, sondern sogar auf der 57 2254 vom Bw Molodetschno haben »Reisende« mit Gepäck Platz gefunden. Der Strom derjenigen, die eine Wiederbegegnung mit der Sowjetmacht nicht riskieren durften, wuchs im Laufe des deutschen Rückzugs immer mehr an. Die 57 2254 jedenfalls, weiland RBD Münster, schaffte den Rückweg ins Reich, doch holte die sowjetische Besatzungsmacht sie 1946 aus dem Bw Berlin-Schöneweide erneut nach Osten ab, diemal ohne Wiederkehr.

Hollnagel, Hamburg

Hier dient der Kohlenzug (mit einem belgischen Wagen!) bei heißem Wetter einer unbequemen Einkaufs-, Hamster- und Schwarzmarktfahrt.

Below, Stettin

Außer Säcken und Kisten soll hier sogar ein Kleiderständer aus edlem Holz mitgenommen werden. Noch heißt es aber warten, denn der Zug mit dem (grünen) belgischen G-Wagen scheint schon besetzt zu sein, wie der Blick auf ein Frauenbein im Wageninneren zeigt.

C. Breuer-Courth: »Verabschiedung von Berufskameraden zum Osteinsatz in Stuttgart Hbf«

Die »Blauen Eisenbahner« fuhren nicht mit dem Güterwagen, sondern in preußischen Schnellzugwagen hinter einer 39er in die Sowjetunion. Doch ihr Schicksal war genauso ungewiß wie das der zuvor gezeigten Gruppen von Reisenden, und so mancher von ihnen wird in zwei, drei oder mehr Jahren froh sein, wenn er überhaupt wieder in die zerbombte Heimatstadt zurückkehren kann, und sei es auch nur mit einem zugigen Güterwagen …

Ein verbotenes Bild

M. Ittenbach, Berlin:
»Züge im Bf. Brest-Litowsk«
Veröffentlichung nicht gestattet

Eigentlich ein wunderbares stimmungsvolles Foto unter bewegtem Himmel. Es wirkt friedlich und beweist den lebhaften Austausch von Wirtschaftsgütern zwischen der Heimat und dem besetzten Gebiet …

… wenn da nicht dieser »Kassel 4904« mit dem Stacheldraht über der Lüftungsöffnung wäre.

Der Wagen erinnert an das schlimmste Kapitel der Zwangstransporte im Güterwagen. Ganz kurz zur Vorgeschichte: Mit dem »Anschluß« Österreichs und des Sudetenlandes 1938 erreichte die deutsche Judenverfolgung eine neue Intensität. Unter Ausnutzung bodenständiger antisemitischer Stimmungen betrieben die Behörden dort brutaler, schneller und mit weniger Tarnung als im »Altreich« die Demütigung, vor allem aber die Enteignung und Vertreibung der Juden. Nach der »Kristallnacht« vom 9. November 1938 wurde dieses Vorgehen für das ganze Reich vereinheitlicht, weiter systematisiert und unter zentrale Kontrolle gestellt. Vom Einmarsch im März 1939 an galt den Juden in den zentralen Teilen Böhmens und Mährens, dem nunmehrigen »Protektorat«, eine administrative Verfolgung von bereits großer Schärfe.

Ab Kriegsbeginn ging man in Polen dazu über, Juden in größerer Zahl zu erschießen. Zentrale Anweisungen dafür sind nicht nachgewiesen, doch konnten sich örtliche SS- und Polizeiorgane der Zustimmung »von oben« und der völligen Straflosigkeit sicher sein. Ab April 1941 in Jugoslawien und ab Juni 1941 in der Sowjetunion betrieben SS und Einsatzgruppen die Massenerschießung von Juden planmäßig und auf höchsten Befehl.

Im Reich und in den anderen besetzten Gebieten hatte die Bürokratie bis 1941 endlich die »Judenfrage« geschaffen, von der spätestens seit dem Ersten

BREST-LITOWSK
Deutsche
Reichsbahn Pl
München
93 579

Weltkrieg phantasiert wurde. Nach Jahrhunderten der Integration der Juden in die Gesellschaft hatte man sie binnen kurzer Zeit zu einer isolierten, rechtlosen, von legalem Lebensunterhalt weitgehend ausgeschlossenen Minderheit gemacht, die vielerorts unter unbeschreiblichen Bedingungen in »Ghettos« vegetieren mußte. Ab September 1941 war im »Altreich« das Tragen des »Judensterns« vorgeschrieben.

Regionale Obrigkeiten hatten bereits begonnen, sich der Juden durch Abtransport in Richtung Osten zu entledigen. Besonders kam das »Generalgouvernement« als Zielgebiet in Betracht, das ja als Kolonie mit Einwohnern niedrigeren Ranges und Wertes unter einer dünnen deutschen Oberschicht konzipiert war. Doch waren die um Ruhe und Ordnung besorgten Autoritäten des Generalgouvernements mit dem unkontrollierten Zustrom mittelloser Juden aus Deutschland und Westeuropa auch nicht zufrieden. Ab Sommer 1941 bot es sich an, die in Polen ansässigen oder dorthin verfrachteten Juden in die frisch besetzten Gebiete der Sowjetunion zu bringen, wo die Einsatzgruppen beispielsweise in den Ghettos von Minsk oder Riga inzwischen schon reichlich »Platz geschaffen« hatten. Besonders im Baltikum, aber auch in der Ukraine, waren genügend einheimische Freiwillige zur Stelle, denen die deutschen Organe den Massenmord an den neu eintreffenden Juden nicht befehlen, sondern nur erlauben mußten.

Vom Herbst 1941 an rollten also Judentransporte quer durch das deutsch besetzte Europa. Von Frankreich, aus dem »Protektorat« und aus dem »Warthegau« ins Generalgouvernement, aus dem »Altreich« und aus dem Generalgouvernement nach Litauen oder Lettland, aus der »Ostmark« und aus Belgien in die Ukraine, von Rumänien nach »Transnistrien«... Mit Stacheldraht gesicherte gedeckte Güterwagen aller Bahnverwaltungen dienten als Transportmittel. Wasser und Nahrung wurden während der tagelangen Transporte in der Regel nicht ausgegeben, die Überfüllung der Wagen sowie Hitze und Winterkälte von außen taten ein übriges, so daß oftmals an den Bestimmungsorten viele Leichen aus den Wagen geholt werden mußten.

Schon bald waren die Nazis mit der kaum kontrollierbaren Dezimierung der Juden durch Hunger, Kälte und Seuchen in den Ghettos sowie mit Ablauf und Ergebnissen der Erschießungsaktionen nicht mehr zufrieden. All das erschien der herrschenden Koalition aus mordbesessenen Ideologen und seelenlosen Bürokraten als zu aufwendig, zu langsam und nicht zuletzt wegen zu vieler Augenzeugen als gefährlich für »Ruhe und Ordnung«. Nach technischen Vorversuchen zur Frage der »effektivsten« Mordmethode entwickelte das Reichssicherheitshauptamt das System der Vernichtungslager mit den Gaskammern im besetzten Polen. Hier sollten die Güterzugtransporte der Juden fortan ihre Endstation finden.

Die Judendeportationszüge aus allen alten und neuen Teilen des Reiches und dem »Protektorat«, aus der Slowakei, aus Frankreich, Belgien, den Niederlanden, Luxemburg, Kroatien, Serbien, Griechenland, Rumänien und später auch aus Italien und Ungarn erhielten nun hohe Priorität in der Rangordnung der Bahntransporte. Ganz gleich, ob wichtige Truppentransporte an die Front anstanden oder ob die Sirenen Fliegeralarm über die Bahnhöfe verkündeten, ob Züge mit Verwundeten auf die Abstellgleise gestellt werden mußten oder ob weiträumige Umleitungen gefahren werden mußten: Die Judentransporte mußten durch, um die gleichmäßige Auslastung der Kapazitäten der Gaskammern und Krematorien in Auschwitz-Birkenau, Belzec, Sobibor, Treblinka und Maidanek zu garantieren. 1942, 1943, 1944, drei volle Jahre lang mußten die Räder Tag und Nacht rollen für den Mord. »Ihr habt Euren Krieg verloren, ich will meinen noch gewinnen«, erwiderte der für die Transportkoordination zuständige Obersturmbannführer Adolf Eichmann Beschwerdeführern aus der Wehrmacht.

Beschwerden gab es auch von der Reichsbahn. Über blutige und verkotete Wagen, über Leichen an der Strecke, über Geschrei und Schießereien in den Bahnhöfen, über die Belästigung durch Mütter, die ihre sterbenden Säuglinge hochhielten und um Wasser bettelten. Einzelne Beamte der Reichsbahn mußten zu mehr Eifer und Gehorsam im Judentransportwesen angehalten werden. Von oben war aber perfekte Mitwirkung verordnet: Reichsverkehrsministerium und Dienststellen der Deutschen Reichsbahn erbrachten ihren – entscheidend wichtigen – Beitrag zur Ermordung von Millionen Juden zur vollsten Zufriedenheit der Auftraggeber. Schließlich bezahlte die SS die Transporte ja auch, wobei der Tarif für die ausnahmslos einfache Fahrt per Sammeltransport im Güterwagen auch günstig bemessen wurde. Apropos bezahlen: Adolf Eichmann ist als zentraler Koordinator der »Endlösung«, als der nach Hitler und Himmler dritte Mann in diesem Projekt in die Geschichte eingegangen. Seine »Arbeit« sollte nicht umsonst sein: Für Eichmanns Pflichtbeiträge des Jahres 1942 zahlte die deutsche Rentenversicherung bis 1993 an seine Witwe[1].

Der »Volksgenosse« hörte zwar von seinem Führer im Rundfunk so manches Gebrüll über »die Ausrottung der jüdischen Rasse in Europa«, er sah verängstigte Menschen mit dem Judenstern und merkte, daß deren immer weniger wurden. Aber das Bild eines Güterwagens mit Stacheldraht an der Lüftungsöffnung sollte nun doch nicht gerade im »Völkischen Beobachter« oder in der »Berliner Illustrierten« erscheinen. So genau wollte und sollte man auch wieder nicht wissen, für welches Projekt man den verlorenen Krieg noch fortzusetzen hatte. Zum feigen Mord kam auch noch die erbärmlichste Heuchelei.

Ein Kapitel mit nur einem Foto. Aber was in diesem Kapitel anzureißen war, ist wichtiger als alle Fragen nach der letzten Altreichsbeheimatung einer P 8 oder nach dem Verbleib einer 52.

---

[1] Akte der Landesversicherungsanstalt Oberbayern, Versicherungsnummer 14 19 03 06 E 001

Transport von Wirtschaftsgütern

M. Ittenbach, Berlin
Veröffentlicht DR-Kalender 1943, Blatt 47

Eine Begegnung zweier Epochen der Verkehrstechnik an einem unbekannten Bahnhof.

Hollnagel, Hamburg: »Umschlag von der Eisenbahn zur Seilbahn im Osten (Saporoshje)«

Eine Lastenseilbahn ersetzte die gesprengte südlichste Dnjepr-Brücke. Der Wagen gehört der Slowakischen Staatsbahn.

Schon 1918 war der Vormarsch in die Ukraine mit der Hoffnung verbunden gewesen, die »Kornkammer« Osteuropas werde das darbende Deutschland vom Hunger erlösen und seine Truppen auf den anderen Kriegsschauplätzen ernähren. Doch blieb das, was unter Kriegsbedingungen aus dem Lande zu holen war, weit hinter den Erwartungen zurück.

Mit maßlos gesteigerten Begehrlichkeiten fieberten politische Führung und Kriegswirtschaftsbürokratie 1941 dem Angriff im Osten entgegen. Die vertragsgemäßen Lieferungen der Sowjetunion an das Deutsche Reich hatten sich von 1939 bis 1941 auf ein Volumen gesteigert, das an der Spitze all der Zahlen lag, die die Wirtschaftsgeschichte über den Warenaustausch zwischen zwei Ländern je erfaßt hatte. Allein 1940 erhielt Deutschland:

1,5 Mio t	Getreide
900 000 t	Ölderivate
100 000 t	Baumwolle
500 000 t	Phosphate
1 Mio t	Sojabohnen

Wie viel mehr, so dachte man in aller Naivität, würde man dem Riesenreich nach seiner Niederwerfung entziehen können?

Die Realität sah wie schon 1918 bescheidener aus. Die Lieferung von Öl entfiel zunächst gänzlich, bis man nämlich die südukrainischen Ölfelder erreicht hatte. Die Bohrtürme des Kaukausus blieben stets außerhalb des deutschen Zugriffs. Die Ernteerträge gingen erst einmal kräftig zurück, da die hierauf spekulierende Besatzungsmacht dem Lande mit Arbeitskräften, Traktoren nebst Kraftstoff sowie Pferden und Saatgut so ziemlich alles entzog, was für eine effektive Landwirtschaft nötig gewesen wäre. Der Partisanenkrieg tat ein übriges zur Reduzierung der Erträge und zur Verhinderung ihrer Ablieferung nach Deutschland.

Trotz alledem: Die Ausplünderungszüge rollten unaufhörlich, so daß der Eisenbahnbetrieb in der besetzten Sowjetunion neben allen anderen bereits vorgestellten Transportarten auch durch einen schweren Güterzugverkehr über sehr weite Strecken gekennzeichnet war. Daß die Eisenbahn das einzige Verkehrsmittel zur Beförderung größerer Warenmengen aus dem Landesinneren war, muß kaum erwähnt werden.

Vom 1. Oktober 1941 bis Ende 1943 wurden nach deutschen Angaben aus der Sowjetunion die in der Tabelle unten angegebenen Mengen (jeweils in Tonnen) abgefahren. Das waren etwa eine halbe Million Güterwagenladungen!

Dazu kamen große Mengen von Gütern aller Art, die in der Phase des geordneten Rückzuges aus der Ukraine 1943 abtransportiert wurden. Die »Berliner Börsenzeitung« berichtete am 21. Dezember 1943, daß aus dem zur Räumung anstehenden Gebiet von Kasatin täglich 80 Evakuierungszüge eingesetzt seien und daß von hier 400 000 Stück Vieh abtransportiert worden seien.

Selbstverständlich rollten Güterströme auch in der anderen Richtung: Der besetzte »Osten« war ein Faß ohne Boden für militärischen Nachschub und Baustoffe aller Art. Insbesondere bei der Kohle war die deutsche Transportbilanz zwischen Heimat und »Osten« negativ: Allein von 1. Mai bis 31. Dezember 1942 wurden 1 049 650 t Kohle ins besetzte Gebiet geschickt und nur 1865 t von dort bezogen. Zu vier Fünfteln wurde die Kohle für die Lokomotiven benötigt. Die Donezkohle war für die Feuerung der deutschen Loks ungeeignet, die in der Sowjetunion übliche Beifügung von Öl scheiterte an der Knappheit dieses Rohstoffs.

1.10.1941–31.12.1942	1.1.–31.12.1943	
668 190	?	Vieh
1 144 081	872 100	Getreide und sonstige landwirtschaftliche Produkte
247 279	347 900	Ölfrüchte
500 498	645 000	Manganerz
375 153	960 500	Eisenerz
644 943	552 300	Schrott
63 997	?	Mineralöl
316 515	?	Nutzholz
?	816 600	Verschiedenes

W. Steiner, Berlin: »Verladung vor einem zerstörten Güterschuppen im Osten«

Hier wird die Zufuhr zum Bahnhof bzw. die Abholung des eingetroffenen Nachschubs schon mit dem LKW durchgeführt. Ein holzgasbetriebener Büssing-4,5-Tonner des Heeres ist an einen der Güterwagen herangefahren. Einheimische Frauen und Männer räumen Schnee.

Below, Stettin: »Auf einem Bahnhof im Osten«

Ebenfalls eine Nummer des deutschen Heeres trägt dieser sowjetische »GAS«.

Kesselwagenzüge von Rumänien ins Reich

Öl war der für die deutsche Kriegführung wichtigste Rohstoff. Hauptsächlich wegen seines Öls wurde Rumänien als Bündnispartner zuvorkommend behandelt und 1941 auch an der territorialen Beute in der Sowjetunion komfortabel beteiligt. Der abgebildete Treibstoffzug der Luftwaffe mit Flugbenzin aus dem rumänischen Ploeşti ist mit einer 140 (1'D, Nachbau der öst. 270) und einer ex-ungarischen 324 (1'C1') bespannt. Der Wagen, den der Posten gerade abschreitet, gehört dem »Ölverein 11 Hannover«.

W. Steiner, Berlin: »Kesselwagen-Militärzug auf der Fahrt zur Front« Freigegeben durch OKW (Heer) und Presseabteilung der Reichsregierung am 28.5.43

Rohöl nach Westen, Panzer- und Flugzeugtreibstoff nach Osten an die Front: Die umgespurten sowjetischen Kesselwagen waren stets voll im Einsatz. Obwohl der Zug vorne keinen Personenwagen mitführt, streben von der Zugspitze außer der hungrigen und durstigen Wachmannschaft eine ganze Anzahl von Reisenden zum Empfangsgebäude. »Durstig« ist auch die Lok. Der links vom Gleis stehende Wasserkran füllt den Tender durch die rechte Einfüllöffnung.

Steiner, Berlin

Eine P 8 rangiert mit Güterwagen u.a. aus Deutschland und Italien, ein Lanz-Bulldog transportiert Kartoffeln (?), die zerstörte Fabrik im Hintergrund liegt still – insgesamt ein melancholisches Bild.

Hollnagel, Hamburg: »Kohlenverladung im Osten«

Für Industrie und Verkehr wie auch für Wärme und Licht in den Wohnungen war Kohle der Schlüsselrohstoff. Lokomotivkohle mußte zunächst über riesige Entfernungen aus Deutschland in die besetzten Gebiete gebracht werden, damit die Lokomotiven fahren konnten. Nach der Eroberung des Donezbeckens wurde Kohle von dort nach Westen transportiert. Das Bild zeigt die Umladung von Kohle auf einem östlichen Bahnhof von O-Wagen in Beute-LKW, die nach Ford-Lizenz gebaut waren (»Russki-Ford«). Rechts ist ein Gleis mit der Oberleitung einer Industriebahn ausgerüstet.

W. Steiner, Berlin: »Nachschubzüge im Osten«

Mit äußerster Kraftentfaltung bringt eine 58^{23} (polnische Ty 23) ihren schweren Kohlenzug in Fahrt. Die Wagenmischung konnte mit dem soliden Beute-Vierachser und dem seine Ladung gerade noch zusammenhaltenden »Halle« (Wagen der Verbandsbauart für 15 t Ladung von 1911) kaum gegensätzlicher sein. Im übrigen eine meisterhafte Eisenbahnfotografie.

Hollnagel, Hamburg: »In einem Bahnhof im Osten«

57 3246 oder 3248 steht mit französischen O-Wagen in einem Bergwerksbahnhof mit modernen Erzverladeanlagen im Gebiet von Kriwoj Rog.

H. J. Bandelow, Berlin

Faule Säcke an die Front? Nein, Nachschubtransport auf 600mm-Spur. Die »Heeresverpflegung 1943« wird von einer Brigadelok des Ersten Weltkrieges gebracht, die schon für den Nachschub 1917 zuständig gewesen sein dürfte.

W. Steiner, Berlin: »Verladen von Dromedaren«

Das war vermutlich kein kriegsentscheidender Transport. Er erinnert aber daran, wie weit im Orient die deutschen Truppen im Herbst 1942 standen. Die Wehrmacht hatte die mitteleuropäische Zeit bis an den äußersten Punkt ihrer Eroberungen »mitgenommen«, wo nun um 14 Uhr die Dämmerung einsetzte! Doch schon bald begann der Rückzug …

Ostfeldzug – Propaganda in Wort und Bild

Dieses Kapitel zeigt weitere aussagekräftige Fotos zu den weitgespannten Themen Eroberung, Umspurung, Wiederaufbau, Winter und Partisanenkrieg, und zwar vor allem unter dem Aspekt der propagandistischen Wirkung. In diesem Zusammenhang zitieren wir auch Textbeispiele aus der zeitgenössischen Fachpresse. Die Geschichte des Zweiten Weltkriegs ist auch die Geschichte einer pervertierten Sprache, die mit begrifflichen Tricks Recht und Unrecht, Sieg und Niederlage, Angst und Gewissheit austauschbar macht und die beliebige Fiktion über jede Wahrnehmung stellt.

Die Feldzüge gegen Polen, Westeuropa, Skandinavien und den Balkan konnten propagandistisch noch mit begrenztem Aufwand begleitet werden. Der Erfolg schien der Führung recht zu geben, große Opfer mus-

H. J. Bandelow, Berlin: »Schuhputzen«
Stempel: »Vor Abdruck nochmals vorlagepflichtig bei Presseabteilung der Reichsregierung«

Eine Schiene des Grenzbahnhofs Brest-Litowsk dient deutschen Soldaten als Fußstütze, die sich von russischen Kindern die Schuhe putzen lassen. Sie werden den Kindern nach zufriedenstellender Erledigung eine Münze oder eine Zigarette geben. Die Propaganda hat den deutschen Eroberern aber eingeschärft, und eine zynische »Rechts«praxis wird es ihnen von 1941 bis 1944 bei Bedarf vieltausendfach bestätigen: Sie sind hier »Herrenmenschen«, die mit den »minderwertigen Ostvölkern« nach Belieben verfahren können, ohne Strafe oder Zurechtweisung befürchten zu müssen. Die Zahl der Opfer der Zivilbevölkerung durch Deportation, Zwangsarbeit und Hunger – von den zahllosen Straf- und Vergeltungsaktionen der Polizei- und SS-Truppen im Hinterland ganz zu schweigen – ist erschreckend und geht in die Millionen. Davon zeigt diese Aufnahme nichts – eher eine harmlose Idylle, die dennoch nachdenklich macht.

ste sie fürs erste nicht verlangen, große Zweifel nicht zerstreuen. Dies änderte sich mit dem Zusammenbruch der deutschen Offensive in Spätherbst 1941 schnell. Nun wurde sprachliche Berauschung ein zentrales Element der Staatspolitik.

Man könnte dicke Bände mit aberwitzigen Zitaten des »Führers« und seiner Komplizen oder der nationalsozialistischen Tages- und Wochenpresse füllen. Hier soll im weiteren nur aus der führenden Fachzeitschrift »Die Lokomotive« zitiert werden. Ihr Hauptschriftleiter Obering. Zentzytzki verstand es, den Anteil politischer Propaganda in den Monatsheften auf das wohl unvermeidliche Maß zu begrenzen. Durchaus untypisch blieb ein schwülstiger Leitartikel im Aprilheft 1943[5] zum 55. Geburtstag Hitlers aus der Feder eines gewissen Hans Uhle, der sich nach drei Seiten abenteuerlicher Geschichtsphilosophie zu folgender Schlussthese aufschwingt: »Von der Gegenseite rennt wie im Weltkrieg eine entfesselte Technik gegen uns an, deren jüdische Herren den Menschen zum willenlosen Roboter herabgewürdigt haben. Sie glauben, dass auch jetzt wieder die Masse den Geist besiegen könne. Wir aber wissen, dass der Idealismus noch zu allen Zeiten Beweger der Geschichte gewesen ist. Diesen Idealismus hat Adolf Hitler in uns wieder wachgerufen, und in seinem Zeichen werden wir siegen.« Typischer für die Zeitschrift blieben Fachartikel, in denen mit einer schon fast subversiv anmutenden Weltferne die Lokomotivgeschichte des 19. Jahrhunderts liebevoll gepflegt oder neue Konstruktionen aus Deutschland und aller Welt vorgestellt wurden, wobei – durchaus brisant – auch Neuheiten etwa aus den USA vorurteilslos gewürdigt wurden.

Im Oktober 1943, also nach der Katastrophe von Stalingrad, dem Verlust der Ukraine und dem Frontwechsel Italiens, endete ein anonymer Artikel »Fünftes Kriegsjahr: Lagebericht von der Fabriken-Front«[6] mit der gewagten Behauptung: »Zu Beginn des fünften Kriegsjahres ist die Lage an allen Fronten besser als je zuvor in diesem Krieg.« Fortan – und deshalb ist die Zitatensammlung den Bildern vom Ostkrieg vorangestellt – kam der Krieg in der »Lokomotive« fast nur noch in Gestalt des immer aussichtsloser werdenen Rückzugskrieges gegen die Sowjetunion vor.

Am 7. Dezember 1943 wurde erstmals der »Tag des deutschen Eisenbahners« begangen. Bei einer Festveranstaltung in Berlin verliehen Reichsverkehrsminister Dr. Dorpmüller und Staatssekretär im Reichsverkehrsministerium Dr.-Ing. Ganzenmüller »74 Eisenbahnern das Eiserne Kreuz II. Klasse, 95 das Kriegsverdienstkreuz I. Klasse mit Schwertern und 66 das Kriegsverdienstkreuz I. Klasse ohne Schwerter.« In ausführlichen Reden[7] wurde Siegeszuversicht beschworen. Ganzenmüller blickte auf den hundertsten Jahrestag der deutschen Eisenbahnen anno 1935 zurück. Er zitierte den »Führer« mit seiner damaligen Aussage: »Das unbedingt sichere Massentransportmittel ist und bleibt für absehbare Zeit nach wie vor die Eisenbahn. Wir können und das heutige Leben nicht vorstellen ohne Eisenbahn!« Und er spann den Faden weiter: »Niemand außer dem Führer selbst wird damals geahnt haben,

Presse-Bild-Zentrale Braemer u. Güll, PK-Aufnahme Kriegsberichter Fremke: »Eisenbahn-Pionier-Erkundungszug, Mit erbeutetem Sowjet-Panzerzug auf Fahrt. Die Männer des Erkundungszuges bleiben an ihren Waffen, denn weiter führt der Weg rechts und links durch dicht bewaldetes Gebiet.«

Mit dem »erbeuteten Sowjet-Panzerzug« ist es nicht weit her: Es handelt sich nur um schlichte offene Güterwagen, deren Wände mit Sandbrüstungen armiert sind. Nach oben hin sind die Fahrzeuge völlig ungeschützt, so dass die Erkundungsfahrt in ein noch nicht zuverlässig gesichertes Gebiet tödliche Risiken birgt.

5 Die Lokomotive, Bielefeld, Heft 4/1943, Seite 55-57
6 S. 177
7 a.a.O., Heft 12/ 1943, S 215 ff.

dass diese prophetischen Worte nach wenigen Jahren schon ihre Erfüllung finden würden. Denn es wäre gerade dieser weiträumigste Kampf in der modernen Kriegsgeschichte unseres Kontinents ohne Eisenbahn völlig undenkbar. Möge der Beginn dieses Krieges mit seinen schnellen Feldzügen durch Länder mit engmaschigen Straßennetzen und dem dadurch möglichen Einsatz großer Lastkraftwagenkolonnen die Bedeutung der Eisenbahn auch für die neuzeitliche Strategie noch nicht so erkennbar gemacht haben, so hat sich dieser Zustand nach dem Antreten des deutschen Volksheeres gegen unseren erbittertsten Feind im Osten schnell und gründlich gewandelt: In diesen unermesslich weiten Räumen und Steppen war und ist ein Kampf ohne Eisenbahn nicht vorstellbar. Sie ist dort das einzige Verkehrsmittel, das der Unberechenbarkeit dieses dämonischen Landes mit seinen plötzlichen Kälteeinbrüchen, Schneestürmen, elementaren Hochwasserkatastrophen und sonstigen Naturgewalten einigermaßen Herr wird.« Neben der sprachlichen Holprigkeit (»Denn es wäre ...«, »Möge der Beginn ...«) fällt auf, dass Hitler hier recht ungeniert (aber zutreffend!) schon für das Jahr 1935 die »Ahnung« vom Russlandfeldzug unterstellt wird, der doch nach späterer Lesart erst durch einen angeblichen sowjetischen Aufmarsch 1940/41 provoziert wurde.

In einem Stil, der für Deutschland auch einen Spitzenplatz in indirekter Rede und schwierigen Schachtelsätzen beweist, heißt es weiter: »Darauf nahm Reichsminister Dr. Goebbels, von den Tausenden mit ungewöhnlich starkem und langanhaltendem Beifall begeistert und stürmisch begrüßt, das Wort zu seiner Rede. (...) Der Minister würdigte den soldatischen Einsatz der Männer vom Flügelrad in der Frontnähe und im Heimatkriegsgebiet und vor allem die glänzende Meisterung der in den letzten Jahren ins Unermessliche gesteigerten Verkehrsaufgaben durch die Eisenbahner, die er als die Weichensteller in der Kriegführung bezeichnete. Dr. Goebbels sprach, indem er auf die Bluff-Agitation der Kriegsverbrecher einging, von dem unerschütterlichen Glauben an den deutschen Sieg und meinte unter dem stürmischen Beifall der Massen, dass wir nicht nur nicht bedingungslos, sondern überhaupt nicht kapitulieren, wohl aber den Feinden die Gewehrläufe zeigen würden. (...) Das deutsche Volk von 1943 sei nicht mehr das von 1918, und vor allem habe es nicht mehr die schlappe Führung von damals. Die Worte des Ministers, dass, wer heute unser Volk, dieses Heldenvolk, beim Kampf und bei der Arbeit sehe, wisse, dass ihm der Sieg sicher sei, und dass sich ein 1918 nicht wiederholen könne, dass kein Terror, keine Gewalt und keine Bedrohung uns auf die Knie zwingen könnten, und dass sich das deutsche Volk fest und unerschütterlich mit einem eisernen unzerbrechbaren Ring um den Führer schare, bekräftigten die Massen mit tosenden Zustimmungsbekundungen.«

Nachdem Hitler im April 1944 vier Lokomotivführern und einem Bahnhofsvorsteher (und zwar »grauen« Eisenbahnern im Dienste der Wehrmacht) für ihre Leistungen im »Osten« höchste Auszeichnungen

Presse-Bild-Zentrale Braemer u. Güll: »Sowjetbahnen laufen für uns! Herausg. 4.8.41. Mit der Hakenkreuzfahne an der Lokomotive, die gegen Überfälle gesichert ist, rollt ein weiterer Transport der Front nach, die schon tief im Sowjetgebiet liegt.«

Einer der weit verbreiteten Fünfkuppler der Reihe E aus einheimischer Produktion der frühen zwanziger Jahre (Lok 6009 aus der Nummerngruppe 6001–6072) ist in deutsche Hände gefallen und dient ersten Erkundungs- und Nachschubfahrten hinter der im Sommer 1941 schnell nach Osten vordringenden Angriffsarmee. Insgesamt kamen weit weniger Breitspurloks als erwartet in deutschen Besitz. Sie genügten stets nur für den Spitzenbetrieb unmittelbar hinter der Front, nicht aber für das größer werdende Streckennetz im deutschen Besatzungsbereich. Die Hakenkreuzfahne an der Lok muss nicht nur Staffage für den »Kriegsbildberichterstatter« gewesen sein, denn die Züge mussten auch für die Luftwaffe als »eigene« erkennbar sein.

Presse-Illustrationen Heinrich Hoffmann, Berlin, PK-Aufnahme SS-Kriegsberichter Zschäckel: »Eine von den Bolschewisten zum Entgleisen gebrachte Lokomotive wird aus dem Weg geräumt, 14-12-41«

Was der Fotograf der SS-Propagandakompanie und Hitlers privilegierte Bildagentur nicht wussten: Die laut Anschrift zur Moskau-Kiewer Eisenbahn-Direktion gehörende Lok stammte aus einer besseren Zeit der deutsch-russischen Beziehungen. Sie war eine der 700 Güterzugloks der Bauart Eh2, die 1921 von deutschen Firmen an die Sowjetunion geliefert wurden und dort als 3^{r} (E^{G}) mit den Ordnungsnummern 5000–5699 liefen. Die Fabriknummer der abgebildeten 5092 lautete Vulcan 3716. Technisch interessant ist der von außen bedienbare Kipprost, erkennbar an dem Hebel über den beiden hinteren Kuppelrädern.

verliehen hatte, las man in der »Lokomotive«[8]: »Wenn einstmals die Geschichte dieses Krieges geschrieben werden wird, so dürfen unter all den zahlreichen Helfern der deutschen Wehrmacht nicht die Männer im grauen Rock der Feldeisenbahner vergessen werden. Es ist bis heute wenig berichtet worden von der stillen Pflichterfüllung dieser Männer, die als Lokführer und auf kleinen Bahnhöfen im unmittelbaren Frontbereich und oftmals unter Feindeinwirkung die Voraussetzung dafür schaffen, dass die kämpfende Truppe mit den wichtigsten Nachschubgütern versehen werden kann. Denn trotz des Siegeszuges des Motors bleibt die Eisenbahn gerade bei den schlechten Straßenverhältnissen des Ostens das Rückgrat des gesamten Versorgungsverkehrs.« Aus den Schilderungen der Verdienste der Geehrten nur soviel: »Der Gefreite Rochus Ibrom, am 11.8.1913 (…) geboren, steht bereits seit September 1941 als Eisenbahner im Osteinsatz und wurde im August 1942 zur Wehrmacht übernommen. Stets war er als Lokomotivführer im Spitzenbetrieb eingesetzt und fuhr mit seinen Zügen so weit vor, wie es die Feindlage irgendwie erlaubte. Die Fahrten an die Front und zurück in den Raum Welikije Luki erfolgten meist unter starker Einwirkung durch den Feind und oftmals mussten sich Ibrom und seine Kameraden mit sowjetischen Banden herumschlagen. Als ein Wagen eines von ihm gefahrenen Munitionszuges einen Volltreffer erhielt, zeichnete sich Ibrom durch besonders großen Mut und Unerschrockenheit aus. Er trennte den getroffenen Wagen unter Einsatz seines Lebens vom Zuge und konnte somit größeren Schaden vermeiden. Bei einem Tieffliegerangriff wurde seine Lokomotive mehrfach getroffen und der Heizer schwer verletzt. Trotz des an vielen Stellen austretenden Dampfes gelang es Ibram, den Zug an den Zielbahnhof zu bringen.«

Als dieser Bericht gedruckt wurde, war vom eroberten »Raum« in der Sowjetunion fast nichts mehr

8 a.a.O., Heft 5/ 1944, S 84 f.

Atlantic-Pressebilderdienst, PK.-Aufnahme Kriegsberichter Raeder, 9. Oktober 1941: »Unsere Luftwaffe zerstört sowjetische Eisenbahnanlagen. In drei Tagen zerstörte die deutsche Luftwaffe neben Eisenbahnanlagen und Bahnhöfen nicht weniger als 91 Züge, die völlig verloren gingen, 128 Züge, die damit für den Transport ausfielen und den Nachschub der Sowjets ganz erheblich hemmten. Sowjetische Kampfwagen, die nicht mehr zum Einsatz kamen und von deutschen Bombenflugzeugen auf einem sowjetischen Bahnhof restlos vernichtet wurden.«

Anders als der Bildtext glauben machen will, zeigt das Foto keineswegs die Situation nach der Einnahme eines zuvor bombardierten Bahnhofs. Links steht ein deutscher Bauzug auf einem bereits umgespurten Gleis. Die Panzer vom Typ BT-5 oder BT-7 aus den dreißiger Jahren auf den Niederbordwagen sind keineswegs »restlos vernichtet«, wie es die Bildagentur unter Verwendung von Lieblingsausdrücken Hitlers behauptet. Da die Güterwagen keine Brand- oder Explosionsspuren aufweisen, ist vielmehr anzunehmen, dass die Panzer erst nach ihrer Beschädigung aufgeladen wurden. Nur ganz hinten zeigt das Gleis eine Verwerfung, wie sie durch eine Bombe oder noch eher durch eine Sprengladung entstehen konnte.

übrig. Den deutschen Eisenbahnern im »Osten« standen nur noch Aufgaben der Zerstörung, des Rückzuges und der Fluchthilfe für die schutzlose deutsche Zivilbevölkerung bevor. »Die Lokomotive« musste alsbald ihr Erscheinen einstellen.

Nun zu den Fotos aus der uns zur Verfügung stehenden Sammlung. Sie stammen fast durchweg aus den Jahren 1941–1943 und künden von Vormarsch, Aneignung und »heroischer Bewährung« in einem unterworfenen Land.

Below, Stettin

Hier werden Wagenuntergestelle, auf deren Umspurung man verzichtet hat, zur Verschrottung verladen. Eingesetzt wird ein Raupenkran, der von Ardelt aus Eberswalde stammen könnte. Nur ein Teil der Wagen besitzt bereits die automatische Kupplung SA 3 aus dem Jahre 1931, deren Einführung in der Sowjetunion damals nicht abgeschlossen war. In der Übergangszeit hatten noch alle Fahrzeuge Puffer.

Below, Stettin

In den Wintern 1941/42 und 1942/43 waren dann schon deutsche Güterwagen reif für die Schrottsammlung in Russland. Hier hängt ein ausgebrannter halbhoher offener Wagen am Haken. Umständehalber kann die Vorschrift am Kran nicht beachtet werden: »Der Kran darf nur durch Kranwärter des Bww Erfurt bedient werden.«

Below, Stettin

Auch dieser Niederbordwagen mit provisorisch eingehängten Federn und Achslagern soll wohl nur noch zur Verschrottung transportiert werden. Beim Verladen hilft den einheimischen Eisenbahnern ein 10 t-Kran von Mohr & Federhaf mit Handantrieb aus dem Jahre 1930.

H. J. Bandelow: »Zerstörter russ. G-Wagen«

Viele Wagenruinen säumten die Strecken im eroberten Gebiet. Hier ist ein gedeckter Vierachser geschweißter Bauart mit 50 t Tragfähigkeit des Typs von 1936 ausgebrannt und zusammengesunken. Seinem Nachbarn links ist es nicht besser ergangen. Hinten steht ein Bauzug der Deutschen Reichsbahn aus Zweiachsern, deren Dachform eine österreichische Herkunft verrät.

Schuster, München:
»Ein verladenes Schienenaufreißgerät«

Im Zweiten wie bereits im Ersten Weltkrieg zerstörten die Russen beim Rückzug die Gleise, indem sie Schienen von den Schwellen abrissen. Hierzu wurde an eine oder mehrere Loks eine aus Schienenprofilen zusammengebogene Schleife angehängt, die dann unter einem von den Schwellen abgeschraubten Schienenende angesetzt wurde. Die hier verladenen Aufreißgeräte sind durch Abtrennen der Schleifen von den Deichseln untauglich gemacht. Links liegt ein kleiner Lokomotiv-Stehkessel im Gelände.

Below, Stettin:
«Gesprengte Strecke im Osten«

Hier war beim sowjetischen Rückzug ein kleiner Durchlass gesprengt worden. Zerfetzte Schwellen und entgleiste Wagen liegen herum. Das Gleis bis hierher ist aber schon umgespurt, so dass eine in Polen erbeutete preußische P 8 (PKP Ok 1, später Baureihe 38^{10-40} der DR) des Bw Molodetschno mit einem ebenfalls umgespurten Niederbordwagen (Eigentumskennzeichen »DR Ru« für »Deutsche Reichsbahn Russland«) bis zur Baustelle vorfahren kann.

Presse-Illustrationen Heinrich Hoffmann: »Auf der Rückzugsstraße der Sowjets. Eine durch Bomben zerstörte Eisenbahnbrücke in der Ukraine. Ein Transportzug wurde hier erwischt. 19-7-41. Fr. OKW.«

Auch hier gibt der offizielle Bildtext Anlass zu Zweifeln. Die Brücke kann bombardiert oder von der Roten Armee selbst gesprengt sein, der Zug kann ein »Transportzug« oder irgendein Personenzug sein, und er kann »erwischt« worden oder – siehe Belgien im Ersten Weltkrieg und Polen 1939 – von den Verteidigern in die Sprenglücke gefahren worden sein. Das Problem hatten jedenfalls die Deutschen: Sie konnten auf viele hundert Kilometer Stromlänge den Dnjestr, den Bug und den Dnjepr nicht auf festen Brücken überqueren und mussten auch wie hier bei kleineren Flüssen mit erheblichem Arbeits- und Zeitaufwand provisorische Übergänge schaffen.

L. Schuster, München: »Durch Deichsprengung überschwemmtes Gelände bei Odessa«

In Odessa versuchten die zurückweichenden Sowjets, den deutschen Vormarsch durch Überflutung eines Ölverladebahnhofs zu erschweren. Die Situation mit dem Fährmann vor den im Wasser stehenden Kesselwagen wirkt geradezu ruhig und friedlich.

Weltbild, Berlin PK.-Aufn. Kriegsber. Schröter-Ost: »Auf einem Bahnhofsgelände dicht hinter unserer Front im Osten sind Soldaten der Feldeisenbahntruppen mit dem Umspuren der Wagen beschäftigt, 17.12.42«

Der gerade angehobene Wagen dürfte österreichischer Herkunft sein. Seine Anschriften befinden sich auf frisch lackierten Feldern. Dies deutet darauf hin, dass er vor kurzem schon einen Wechsel des Eigentümers und der Spurweite erlebt hat: Es muss sich um einen PKP-Wagen handeln, den die Sowjetischen Bahnen in Ostpolen übernommen hatten. Zum Einsatz kommt ein zweiachsiger Lagerplatzdampfkran mit etwa 6 t Tragkraft. Hinten stehen russische Dampfloks der Reihen O und S.

Weltbild, Berlin: » … die Achse auf die neue Gleis- …setzt und zum Wagen gerollt werden, … wieder eingesetzt wird. … rollen diese umgespurten Wagen in den Nachschubzügen und helfen mit, … Truppe zu versorgen.«
(Bildtext nur unvollständig aufgeklebt)

Ein näherer Blick auf die Radsatzwechselarbeiten zeigt weitere Details. Sowohl die umzurüstenden Wagen als auch der Kranwagen stehen auf vierschienigen Gleisen für Fahrzeuge mit 1435 und 1524 mm Spurweite. Das etwa im Verhältnis 750/1435 mm oder 1000/1435 mm mögliche Dreischienengleis ist ja für die Kombination von Normal- und Breitspur nicht möglich, weil zwei Schienen hierbei zu dicht aneinander lägen, um auf den Schwellen noch Platz zu finden. Der alte Kran läuft auf Normalspur. An dem gedeckten Güterwagen preußischer Bauart ist erkennbar, dass der polnische Adler vor nicht allzu langer Zeit unkenntlich gemacht worden war. Alsbald wird der Veteran als »Kassel« der Deutschen Reichsbahn unterwegs sein.

Walter Hollnagel, Hamburg: »Umspuren von Wagenachsen in einem EAW im Osten«
Freigegeben durch OKW (Heer) und Presseabteilung der Reichsregierung am 16.9.43

Hier werden mit einer hydraulischen Presse originale Breitspurradsätze auf Normalspur zusammengedrückt. Zwei Reichsbahner beobachten einen einheimischen Arbeiter.

Below, Stettin

Auch am Rande des Umspurungsfeldzuges allgegenwärtig: Der Schrott. Räder (und in der zweiten Reihe Radreifen) müssen liegen für den Sieg.

Atlantic, PK-Pohle, 3.X.41: »Zwei schwere Lokomotiven sind auf die Pionier-Behelfsbrücke gefahren, und – sie hält tadellos«

Wie im Ersten Weltkrieg bauten Eisenbahnpioniere und Eisenbahner unter Heranziehung einheimischer Hilfskräfte zahlreiche Behelfsbrücken zum einstweiligen Ersatz gesprengter Flussübergänge. Zimmermannsarbeit muss die Stahlkonstruktion ersetzen. Wie im Ersten Weltkrieg war die Belastungsprobe ein beliebter Fototermin. Und auch die beiden preußischen G 8 (DRB 55^{16-22}) aus den Baujahren 1902 bis 1913 könnten ohne weiteres auch schon 1914 hinter der Marne, 1915 in Russisch-Polen oder 1916 in Rumänien bei der Einweihung einer provisorischen Brücke dabei gewesen sein.

Walter Hollnagel, Hamburg: »Einweihung einer Brücke über den Dnjepr«

Zwei Jahre später, als bereits die Kriegslok der Reihe 52 zur Verfügung stand, wurde anlässlich der Einweihung der wiederhergestellten Ostbrücke über den Dnjepr in Saporoshje dieser feierliche Appell aufgenommen. In Vorwegnahme der geplanten himmelhohen Siegesdenkmale an den Grenzen des germanischen »Ostraumes« hat man hölzerne Pylone mit Hakenkreuzadlern aufgestellt. Typisch für die Naziarchitektur war der Kulisseneffekt. Die keineswegs kaschierte Rückseite des Hoheitsadlers wirkt eher komisch als erhaben. Zwischen den Eisenbahnern und Soldaten gegenüber vom Rednerpult steht auch eine Frau mit Kopftuch. Weitere Frauen haben im Schatten der Baracke Schutz vor der Sonne gesucht. Eine Aufnahme vom selben Motiv mit Blick in Richtung Brücke befindet sich auf Seite 105.

Schuster, München: »Notbrücke im Osten«

Auch dieses Bild korrespondiert mit einer bereits gezeigten Aufnahme. Auf Seite 106 ist eine neu gebaute Brücke über den Dnjestr zu sehen. Am selben Tage entstand dieses Foto. Aufnahmestandort ist diesmal die Eisenbahnbrücke; gezeigt sind eine kleine in Strommitte endende und eine größere fertig gewordene Straßenbrücke. Die zahlreich an der Böschung liegenden Pontons sind nun zur Flussüberquerung entbehrlich. Im Vordergrund sind Stacheldrahtsperren – sog. »Spanische Reiter« – erkennbar, die Unbefugten die Annäherung erschweren sollen; die Partisanengefahr war besonders bei Brückenbauwerken nicht zu unterschätzen!

Eine düstere Atmosphäre umgibt diese schier unendlich lange Strombrücke, an der noch gebaut wird. Sie dient auch dem Straßenverkehr. Eine Schranke kann auf Anforderung geöffnet werden.

H. J. Bandelow, Berlin: »Lokbehandlungsanlage im Osten«
Freigegeben durch OKW (Heer) und Presseabteilung der Reichsregierung am 15.4.43

Das erste große Trauma des Bahnbetriebs in der besetzten Sowjetunion war der »russische Winter«, der freilich nicht als unvorhersehbares Schicksal über die Angreifer hereinbrach, sondern im kontinentalen Klima des nördlichen Eurasiens die Regel ist. Das Bild mit der aus der RBD Dresden zugeführten 55 1943 zwischen zwei Wasserkränen lässt die Mühsal des Lokomotivbetriebes mit alten preußischen Lokomotiven bei Dauertemperaturen weit unter dem Gefrierpunkt erahnen.

H. J. Bandelow, Berlin: »Wasserkran im Osten« Freigegeben durch OKW (Heer) und Presseabteilung der Reichsregierung am 13.3.43

Dieser Wasserkran ist weder beheizt noch durch äußere Ummantelungen frostgeschützt. Ablaufendes Wasser hat einen dicken Eispanzer gebildet.
Die Abkürzung auf den Güterwagen des Gattungsbezirks »Oppeln« kennzeichnet einen »Behelfsmäßigen Verwundetenzug«. Bei den Wagen rechts und links ist die Schiebetür nicht ganz verschlossen und gibt damit einem Einsatzbrett mit einem winzigen Fenster Platz.

Donath Pressebilder, Berlin: »Lokomotivwasserkran in Katyn bei Smolensk, links Eisblock, der durch herabtropfendes Wasser entstanden ist«

Auch dieser Wasserkran aus der Zarenzeit hat eine Eisplastik hinterlassen. Ein Holzkasten soll wenigstens die Auslauföffnung schützen.

L. Schuster, München: »Drehscheibe und Lokstände im Bw Birsula«

An der zweigleisigen Magistrale Krakau–Przemysl–Lemberg–Tarnopol–Shmerinka–Odessa liegt Birsula. Es gehörte zum rumänischen Annexionsgebiet in der Südwestukraine. Auch hier unweit vom Schwarzen Meer waren augenscheinlich harte Winter zu meistern. Ein Lademaß über der Drehscheibe soll verhindern, dass Tender mit zu hoher Kohlenladung die Schuppentore beschädigen oder von diesen unsanft abgeräumt werden.

Donath, Berlin
Freigegeben durch OKW (Heer) am 3. Nov. 1942. Vor Abdruck nochmals vorlagepflichtig bei der Presseabt. der Reichsregierung

Bis zur Einführung elektrischer oder gasbetriebener Weichenheizungen gehörten die Weichen zu den für Schnee und Frost empfindlichsten Anlagen des Bahnbetriebs. Die Bauzugwagen im Hintergrund gehören der »Ostbahn« des »Generalgouvernements«, was aber einen Einsatz weiter östlich nicht ausschließt.

H. J. Bandelow, Berlin:
»Weichenreiniger im Osten«

Einsamkeit vermittelt das Bild von einem unbekannten sowjetischen Bahnhof.

Donath, Berlin: »Vereister Bahnhof im Osten«
Freigegeben durch OKW (Heer) am 3. Nov. 1942. Vor Abdruck nochmals vorlagepflichtig bei der Presseabt der Reichsregierung

Kein Mensch ist auf diesem Bahnhof zu sehen. Die Sonne bescheint ein Schneefeld mit mühsam freigehaltenen Spurrinnen. Die Lok ist sicherlich kalt, sonst wäre nicht ausgerechnet ihre Rauchkammer verschneit. Links erahnt man Güterwagen, dahinter eine Hügelkette. Im Hintergrund herrscht Nebel. Trotz Sonnenscheins eine beklemmend wirkende Szenerie…

H. J. Bandelow: »Schneeräumarbeiten im Osten«
Freigegeben durch OKW (Heer) und Presseabteilung der Reichsregierung am 8.3.43

Strahlende Sonne macht dieses Bild freundlicher, obwohl auch hier mit dem Winter gekämpft wird. Frauen reinigen die Weichen und bahnen der 38 3450 den Weg. Sie war 1942 vom Bw Landsberg (Warthe) nach dem »Osten« gekommen und lief nach dem Krieg als Ok 1-221 bei der PKP.

Walter Hollnagel, Hamburg

Fast friedlich wirkt dieses Winterbild von einem Bahnübergang am Ende einer kleinen Bahnhofsanlage. Zwischen dem Wärterhaus und der letzten Weiche links steht ein einfaches Signal, in dessen Scheibe nachts eine Laterne eingehängt werden kann. Die Schienenstöße sowie der Schienenvorrat rechts zeigen, mit welch kurzen Schienen (6 m?) man damals noch arbeitete.

Donath-Pressebilder, Berlin: »Eisenbahnanlagen in Minsk«

Trotz harten Winters herrscht reger Betrieb in diesem Bahnhof der weißrussischen Hauptstadt, wo sich die Hauptverbindung von Ostpreußen und Litauen zur Ukraine mit der Magistrale Brest-Litowsk–Moskau kreuzt. Im Zentrum links sehen wir einen Personenzug, auf dessen Dächern die kleinen Schornsteine eine Beheizung mit Einzelöfen verraten. Rechts werden Strohballen verfrachtet. Weiter links ist gerade noch erkennbar, dass ein Zug aus R-Wagen mit Einheitskleinloks der Leistungsgruppe II beladen ist. Ganz in der Bildmitte ist eine Blasenentleerung verewigt.

Donath-Pressebilder, Berlin: »Vereiste Lokomotive«

Ein beliebtes Fotomotiv waren die für den Betrieb so schwierigen Eisbildungen an den Ventilen und Leitungen der Lokomotiven. Hier ist der problematische Bereich zwischen Lok und Tender im Bild, wo die Speiseleitungen immer wieder zu Undichtigkeiten neigten.

Donath-Pressebilder, Berlin: »Trittstufen und Haltegriffe am Tender einer Lokomotive für den Rangierer, völlig vereist«

Die Aufnahme entstand an einer preußischen Güterzuglok. Auch die Laterne mit Verdunkelungsblende hält Winterschlaf.

Donath-Pressebilder, Berlin: »Eishackerkolonne im Eisenbahnbetriebswerk Minsk«

Die 56^{20}, an der schemenhaft die Bretter der Frostschutzverkleidung zu erkennen sind, kann erst weiterfahren, wenn die Weichen vom Eispanzer befreit sind. Eine Knochenarbeit für die eingesetzten Männer.

W. Steiner, Berlin: »Sprengschäden auf einer Bandenstrecke«

Das zweite große Trauma für Soldaten und Eisenbahner hinter der Ostfront war der Partisanenkrieg. Keine noch so intensiven Vorsichtsmaßnahmen konnten die unendliche Zahl der Minenanschläge auf den langen Eisenbahnstrecken begrenzen. Hier hat es einen Kohlenzug erwischt. Vorne ist der preußische Lokten- der erkennbar. Wieder ist eine Strecke für wertvolle Stunden blockiert, sind Fahrzeuge schrottreif, kommt Ladung nicht ans Ziel, werden Aufräumungs- und Aufbaukräfte sich den Gefahren an einer einsamen Stelle im Wald aussetzen müssen. Die Bezeichnungen »Breslau«, »Königsberg« und »Nürnberg« standen als »Gattungsbezirke« nicht für eine Beheimatung, sondern kennzeichneten verschiedene Bauarten.

Korte, Berlin

Auch hier haben Partisanen mit geringem Aufwand und geringem Risiko einen Zug zum Trümmerhaufen gemacht. Einheimische Hilfskräfte beheben die Schäden. Je länger die deutsche Besetzung andauerte und je verhasster sie sich machte, um so mehr hatten freilich die dünnen deutschen Führungskader der »DR Ost« Anlass zu der Befürchtung, dass so mancher »Hilfswillige« nachts die Bomben legte, deren Folgen er am Tage beseitigte.

Korte, Berlin

Beide Schienen dieses Gleisen sind über Nacht gesprengt: Wer hier am Tage Erkundungen anstellt oder mit der Reparatur beginnt, muss auch wieder mit Angriffen rechnen. Die Rache für einen Anschlag konnte fürchterlich sein. Bela Szolt[9] erinnert sich an seine Zwangsarbeit als ungarischer Jude in der Nähe von Minsk: »Ich habe gesehen, wie die SS und die Organisation Todt ein Dorf dem Erdboden gleichmachten, weil Partisanen in der Nähe eine Bahnschiene gesprengt hatten. Erst wurden die Häuser mit Benzin übergossen und dann angesteckt. Und als die Alten, die Frauen, die Kinder und die Hunde (…) aus den lodernden Flammen und dem beißenden Qualm flohen, wurden sie allesamt erschossen. (…) Erst als die Maschinengewehre verstummten, erfuhren wir, was unsere Aufgabe sein würde. Wir hatten Schaufeln bekommen, um die fünfhundertsiebenundzwanzig Toten des Dorfes zu begraben.«

9 Béla Szolt, Neun Koffer, Frankfurt (Main) 1999 (Neue Kritik), S. 40 und 149

Max Ittenbach, Berlin: »Ausgesprengtes Weichenherzstück«

Während Schienen auf der Strecke immer ersetzt werden konnten, waren für Weichen spezielle Ersatzteile notwendig. Die immer zahlreicheren und besser bewaffneten Partisanen konnten allmählich auch auf den Bahnhöfen tätig werden, in denen nachts ohnehin Betriebsruhe herrschte und in deren notdürftig gesicherten Gebäuden die Besatzung um den reinen Schutz ihres eigenen Lebens besorgt sein musste.

W. Steiner, Berlin:
»Gegen Banden gesicherter Bahnhof im Osten«
Freigegeben durch OKW (Heer) und Presseabteilung der Reichsregierung am 6.5.43

Das Empfangsgebäude von Drowjanoj-Post zeigt hölzerne Schutzvorrichtungen, die zwar vor Gewehrfeuer schützten, aber gegen schwerere Waffen und Brandanschläge nicht viel ausrichteten. Die Sprachregelung der deutschen Kriegsberichterstattung nannte die Partisanen durchgängig »Banden«.

H. J. Bandelow, Berlin

Besonders Brücken versuchte man aufwendig zu schützen, wie dieses Bild mit Wachturm, Holzbunker und Stacheldraht beweist.

Walter Hollnagel, Hamburg

Geradezu kurios wirkt diese Szene auf einem unbekannten Bahnhof: Aus einem Schienenkleinwagen werden Arbeitsstiefel mit Holzsohlen ausgeladen. Darf die Frau sich ein Paar nehmen? Die Eisenbahner sind mit Schuhen und Pelzmänteln bereits gut versorgt.

H. J. Bandelow, Berlin: »Zugübergabe vom blauen zum feldgrauen Zugschaffner« Freigegeben durch OKW (Heer) und Presseabteilung der Reichsregierung am 3.8.43

Dieses Bild erinnert an eine wichtige Schnittstelle des deutschen Bahnbetriebs in der besetzten Sowjetunion. Im frontnahen Bereich waren Eisenbahner unter dem Befehl und in der »grauen« Uniform der Wehrmacht tätig, im Hinterland arbeiteten Bedienstete der Deutschen Reichsbahn und trugen deren »blaue« Uniformen. Am 1.1.1943 betrieben die Feldeisenbahnkommandos der Wehrmacht 7999 Strecken-km, die Reichsverkehrsdirektionen unter Oberhoheit des Reichsverkehrsministeriums 26.980 Strecken-km (und die »Gedob« im »Generalgouvernement« 7111 km). Zum Vergleich: Im Reichsgebiet waren 78.675 km in Betrieb. Die Personalstände: FEKdo's 154.386, RVD'en 461.069, Gedob 128.379, DR im Reich 1.415.869.

H. J. Bandelow, Berlin:
»Ein Brief in die Heimat!«
Freigegeben durch OKW (Heer) und Presseabteilung der Reichsregierung am 3.8.43

Die Verladerampe eines östlichen Bahnhofs ist zur provisorischen Schreibunterlage für die unverzichtbaren Feldpostbriefe geworden.

Max Ittenbach, Berlin

Mit gerollten Plänen oder Landkarten und einer Aktentasche überquert der Polizei-Bedienstete die Bahn, während ein Herr in Zivil mit der Kutsche in der anderen Richtung fährt. Bis auf die Uniform des Soldaten könnte diese Idylle auch aus dem Ersten Weltkrieg stammen und von Arnold Zweig so beschrieben worden sein.

W. Steiner, Berlin: »Einheimische Stopfkolonne«

Was der Bildtext gar nicht erwähnt: Ausschließlich Frauen sind für die schwere Gleisarbeit in einem sowjetischen Bahnbetriebswerk eingesetzt. Einerseits waren männliche Arbeitskräfte in den besetzten sowjetischen Gebieten knapp, weil die Rote Armee viele Männer eingezogen hatte und weil sich die Partisanenbewegung vorrangig aus Männern rekrutierte. Andererseits war die Verwendung von Frauen auch bei schweren Tätigkeiten keine Besonderheit des Besatzungsregimes, sondern im Zeichen der rücksichtslosen Ausnutzung jeglicher Arbeitskraft bei dem überstürzten Aufbau der Industrie in der Sowjetunion von Anbeginn üblich gewesen.

Fritz Korte, Berlin: »Wachposten an einer Strecke im Osten«

Noch einmal Alltag im Besatzungsgebiet. Während eine P 8 Wasser nimmt, schaufeln Arbeiter einen Graben für eine Wasserleitung. Der Gefreite, der für ihre Bewachung zuständig ist, besitzt ein auffällig großes Seitengewehr möglicherweise aus Beutebeständen.

Bw
Kw
Gleis 9

Max Ittenbach, Berlin: Sowjetischer Bahnhof mit Wehrmachtsbetrieb Freigegeben durch OKW (Heer) und Presseabteilung der Reichsregierung am 10.9.1942

Die charakteristische Architektur des Jugendstil-Empfangsgebäudes aus dem Jahre 1902 macht es leicht, den Bahnhof Kowel zu erkennen. Auch die 55 3178 der Deutschen Reichsbahn trägt die hiesige Bw-Bezeichnung. Ein paar Zeilen über schwere Kämpfe und wechselnde Hoheiten sollen Kowel als Beispiel für so manche Stadt und so manche Region Osteuropas mit einer bewegten Geschichte vorstellen.

Die wolhynische Stadt gehörte im 18. Jahrhundert zum Königreich Polen und im 19. Jahrhundert zum Russischen Zarenreich. Eisenbahnknotenpunkt war Kowel, seit hier ab 1876 die Weichsel-Eisenbahn nach Warschau und Westpreußen von der Strecke Brest–Kiew abzweigte.

Im Verlaufe der Offensive der Mittelmächte kam Kowel am 23. August 1915 unter österreichische Militärverwaltung. Die Brussilow-Offensive des Jahres 1916 führte die russischen Truppen wieder bis dicht vor Kowel, doch misslang die Rückeroberung. Die Stadt blieb bis zum Ende des Ersten Weltkriegs in österreichischer bzw. deutscher Hand. Das handschriftlich mit dem 14. Juli 1918 datierte historische Foto lässt ein Schild der K.u.K. Heeresbahn Nord erkennen. In Deutsch, polnisch und russisch wird verkündet: »Der Aufenthalt auf dem Bahnsteig ist nur dienstlich gestattet.«

In der Zwischenkriegszeit des 20. Jahrhundert gehörte Kowel zu Polen. Die unter deutsch-österreichischer Besetzung umgenagelten Breitspurstrecken blieben normalspurig. Nachdem der Hitler-Stalin-Pakt den Bug zur deutsch-sowjetischen »Interessengrenze« erklärt hatte, marschierte Ende September 1939 die Rote Armee ein. Kowel wurde der Ukraine zugeschlagen. Schon am 28. Juni 1941, sechs Tage nach Beginn des deutschen Überfalls auf die Sowjetunion, wurde Kowel für knapp drei Jahre von der Wehrmacht besetzt. Hier residierte auch ein Maschinenamt der RVD Kiew, das für acht Bahnbetriebswerke zuständig war.

Zwischen 17. und 19. März 1944 gelang es der vorrückenden Roten Armee, Kowel vollständig einzuschließen. Außer Soldaten befanden sich hier 500 »blaue« und 250 einheimische Eisenbahner und 28 Lokomotiven im »Kessel«. An der Verteidigung nahmen auch die Eisenbahner bewaffnet teil. Am 4. April 1944 brach die Waffen-SS von außen die Belagerung Kowels auf und integrierte die Stadt wieder in die schwer bedrängte Ostfront.

In der amtlichen Zeitschrift »Die Reichsbahn«[10] las man u.a.: »Männer der Deutschen Reichsbahn aus allen Gauen des Reiches waren es, allen Dienstgraden und Dienstzweigen angehörig, die in den schweren Tagen des Kampfes um Kowel Seite an Seite mit den Soldaten des Heeres und der Waffen-SS ein Heldentum bewiesen, von dem die Geschichte in späteren Zeiten noch erzählen wird. Es waren keine Soldaten oder Feldeisenbahner, sondern Männer des blauen Eisenbahnerheeres, die im Wirbel der Absetzbewegungen im Osten zu Frontsoldaten wurden«. Einige Wochen[11] später wurde nachgetragen: »48 blaue Eisenbahner haben bei dem Kampf um den 'Festen Platz Kowel' in tapferem soldatischen Einsatz ihr Leben gelassen.«

Am 6. Juli 1944 mussten die Deutschen Kowel endgültig räumen.

10 Die Reichsbahn, Heft 23/24 aus 1944, S. 136 ff.

11 a.a.O., Heft 27/28 aus 1944, S. 196

Kriegsbilder aus dem deutschen Familienalbum

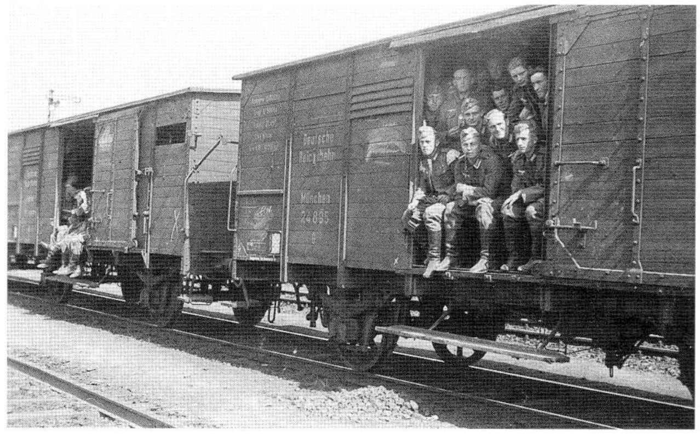

1

2

Nach den ersten Kapitelfolge soll eine Zäsur gesetzt werden. Die Feldzüge der Jahre 1939 bis 1941/42 hatten dem Nazireich zur weitesten Ausdehnung seines Machtbereichs verholfen. Die bisher gezeigten Fotos haben Eroberung, Instandsetzung und Sicherung großer Eisenbahnnetze illustriert. Die nun folgenden Kapitel befassen sich mit Einzelaspekten des Eisenbahnwesens und dokumentieren die auch auf die Eisenbahn durchschlagenden wachsenden Schwierigkeiten der zunächst im Osten, dann auch in Italien und schließlich in Frankreich, zugleich aber auch ständig aus der Luft immer stärker bedrängten »Festung Europa«.

Zunächst sollen aber den amtlichen Bilddokumenten einige anonyme Amateurfotos gegenübergestellt werden. Die Geschichtswissenschaft hat in den letzten Jahren die Millionen Feldpostbriefe aus dem Zweiten

Weltkrieg als Quelle entdeckt. Natürlich verraten diese Briefe keine Neuigkeiten über den wesentlichen Ablauf der militärischen Operationen, doch sie vermitteln wichtige Eindrücke vom Alltag der Soldaten, von ihren Erwartungen, Ängsten und Konflikten, von der Beteiligung der Truppenteile an nichtmilitärischen Maßnahmen, vom Verhältnis zwischen den verschiedenen bewaffneten Formationen des »Dritten Reiches« und vielen anderen Details unterhalb der »großen« Geschichte.

Ähnliches gilt für die Amateurfotos, mit denen Kriegsteilnehmer der Heimat ihre Taten und Erlebnisse illustrierten. Im Ersten Weltkrieg war die Fotografie noch ein aufwendiges Handwerk und als Amateurtätigkeit kostspieliges Privileg von Offizieren und höheren Beamten gewesen. Typische Bildwerke aus dem Krieg von 1914 bis 1918 sind Plattenaufnahmen, die nach einer gewissen Vorarbeit und mit Stativ gefertigt wurden und daher oft etwas inszeniert wirken.

Die Entwicklung der Kleinbildfotografie und die Massenproduktion kompakter Kameras erlaubte es im Zweiten Weltkrieg geradezu jedermann, ohne großen technischen und finanziellen Aufwand und ohne Fachkenntnisse spontan zu fotografieren. Die Empfindlichkeit der Filme war so gesteigert worden, dass »Schnappschüsse« (jedenfalls bei Sonnenschein!) zu brauchbaren Ergebnissen führten; die »Box« passte ins Gepäck des Landsers; wegen der gesunkenen Kosten war es hinzunehmen, dass das eine oder andere Foto »nichts wurde«.

Die offizielle Haltung zum Fotografieren war uneinheitlich. So manche Aufnahme von Angriffsvorbereitungen oder Kriegsverbrechen war eigentlich verboten, doch war eine umfassende Kontrolle des Kameragebrauchs nicht möglich. Solange und soweit die Fotos den Krieg entsprechend den Vorgaben der Propaganda als aufregend-großartige Leistungsschau deutschen Mannesmutes und deutscher Technik darstellten, war die Unterstützung der Kinowochenschau durch Kleinbild oder Rollfilm sogar erwünscht. Zumeist dürfte man die belichteten Filme zur Entwicklung und zur Ausarbeitung der Abzüge in die Heimat geschickt oder gebracht haben. Bei längerem Aufenthalt in besetzten Gebieten mögen ortansässige Fotogeschäfte ihre Dienste angeboten haben.

3

4

Nach der Wende des Krieges im Spätherbst 1941 schwand die Motivation zum Fotografieren. Nun galt es nicht mehr, dem Krieg interessante Erlebnisse – und Bilder – abzugewinnen, sondern ihn zu überleben. Der Abenteuerurlaub war vorbei. Das Interesse der Familien und der Freundinnen an abgeschossenen Panzern war abgestumpft; ausgebrannte Häuser konnte man in der eigenen Stadt inzwischen mehr als genug sehen. Bildsendungen aus der Heimat in Richtung Front erhielten nur höheren Rang – und größere politische Brisanz. 1944 konnte man dem Soldaten schon Fotos seiner zwei- oder dreijährigen Kinder schicken,

5

6

die er nur als Säuglinge oder noch nie gesehen hatte. Ein Thema für Geheimhaltung, Zensur und strafrechtliche Sanktionen war nun die Beunruhigung der »schwer ringenden Front« durch Fotos aus den zerbombten Städten.

Der Krieg ging vorüber, und ungezählte Fotos verblieben in Familienalben oder Schuhkartons, irgendwo zwischen den steifen Gruppenbildern aus der Kaiserzeit, den Feldpostkarten aus dem Ersten Weltkrieg, den Bildchen vom Schwarzwaldurlaub 1934 und dem HJ-Lager 1937, den Fotos vom ersten Auto in den fünfziger Jahren und den »Buntfotos« von der Italienreise 1957.

Haushaltsauflösungen bringen die Fotos dann auf Flohmärkte und Sammlerbörsen. Natürlich ist nur ein Bruchteil historisch ergiebig und ein noch kleinerer Teil gibt in Sachen Eisenbahn etwas her. In der Regel lichtete man – meistens doch nur verwackelt – den Kameraden Fritz beim Essenfassen ab, nahm unterbelichtet den zu weit entfernten Eiffelturm auf, scheiterte an der Bewegungsaufnahme eines Flugzeugs oder verewigte drei Alleebäume im Vordergrund statt des im Sucher gesehenen Sonnenuntergangs.

Aber es gibt auch schätzenswerte Funde, wie unsere Auswahl zeigt. Da fährt die Truppe mit dem Allerwelts-Flachdachgüterwagen des Gattungsbezirks »München« nach Polen oder Russland (Bild 1). Da ist ein offener »Essen« mit einer behelfsmäßigen Plattform ausgerüstet, von der aus ein MG Tiefflieger abwehren soll (Bild 2). Da liegt ein Wagen der schon gezeigten

7

8

Flachdachbauart entgleist auf dem Bahndamm und dient zwei Kameraden als Fotohintergrund (Bild 3). Und dann hat man Warschau eingenommen, wo die Verteidiger aus Straßenbahnwagen eine Barrikade errichtet hatten (Bild 4). Ein Offizier hoch zu Ross führt eine kleine Siegesparade durch die Stadt, und die schirmbemützten Herren auf dem Wehrmachtskraftwagen (»WH« = Wehrmacht/ Heer) grüßen zackig (Bild 5). Am Wegrand verwesen tote Pferde (Bild 6).

Und dann gab es auch die Szenen, die im offiziell propagierten Bild des Krieges schon weniger präsent waren und von denen man später einmal nicht so viel gewusst haben wollte: Vor brennenden Häusern kontrollieren Männer mit Stahlhelm und Gewehr Zivilisten, und auf dem Bürgersteig liegt ein Toter (Bild 7). Vor einem Bus geht ein »verdächtiges Element« mit schwarzem Bart einem ungewissen Schicksal entgegen (Bild 8). Schließlich wird eine riesige Anzahl Zivilisten durch eine enge Straße getrieben. Den Gehsteig dürfen sie nicht benützen, und die Fahrbahn müssen sie sich mit der reichlich vorhandenen motorisierten SS teilen, die mit diesen Menschen kaum Gutes im Sinne hat (Bild 9).

9

Szenenwechsel. Ein sichtlich mit besserer Ausrüstung gefertigtes postkartengroßes Bild trägt rückseitig die Aufschrift »… auf der Fahrt von der Ost- zur Westfront zwischen Leipzig und Halle. (Polenfeldzug) September 1939« Auf Rungenwagen des Gattungsbezirks »Stuttgart« werden die Fahrzeuge der motorisierten Einheit von Polen in den Aufmarschraum gegen Frankreich verlegt. Auf der langen Reise vom San oder von der Weichsel an den Rhein oder die Mosel legt man nur das kurze Stück von Leipzig nach Halle elektrisch zurück. Die alte Oberleitung von 1922 mit Quertragwerken sollte 1946 demontiert werden (Bild 10).

Westen. Ein alter belgischer Dreikuppler der Reihe 44, der schon den Ersten Weltkrieg in deutschen Mi-

10

litärdiensten erlebt hat, trägt die Beschriftung »Bw Mons« und fährt für die Wehrmachtsverkehrsdirektion Brüssel. Ein deutscher Soldat kommt mit aufs Erinnerungsfoto (Bild 11). Die stolze Vierzylinder-Verbund-Pacific 231 D 756 der Region West der SNCF ist mit einem französischen Eisenbahner stimmungsvoll aufgenommen (Bild 12). Mindestens zwei Dampfloks und ein Personenzug sind einem Unfall oder einem Anschlag zum Opfer gefallen und liegen ineinander geschoben auf dem Bahndamm. Die kleinrädrige 2C hat zwei getrennt zu bedienende Steuerstangen für die Hoch- und Niederdrucktriebwerke. Dahinter liegt quer eine Pacific mit Zylinderanordnung nach de Glehn (Bild 13).

Eine gewaltige Sprengung oder auch ein schweres Hochwasser dürfte schuld daran sein, dass irgendwo auf einer mehrgleisigen Strecke »im Westen« deutsche offene Güterwagen mitsamt ihrer Ladung wie Spielzeug auf und neben den tief durchhängenden Gleisjochen liegen (Bild 14 und 15).

Neues Motiv: Der preußische Abteilwagen im Krieg. Bei St. Egidien in Sachsen nahm ein unbekannter Fotograf seine aus den Fenstern und aus einer geöffneten Tür lachenden Kameraden auf (Bild 16). Die Aufnahme unter hoher Bahnhofshalle trägt rückseitig die Beschriftung »14.III.42, 21.IV. in Pilsen« (Bild 17). Auf einem russischen Bahnhof streift der Blick über den hölzernen Frostschutzkasten einer preußischen Loko-

11

12

motive auf einen langen Zug aus ebenfalls preußischen Abteil-Dreiachsern. »Bei der Verlegung« steht auf der Rückseite (Bild 18). Und schließlich müssen Laufbretter und Türgriffe des alten Drittklasswagens sogar als provisorisches Badezimmer herhalten. Waschen und Rasieren sind angesagt (Bild 19).

13

Albumblatt »Ostfeldzug«: Mit fachkundigem Blick inspizierte ein gewisser Helmut Schneider aus Berlin sowjetische Abstellgleise. »Stalinlok Breitspur« heißt es auf der Rückseite des Fotos der modernen 1′E1′h2 der Reihe FD-20 (Bild 20). Die notdürftigst getarnte »russ. Breitspur-Panzerlok« ist ein Vierkuppler der Hauptgattung O (Bild 21). Die 1′C1′h2 der Reihe S^U (erste Serie von 1925) trägt die Aufschrift eines Feldeisenbahn-Betriebswerks »FBw Bataisk-Nord«. Schneider hat vermerkt: »russische Breitspur-Ölfeuerlok (Schnellzug)« (Bild 22).

Wieder ein anonymer Fotograf hat uns das Bildchen einer im Betrieb angetroffenen S^U zweiter Serie ebenfalls mit einer »FBw«-Beschriftung (Fastow?) hinterlassen (Bild 23). Aus Polen mitgebracht haben die Deutschen die kleine preußische Th 3-85. Die nun in Brest-Litowsk beheimatete Lok von 1899 war wohl die letzte überhaupt eingesetzte preußische G 4^2! Sie hat einen großen vierachsigen Tender mit amerikanischen »Diamond«-Drehgestellen erhalten (Bild 24). Im äußersten Osten des umgespurten Netzes verewigte Hauptmann Vogel im harten Winter 1941/42 zwischen Wjasma und Brjansk ausgerechnet eine 56^{30}, vormals G 8^2 der Lübeck-Büchener Eisenbahn (Bild 25). Damit endet unsere Bilderfolge aus den Privatsammlungen von Kriegsteilnehmern.

14

15

16

17

18

19

20

21

22

23

24

25

Lokomotiven im Krieg

Max Ittenbach, Berlin

In einem Bw des »Altreichs« (nach den aktenkundigen Beheimatungen der Loks war es das Bw Berlin-Pankow) mit zeittypischer Parole warten die preußische G 8^3 mit der Nummer 56 162 und die Kriegslok 52 2152 vor der Windhoff-Drehscheibe auf ihre nächsten Einsätze. Beide stammten von Henschel. Die erstgenannte war 1920 gebaut worden, fuhr bis in die Nachkriegszeit bei der RBD Berlin und wurde dann noch von 1947 bis 1961 in Sachsen eingesetzt. Die 52 war im Februar 1943 an die RBD Berlin geliefert worden, rollte im September 1943 zum Bw Lemberg West ab, war nach dem Krieg bei der DDR-Reichsbahn und wurde 1956 von dort nach Bulgarien verkauft.

Die beiden Loks stehen durchaus beispielhaft für den deutschen Lokomotivpark im Zweiten Weltkrieg. Ihr Fabrikant Henschel war der größte deutsche Lokhersteller. Mit Expansion (Übernahme von Chrzanow in Polen) und wiederholter Bombardierung, mit Lieferungen an die Deutsche Reichsbahn und politisch gewollten Exportaufträgen sowie mit dem Einsatz von Zwangsarbeitern verlief die Geschichte der Kasseler Firma typisch für Unternehmen jener Zeit. Die Loks vertreten einerseits die preußischen Länderbahnloks und andererseits die Einheits- und Kriegsloks der Deutschen Reichsbahn und damit die beiden wichtigsten Gruppen von Lokomotiven im deutschen Machtbereich. Preußische Loks, wenn auch nicht gerade die wenig gelungene dreizylindrige 1'D-Lok, waren ja außer bei der DRB auch bei den Bahnen in Polen, Litauen, Belgien, Frankreich und Rumänien stark vertreten. Die Einheitsloks hatten bis in die mittleren dreißiger Jahre bei weitem nicht die Relevanz, die ihrer öffentlichen Wahrnehmung entsprach. Sodann aber erlangten die Güterzugloks der Baureihen 41, 44, 50 und 86 und sodann die 52 und schließlich die 42 nach Stückzahl und Leistungsfähigkeit eine überragende Bedeutung auf der Schienen Deutschlands und der besetzten Gebiete im Osten und Südosten.

Räder müssen rollen
für den Sieg.
56 162
WINDHOFF

Die Deutsche Reichsbahn und die Bahnen in dem ab 1938 schnell expandierenden deutschen Machtbereich verfügten über eine schier unermessliche Vielfalt von Lokomotiven. Keine Bilderfolge und kein erläuternder Bericht könnte eine auch nur annähernde Vollständigkeit bieten. Als Einleitung ist den Fotos ein Text von Hans Herbert Frohn (geboren 1919, verstorben 2004) über seine Lokomotivbeobachtungen der Jahre 1938 bis 1945 vorangestellt. Der Verfasser war 1937 mit 18 Jahren zur Wehrmacht einberufen worden. Wie für Millionen anderer Soldaten hat sein Dienst länger gedauert als erwartet und gewollt, einschließlich Gefangenschaft zehn lange Jahre. In dieser Zeit hat er unfreiwillig die Bahnen Deutschlands, der Tschechoslowakei, Österreichs, Frankreichs, Polens, Dänemarks, der Sowjetunion und Rumäniens kennen gelernt. Als Eisenbahnfreund von Kindesbeinen an hat er seine Beobachtungen sachkundig protokolliert. Fast jeder damalige Soldat hat so viele Lokomotiven gesehen, ganz gleich ob sein Weg nun nach Polen, Belgien und Jugoslawien oder über Ungarn und Bulgarien nach Griechenland und weiter über Afrika nach Italien führen mochte. Lassen wir nun H. H. Frohn zu Wort kommen:

Im Herbst 1937 wurde ich Soldat. Da ich meine Dienstzeit in Hamburg abzuleisten hatte, gab es eisenbahnmäßig nichts Neues – außer dass zu meinem großen Bedauern die Lübeck-Büchener Eisenbahn zum 1. Januar 1938 von der Reichsbahn übernommen wurde. Sie war eine der letzten deutschen Privatbahnen mit Hauptstrecken gewesen. Als »Bewohner« des neuen Kasernenkomplexes im Nordosten von Hamburg-Wandsbek kam ich für die ersten Monate des Soldat-Seins noch in den Genuss, häufiger Benutzer der LBE zu sein: Diese hatte für ihre »feldgraue« Kundschaft in der Nähe der Kasernen die Haltestelle Wandsbek Ost eröffnet.

Ein Jahr später nahm unsere Divison an der Besetzung des nördlichen Sudetenlandes teil, wo ich dann erste tschechische Eisenbahnstrecken erlebte. Triebfahrzeuge waren allerdings kaum zu sehen: Sie waren rechtzeitig ins Landesinnere abgefahren worden. Bald darauf, zum 1. Januar 1939, versetzte man mich nach Österreich. Zunächst hatte ich mich in Wien-Strebersdorf zu melden. Der D 456 brachte mich von Leipzig über Passau in die Donau-Metropole. Ab Passau war es hell, so dass nicht nur die österreichische Winterlandschaft betrachtet, sondern auch alles, was sich auf den dortigen Schienen bewegte, beobachtet werden konnte. Vor allem die vielen älteren Lok mit gewaltigem Kobelschornstein fielen auf. Von Wien ging es wenige Tage später weiter nach Engerau, dem einige Monate vorher deutsch gewordenen Brückenkopf der slowakischen Hauptstadt Pressburg (Bratislava). Für die Fahrt dorthin musste man die »Pressburger Bahn« benutzen, eine normalspurige elektrische Überlandbahn, die vor dem Ersten Weltkrieg eröffnet worden war und damals bis Pressburg führte. Jetzt endete sie in Berg, kurz vor der vormaligen österreichisch-tschechoslowakischen Grenze. Der restliche Weg bis in die einen trübseligen Eindruck verbreitende Vorstadt Engerau und die schäbig wirkende Barackenkaserne musste zu Fuß zurückgelegt werden.

Die in den zwanziger Jahren von den BBÖ übernommene und mit ihr zur Deutschen Reichsbahn gelangte Überlandbahn war in mehrfacher Hinsicht bemerkenswert: Innerhalb des Stadtbereiches von Wien fuhr sie mit Gleichstrom 600 V. Als Triebfahrzeuge dienten zwei- bzw. vierachsige Ellok (DRB E 171, E 172) sowie elektrische Triebwagen. Ab Schwechat wurde mit Wechselstrom 15 kV 16 2/3 Hz gefahren. Vor den Personenzügen sah man dann meistens kleine 1'B1'-Maschinen (E 72).

In den nächsten Monaten wurden die Sonntagsurlaube benutzt, um zunächst Wien und dann später die weitere Umgebung zu erkunden. Da ging es in Wien, abgesehen von den touristischen Sehenswürdigkeiten, Besuchen im Burgtheater etc. natürlich um die Bahnhöfe. Für mich waren sie damals typisch für die Rich-

Max Ittenbach, Berlin: »Auf dem Rangierbahnhof«

Die 93 048 war im Kriegsjahr 1915 von Henschel gebaut worden. Sie gehörte zum Bw Berlin-Lichtenberg und dürfte wohl auch dort aufgenommen worden sein. Mit Warnanstrich und Laternenblenden ist sie für den Betrieb unter Verdunkelungsbedingungen eingerichtet.

Below, Stettin: »Abladen von Signalgeräten im Osten«

Die 91 401 war in Roßlau an der Elbe zu Hause und gehört nun zum Bw Krolewschisna des Maschinenamtes Polozk der RVD Minsk. Die Kreideanschrift »Kein Wasser im Kessel« kann nicht zutreffen, denn die Lok steht unter Dampf und hilft im Baudienst. Jung hatte sie 1902 gebaut. Nach dem Krieg befand sie sich in der sowjetischen Besatzungszone und wurde 1947 in die Sowjetunion verbracht.

tungen, in die die Züge von dort abfuhren. Vornehm und großartig der Südbahnhof, ihm nicht sehr viel nachstehend West- und Franz-Josefs-Bahnhof, wesentlich bescheidener der Nordbahnhof. Geradezu ein Schuppen erschien mir der in der Nähe des Südbahnhofs gelegene Ostbahnhof, von dem aus die Züge nach Ungarn und weiter in die Balkanländer fuhren. Im Westbahnhof imponierten mir natürlich am meisten die beiden österreichischen Schnellzuglok-Gattungen 214 (DRB 12^{0}) und 310 (DRB $16^{0\,II}$), erstere eine 1'D2'-h2, letztere eine 1'C2'-h4v (von Gölsdorf). Vom Südbahnhof habe ich in erster Linie die Reihe 113 (DRB 33^{1}), eine 2'D-h2, in Erinnerung, die dort vor den Schnellzügen Richtung Semmering zu sehen war. Im

Solche Züge sah man ab Sommer 1941 in Deutschland oft. Ein erheblicher Teil des Bestandes an 38^{10}, 55^{0}, 55^{7}, 55^{16}, 56^{2-8}, 56^{20}, 57^{10}, 91^{3} und 92^{5} wurde zum »Osteinsatz« abgefahren und ging wechselvollen Schicksalen entgegen. Hier folgen der 55 4058 eine 57^{10}, dann wieder eine 55^{25}, nochmals eine 57^{10}, wieder zwei 55^{25}, dann wohl eine 56^{20} und schließlich ein Abteilwagen für die begleitenden Personale. Vielleicht war die 55 4058 gerade auf dem in ihrem Betriebsbuch dokumentierten Weg vom alten Heimat-Bw Scherfede (bis 8. November 1941) nach »Tarnow zur Weiterleitung nach Gomel« (ab 9. November 1941). Nach Stationierungen in Dünaburg und Dnjepropetrowsk gehörte sie zu den vielen Loks, deren Spuren sich im Laufe des Krieges verloren. Die Lokzüge erforderten viel Personal: Anfang der vierziger Jahre waren 15 % der Lokführer und Heizer der RBD Berlin für Überführungen gebunden.

Und so fuhren dann die preußischen Güterzugloks im »Osten«. Die 57 1044 aus der RBD Regensburg trägt die Anschrift DR-Ost und ist mit behelfsmäßigem Frostschutz ausgestattet. Sie gehört zu den pr. G 10, denen ein bayerischer Tender von ausgemusterten G 4/5 oder G 5/5 beigegeben worden war. Die Lok wurde 1965 in Saarbrücken ausgemustert. *Sammlung: Andreas Knipping*

Franz-Josefs-Bahnhof waren es Lok der Reihe 670 (DRB 39^3, 1'D1'h2), die die qualifizierten Züge nach Prag oder Pilsen bis Gmünd schleppten. Mit den österreichischen Bezeichnungen der Lok wurde ich schon deshalb vertraut, weil viele Maschinen vorerst noch keine Reichsbahn-Nummer trugen und andere neben der neuen Bezeichnung noch die alte.

Einer der schönsten Sonntagsausflüge führte mich im Februar 1939 nach Graz. Um die Hotelkosten zu sparen, benutzte ich den Nacht-Personenzug, der am Sonntag in der Frühe in Graz ankam. Das erstmalige aufregende Erlebnis der Semmeringstrecke blieb mir so für die Rückfahrt aufgespart. Aber in Graz Hbf entdeckte ich gleich nach der Ankunft etwas, auf das ich nicht vorbereitet war: Mehrere 2'B-Lok der Graz-Köflacher Bahn (ex Reihe 17c der Südbahn).

Als ich Ostern 1939 einige Tage Heimaturlaub bekam, benutzte ich den neuen Korridor-Zug Wien–Oderberg–Breslau–Berlin. Auf der Nonstop-Fahrt von Lundenburg über Oderberg nach Ratibor sah ich so ziemlich einen Querschnitt durch den Fahrzeugbestand der ČSD, die jetzt zur BMB/ČMD umfunktioniert war. Kurz zu nennen wären die Dreikuppler mit Tender der ČSD-Reihe 324.3, eine 53^{75} der DRB sowie die Lok gleicher Achsanordnung ohne Tender, die, soweit von der DRB übernommen, ausnahmslos unter dem Gattungszeichen L (Lokalbahnlok) eingereiht wurden, wie z.B. auch die in Ost-Mähren beobachteten Maschinen der ČSD-Reihe 313.4 (nunmehr DRB 98^{12}) und ČSD-Reihe 310.1, jetzt DRB 98^{77}. Vor Nebenbahnzügen ließen sich die dafür sehr brauchbaren relativ neuen 1'D1'-h2-Tenderlok der ČSD-Reihe 423.0

Walter Hollnagel, Hamburg: »Wasserstation in Osten«

Diese P 8 führt den typischen Truppentransport mit Abteilwagen für die Offiziere, gedeckten Güterwagen für die Mannschaften und flachen Wagen für die Fahrzeuge. Der Wasserturm mit Holzverkleidung erinnert an Filme aus dem »Wilden Westen«.

blicken (DRB-Reihe 93^{15}). Güterzüge wurden von den alten Vierkupplern vormals Reihe 73 der k.k. Staatsbahn, dann ČSD 414.0, nunmehr DRB 55^{57} geschleppt. Auch moderne Maschinen wurden gesichtet wie die der ČSD-Reihe 434.2, nunmehr 56^{36} und die Fünfkuppler der ČSD 524.2 (ex kkStB 180), jetzt DRB 57^{2}.

Aus dem Osterurlaub hatte ich mein Fahrrad mitgebracht, und nun streifte ich jeden Sonntag in der weiteren Umgebung herum: Mal botanisierend, mal auf der Jagd nach kunsthistorischen Sehenswürdigkeiten und last not least auf der Suche nach weiteren Lokomotiven. Eines Sonntags besuchte ich den gar nicht weit entfernten Seewinkel zwischen Neusiedler See und ungarischer Grenze. Am Bahnhof des Wallfahrtsortes Frauenkirchen qualmte es, so dass ich schneller in die Pedale trat, um die offensichtliche Lok nicht zu verpassen. Es lohnte sich: Meine erste ungarische Lok, ein uralter Dreikuppler mit Schlepptender vor einem GmP Pamhagen–Neusiedl der Raab-Ödenburg-Ebenfurter Eisenbahn – jenem Zwitter, dessen Strecken seit 1919 auf zwei Länder aufgeteilt sind, Ungarn und Österreich.

Ein anderer Ausflug führte nach Bruck an der Leitha, an der Strecke Wien–Budapest gelegen. Ich kam gerade zurecht, um den L 6, den Orient-Express, durch-

Bilderdienst Bittner, Berlin

Hier ist eine P 8 nur Hintergrund für die im Gleichschritt voranmarschierenden Eisenbahner älteren Jahrgangs. Links ist an der Mütze ein Bediensteter der früheren Polnischen Staatsbahn zu erkennen. Auch die Lok war in Polen erbeutet worden; sie trägt unter dem PKP-Schild die Aufschrift »Deutsch«.

fahren zu sehen. Zuglok war eine Lok der Reihe 209 (DRB 38^{41}, 2'Ch2) des »Heizhauses« (Bw) Wien Ost.

Im April zog die Einheit, der ich angehörte, um nach Nikolsburg. War Engerau – Kaserne und Ort – sehr trist gewesen, entpuppte sich Nikolsburg, ein reizendes altes Städtchen im südmährischen Hügelland, als das Gegenteil. Dumm war nur, dass die Kaserne 3 km von der Stadt entfernt lag; zum Bahnhof war es noch weiter. Um nach Wien zu gelangen, fuhr man am besten über Lundenburg. Die Personenzüge auf dieser Strecke, der Thayatalbahn, waren mit 1'C1'-h2 Loks bespannt. Nachdem sie ihr Leben in Österreich als Reihe 429 begonnen hatten, hießen sie bei der ČSD 354.7, um schließlich bei der DRB als 35^2 zu laufen.

Eine Truppenübung in den kleinen Karpathen nördlich von Pressburg bot Gelegenheit, nicht nur eine reizende Berglandschaft, sondern mit dem Transportzug auch Schienenwege der westlichen Slowakei kennenzulernen. Deren Eisenbahn war jetzt – wie das Land – selbstständig. Unser Zug wurde meist von E-h2 Lok gezogen, die unter ihrer alten ČSD-Nummer weiter als 524.0 liefen und in den zwanziger Jahren von tschechischen Lokfabriken der österreichischen Reihe 80 nachgebaut worden waren.

In diese Zeit fiel auch ein Tagesausflug nach Brünn. An sich war es verboten, ohne entsprechende Berech-

Walter Hollnagel, Hamburg: »Straße und Landschaft im Osten, Poltawa«

Über den Fluss Worskla blickt der Fotograf auf ein paar Bauernhäuser und die Ruine eines mächtigen Klosters auf dem Bergrücken. Dazwischen fährt eine P 8 ganz alleine Tender voraus ihres Weges.

tigungsausweise die nahe Grenze zum Protektorat Böhmen und Mähren zu überschreiten. Ich nahm deshalb einen Tag Urlaub, zog Zivil an und radelte Richtung Grenze. In einem vorher auf der Karte erkundeten sumpfigen Wald versteckte ich mein Fahrrad im dichten Unterholz, überschritt die mitten durch den Wald verlaufende Grenze und bestieg in Branowitz den Zug nach Brünn. Nach einer Stadtbesichtigung verbrachte ich die restliche Zeit auf dem Hauptbahnhof. Besonders imponierten mir zwei Schnellzuglok-Gattungen. Die erste kannte ich schon von Wien her: Gölsdorfs 1′C2′-h4v, die hier als 375.0 lief. Die andere war die 2′C1′-h3-Neubaulok der ČSD der Reihe 387.0. Später sah ich sie in Lundenburg, Prag usw. noch etliche Male und habe sie stets bewundert. Herrlich, aber natürlich viel zu kurz, war die Vorbeifahrt am Bw Horni Heršpice am südlichen Rand der Stadt: Was es da alles zu sehen gab! Über die »grüne Grenze« ging es zurück. Mein Fahrrad fand ich unberührt, und hoch befriedigt rollte ich am Abend wieder in die Kaserne. In diesem Zusammenhang verdient Erwähnung, dass die 60 km lange Strecke Lundenburg– Brünn, an der Branowitz liegt, von der neuen Grenze sieben Mal durchschnitten wurde! Im Münchener Abkommen hatte man sich 1938 strikt an die Volkstumsgrenzen gehalten.

Die Urlaubsreise des Sommers 1939 führte zunächst nach Hause, dann von Elmshorn über München und Salzburg in das sonnige Kärnten. Von den süddeutschen Lok, die ich auf dieser Reise sah, sei hier nur kurz berichtet: Vor Schnellzügen sah man 01 und 18^{5}, vor Personenzügen meist preußische P 8 (38^{10-40}). Güterzüge zeigten sich meistens mit 44ern oder preußischen G 12 (58^{10}). Ab München zog eine E 16 den Zug, und in Salzburg begeisterten mich nicht nur die historischen Bauten dieser großartig gelegenen Stadt, sonderen auch manche Lok. So vor allem die österreichischen »Krokodile«, die jetzt als E 89 eingereiht, die schweren Reisezüge über die Tauernbahn schleppten. Aber auch eine E 93 sah ich in Salzburg zum ersten Mal. Nie vergessen werde ich eine Fahrt auf der Schmalspurbahn durch das Gurktal in Kärnten bei sommerlicher Hitze (Lok 99^{78}, C1′-n2t). Nach einigen Tagen in diesem herrlichen Land brachte mich dann eine 33^{1} vor dem Schnellzug nach Wien, von wo es nach Nikolsburg weiterging.

SS-PK-Aufnahme Kriegsberichter Zschäckel: »Bahnhof Charkow von Brückentrümmern geräumt. Sofort nach der Wiedereinnahme Charkows durch die deutschen Truppen begannen überall in der Stadt die Aufräumungsarbeiten. Vor allem ging man sofort daran, die Bahnhofsanlagen wieder in Ordnung zu bringen und von den Trümmern der gesprengten Brücken zu räumen. Unser Bild zeigt die Brückenreste werden auf Güterwagen verladen und abtransportiert« *(Satzbau des letzten Satzes original zitiert)* ***3.6.43***

Charkow war von 24. Oktober 1941 bis 16. Februar 1943 und von 12. März 1943 bis 23. August 1943 in deutscher Hand. Zwischenzeitlich konnte die Stadt auch 1942 nur schwer gegen die Rote Armee gehalten werden. Die Kämpfe um die Metropole im Nordosten der Ukraine forderten zahllose Opfer. Kurz nach der Wiedereroberung im Frühjahr 1943 rangiert eine preußische G 10 (57^{10}).

In den folgenden Sommerwochen und dann auch fallweise in den nächsten Jahren führte mich noch so manche Reise durch die österreichischen Lande, so dass ich nach und nach fast alle Lok-Gattungen der ehemaligen BBÖ kennenlernte. Nur zwei möchte ich erwähnen. Dass ich sie zufällig sah, erwies sich später als Glücksfall: Sie wurden nämlich bald ausgemustert – die 14 002, eine der beiden letzten 2′B1′-n2 Lok der österreichischen Reihe 308, und eine der Reihe 409, eine 2′C-h2-Lok mit Innenzylindern, die jetzt als DRB $17^{6\,II}$ lief.

Im Herbst 1939 begann dann der große Krieg. Die Division, der wir angehörten, wurde am Westwall, im Pfälzer Wald, eingesetzt. Vorher rollte der Transportzug aber erst einmal zum Truppenübungsplatz Münsingen auf der Schwäbischen Alb. Aus diesen Wochen erinnere ich mich noch gut an meine erste Bekanntschaft mit der württembergischen Zahnradstrecke Reutlingen–Schelklingen und ihre fünfgekuppelten Zahnradlok 97^5. In Ulm sah ich die 2'C1'-h4v der Baureihe 18^1.

Einige Wochen später zogen wir weiter westwärts - zunächst in den Raum Bruchsal. Aus dieser Zeit rührt meine erste (und letzte) Begegnung mit der großen württembergischen Güterzuglok der Reihe 59^0 (1'F-h4v), die vor einigen schweren Güterzügen aus Richtung Stuttgart heranstampfte. Wenn ich auf der Brücke zwischen Bahnhof und Tunneleingang Richtung Bretten stand, war es immer ein spannendes Vergnügen, zu wetten, ob vor dem nächsten Güterzug, der aus dem Tunnel hervorkam, eine G 12 ($58^{5,10}$) oder eine 59er (wü. K) zu sehen sein würde.

An die ruhigen Winter- und Frühjahrsmonate an der Front südlich von Pirmasens schloss sich im Juni 1940 der verlustreiche Durchbruch durch die Maginot-Linie bei Saaralben an. Danach diente unser Regiment als Besatzungstruppe in Metz – für rund acht herrliche Wochen! In der freien Zeit war ich meist mit dem Fahrrad unterwegs und besuchte sehr oft das Bw Metz-Sablon. Da ich mich mit den »Reichseisenbahnen Elsass-Lothringen« bzw. mit ihrer Nachfolgerin, der »Alsaçe-Lorraine« schon früher beschäftigt hatte, wusste ich, was dort auf mich wartete: Im wesentlichen Gattungen, die (fast) identisch waren mit preußischen Baureihen. Daneben gab es aber auch einige Arten, die völlig neu für mich waren, wie z.B. die 2'C-h4v der Reihe S 9 mit ihren überdimensionierten Windleitblechen. Die T 5 dagegen, von der in Sablon noch ein Exemplar existierte, kannte ich von Bamberg her: eine 1'B2'-n2t (DRB 73^0), vormals bayerische D XII. In Reding, etwa auf halbem Wege zwischen Metz und Straßburg, standen auf den zahlreichen Abstellgleisen viele Loks aller möglichen Gattungen. Waren sie dort zusammengefahren worden, um sie der Fronteinwirkung zu entziehen? Dann aber hätten sie allein durch ihre Massierung deutschen Bombern ein ideales Ziel geboten. Aber gottlob war nichts passiert. Hier entdeckte ich weitere mir bis dahin nicht bekannte Typen der AL, z.B. die G 14 (1'D-h2), die US-Kriegslok des Ersten Weltkrieges, die T 17, eine 2'C2't-Maschine, und die T 19, eine 1'E1't-Lok. Die neueren und neuesten Pacific-Schnellzuglok S 12, S 14 und S 16 sowie die 2'D2'-h4vt der Reihe T 20 sollte ich erst später im Elsass, vornehmlich in Strassburg, kennenlernen.

Die paradiesische Zeit in Metz dauerte nicht lange. Ende August wurden wir wieder einmal verladen. Die Reise ging gen Osten. Beim Lokwechsel in Bebra setzte sich eine 58^{10} (G 12) des Bw Gerstungen vor den Zug. Meine Bitte an den Meister, mich ein Stück auf der Lok mitfahren zu lassen, wurde erfüllt. Allerdings hieß es: »Herr Leutnant müssen aber bei der Durchfahrt durch die größeren Bahnhöfe, vor allem bei den Stellwerken, in die Knie gehen, die Kollegen dort dürfen nichts merken, sonst bekommen wir großen Ärger!«. Nun, ich hoffe, er hat meinetwegen keinen Tadel bekommen – es war jedenfalls eine herrliche Fahrt! In Weißenfels war der nächste Lokwechsel, und ich stieg wieder in mein Abteil. Einige Wochen im Raum Brieg in Schlesien schlossen sich an. Dann ging es erneut auf die Reise: Die Kompanie wurde zu einer Neuaufstellung ins niederösterreichische Waldviertel verlegt.

Die nächsten fünf Monate verbrachten wir im Raum Gmünd, im »österreichischen Sibirien«, wie das Waldviertel im Hinblick auf das dortige rauhe Klima nicht ganz zu unrecht genannt wird. Gmünd liegt an der Franz-Josephs-Bahn, und der große Hauptbahnhof, der mitsamt dem Ausbesserungswerk im Gegensatz zur Stadt zwei Jahrzehnte zur Tschechoslowakei gehört hatte, befand sich wieder im Besitz Österreichs, d.h. jetzt des Deutschen Reiches.

Eines Tages im Herbst 1940 stand ich wieder einmal auf der Straßenbrücke, die über das relativ große Bw-Gelände führt, und fotografierte Lok, was sehr lohnend war, weil nicht nur nicht wenige CSD-Baureihen dort zu sehen waren, sondern auch einige Raritäten, wie z.B. Gölsdorfs 206 (2'B-n2v = $13^{1\,II}$). Es dauerte nicht lange, und es kam ein BMB-Beamter (Gmünd Hbf war, obwohl auf deutschem Gebiet gelegen, Gemeinschaftsbahnhof) angeradelt. Als er mich barsch anfuhr, das Fotografieren sei verboten, war ich so verdutzt, dass ich vergaß, ihm mit gleicher Münze heimzuzahlen. Formal war er natürlich im Recht, und es wird ihm als Tschechen sicher eine Genugtuung bedeutet haben, einen deutschen Offizier zur Ordnung zu rufen. Nachträglich sei es ihm gegönnt. Interessant war auch der Fahrpark der Waldviertler Schmalspurbahnen. Hier erweckten die D2'-Stütztenderlok, die zu Beginn ihres Daseins auf der Mariazellerbahn gedient hatten, mein besonderes Interesse. Anfang November konnte ich für einige Monate heimfahren. Zurück bestieg ich in Dresden den Schnellzug Berlin–Prag–Wien. In Böhmen schneite es heftig. Aber ich war trotzdem erstaunt, als der Zug südlich von Tabor im Schnee stecken blieb und erst nach ein bis zwei Stunden mit Hilfe einer Vorspannlok wieder freikam. Und das Mitte November!

Ende Januar 1941 durfte ich dann meine restlichen Urlaubstage nehmen. Mich reizte es, nach Frankreich zu fahren, um einiges vom Land, seinen Kunstwerken und natürlich auch von der Eisenbahn zu sehen. An sich waren nur Dienstreisen nach Frankreich erlaubt. Aber mein Chef hatte Verständnis und stellte mir entsprechende Papiere aus. Über Straßburg, Colmar und Mülhausen ging es nach Dijon, wo ich auf dem großen Bahnhof mit dem überaus regen Betrieb die ersten Lok der vormaligen PLM zu sehen bekam. Vor allem deren riesige 2'D1'-h4v Schnellzuglok begeisterten mich. Aber auch die mir fremden Wagen und die ganz anderen Signale fanden mein Interesse.

Weiter ging es nach Westen. Meine Absicht, bis nach Bordeaux zu fahren, ließ sich wegen größerer Zugverspätungen leider nicht realisieren, aber ich kam wenigstens bis Tours. Dort sah ich die großen 2'Do2'-Ellok, die auf der Strecke Paris–Bordeaux die schweren Schnellzüge schleppten, ebenso wie viele alte und neuere Dampflok der vormaligen PO: Von der alten 1'B1'-Reisezuglok bis zur Hochleistungsmaschine der Reihe 231-700 (2'C1'-h4v), die Maître André Chapelon einige Jahre zuvor modernisiert hatte. Auf der Rückreise konnte ich bei einem längeren nächtlichen Aufenthalt in Nevers einen Blick in das dortige Depot werfen und entdeckte die nagelneue 240 P 1 (2'D-h4v), einen Vorläufer der großartigen Nachkriegsschnellzuglok der SNCF 241 P (2'D1'-h4v).

Nach einem kurzen Intermezzo im oberösterreichischen Innviertel im Frühjahr 1941 rollte wieder einmal ein Transportzug mit uns nach Osten. Ausgeladen wurden wir in Litzmannstadt, wie Lodz damals hieß. Als Zuglok fungierten etwa ab Tschenstochau große 1'E-h2 der PKP-Reihe Ty 23, die jetzt der Ostbahn unterstanden und als Reihe 58^{23} eingereiht waren. In Lodz blieben wir zwei Monate, bis es dann wieder weiter ostwärts ging und zwar ohne Eisenbahn. Vorher war ich jedoch in meiner freien Zeit oft auf den beiden Bahnhöfen der Stadt zu finden, und einmal unternahm ich an einem Sonntag einen Ausflug nach Warschau. Im sogenannten Fabriksbahnhof im Zentrum von Lodz, der als erster Bahnhof der Stadt ursprünglich wohl mehr dem Güterverkehr gedient hatte, jetzt aber als reiner Personenbahnhof fungierte, traf ich eine alte Bekannte, die ex-LBE Nr. 5 (2'B-h2), jetzt $13\,001^{II}$, vor einem Zug nach Koluszki. (Im benachbarten Kutno sollte ich später weitere ex-LBE-Lok treffen: Einige S 10!) Die Stichbahn Lodz–Koluszki schloss in K. an die schon immer regelspurige Warschau-Wiener Eisenbahn an. Fast alle anderen Bahnen, die bis 1914 in Russisch-Polen gebaut worden, mussten auf Verlangen der damaligen Behörden breitspurig ausgeführt werden und wurden dann im Ersten Weltkrieg von deutschen Eisenbahnpionieren umgespurt. Auf dem Gelände des Hbf, dessen Empfangsgebäude seinen russischen Ursprung nicht verleugnete, konnte ich etliche vormals preußische Lokgattungen beobachten wie die S 6, S 10[1], P 8 und G 8[1], ebenso aber auch neue polnische Bauarten, z.B. die Ok 22 und die bereits erwähnte Ty 23. Am meisten imponierte mir die Pt 31, eine 1'D1'-Schnellzuglok, mit der der PKP bzw. dem Herstellerwerk Chrzanow ein großer Wurf gelungen war. Nicht umsonst versetzte die Reichsbahn später einige dieser Lok nach Österreich, wo die Maschinen zuerst auf der Westbahn und später auf der Südbahn mit großem Erfolg eingesetzt wurden.

Ende Juni begann dann der schicksalsträchtige Feldzug, der Deutschland schließlich ins Verderben führen sollte. Bahnhöfe und Schienenfahrzeuge gab es in den nächsten Wochen nur noch selten zu sehen, und wenn, dann in chaotischem Zustand. Bei Wolkowysk konnte ich aus einem kleinen, völlig zerstörten Bahnhof je ein Kursbuch PKP 1939 und SZD 1940 mitnehmen. In Minsk fand ich im zerbombten Hbf einige russische Fahrkarten. Als ich Ende Juli bei den schweren Kämpfen in und um Smolensk das erste Mal ernsthaft verwundet wurde, meldete ich mich noch mit meinem Lungensteckschuss beim Regimentskommandeur ab, der im Keller des Bahnhofes seinen Gefechtsstand eingerichtet hatte, bevor ich zur Operation auf den Hauptverbandsplatz gefahren wurde. So sah ich wenigstens den Bahnhof!

Im Herbst 1941 begann ich mein Jura-Studium in Berlin. Am Semesterschluss wurde ich für acht bis zehn Tage nach Kopenhagen kommandiert. Dort erhielt ich in meiner freien Zeit einen ersten Überblick über das dänische Eisenbahnwesen und seine Dampflok. Die älteste, die ich zu Gesicht bekam, gehörte zur Klasse A (2'B-Personenzuglok). Die Lokgattung, die mir am meisten gefiel, hieß P, eine 2'B1'-h4v, vor dem Ersten Weltkrieg von Hanomag und Schwartzkopff gebaut. Andere Lokgattungen, die ich oft dort sah: Die beiden 2'B-Personenzugklassen C und K, die Mehrzwecklok D (1'C-h2) sowie die noch relativ neue S (1'C2'-h3t), die die Vortortzüge nach Helsingör beförderten. In Jütland sah ich vor Schnellzügen Lok der Klasse R, einer 2'C-Heißdampfmaschine, von der es Versionen mit zwei und mit drei Zylindern gab.

Nach kurzem Aufenthalt beim Ersatztruppenteil in Gmunden am Traunsee ging es Ende Mai 1942 zurück zur alten Einheit im Mittelabschnitt der Ostfront. Vom Aufenthalt in Warschau auf dem Güterbahnhof Praga sind mir noch die vielen dort damals stationierten nagelneuen Loks der Gattung 50 ÜK in Erinnerung. In Smolensk hatte ich mich zu melden und konnte mich bis zur Weiterfahrt an die Front auf dem Bahnhof, den ich ja vom Vorjahr flüchtig kannte, umsehen. Am meisten interessierten die im Vorgelände des Bahnhofs abgestellten russischen Breitspurloks. Da gab es neben vielen älteren Güterzugmaschinen der Klassen O = (Dn2/n2v) und E (E-h2) neue schwere Loks der Reihen JS (Josef Stalin) und FD (Felix Dscherschinski), nämlich eine 1'D2'-h2 für Reise- und eine 1'E1'-h2 für Güterzüge. Das waren mächtige Ungetüme, von denen ich später erfuhr, dass die Hauptteile der beiden Bauarten austauschbar waren. Auch eine ältere ausgesprochen formschöne Reisezuglok, eine 1'C1'-h2 der Klasse S^U, zierte die Abstellgleise.

Es folgten relativ ruhige Sommer- und Herbstmonate an der Front im Mittelabschnitt und schwere Ab-

W. Steiner, Berlin: »Feldgraue Eisenbahner auf einem Bahnhof im Osten«

In aller Bewegungsunschärfe des sehr lebendigen Fotos ist die frostgeschützte G 10 als 57 2498 zu erkennen. Diese Lok war am 16. Mai 1940 von der RBD Köln zum »Westeinsatz« und am 21. Oktober 1942 von der RBD Hamburg zum »Osteinsatz« geschickt worden. Anfang 1944 wurde sie nach Rumänien vermietet, im September 1944 gab es wieder eine Westfront, an der die G 10 benötigt wurde. Nach soviel Kriegsdienst standen der Lok dann noch ruhige Jahre bevor, bis sie 1959 von der DB beim Bw Finnentrop ausgemustert wurde. Rechts steht ein kleines motorbetriebenes Streckenbereisungsfahrzeug.

180
180
F

wehrkämpfe im Winter 1942 sowie im Frühjahr und Sommer 1943, nachdem wir Anfang Februar in den Raum Brjansk/Kursk verlegt worden waren. Den nächsten intensiven Kontakt mit der Eisenbahn gab es dann Ende Mai 1943, als ich das Glück hatte, in Urlaub fahren zu dürfen. Auf den Strecken der »grauen« Feldeisenbahner sowie der DR-Ost, in meinem Fall RVD Minsk, sah ich die vertrauten alten preußischen Lok der Gattungen G 8^1, G 8^2, G 10 sowie vereinzelt P 8 und DRB 50. An den älteren Lok fielen die »Winterverkleidungen« besonders auf. Lediglich in Grodno gab es etwas neues: Dort sah ich die erste (und zugleich letzte) »lebendige« P 6 (DRB 37^0). Auf der Ostbahn ebenfalls nichts Neues, außer dass die neuen Reichsbahnloks der Reihen 44 und 50 in größerer Zahl zu sehen waren. Dazu die für mich ersten Kriegslok (DRB 52). Auf der Strecke Posen–Stettin stand vor einem Nebenbahn-Personenzug eine vormals preußische S 3, jetzt $13^{3\,II}$ (2′B-n2v).

Sommer und Herbst 1943 standen erneut im Zeichen schwerer Abwehrschlachten: Rückzugskämpfe, zuerst im Raum Orel/Kursk. Knapp westlich des Dnjepr wurde ich im Oktober 1943 erneut verwundet. Mit einem Lazarettzug ging es von Kalinkowitschi durch die Pripjetsümpfe gen Westen, täglich nur einige zehn Kilometer. Das Ritual war immer dasselbe: In der ersten Dämmerung fuhr der Zug auf eine Mine der Partisanen. Der von der Lok geschobene mit Sand beladene Flachwagen fing die Explosion zwar auf und die Maschine selbst blieb intakt, aber die Strecke war unterbrochen. Am nächsten Vormittag rückte ein Reparaturtrupp an und brachte das Gleis wieder in Ordnung. Das dauerte meist bis in den frühen Nachmittag. Nachdem der Zug dann einige Stunden gefahren war, wiederholte sich am frühen Abend das Spiel, das erst mit Erreichen von Brest-Litowsk endete.

Nach Lazarettaufenthalten in Warschau und Stolp landete ich beim Ersatztruppenteil, dieses Mal in Iglau (Südmähren) gelegen. Der erste Sonntagsspaziergang führte natürlich zum Bahnhof. Als ich das Bw »inspizierte«, erschien, sicher von einem dort arbeitenden Eisenbahner gerufen, bald darauf ein würdiger älterer Herr, der tschechische Bw-Vorsteher und erkundigte sich sehr höflich nach meinem Begehr. Mit meiner Auskunft, ich sei ein Eisenbahnfreund und speziell Liebhaber neuerer tschechischer Dampflok, musste er sich zufrieden geben – aber er wich nicht von meiner Seite, bis ich mich verabschiedete.

Bald darauf wechselte mein Ersatztruppenteil: Ich hatte nach Krumau in Böhmen »umzuziehen«. Die Reisezüge auf den dortigen Nebenbahnen, die jetzt zur RBD Regensburg gehörten, wurden fast ausschließlich von Maschinen der DRB-Reihe 93^{15} ex ČSD 423.0 (1′D1′-h2t) gefahren. Im Flachland bei Böhmisch Budweis konnte man vor Personen- und Eilzügen der BMB/ČMD neben der formschönen 365.0 (1′C1′-h2) auch die ebenfalls elegant wirkende 456.0 (1′D2′-h2t) sehen.

Ende Januar 1944 erhielt ich (inzwischen Hauptmann) den Befehl, ein Marschbataillon in die Ukraine zu führen. Der lange Transportzug rollte durch Böhmen, Mähren, Oberschlesien und Galizien seinem Ziel Balta entgegen. Wieder gab es während der Fahrt

Max Ittenbach, Berlin: »Fahrt in den Osten« Freigegeben durch OKW (Heer) und Presseabteilung der Reichsregierung am 6.5.43

Andere Varianten dieses schönen Motivs mit einer 55^{25} (preußische G 8^1) in Brest-Litowsk kennen wir bereits von Seite 204 und 208. Gut erkennbar ist der Warnanstrich von Puffern und Pufferträger. Die Lok trägt noch eine Petroleumlaterne und ist damit als Beutestück aus Polen zu identifizieren. In Deutschland hatte die Treibstoffknappheit im Ersten Weltkrieg Anlass dazu gegeben, im Laufe weniger Monate des Jahres 1916 die Lokomotivbeleuchtung komplett von Öl auf Gas umzustellen. Ende der zwanziger Jahre hatte die Reichsbahn mit der Einführung der elektrischen Beleuchtung begonnen.

viel zu sehen. Im Krakau-Plaszow stand der Zug mitten in der Nacht einige Zeit, bevor es weiter ging. Das nutzte ich, um mich im benachbarten Bw umzusehen. Alte preußische Lok standen dort ebenso wie ex-österreichische und von den Polen erbaute neuere Maschinen: Eine herrliche Sammlung! Auch hier dauerte es nicht lange, bis einer der polnischen Arbeiter seinen Vorgesetzten alarmiert hatte und ein – sicher aus dem Schlaf gerissener – Reichsbahn-Inspektor erschien. Auch er fragte höflich nach meinen Absichten und gab sich zwangsläufig zufrieden mit den Bescheid, ich sei Eisenbahnfreund und wolle mir nur die Lok im Bw ansehen. Die imponierendste Lok, die ich dort sah, gehörte zur PKP-Reihe OKz 32 (DRB 95^{3}, 1'E1'-h2t), die vornehmlich auf der Gebirgsstrecke Krakau–Zakopane eingesetzt war.

Bei Tagesanbruch ging es weiter, nunmehr auf der galizischen Magistrale. In jeder der größeren Stationen – Tarnow, Rzeszow, Przemysl, Lemberg – gab es einen Aufenthalt, und ich musste mich auf der Transportkommandantur melden. Oft war auch Lokwechsel. Zuglok waren jetzt entweder die PKP Tr 21 (DRB 56^{39}, 1'D-h2) oder die Ty 23 (DRB 58^{23}, 1'E-h2). Meine Frage an den Transportkommandanten, wann es weiterginge, wurde meist lakonisch mit »wissen wir selbst nicht, kann jeden Augenblick losgehen, achten Sie auf das Ausfahrsignal« beantwortet. Das hinderte mich nicht, schnell einen Blick in den oder die Lokschuppen zu werfen, wenn diese, wie meist, dicht am Bahnhof lagen. Mit einem Auge schaute ich mir an, was es dort zu sehen gab, mit dem anderen behielt ich meinen Zug »im Visier«. Wenn ich sah, dass der Zug anfuhr, hetzte ich zurück, und dem nur langsamen Tempo beim Anfahren hatte ich zu verdanken, dass die Männer, die im Stroh des letzten G-Wagens lagen, ihren »Häuptling« gerade noch in den fahrenden Zug »hieven« konnten.

Nachdem ich das Bataillon abgeliefert hatte, ging es mit dem Stab zurück nach Krumau. Auf dem ersten Abschnitt von Balta bis Shmerinka, im so genannten Transnistrien, das von Rumänien besetzt war, sah ich meine ersten rumänischen Lok, alte dreigekuppelte Güterzugmaschinen, die noch ihre ungarische Reihenbezeichnung 326 trugen, die sie vor 1918 bei den MAV erhalten hatten. In Shmerinka hörten wir, dass der Russe westlich von Kiew in Richtung Lemberg durchgebrochen sei. Da wir nunmehr nur noch einen Wagen hatten und die rumänischen Transportkommandanturen bitten mussten, ihn an den nächsten Richtung Westen fahrenden Zug anzuhängen, hatte ich etwas Spielraum. In den sich ankündigenden russischen Durchbruch bei Lemberg »hineinzufahren«, hatte ich keine Lust. Deshalb veranlasste ich die Eisenbahner in Tarnopol, unseren Wagen ab und an einen GmP Richtung Czortkow–Stanislau anzuhängen. Ein schnell erstandener »Fahrplan für das Generalgouvernement« bot die notwendigen Kenntnisse. Weiträumig umfuhren wir also Lemberg. Am Karpathenrand entlang ging es auf landschaftlich wunderschönen Strecken westwärts, immer am Schluss von irgendwelchen Personenzügen. Nach eineinhalb Tagen hatten wir in Tarnow die Magistrale wieder erreicht. Dort entließ ich das Stammpersonal, Offiziere und Zahlmeister, für drei Tage mit entsprechenden Papieren in einen Kurzurlaub auf Ehrenwort.

Anfang April entging ich nur »um Haaresbreite« meinem Schicksal, von Wien aus in die »Festung« Tarnopol eingeflogen und damit von dem russischen Durchbruch östlich Lemberg doch noch eingeholt zu werden. Als ich mich zur Abreise nach Wien verabschieden wollte, hieß es, es sei ein neuer Befehl für mich da, und zwar vom Oberkommando des Heeres: Ich solle mich in einigen Tagen in Lyon melden.

Die Reise dorthin verlief mühsam. Immer wieder mussten die Züge umgeleitet werden, weil Knotenbahnhöfe bombardiert worden waren. Dann gab es ein Wiedersehen mit Dijon und seinen 2'D1'-h4v-Schnellzuglok. Von Lyon aus wurde ich nach Mâcon und von dort nach Bourg en Bresse kommandiert, wo ich dann einige Monate lang bei einem Ersatztruppenteil Dienst tat, der später in die unmittelbare Umgebung von Lyon verlegt wurde. In Bourg en Bresse stand ich natürlich wieder oft am Bahnhof und beobachtete den allerdings wegen der sich verstärkenden Partisanentätigkeit und auch bereits vereinzelten Tieffliegerangriffe schon eingeschränkten Zugverkehr. Das Gros der durch Bourg kommenden Züge wurde von ex-PLM-Lokomotiven der Achsanordnung 1'D1' gefahren. Auf Abstellgleisen standen ältere Maschinen der Achsfolgen 2'C, 2'D und 1'D, wobei die beiden erstgenannten Bauarten durch windschnittige Gestaltung, vor allem der Führerhäuser, auffielen, wie sie um die Jahrhundertwende Mode gewesen war.

Als Ende August die Amerikaner bei Marseille gelandet waren und rhôneaufwärts zogen, hatte ich kurz vor ihrem Eintreffen noch einmal dienstlich in Lyon zu tun. Als das erledigt war, ließ ich mich zum Depot Lyon-Mouche fahren. Wenigstens einmal wollte ich dieses großartige Schnellzuglok-Bw der berühmten alten PLM mit seinen 2'C1'- und 2'D1'-Rennern sehen. Ein Pionierfeldwebel wollte mir den Eintritt verwehren: »Es ist schon alles zur Sprengung vorbereitet! Wir sind in Eile und müssen sofort anfangen!« Wir fanden einen Kompromiss. Während ich die Reihen der Pacific- und Mountain-Loks durchging, sprengten die Pioniere nur dort, wo ich schon gewesen war. Es wurde jeweils ein Zylinder gesprengt, und einige Male flogen mir Metallteile um die Ohren.

Die nächsten Tage hieß es wieder einmal »absetzen«. An Dijon, Besançon und Belfort vorbei ging es auf Straßen, die wegen der vielen Tieffliegerangriffe nur nachts zu passieren waren, in den Sundgau und später weiter nach Mittelbaden. Dort wurde unsere Einheit zu Instandsetzung des »Westwalles« am Oberrhein eingesetzt. Der Krieg ging langsam zu Ende. Nachdem der Brückenkopf von Colmar eingedrückt war, befand sich die Hauptkampflinie jetzt überall am Rhein. Unsere Einheit lag als Reserve dahinter. Als Gefechtsstand hatte ich einen zweiachsigen Personenwagen ausgesucht, der, weiß der Teufel warum, gerade in einem Einschnitt der privaten Eisenbahnlinie Haltingen–Kandern stand. Bevor es dazu kam, ihn zu benutzen, verunglückte ich und wurde mit einer schweren Gehirnerschütterung ins nächste Lazarett eingeliefert. Ein Lazarettzug brachte mich dann nach Bregenz am Bodensee. In Radolfzell sah ich nicht nur badische VIc-Tenderlok ($75^{4,10}$, 1'C1'-h2t), sondern auch die ersten 42er (1'E-h2).

Kurz bevor die ersten französischen Truppen Ende April 1945 Bregenz besetzten, »türmte« ich entgegen dem Rat der Ärzte, die mich längst noch nicht für ausgeheilt hielten, und versuchte mich nach Bayern, das von den Amerikanern besetzt war, durchzuschlagen. Als erster Fluchtweg diente die Trasse der schmalspurigen Bregenzerwaldbahn. Der Versuch missglückte, und ich musste für zwei Jahre in französische Kriegsgefangenschaft. Ab Strassburg ging es mit der Eisenbahn. Was ich auf dieser Fahrt in den Osten und später Süden Frankreichs an Lokomotiven sah, gehörte fast alles einer für mich neuen Gattung an: der S 160 des US-Transportation Corps, einer relativ kurzen hochgebauten 1'D-h2.

RAD-Kriegsberichter Ostfm. Arnold: »Pressegebrauch … , Ort: Osten, Datum: 1941
»Serie: Umbau des russischen Gleises auf deutsche Normalspur. Bild 7. Zwei Generationen und ein Ziel: Der Sieg. In einer kurzen Arbeitspause unterhält sich der Feldeisenbahner, der schon den Weltkrieg bei dieser Truppe erlebt hat, mit den jungen Arbeitsmännern, die beim Gleisumbau geholfen haben. Zensurvermerk: frei 14.11.41, OKW frei 14.11.41. Honorar: Atlantic, Beglaubigt: – «
Stempel: Militärisch und politisch freigegeben, Original befindet sich in der Bildsammlung des Presse- und Propagandaamtes beim Reichsarbeitsführer Berlin-Grunewald, Schinkelstraße 1–7«
Stempel: »Gegen die Veröffentlichung bestehen von Seiten des Reichsarbeitsdienstes keine Bedenken, Berlin, den 7.9.42.«

Auf dem Boden liegen Schienennägel. Die 56 368 trägt noch ein Nummernschild aus Metall und auch ein Schild der Rbd Köln. Das Bw Krefeld hatte sie 1942 in den Osten geschickt. Am 1. November 1943 wurde sie »schadhaft im Reich« erfasst. Kurz nach dem Krieg wurde sie von den Bahnen im neuerlich abgetrennten Saar-Cebiet ausgemustert.

W. Steiner, Berlin

Die 39 199 nahm nach ihrer Fertigstellung durch die Maschinenfabrik Karlsruhe in der extremsten Inflationszeit und genau am Tage des Hitlerputsches, dem 9. November 1923, ihren Dienst beim Bw Stuttgart-Rosenstein auf und blieb hier bis zum 14. März 1950. Hieraus ist leicht der Schluss zu ziehen, dass der Lokführer der Mittelgebirgs-Schnellzuglok hier unter der Fahrleitung des Stuttgarter Hauptbahnhofes von der Aufsichtsbeamtin den Bremszettel erhält. Wir sind beim Lokomotivbetrieb im alten Reichsgebiet angelangt. (Noch ein Wort zur 39 199: Sie wurde 1960 nach einer Gesamtlaufleistung von 2.679.429 km beim Bw Kaiserslautern ausgemustert.)

39 199

Bachmann, Stuttgart Veröffentlicht DR-Kalender 1943, Blatt 55

Die E 17 102 war ebenfalls sehr lange in Stuttgart Hbf beheimatet, nämlich fast durchgehend von 1933 bis 1957 mit nur einer Unterbrechung (Bw Ulm 1939 bis 3. November 1941). Am Heiligen Abend hat sie den D 108 aus Münster von Stuttgart nach München zu bringen. Da die letzte Bremsuntersuchung vom Oktober 1938 datiert und die Laternen noch keine Verdunkelungsblenden haben, kann die Aufnahme auf die letzte »Friedensweihnacht« 1938 datiert werden.

Sogawe: »D-Zug vor Köslin/Pom an der Straße nach Belgard«

Ein besonders schönes Bilddokument führt uns in ein noch friedlich wirkendes Pommern. Die qualmende 24 078 war von der Anlieferung im Februar 1938 bis zur letzten Meldung im Februar 1945 beim Bw Kolberg beheimatet. Nach dem Krieg fuhr sie als Oi 2-21 bei der PKP. Sie leistet hier einer nicht erkennbaren Lok Vorspanndienste. Der Schrankenwärter trägt noch eine Uniform aus den zwanziger Jahren und verleiht in seiner für den Fotografen eingenommenen übertrieben strammen Haltung dem gesamten Bild eine Atmosphäre wie aus einem UFA-Film. Auch das Wärterhaus in preußischen Farben erinnert an versunkene Zeiten. Nur die Laternenblenden und der Verdunkelungsanstrich führen in die Gegenwart des Zweiten Weltkrieges, an dessen Ende die Vertreibung aller Deutschen aus dem östlichen Pommern stehen wird. D-Zug vor Köslin? Im Sommerfahrplan 1941 befuhren immerhin zwei D-Züge, ein DmW und ein SFR pro Tag und Richtung die Strecke Berlin–Stettin–Belgard–Stolp–Danzig. Nach Kolberg, dem Heimatstädtchen der 24er an der Ostseeküste, fuhr nur ein D-Zug.

Fritz Korte, Berlin: »Übergangs-Kriegslok beim Wasserneh-men in einem Bahnhof im Osten«

Von der 50 2957 (Wiener Lokfabrik, August 1942) wissen wir, dass sie 1943 von der RBD Breslau als Leihlok nach Rumänien kam, nach dem Krieg in der französischen Zone Deutschlands stand und 1971 in Schwandorf ausgemustert wurde. Kurz nach der Anlieferung gehörte sie, wie das schöne Lokomotivporträt beweist, zum Bw Radviliskis des Maschinenamtes Wilna der RVD Riga. Behelfsmäßige Bretter beiderseits des Schornsteins müssen die Windleitbleche vertreten, die der »Entfeinerung« auf dem Wege von der Einheits- zur Kriegslok zum Opfer gefallen waren.

Max Ittenbach, Berlin

Nicht minder mächtig wirkt die 58 2544 des Bw Bobrinskaja mit Petroleumlaternen. Cegielski hatte sie 1929 als Ty 23-357 für die Polnische Staatsbahn gebaut. Die Ty 23 erfreute sich bei der Deutschen Reichsbahn wie auch bei der Sowjetischen Staatsbahn großer Beliebtheit. Das abgebildete Exemplar wurde nach dem Krieg von der PKP als Ty 23-95 neu eingereiht und erst 1969 ausgemustert.

Atlantic Pressebilderdienst und Verlagsges. Berlin, PK.-Huschke, 20.8.41 (fr. OKW): »Die Fachleute wissen: Sie wird wieder betriebsfähig. Eisenbahnpioniere, von Haus aus Lok-Führer, bei der Untersuchung einer erbeuteten Sowjetlokomotive.«
(Die Urheberangabe »Atlantic« ist kräftig übermalt)
Abzug erworben, Berlin, den 31.1.1942

Inspiziert wird die ФД (FD)-20-132, eine schwere 1'E1'-Güterzuglok. Die Nummer besteht aus den Gattungsbuchstaben, die für den berüchtigten Gründer der Geheimpolizei ЧК (»Tscheka«) und späteren Volkskommissar für Verkehrswesen Felix Dsershinskij stehen, der Angabe des Achsdrucks und der Ordnungsnummer. Von der ФД wurden nicht weniger als 3222 Exemplare gebaut.

Schuster, München: »Russischer Wasserkran«

Aus alten Zeiten stammte die Kombination aus Wasserturm und Wasserkran. Einer Erwähnung würdig ist aber auch die Lokomotive mit dem Eigentumsschild »CFR«. Es handelt sich um eine 1'C1'-Lok der ungarischen Gattung 324. Diese erstmals 1909 gebaute Maschine wurde in Nassdampf-Verbund- und in Heißdampf-Zwillings-Varianten und mit einer Verbreitung in 940 Exemplaren von Polen und der Slowakei bis Rumänien und Kroatien eine europäische Dampflok und war bis in die siebziger Jahre in mehreren Ländern in Betrieb. Genau drei Exemplare trugen kurzzeitig Reichsbahnnummern (35 701–703).

Die 140 A 163 der SNCF-Ostregion wird zur Tarnung gegen alliierte Flugzeuge mit Ästen getarnt. Von der viel zitierten Schönheit der französischen Dampflokomotiven hat die Zweizylinder-Verbund-1'D aus dem Jahre 1907 (ex Serie 4000 der Ostbahn) mit kleinen Rädern, Belpaire-Stehkessel und überdimensionierten Windleitblechen nicht viel abbekommen.

H. J. Bandelow, Berlin

Die 141 TC 3 der Nordregion hingegen ist eine mächtige, aber durchaus elegante 1'D1'-Tenderlok. Sie hat für Garnituren des Pariser Vorortverkehrs eine automatische Willison-Kupplung. Links werden gerade Bombenschäden beseitigt.
Ein Kurzporträt: Die 141 TC mit dem Kessel einer Pacifik-Schnellzuglok war die stärkste 1'D1'-Tenderlok der Welt. Ihr Treibraddurchmesser betrug 1560 mm, ihr Kesseldruck 18 at; die Achsfahrmasse war mit 22 t extrem hoch. Die ersten der 72 Loks wurden 1930 gebaut, die letzten 1970 abgestellt.

Max Ittenbach, Berlin

Der Ärmelaufnäher des Eisenbahners »RBD Breslau« lässt erkennen, dass die 040 TA 83 der SNCF, eine Dn2t ebenfalls aus der Erbschaft der Nordbahn, als »Leihlok« im Reichsgebiet rangiert. Unter den mehr als 3000 belgischen und französischen Loks, die ab 1940 zur Dienstleistung ins Reich (oder weiter nach Osten) gebracht wurden, befanden sich mindestens 23 Exemplare der 040 TA, davon sechs in der RBD Regensburg, elf in der RBD Breslau und sechs in der RBD Erfurt. Die 040 TA 83 war 1880 von Fives Lille gebaut worden, später zur Tenderlok umgebaut worden, im September 1942 vom Depot Valenciennes in die RBD Erfurt und zu einem unbekanntem Zeitpunkt von dort in die RBD Breslau gekommen. Sie verblieb 1945 in der Tschechoslowakei.

O.T.A.6.3
52

»durch Feindeinwirkung zerstörter Speicher in Reval«

Krauss in München hatte 1894 unter der Fabriknummer 3080 diese Lok mit 600 mm Spurweite für das Graphitwerk Schwarzbach des Fürsten Schwarzenberg gebaut. Mit den winzigen Zylindern und Flachschiebern, den dünnen Ein- und Ausströmrohren und dem Dampfdom mit der zierlichen durch den Sandkasten geführten Reglerstange zeigt die Maschine in der kleinsten und einfachsten Form die Grundelemente der Dampflokomotive. Ein Schildchen »Universa Prag« am Führerhaus kennzeichnet einen zwischenzeitlichen Eigentümer. Nun steht die Lok unbeschädigt, aber entgleist, in Reval in Estland. Was mag aus ihr geworden sein?

Korte, Berlin

Auch diese sehr viel größere und moderne Schmalspurlok war in Estland zu finden. Corpet-Louvet in Frankreich hatte 1929 vier 1'D-Loks mit Außenrahmen für 750 mm-Spur gebaut, die als Uk 80–83 auf der Strecke Tallin (Reval)–Lelle–Pärnu eingesetzt wurden. In der Zeit der sowjetischen Okkupation 1940–1941 wurden 34 estnische Schmalspurloks nach Russland abgefahren. Unter deutscher Herrschaft ab 1941 kam die UK 81 mit abblasendem Sicherheitsventil dem Fotografen vor die Linse. Auch die deutsche Besatzungszeit dezimierte den Schmalspurbestand in Estland: Von 95 Loks im Juli 1941 waren im September 1944 nur noch 39 vorhanden.

Max Ittenbach, Berlin
Freigegeben durch Presseabteilung der Reichsregierung am 19.8.43

Das Kapitel »Lokomotiven im Krieg« begann mit dem Bild einer Kriegslok und gelangt wiederum zu diesen speziell für die deutsche Kriegführung gebauten Maschinen. Aus der bewährten Baureihe 50 abgeleitet kamen sie nach langer Vorbereitung freilich erst ab September 1942 auf die Schienen, als der Krieg bereits entschieden war. Die Fotos entstanden in der Montagehalle der Berliner Maschinenbauaktien-Gesellschaft, vormals Louis Schwartzkopff, kurz BMAG oder Schwartzkopff. Die Beschriftungen an den lokführerseitigen Puffertellern geben die Auskunft, dass es sich um die Lokomotiven für die Auslieferung im August 1943 handelt. Auf den heizerseitigen Puffern sind die Loks 26, 27 usw. des mit 48 Maschinen angesetzten Solls für diesen Monat kenntlich gemacht. Das Foto zeigt die übersichtliche Einrichtung der Werkhalle für die erstmals im Dampflokbau realisierte annähernde Fließbandfertigung.
Tatsächlich lieferte BMAG im August 1943 die geplanten 48 Kriegloks aus. Sie erhielten die Nummern 52 6103-6150.
Die 52 6117–6125 kamen zur Ostbahn-Direktion Krakau, alle anderen an die RBD Posen zur Weitergabe nach »Osten«.

Die Nachkriegsverteilung entsprach der generellen Vielfalt der 52er-Schicksale: Allein diese 48 Loks waren nach 1945 mindestens auf Deutschland West und Ost, Jugoslawien, Ungarn, Österreich, die Tschechoslowakei, Polen und die Sowjetunion verteilt.

Wenn man eine Auslieferung und Nummerierung genau in der Folge der internen Produktionsnummern unterstellt, müsste die fünfundzwanzigste Augustlok 1943 von BMAG als 52 6127 in Betrieb gegangen sein. Sie verblieb nach dem Krieg bei der ČSD, kam von dort zur DR in der Sowjetzone und wurde wegen Schadhaftigkeit bereits 1950 ausgemustert.

Max Ittenbach, Berlin

Wieder in der »Reichshauptstadt«, wo wir mit dem Einführungsbild des Kapitels bereits die 52 2152 kennengelernt haben, steht die 52 2136 auf der Drehscheibe. Diese Lok von Henschel hatte noch den Kastentender 2´2´T 26 der Baureihe 50. Sie wurde von der RBD Schwerin 1944 an die Ostbahn im »Generalgouvernement« abgegeben und verblieb 1945 bei der ČSD. Am Berliner Lokschuppen heißt es: »Räder müssen rollen für den Sieg«.

Trotz ihrer Konzeption als radikal vereinfachte und vollkommen genormte Kriegslok war die 52 durchaus reich an Varianten. Am weitesten von der Regelausführung wichen die Kondensloks 52 1850–2027 ab. Henschel baute 1943 für wasserarme Strecken in der südlichen Sowjetunion diese Loks mit fünf-, später vierachsigen, Kondenstendern zur Abdampfrückgewinnung. Da die Anfachung des Feuers durch den Saugzug des Abdampfs entfiel, musste eine Saugzugturbine vorgesehen werden. Trotz ihrer komplizierten Bauart bewährten sich die Loks gut. Das Bild zeigt die 52 1883 fabrikneu im Juli 1943. Sie wurde in Preobrashenka, Radenskoje und Nikolajew eingesetzt und am 5. Mai 1944 ins Reich zurückgebracht. Nach nur acht Dienstjahren wurde sie von der DB 1951 ausgemustert. Die Windleitbleche mit verstärktem Rand entsprechen bereits der nach dem Krieg üblich gewordenen Regelausführung des »Witte«-Blechs.

Drei »ostmärkische« Güterzuglokomotiven der Deutschen Reichsbahn in der Zeit des Zweiten Weltkriegs:

44 1097 ÜK, Wiener Lokfabrik 9453/1942, neu an RBD Linz, Bw Amstetten, ausgemustert von der DB am 29.03.1954

50 2963 ÜK, Wiener Lokfabrik 9550/1942, mit der Anschrift »K 89« an der Zylinderverkleidung als neunundachtzigste vereinfachte Lok dieses Herstellerwerks kenntlich gemacht, neu an RBD Villach, Bw Knittelfeld, ausgemustert von der DB am 15.12.1971

55 5702 ex kkStB/BBÖ 73.30, Wiener Neustadt 3021/1895, RBD Wien, Bw Stadlau, ausgemustert von den ÖBB 1958

PK-Aufnahme Kriegberichter Löchterfeld, herausgeg. 6.11.42: »An der Ostfront. Die Deutsche Reichsbahn hat überall in Rußland Schienen-LKW's eingesetzt, die auf der Straße und auf deutscher und russischer Spur fahren können.«

Gezeigt ist der bei der Wehrmacht weit verbreitete Faun-»Verkehrsschlepper« L7S mit 150 PS-Dieselmotor von Deutz. Die Fahrzeuge bewährten sich auf Erkundungsfahrten und vor Zügen mit bis zu zehn Wagen. Besonders günstig war ihr Einsatz auf frontnahen Abschnitten, wo Dampfwolken von Lokomotiven verräterisch gewirkt hätten. Das Kennzeichen WH für »Wehrmacht Heer« weist entgegen dem offiziellen Bildtext die Wehrmacht und nicht die DR als Eigentümerin aus.

PK-Aufnahme Kriegsberichter Wulf, 13.5.42: »Der Schienen-LKW ist unentbehrlich. Der neuartige Schienen-LKW der Deutschen Reichsbahn ist in den besetzten Ostgebieten zu einem unentbehrlichen Transportmittel geworden.«

Das zweite Beispiel von »Lokomotiven« im allerweitesten Sinne ist der Deutz-Schienenlaster, der genauso wie der Faun-Schlepper motorisiert war. Im Juni 1941 hatte das Werk in Ulm vierzig Straßen-LKW der Deutschen Reichsbahn für die Feldeisenbahntruppen zu solchen Schienenfahrzeugen umgebaut. Die Führerhausanschrift zeigt die Zugehörigkeit zur FBD 4, die für den Nordabschnitt der Ostfront zuständig war.

Donath-Pressebilder, Berlin: »Eine durch Volltreffer zerstörte polnische Lokomotive, Modrzejow«, Abzug erworben Berlin, den 1.11.1939

Eine preußische G 10 bzw. polnische Tw 1 wurde durch den Luftkrieg im Verlaufe des Polenfeldzuges zerstört. Fünf Jahre später konnte man in unzähligen Bahnhöfen zwischen Ostfront und Atlantikwall solche Aufnahmen machen.

Züge für Krieg und Kriegs-wirtschaft

Die Beförderung schwerer Waffen war das augenfälligste Beispiel für militärische Transporte. Hier sind es mittlere Panzer V »Panther« (SdKfz 171 Ausf. A), die auf SSys-Wagen in Richtung Front unterwegs sind. Der vordere Wagen trägt das Untersuchungsdatum 26.8.43; die »größte Panzerschlacht der Kriegsgeschichte« bei Kursk ist bereits verloren. Die Variante A des »Panther« beruhte auf Erfahrungen aus dieser Schlacht.
In einem späteren Kapitel wird auf die Treibstoffprobleme der deutschen Kriegsführung einzugehen sein. An dieser Stelle mag ein Hinweis auf den Verbrauch der Panzer genügen, die wahrhaft keine »Drei-Liter-Autos« waren: Die 650/750 PS-Maybach-Motoren der 5966 »Panther« und 341 »Jagdpanther« verbrauchten auf 100 km nicht weniger als 412 Liter. Beim »Tiger I« (700 PS, 1343 Stück) und »Tiger II« (600 PS, 459 Stück) waren es sogar 486 bzw. 500 Liter. Mit bis zu 3750 mm Breite überschritten die Panzer beträchtlich das mit 3150 mm festgelegte Lademaß und warfen damit für den Bahnversand große Schwierigkeiten auf. Sie schöpften den 4000 mm breiten Regellichtraum bis zum Äußersten aus.

32

In den späten zwanziger und frühen dreißiger Jahren gab es bei der Deutschen Reichsbahn und fast all ihren Nachbarbahnen große Überkapazitäten. Die Weltwirtschaftskrise, aber auch die Rationalisierung und Beschleunigung des Betriebes, ließen viele Lokomotiven und Wagen entbehrlich werden und führten zu schmerzlichen Personaleinsparungen. Mitte der dreißiger Jahre wendete sich in Deutschland der Trend zunächst zur Auslastung und ab etwa 1938 zur Überforderung der Bahn. Unsere Bilderfolge über Truppen- und Waffentransporte, über Rohstoff- und Lebensmittelzüge und über den Reiseverkehr für Erfordernisse des Krieges steht nur beispielhaft für die wachsenden und zuletzt maßlosen Verkehrsaufgaben, die den Eisenbahnen im deutschen Machtbereich übertragen wurden.

Erwähnt seien nur:

- Baustofftransporte ab Mitte der dreißiger Jahre für Reichsautobahnen, für Repräsentationsbauten in Nürnberg, München und Berlin, für »Fliegerhorste« der Luftwaffe und für den Bau des »Westwalls«,
- Abfuhr von Bodenschätzen aus vorher nicht für abbauwürdig erachteten Vorkommen im Rahmen des »Vier-Jahres-Plans« ab 1936,
- Aufmarsch gegen Österreich im März 1938,
- Erschließung der lange Zeit stagnierenden Volkswirtschaft Österreichs für die Kriegsvorbereitung,
- Aufmarsch gegen die Tschechoslowakei im September 1938,
- verkehrsmäßige und kriegswirtschaftliche Integration des »Sudetenlandes« ab Oktober 1938 und des »Protektorates« ab März 1939,
- Aufmarsch gegen Polen im Sommer 1939,
- Transporte von Wirtschaftsgütern von und zur deutsch-sowjetischen »Interessengrenze« infolge des Hitler-Stalin-Paktes ab Herbst 1939,
- Öleinfuhren aus Rumänien und Südpolen,
- Kohlenzüge durch die Schweiz und über den Brenner ins verbündete Italien,
- Beförderung von »Umsiedlern« u.a. aus der Sowjetunion, Rumänien und Italien ab 1939 »heim ins Reich«,
- Verstärkung der Eisenbahnkapazitäten in Norwegen ab April 1940,
- Aufmarsch gegen den Westen, Nachschub nach Belgien und Frankreich sowie Aufbau der Luftwaffen- und Marinestützpunkte an der Atlantikküste gegen England ab Juni 1940,
- verkehrstechnische Vorbereitung des Angriffes auf die Sowjetunion ab Sommer 1940 insbesondere durch Bauarbeiten in Polen,
- Aufmarsch in Ungarn, Rumänien und Bulgarien gegen Jugoslawien und Griechenland Frühjahr 1941,

Max Ittenbach, Berlin:
»Panzer rollen zur Front«
Veröffentlichung nicht gestattet

Trotz der Ähnlichkeit des Motivs mit dem Einführungsbild des Kapitels wird hier anders als im Bildtext behauptet nicht ein Panzer auf dem Weg zum Einsatz gezeigt. Vielmehr ist der französische Beutepanzer SOMUA 35 S (f), der um 1940 als fortschrittlichster Kampfpanzer seiner Zeit galt, mobiles Element eines Panzerzuges geworden. Bei Bedarf konnte er den Tiefladewagen verlassen und im Gelände agieren.

H. J. Bandelow, Berlin: »Ungarische Eisenbahnflak«
Freigegeben durch OKW (Heer) und Presseabteilung der Reichsregierung am 13.8.43

Hier wird nichts transportiert, sondern das Eisenbahnfahrzeug selbst ist zur Waffe geworden: Mit solcherart ausgerüsteten Güterwagen versuchten die Truppen des mit dem Deutschen Reich gegen die Sowjetunion verbündeten Ungarn die Luftgefahr über den Eisenbahnstrecken zu meistern.

- Verbesserung der schwachen Eisenbahninfrastruktur in den genannten Ländern ab 1941,
- Aufmarsch gegen die Sowjetunion und Nachschub in die Sowjetunion ab Frühjahr 1941,
- Deportation der Juden aus Deutschland und dem besetzten Europa in Ghettos und Arbeitslager im »Osten« und in die »Vernichtungslager« ab Herbst 1941,
- Nachschubtransporte durch Italien für das »Afrika-Korps« ab 1941,
- Güterverkehr im Rahmen der schnellen Steigerung der gesamten Rüstungsproduktion unter Ausnutzung von Ressourcen der besetzten Länder nach der Niederlage vor Moskau und der Kriegserklärung an die USA ab Dezember 1941,
- zunehmende Transporte zur Evakuierung der Bevölkerung und zur Verlagerung von Produktionskapazitäten aufgrund des Luftkrieges ab 1942,
- Baustofftransporte an die Baustellen des »Atlantikwalls« ab 1942,
- Bedienung der Front in Italien ab September 1943.

Mit immer hektischeren Verlegungen schwindender Truppenreserven zwischen den immer näher aneinander rückenden Fronten, mit der Logistik für eine unter alliiertem Bombenhagel immer mehr zu Produktionsverlagerungen genötigten Wirtschaft und schließlich mit der notdürftigen Hilfestellung für die nicht vorbereitete Flucht von Millionen Deutschen aus dem Osten Mitteleuropas und den östlichen Reichsteilen trieb dann 1944/45 die »Transportschlacht« ihrem Ende im Chaos der totalen Niederlage zu.

Neben den skizzierten besonderen Anforderungen war selbstverständlich auch der »normale« Verkehr zu bedienen, der in vielen Bereichen wie etwa der Kohleversorgung der Industrie und der Beförderung von Berufspendlern über dem Friedensniveau lag. Die Einsparungen beim Tourismus oder bei der Konsumgüterindustrie wurden durch rigorose Verkehrsverlagerungen von der Straße auf die Schiene zur Treibstoffersparnis mehr als ausgeglichen.

H. J. Bandelow, Berlin

Der motorisierte Krieg kam nicht ohne den Eisenbahntransport von Kraftfahrzeugen in die Einsatzräume aus. Für die Überführung über längere Strecken mit eigener Kraft waren die Straßennetze zu schlecht ausgebaut und die Treibstoffe zu kostbar. Hier wird neben anderen Fahrzeugen auch ein LKW der Sanitätstruppen verfrachtet.

Walter Hollnagel, Hamburg:
»Transportzug mit Abwurfmunition im Osten«
Veröffentlichung nicht gestattet

Ganz links – im Schneetreiben kaum erkennbar – stehen in langer Reihe »Heeresfeldwagen« auf einem Zug. Weiter zur Bildmitte sind LKW's auf Flachwagen festgezurrt. Sie werden es auf den winterlichen Straßen schwer haben. Bildbeherrschend sind offene Wagen mit jener Art von Bomben, mit der Lebensmittel und sonstige Hilfsgüter zur Unterstützung eigener Truppen abgeworfen werden konnten. Zum Einsatz kam diese Munition beispielsweise bei der (ungenügenden) Versorgung der in Stalingrad eingeschlossenen 6. Armee. Die Aufnahme hiervon mag zu detailliert gewesen sein, um einen Abdruck zu erlauben.

Walter Hollnagel, Hamburg

Verladeszenen übten offenkundig großen Reiz auf die Fotografen aus. Hier begibt sich ein 3-Tonnen-Kran auf der Basis der zwischen 1938 und 1944 von FAMO in 2500 Exemplaren gebauten Halbkettenzugmaschine SdKfz 9 auf die Reise. Eine 93^{5-12} mit Tausender-Nummer wird den SSys-Wagen zum Zug bringen.

W. Steiner, Berlin: »Fachkundig werden die schweren Lastwagen verladen«

Die Fachkunde von einschließlich Fahrer dreizehn Männern dürfte für die Fahrt des russischen ZIS-5 Dreitonners (Ford-Nachbau) aus Beständen des Heeres von der Verladerampe auf den Eisenbahnwagen genügen. Autoverdecke und Mäntel lassen ein sehr textilträchtiges Bildmotiv entstehen.

H. J. Bandelow, Berlin

Eine 18 t-Halbketten-Zugmaschine der Waffen-SS wird mittels provisorischer Rampe verladen. Dieses »SdKfz 9« wurde in Panzerwerkstattkompanien eingesetzt, aber auch zum Ziehen schwerster Belagerungsgeschütze verwendet.

W. Steiner, Berlin: »Der Hengst will nicht in den Wagen«

Im Zweiten Weltkrieg waren Pferde immer noch unentbehrlich, auch wenn die Zeiten der stolzen Kavallerie vorbei waren. Außer dem unwilligen Pferd und dem Flachdach-Güterwagen »München« sehen wir einen Achttonner des Heeres (SdKfz 7), wie er bei der mittleren Artillerie, bei den Pionieren, bei Werkstatteinheiten und zum Transport der 8,8 cm-Flak in großer Stückzahl vorhanden war.

Max Ittenbach, Berlin: »Flugzeugteile sind verladen« bzw. »Transport von Flugzeugteilen«

Auf dem Wege zur Fertigmontage wurden auch die Baugruppen von Kampfflugzeugen per Schiene befördert. Unter zunehmender Einwirkung der alliierten Luftangriffe musste die Industrie immer weiter auf flexible arbeitsteilige Verfahren übergehen, um ihre erstaunlichen Produktionssteigerungen noch bis zur Jahreswende 1944/45 durchzuhalten. Die Zahl der in Deutschland gebauten Kampfflugzeuge stieg von 11.030 im Jahre 1941 auf 37.950 im Jahre 1944, die der schweren und mittelschweren Panzer im selben Zeitraum von 2875 auf 17.328.

H. J. Bandelow: »Abgeschossene Sowjetbomber werden ins Reich befördert.«

Ganz schwach ist auf dem Leitwerk des schrottreifen Flugzeugs noch der Sowjetstern zu erkennen.

W. Steiner, Berlin

Noch reparaturwürdig ist diese Ju 88, ein weithin bekanntes zweimotoriges Kampfflugzeug.

Walter Hollnagel, Hamburg: »Erzverladung«
Freigegeben durch OKW (Heer) und Presseabteilung der Reichsregierung am 16.9.43

Während Treibstoff und der größte Teil der Lokomotivkohle in die besetzten »Ostgebiete« gebracht werden mussten, konnte man Getreide oder Erze aus der Sowjetunion ins Reich transportieren. Das Ladegut scheint hier eher Kohle als Erz zu sein. Zu diesem Bild gibt es denn auch die dem offiziellen Bildtext widersprechende Information »Kohlenverladung mit Transportbändern bei Stalino im Kriwoi-Rog-Gebiet«. Mit der riesigen Abraumhalde hinter der Gleiskrümmung ist dem Fotografen wieder einmal eine meisterhaft gestaltete Aufnahme gelungen.

H. J. Bandelow, Berlin: »Verladung von Torf«
Freigegeben durch OKW (Heer) und Presseabteilung der Reichsregierung am 13.8.43

Mit einem Portalkran werden die Lorenkübel der Feldbahn in die hundertfach geräumigeren sowjetischen Vierachser umgeladen. Die Loren bestehen einschließlich des Rahmens weitestgehend aus Holz.

W. Böhl, Berlin

Ganz links wird Treibstoff befördert, rechts sind Rungenwagen mit Geschützen beladen, in Bildmitte glänzt Kohle in offenen Güterwagen. Das »schwarze Gold« war weit über die Mitte des 20. Jahrhunderts hinaus das wichtigste Transportgut der deutschen Eisenbahnen, nicht zuletzt natürlich für ihren eigenen Bedarf. Die Aufnahme dürfte im Berliner Rangierbahnhof Pankow-Heinersdorf entstanden sein. Hinten erkennt man einen der wenigen in Deutschland gebauten Vollrundschuppen mit Kuppel über der Drehscheibe.

Max Ittenbach, Berlin

Hier wird die Kohle auf einen LKW-Anhänger umgeladen, um dem Kohlehändler in Berlin-Pankow und schließlich den einzelnen Haushalten und Fabriken zugeführt zu werden. Der offene Güterwagen ist zufällig aus Frankreich (und als »Gelbstrichwagen« mit gelber Linie unter der Nummer für den Verkehr im Reich freigegeben), doch stammt die Kohle sicherlich von der Ruhr oder aus Oberschlesien.

W. Böhl, Berlin

Braunkohlebriketts werden für Berliner Öfen verfrachtet. Kräftige Männer werden die Traggestelle später hinauf in die Häuser bringen. Noch schleppt ein mit flüssigem Treibstoff angetriebenes Auto. Später ging man im Zeichen der Ölknappheit zu Fahrzeugen mit Holzgasantrieb über, setzte so weit wie möglich Pferde ein oder hängte gar – reichlich umständlich – Lastkraftwagen und Anhänger auf innerstädtischen Verbindungen an Straßenbahnen an. Ordnungsgemäß ist auf dem Dach des Schleppfahrzeugs das gelbe Dreieck hochgeklappt. Es weist darauf hin, dass ein Anhänger mitgeführt wird.

Landwirtschaftliche Produkte kommen auf einem Güterbahnhof an. Aus dem gedeckten Güterwagen werden sie sackweise in die Straßenfahrzeuge verladen. Das Fahrzeug des Häcksel-Betriebes hat noch Vollgummi-Reifen.

Max Ittenbach, Berlin: »Mohrrüben werden verladen«

Ein Viehwagen mit durchbrochenen Wänden des Gattungsbezirks Hamburg hat Karotten in die Reichshauptstadt gebracht. Bei dem eleganten Straßenfahrzeug links handelt es sich – so viel Ordnung muss auch im Kriege sein! – um einen »Behelfslieferwagen«. Nach dem »Endsieg« soll er gewiss wieder Personen befördern.

Max Ittenbach, Berlin

Auch dieser schnittige Kleinlaster fährt landwirtschaftliches Frachtgut der Deutschen Reichsbahn zu den durch Lebensmittelmarken ausgewiesenen Empfängern. Die reichliche Versorgung des deutschen Volkes mit Lebensmitteln aus den Anbaugebieten im Reich und in den besetzten Gebieten wurde von der Propaganda stets betont, nachdem die Hungerwinter des Ersten Weltkriegs in traumatischer Erinnerung waren. Die nicht zu meisternde Not in der Heimat war ja einer der Gründe für die Niederlage Deutschlands 1918 gewesen - oder nach nationalsozialistischer Lesart die offene Flanke für den angeblichen »Dolchstoß« gegen die unbesiegten Truppen an den Fronten. Die Ernährungslage konnte denn auch – auf Kosten der Völker im besetzten Europa – bis Kriegsende halbwegs erträglich gehalten werden und spitzte sich erst 1945–1948 zu, als die sich die vier Besatzungszonen im wesentlichen selbst versorgen mussten.

E. G. Hildebrand, Berlin: »Güterwagen schonend behandeln!«
Ein ganz ähnliches Motiv wie die Fotografen hat der Zeichner festgehalten, um einen Aufsatz von Reichsbahnrat Dr. Couvé mit dem Titel »Auf jeden Wagen kommt es an!«[12] zu illustrieren.

12 Sonderdruck aus »Die Reichsbahn«, Amtliches Nachrichtenblatt der Deutschen Reichsbahn und der Reichsautobahnen, Heft 34/35, 1940

W. Steiner, Berlin: »Ausladung von Nachschubgut«

Umladung von der Schiene auf die Straße hinter der Front. Wohin die Truppe fuhr, dorthin mussten auch Munition, Lebensmittel, Kleidung usw. gebracht werden. Ein Güterzug mit G-Wagen der Reichsbahn hat einen Bahnhof im »Osten« erreicht. Zwei LKW der Luftwaffe übernehmen den Weitertransport. Links steht ein Ford Typ V 8-51 (Baujahre 1937/1938), rechts ein französischer Renault AHN. Ein Wegweiser zeigt, wo es zur Latrine geht. Ordnung muss sein.

May Ittenbach, Berlin: »Güterausladung im Osten«
Freigegeben durch OKW (Heer) und Presseabteilung der Reichsregierung am 28.5.43

Hilfswillige laden Kisten aus französischen Güterwagen (mit der klassischen Militärbeladungsvorschrift »40 Mann oder 8 Pferde«!) auf einen Ford Typ 918 TS. Er war ab 1938 in den USA und ab 1941 als G 918 TS auch von den deutschen Fordwerken gebaut und bei der Wehrmacht als V 3000 eingereiht worden. Da die deutsche Version aber keine geteilte Frontscheibe hatte, muss es sich um ein Beutefahrzeug handeln.

Max Ittenbach, Berlin: »Küchenwagen eines Bauzuges im Osten (Ussel)«

Ein Gepäckwagen ist zur fahrbaren Küche geworden. Essenswarmhaltebehälter werden gereinigt.

Max Ittenbach, Berlin

Der Personenverkehr im Krieg diente den unterschiedlichsten Zielen und Zwecken im Zusammenhang mit der Kriegführung und den Verbrechen des Regimes, von Jahr zu Jahr jedoch weniger den privaten Motiven der Reisenden.
Hier verreisen Mädchen und Jungen in Behelfspersonenwagen der Gattung MCi, die aus gedeckten Güterwagen abgeleitet waren. Das Aufnahmedatum lässt sich eingrenzen, weil der Wagen erst am 21. Februar 1944 abgenommen worden war. Da im letzten Kriegsjahr kaum mehr Ausflugsfahrten oder Gruppenanreisen zu propagandistischen Veranstaltungen durchgeführt wurden, mag es sich um eine Szene der »Erweiterten Kinderlandverschickung« handeln, mit der Kinder aus den bombengefährdeten Großstädten evakuiert wurden.

Max Ittenbach: »Kleiner Einkauf auf einem Bahnhof im Osten«

Verwundete Soldaten sind in einem alten preußischen Schnellzugwagen unterwegs. Das Nummernschild der RBD München und der verblichene Reichsadler nach einer Norm aus der Weimarer Republik entsprechen noch dem Beschriftungsmuster der späten zwanziger und frühen dreißiger Jahre. Dass Anwohner vom Bahnsteig aus Obst, frisches Trinkwasser und ähnliche Erfrischungen in die Züge verkaufen, ist auf russischen Bahnhöfen seit jeher üblich gewesen.

W. Steiner, Berlin: »Kurz vor der Weiterfahrt zur Front«

Auch hier geht es um leibliche Bedürfnisse: Die sprichwörtlichen »Gulaschkanonen« nebst Bündelholz für die Befeuerung dürfen beim Truppentransport nicht fehlen.

Dr. Dr. Fr. Faull, Bavaria-Verlag, Gauting vor München: »In Tarnopol erwartet uns ein kleiner musikalischer Abschiedsgruss** (sic!); **auf dem Nebengleich** (sic!) **hält ein Infanterie-Transport und die Musiker sind zur Stelle, uns mit Musik zu verabschieden.«
Frei OKW (Heer) Versen Hptm., Freigegeben 29. Jul. 1942, Presseabteilung der Reichsregierung im Reichsministerium für Volksaufklärung und Propaganda - Bildpresse - i.A. gez. Kurzbein, Abzug erworben, Berlin, den 3.10.1942

Tarnopol war ein wichtiger Übergangsbahnhof von dem 1941 nach Südosten erweiterten »Generalgouvernement« ins besetzte Sowjetgebiet. Insbesondere der Verkehr nach Odessa lief über Tarnopol. So mag sich denn der aus dem Güterwagen fotografierende Bildberichter von den Musikern, die sogar einen »Schellenbaum« dabei haben, in Richtung »Reichskommissariat Ukraine« verabschiedet fühlen.

Below, Stettin

Im Ersten Weltkrieg hatte noch kaum eine Familie auf Dauer ihre Heimat verlassen müssen. Kurz danach begann eine grausame »Entmischung« zwischen Griechen und Türken und der Völkermord an den Armeniern. Ab 1933 mussten dann Deutsche vor ihrer eigenen Regierung fliehen, ab 1936 war halb Spanien auf der Flucht, 1938 mussten Tschechen aus dem Sudetenland weichen, ab 1939 wurden zahllose Polen zu Völkerwanderungen gezwungen, 1940 flüchteten Millionen Belgier und Franzosen vor der Wehrmacht nach Westen, ab 1941 war für viele Gruppen der sowjetischen Bevölkerung die Flucht einziges Mittel der Lebensrettung, während ganze Völkerschaften innerhalb der Sowjetunion nach Osten deportiert wurden. 1944 begannen dann Flucht und Vertreibung der Deutschen aus dem Osten Europas und den östlichen Reichsteilen.
Frauen und Kinder, die mit ihren Habseligkeiten im Güterwagen unterkommen müssen: Ein allzu gewohnter Anblick in Europa zwischen Erstem Weltkrieg bis weit in die Fünfzigerjahre, als endlich die Wellen der Vertreibungen und Deportationen abebbten. Von der selben Szene findet sich ein Bild auf Seite 269. Auf welchem Reiseweg die Frauen in einem belgischen Güterwagen ausgerechnet den Kleiderständer mitnehmen, werden wir nicht mehr erfahren.

RAD-Kriegsberichter Tomaschek: »Der Hornist hat zum Einsteigen geblasen« Gegen die Veröffentlichung bestehen von seiten des Reichsarbeitsdienstes keine Bedenken, Berlin, den 7.9.42.Militärisch und politisch freigegeben!

Der Reichsarbeitsdienst war nicht primär ein bewaffnetes Organ, wurde aber für den Einsatz in besetzten Gebieten bei Bedarf etwa mit älteren (russischen) Beutegewehren ausgerüstet. Im Sozialrecht der Nachkriegszeit wurde der RAD neben vielen anderen Organisationen vom »Baustab Speer« bis zu den »Pferdebeschaffungskommissionen der Wehrmacht« und den »Bedienungsmannschaften der Verbrennungstriebwagen« als »militärähnlicher Dienst« anerkannt. Der Blick des Eisenbahnhistorikers erkennt einen belgischen Abteilwagen.

Max Ittenbach, Berlin: »In einem Verschiebebahnhof im Osten«
Veröffentlichung nicht gestattet

Ein ganzer Zug fast zur Gänze aus Flachdachwagen nebst einigen teilweise nichtdeutschen Tonnen- und Spitzdachwagen macht einen längeren Zwischenhalt. Die Frauen und Männer, die sich in der Sommersonne die Füße vertreten, dürften auf der Reise zur Zwangsarbeit im Reich sein. In der Gegenrichtung sind Truppentransporte unterwegs.

C. Breuer-Courth, Stuttgart-Degerloch: »Winterhilfswerk Schuhsammlung«
Abzug erworben, Berlin, den 5. Nov. 1942

Aus einem ähnlichen Flachdachgüterwagen des Gattungsbezirks »Kassel« werden Schuhe ausgegeben. Die Erfrierungen der Füße im russischen Winter hatte man zu dieser Zeit bereits fürchten gelernt. Doch die Soldaten ahnen noch nicht, dass für manchen von ihnen neben vielen anderen Faktoren auch die Qualität der Fußbekleidung ein Kriterium für die Überlebenschancen in langen Jahren der Gefangenschaft sein wird.

Dr. Dr. Fr. Faull, Bavaria-Verlag, Gauting vor München: »In großen Kannen bringen die Schwestern den ewig durstigen Soldaten Getränke.«
Frei OKW (Heer) Versen Hptm., Freigegeben 29. Jul. 1942, Presseabteilung der Reichsregierung im Reichsministerium für Volksaufklärung und Propaganda - Bildpresse - i.A. gez. Kurzbein, Abzug erworben, Berlin, den 3.10.1942

Zwei Truppentransportzüge stehen auf den Gleisen eines Bahnhofs. Links ist eine 50 vorgespannt, nach zwei preußischen und einem sächsischen Abteilwagen folgen auch wieder die typischen Flachdachgüterwagen, von denen einer den Protektoratsbahnen (BMB) gehört.
Mit diesen Güterwagen wurden auch Transporte durchgeführt, zu denen niemand Wasser brachte und von denen kein Foto veröffentlicht werden durfte. Der zigtausendfach gebaute schlichte deutsche Flachdachgüterwagen der früheren Gattungsbezirke »Kassel« oder »München« oder G 10 wurde als meistverwendetes Transportmittel für die zur »Vernichtung« bestimmten Juden[13] und als trostloses Sterbelager für viele von ihnen noch vor Erreichen der Gaskammern auch »eine Ikone für den Judenmord«[14]. Er steht in dieser Funktion als Museumsstück u.a. in Jerusalem und Washington.
Nur ganz am Rande sei erwähnt, dass die immer wiederkehrende Bezeichnung »Viehwagen« für diesen Fahrzeugtyp nicht ganz korrekt ist. Zwar war der typischerweise mit Kisten, Säcken oder Fässern zu beladende Wagen mit seinen Lüftungsschlitzen auch für Großvieh tauglich, doch ist die technische Bezeichnung »Viehwagen« streng genommen den selteneren gedeckten Wagen mit durchbrochenen Seitenwänden vorbehalten. »Im Reisen in Viehwaggons bin ich Experte« schreibt Béla Szolt in seinen Erinnerungen[15] an die »mobilen Särge mit der deutschen Aufschrift« und die Elendsfahrten der ungarischen Juden in militärische Hilfsdienste, Zwangsarbeit und Vernichtungslager.

13 siehe auch »Reichsbahn hinter der Ostfront«, S. 270–273
14 nach einer Formulierung von Alfred. B. Gottwaldt in der Überschrift des Aufsatzes »Der deutsche Güterwagen: Eine Ikone für den Judenmord?« in Museumsjournal, 13. Jahrgang, Nr. 1, Januar 1999, Museumspädagogischer Dienst Berlin.
15 Zitate aus Bela Zsolt, Neun Koffer, Frankfurt (Main) 1999 (Verlag Neue Kritik)

Achillesferse Treibstoff

W. Steiner, Berlin

Ohne Ortsangabe muss dieses Bild einer geradezu modellbahngerechten Umladeszenerie bleiben. Die Fässer werden aus einem älteren Wagen gefüllt, der in der RBD Wien stationiert ist und der noch heute tätigen Eisenbahn-Verkehrsmittel Aktiengesellschaft (»EVA«) gehört. Daneben steht ein »Wifo«-Wagen aus der RBD Hamburg.

Eisenbahn-Verkehrsmittel
Hamburg
908 305

Schuster, München: »Umfüllen von Treibstoff aus Kesselwagen in Fässer«

Der moderne Kesselwagen mit 26,5 m³ Kapazität ist in Königsberg stationiert. Er gehört der »Wirtschaftlichen Forschungsgesellschaft«, die unter ihrer unauffälligen Tarnbezeichnung die deutsche Treibstoffwirtschaft kriegsfähig gemacht hatte. Der kleinere Wagen ist ein schwedischer Behelfkesselwagen. Die Halterungen am Rahmen lassen erkennen, dass er früher ein Rungenwagen gewesen war!

Schon im Ersten Weltkrieg hatte die deutsche Wissenschaft großen Erfindungsreichtum gezeigt, als es galt, die im eigenen Land nicht vorkommenden Rohstoffe durch Produkte der chemischen Industrie zu ersetzen. Damals war die Erzeugung synthetischen Gummis (»Buna«) und künstlichen Treibstoffs aus Kohle – das erste Werk hierfür entstand in Leuna – geglückt. In den dreißiger Jahren begann eine neue Welle der »Ersatz«- und »Heimstoffwirtschaft«. Auf die Herstellung von Benzin durch »Kohleverflüssigung« wurde im Hinblick auf die motorisierte Kriegführung größter Wert gelegt. Trotzdem waren Treibstoffe seit Beginn des Zweiten Weltkrieges stets knapp. Einheimisches Erdöl gab es nur in geringen Mengen (vor allem in Niederösterreich); Öl aus Galizien, Rumänien und der Sowjetunion musste auf langen Transportwegen herangeführt werden. Mit dem Angriff auf die Sowjetunion 1941 entfielen die Öleinfuhren von dort. Die Wehrmacht erreichte niemals die Ölreviere am Kaspischen Meer. Die synthetische Produktion und die Einfuhr aus Rumänien konnten den ständig wachsenden Forderungen von Heer und Luftwaffe nur knapp genügen. 1943 schuf die Übernahme der italienischen Ölreserven kurzzeitige Entspannung.

Anfang 1944 wurden mehr als 50 % der auf deutscher Seite verbrauchten Vergasertreibstoffe und ein noch höherer Prozentsatz des Dieselkraftstoffs synthetisch erzeugt. Ein erhöhter Bedarf an der Ostfront und Probleme mit dem Transport rumänischen Öls auf der Donau und per Bahn führten zu einer Anspannung der Versorgungslage. Schon rechnete man auch mit einer alliierten Invasion in Frankreich und dem Treibstoffbedarf für eine (nach dem Osten und Italien) dritte Front. Im Januar 1944 befürchtete der Wehrmachtsführungsstab, dass der Wehrmacht im Jahre 1944 statt der geforderten 9 Millionen t Treibstoff nur 6,6 Millionen t zur Verfügung stehen würden. Die rumänische Förderung nahm in den Folgemonaten immer weiter ab; die Zurücknahme der Ostfront setzte die rumänischen Ölreviere immer mehr der Gefahr sowjetischer Luftangriffe aus. Am 5. April 1944 begannen aber stattdessen die Engländer und Amerikaner (von Italien aus) mit der Bombardierung der Förderanlagen und Raffinerien in Rumänien. Anfang Mai 1944 war die Treibstoffproduktion im deutschen Machtbereich gegenüber Januar um 44 % gesunken, die transportierte Abfuhr sogar um 50 %.

Der 12. Mai 1944 sollte zum schwarzen Tag der synthetischen Treibstoffproduktion werden. Der von deutscher Seite eigentlich seit Jahren befürchtete und bislang wider Erwarten ausgebliebene alliierte Luftschlag gegen die deutschen Hydrierwerke fand an die-

Atlantic Pressebilderdienst und Verlagsgesellschaft, Berlin: »Nachschub – noch und noch. In endlosen Güterzügen rollt Tag und Nacht der Nachschub. Benzin und Öl für die deutschen motorisierten Einheiten werden reichlich in überall vorhandenen Treibstofflagern vorrätig gehalten.« Abzug erworben, Berlin, den 19. Nov. 1942

Vermutlich in der Sowjetunion entstand das Foto mit zahllosen Benzin- und Dieselfässern, die in offenen Güterwagen ein Nachschublager erreicht haben. Die LKW's haben zum Schutz gegen die eigene Luftwaffe große Hakenkreuze auf den Führerhausdächern.

sem Tag statt und legte die Werke in Brüx und Tröglitz zu 100 %, in Leuna zu 60 % und in Böhlen zu 50 % lahm. Der Minister für Rüstung und Kriegsproduktion Speer konstatierte später, Deutschland habe an diesem Tage den Krieg »technisch verloren«. Weitere schwere Angriffe folgten. Am 29. Mai wurde das größte Hydrierwerk in Pölitz zerschlagen. Zugleich wurden systematisch Luftangriffe auf die rumänischen, jugoslawischen und ungarischen Bahnlinien und die Donauschifffahrt durchgeführt.

Äußerste Treibstoffeinsparung, beschleunigter Wiederaufbau der zerstörten Anlagen und verstärkter Schutz für die verbliebenen Kapazitäten erhielten nun höchste Priorität. Im August 1944 wechselte Rumänien zu den Kriegsgegnern über, so dass die dortige Ölproduktion für Deutschland entfiel. Die synthetische Produktion war im September auf 8 % des Aprilstandes reduziert.

Trotz der (reichlich verspäteten!) schweren Schläge gegen die deutsche Treibstoffproduktion mussten die Alliierten erfahren, dass allein damit die Kriegswirtschaft und die Kampfkraft des Reiches nicht zu zerbrechen waren. Erst die im Herbst 1944 begonnenen weitaus gezielteren und dichteren, nahezu unaufhörlichen Luftangriffe gegen die für die Kohleabfuhr wichtigen Eisenbahnstrecken und Rangierbahnhöfe im Ruhrgebiet und an seinen Hauptabfuhrstrecken führten zu dem industriellen Zusammenbruch, den alle Angriffe seit 1940 nicht hatten erzielen können. Der jahrelange Luftkrieg gegen Volkswirtschaft und Infrastruktur machte eine opferreiche Invasion zu Lande nicht entbehrlich.

Die Strategie der USA in späteren Kriegen (Vietnam, Irak, Jugoslawien, Afghanistan) ließ Zweifel aufkommen, ob sie die Lehre aus dem Zweiten Weltkrieg von der begrenzten und allenfalls auf lange Sicht kriegsentscheidenden Wirkung von Bombardements ausreichend beachteten.

Die großen Probleme bei der Ausschaltung auch nur einzelner zentraler Produktionszweige durch Luftangriffe müssen auch bei einer anderen nach 1945 immer wieder geführten Diskussion beachtet werden: Häufig wird den Westalliierten vorgeworfen, sie hätten auf die Lahmlegung der Zufahrtstrecken zu den Vernichtungslagern verzichtet. Ein Blick auf die Eisenbahnkarte begründet aber große Skepsis gegenüber dieser Forderung. Insbesondere Auschwitz war aus den verschiedensten Richtungen gut erreichbar. Allenfalls pausenlose Angriffe auf das sowohl von England als auch von Italien schwer erreichbare dichte Streckennetz in Oberschlesien hätte das Morden in gerade einmal einem Lager hemmen können.

Eisenbahner und Soldaten »vor Ort« hatten sich nicht mit strategischen Fragen des Luftkriegs zu befassen, sondern mussten Treibstofftransporten besondere Aufmerksamkeit widmen. Einerseits war die Knappheit der hier transportierten Güter allen bewusst, andererseits führte die hohe Brennbarkeit der Flüssigkeiten im Falle von Bombentreffern oder Tieffliegerbeschuss zu großen Gefahren auch über die entzündeten Kesselwagen hinaus. Nur Munitionszüge waren für ihre Umgebung noch gefährlicher.

Karl Eugen Hahn[16], seinerzeit Oberleutnant der WVD Italien, schilderte Erlebnisse bei einem Jagdbomberangriff auf einen Kesselwagenzug im April 1944 auf der Strecke Florenz–Arezzo in der Toskana. Hahn war gerade im Nachbarbahnhof und hörte »schrilles Telefongeklingel. *Es war der deutsche Bahnhofsvorsteher des Nachbarbahnhofs Figline, der dringend eine Lok verlangte, um den vorderen Teil eines in Brand geschossenen Benzinzugs und die an der Spitze stehende, durch Bordwaffenbeschuss betriebsunfähig geschossene Dampflok, sowie eine elektrische Lok in Sicherheit zu bringen. Eile tat not, der Brand griff immer weiter um sich. Unter Druck bestimmte ich einen (…) italienischen Lokführer, mit der Maschine in den Hexenkessel (…) zu fahren. Die Jabos waren immer noch unterwegs und beharkten die auf einem der beiden Streckengleise abgestellten Räumungs- und Leerwagenzüge unablässig mit Bordwaffen. Ihre Bomben hatten sie offensichtlich abgeworfen.*

Wir fuhren los, denn ohne Begleitung konnte ich die Italiener nicht lassen. Sie hätten die Lok, sobald sie außer Sicht waren, an der nächsten günstigen Stelle auf freier Strecke stehen lassen und wären wegen ‚molto paura' abgesegelt. Unterwegs mussten wir verschiedentlich halten, um die in der Nähe herumschwirrenden Jabos durch unsere Rauchfahne nicht auf uns zu locken; hier bot ein Baum, dort der Schatten eines Schuppens oder eines abgestellten Zugs notdürftig Schutz. (…)

Immer näher kam der Rauchpilz, der die Sonne verdunkelte, und Minuten später standen wir vor dem turmhoch brennenden Benzinzug, der dauernd mehr Feuer auszuspeien schien. Die ersten fünfzehn Wagen waren noch unbeschädigt, also ran. Die brave Bahnhofsbesatzung hatte schon die Fahrstraße gestellt, den vorderen unbeschädigten Zugteil abgekuppelt und den vergeblichen Versuch unternommen, ihn mit Brechstangen von dem Höllenfeuer wegzuschieben. Wegen der an der Spitze stehenden Dampf- und Ellok war dies jedoch ein aussichtsloses Unterfangen geblieben. Ehe der Zugteil aber in Sicherheit gebracht werden konnte, brauste noch einmal eine Anzahl Jabos auf uns zu. Alles warf sich in den nächsten Graben und wartete – Gott sei Dank vergebens! Die Flugzeuge wagten sich nicht so nahe an die feuerspeiende Schlange heran, auch wurden wir von dem beißenden Qualm leidlich gedeckt, und schließlich ging auch den Jabos einmal das Pulver aus. Sie verzogen sich endgültig. Befreit aufatmend gingen wir erneut ans Rettungswerk. Und in wenigen Minuten war es getan. Wir guckten uns in die verrußten Gesichter und lachten.

Aber dann entdeckte ich, dass noch nicht alles geschafft war. Zwischen den brennenden Wagen – und jetzt beinahe an der Spitze des hell flammenden Zugteils – standen noch zwei Kesselwagen, die nicht brannten. Waren sie bereits völlig ausgelaufen oder vielleicht unbeschädigt geblieben? Das musste ich wissen. Vor ihnen standen noch zwei glosende Wagen, der vordere war völlig ausgebrannt. Nur noch vereinzelte Flammen schlugen aus der oberen Einfüllluke. Der nächste Wagen brannte lichterloh. Hohe Fontä-

16 Karl-Eugen Hahn, Eisenbahner in Krieg und Frieden, Frankfurt (Main) 1954, 133 ff.

W. Bühl, Berlin

Der Transport hoch aufgestapelter Fässer auf offenen Güterwagen kam nur für Leergut in Betracht, wirkt aber dennoch abenteuerlich.

nen brennenden Benzins stürzten immer wieder aus vielen Einschusslöchern und gefährdeten die Umgebung.

Ob das Biest explodieren würde? Ein Pionieroffizier, der von einer benachbarten Brückenbaustelle herbeigeeilt war, warnte nachdrücklich. (...) Aber die zwei schönen Eisenbahnkesselwagen dahinter mit 40.000 Liter Benzin draufgehen lassen? Das kam gar nicht in Frage. Ein Blickwechsel mit meinem prachtvollen, über fünfzig Jahre alten Betriebskontrolleur, den ich auf dem Bahnhof vorgefunden hatte, genügte. Wir verstanden uns ohne viel Worte. Von der Seite schlichen wir uns an die Wagen heran, klopften an die Stahlwand, kein Zweifel, sie waren voll und unbeschädigt. Also mussten sie noch geholt werden. Aber wie?

Mit der Lok konnten wir nicht mehr heranfahren. Das dauerte viel zu lange, weil die Fahrleitungen teils von den Jabos abgeschossen waren und - nachdem wir den vorderen Zugteil mit rücksichtsloser Gewalt weggezogen hatten - vollends herabgerissen wurden und nun in wirren Haufen auf dem Gleis lagen. ... Es blieb nichts anderes übrig, als die beiden vordersten, brennenden Wagen wenigstens 20 Meter mit der Hand wegzuschieben und dann die unbeschädigten auf Lücke zu stellen, damit sie wegkamen von dem Höllenhaufen. Dazu brauchten wir Menschen und Brecheisen.

Also zurück zu der in achtunggebietender Entfernung stehenden Meute und ihr die Sachlage klar gemacht. Doch das Häuflein schmolz wie Butter an der Sonne zusammen. Ängstlich starrten insbesondere die Italiener auf das Flammenmeer. Einer nach dem anderen verdrückte sich. Das halfen nur scharfe Befehle und schließlich eindeutige Drohungen. Zögernd folgten sie der deutschen Bahnhofsbesatzung. Kaltblütig hängten wir zu zweit die brennenden Wagen ab. Nur jetzt vor den anderen keine Schwäche zeigen, sonst waren sie nicht zu halten, und allein waren wir machtlos. Der Versuch, die beiden Wagen wegzuschieben, misslang. Die Achslager waren von dem Brand glühend heiß, die Achsen festgefressen. Der hintere Wagen spuckte außerdem dauernd stärkere Feuersäulen aus, in seiner Nähe war es vor Hitze kaum mehr

H. J. Bandelow, Berlin: »Russische Kesselwagen«

Sowohl der Zweiachser als auch die modernen Vierachser ohne durchgehenden Rahmen sind sowjetische Beutewagen. Obwohl sie offenkundig schon in deutschen Diensten stehen, haben sie keine erkennbare Reichsbahnbeschriftung.

Max Ittenbach, Berlin

Kesselwagen, soweit das Auge reicht. Im Vordergrund stehen zwei französische Exemplare. Es folgt ein Fahrzeug aus Hamburg mit unleserlich gewordenen Schildern einer Mineralölfirma und ein SHELL-Wagen in nicht mehr sehr frischem Gelb.

Wagen sehr verschiedenen Alters sind hier zusammengestellt. Der geschweißte Großraumwagen mit Ganzmetall-Bremserhaus wurde erst im Krieg gebaut. Genauso moderne Wagen folgen weiter hinten. Dazwischen ist ein Jahrzehnte älterer Veteran eingereiht. (Die Deutsche Reichsbahn beschaffte von 1939 bis 1945 etwa 30.000 Kesselwagen.)

auszuhalten. Zu allem Unglück zeigte sich auch noch, dass das Gleis unmittelbar vor dem ersten Wagen einen scharfen Knick aufwies. Offenbar war es von einem Bombensplitter getroffen worden. Die Spur war etwas zu eng, der Radkranz zwängte.

Es musste versucht werden, die glühenden Fahrzeuge einzeln wegzuschieben. Das schlampige, viel zu weite Kuppeln der beiden Wagen durch irgendeinen Rangierer half uns beim Abkuppeln, das mit einem Brecheisen erfolgen konnte. Und schließlich gelang es uns unter unsäglichen Anstrengungen, den vordersten Wagen nach mehrmaligem Hin- und Herschieben über die Schadstelle im Gleis zu drücken. Ich ließ die Leute ein wenig ausruhen, verteilte meine letzten Zigaretten. Dann ging es an den nächsten, der immer stärker brannte, als wollte er sich gegen unsere Absichten zur Wehr setzen, aber es half ihm nichts. Mit langen Stemmeisen rückten wir ihm zu Leibe, und sobald er erst einmal ins Rollen gekommen war, drückten wir ihn mit langen Hölzern und Eisen Meter um Meter zum ersten Wagen. Nun mussten wir erst wieder die herabhängenden Oberleitungen beseitigen, dann kam das erste unbeschädigte Kesselfahrzeug an die Reihe. Es wurde reibungslos weggeschoben und zehn Meter vor den brennenden Wagen abgestellt. Der zweite heile Koloss machte noch die größten Schwierigkeiten. Auf ihm lag ein unentwirrbares Knäuel von Fahrleitungsdrähten, das erst beiseite geräumt werden musste, und dann war er leider fest gekuppelt. Die Kupplung war durch die Siedehitze auch rettungslos festgefressen. Zwischen ihn und den nächsten, mit hoher Stichflamme brennenden Wagen zu treten, der wie ein feuerspeiender Berg wirkte, wäre Wahnwitz gewesen. Dass wir es doch geschafft haben, ist ein Wunder. Durch den bisherigen Erfolg tollkühn geworden, konnten wir schließlich schweißgebadet, mit den primitivsten Werkzeugen die Kupplung so weit lockern, dass sie sich mit der Brechstange herauswerfen ließ, und während die anderen den letzten Wagen im Eiltempo von dem Gluthaufen wegzerrten, dankte ich meinen beiden tapferen Helfern, dem ‚blauen' Betriebskontrolleur, der schon im Weltkrieg seinen Mann gestanden hatte, und dem Bahnhofsvorsteher.«

W. Steiner, Berlin

Luftangriffe in Frankreich haben Kesselwagenzüge schwer beschädigt. Unten kontrolliert ein »blauer Eisenbahner« den Füllstutzen eines im Inferno anscheinend unversehrt gebliebenen Behälters. Der Wagen besitzt Stangenpuffer und Hilfskupplungen.

Rechts oben ist vor dem Zug ein riesiger Bombenkrater sichtbar.

Rechts unten ist zwischen zwei Wagen der Wifo Frankreich ein weiterer hoch auf die Wagen des Nachbargleises geschleudert worden. Auch hier fällt aber die relative Stabilität der zylindrischen Blechtanks auf.

Französische Signale vor der himmelhohen schwarzen Wand des Rauches brennender Kesselwagen: Ein weiteres fotografisches Meisterwerk aus den Reportagen von Bombenangriffen auf Treibstoffzügen.

H. J. Bandelow, Berlin

Um solche Fotos zu machen, brauchte man außer einer umfassenden Genehmigung und einem zuverlässigen Blick für Motive auch Mut. Das Bild illustriert dramatisch die Erzählung in der Kapiteleinführung über die kaltblütigen Versuche, einzelne Treibstoff-Kesselwagen aus bombardierten Zügen zu retten.

H. J. Bandelow, Berlin

Der Inhalt eines gefährdeten Wagens wird umgepumpt.

Extrem gefährliche Eisenbahner-Arbeit unter den Bedingungen des »totalen Krieges« – geradezu tollkühn der Versuch, einzelne Wagen aus dem Inferno herauszuziehen!

DR Han
Ladegut

Krieg in Italien

Das von Mussolini ab 1922 in Italien installierte Herrschaftssystem des »Faschismus« wurde erklärtes Vorbild für zahlreiche zur Macht drängende national-autoritäre Bewegungen und ihre Führer. Nachdem Hitler 1933 in Deutschland die Regierung übernommen hatte, war ein Bündnis mit Italien ideologisch plausibel, aber nicht sogleich selbstverständlich. Zunächst gab es in Rom noch Besorgnisse, ob ein nationalistisches Regime in Berlin nicht Ansprüche auf Südtirol erheben würde. Ab 1934 entwickelte sich eine Annäherung zwischen Italien und dem klerikalfaschistischen Österreich, das zum Nationalsozialismus in scharfem Gegensatz stand. Im spanischen Bürgerkrieg arbeitete Hitlers »Drittes Reich« dann aber mit Italien offen zusammen. Die faschistisch-nationalsozialistische »Achse« Rom–Berlin wurde propagiert. 1938 steckten die beiden Diktatoren ihre Interessengrenze am Brenner ab: Mussolini gab Hitler freie Hand in Österreich, dafür verzichtete das Reich auf Südtirol.

Deutsche Feldeisenbahner stehen auf einem Bahnsteig in Italien. Unter der Fahrleitung für 3000 V Gleichstrom, die im Zweiten Weltkrieg schon von den Alpen bis zur Südspitze der Halbinsel reichte, steht die 1'Ch2-Schnellzuglok 640.165 des Deposito Mantua. Mit nur vier Achsen und einer Achsfahrmasse von kaum 15 t bewährte sich diese zierliche Loktype aus dem Jahre 1906 im Schnellzugdienst ausgezeichnet und blieb bis zum Ende der Dampflokzeit Mitte der siebziger Jahre im Einsatz. Mit Innenzylindern und Außensteuerung bot sie einen eigenartigen Anblick. Die ersten 48 Loks hatte Schwartzkopff in Berlin gebaut. Damit erinnert die 640 an die starke wirtschaftliche Zusammenarbeit und die guten politischen Beziehungen zwischen Deutschland und Italien vor dem Ersten Weltkrieg, in dem zunächst keineswegs klar war, ob und auf welcher Seite Italien teilnehmen würde. Bestimmend für den Kriegseintritt auf Seiten der Entente im Jahre 1915 waren dann auch nicht Konflikte mit dem Deutschen Kaiserreich, sondern Gebietsansprüche gegen Österreich-Ungarn.

Ma.
640

Am Zweiten Weltkrieg beteiligte sich Italien als Bündnispartner Deutschlands – 1940 in Frankreich, 1941 in Jugoslawien und Griechenland sowie in Nordafrika. Auch am deutschen »Ostfeldzug« nahmen drei italienische Divisionen teil. Die deutsche Unterstützung der italienischen Kriegswirtschaft war erheblich: Von 1940 bis Mitte 1943 erhielt Italien fast ausschließlich auf den Schienenwegen über die Alpen: 40 Millionen t Kohle, 2,5 Millionen t metallische Rohstoffe, 22.000 t Buna, 220.000 t Treibstoffe für Flugzeuge und 44.000 t Rohöl.

Ende 1942 kam der deutsche Vormarsch in Nordafrika zum Stehen. Die Engländer gingen mit Erfolg zum Gegenangriff über. Da sie und die Amerikaner im Mittelmeer die Seeherrschaft und alsbald auch die Luftherrschaft errangen, kämpften Deutsche und Italiener in Afrika auf verlorenem Posten. Im Mai 1943 mussten sie ihren Widerstand aufgeben. Nach schweren Luftangriffen gegen Ziele in Süditalien landeten die Alliierten am 10. Juli 1943 auf Sizilien und verdrängten die Truppen der »Achsenmächte« bis zum 17. August gänzlich von der Insel. Der britische und US-amerikanische Vormarsch ins italienische Mutterland blieb nicht ohne innenpolitische Auswirkungen: Am 25. Juli 1943 wurde Mussolini gestürzt und inhaftiert. Sofort begann die Verlegung deutscher Truppen nach Italien, vordergründig zur Verstärkung der Abwehr in Süditalien, auf längere Sicht aber auch schon mit dem Ziel, die Kontrolle über das Gebiet des bisherigen Bundesgenossen zu übernehmen. Die Situation spitzte sich schnell zu: Am 3. September landeten die Alliierten in Kalabrien. Die Regierung Badoglio schloss mit ihnen einen zunächst geheimen Waffenstillstand, der am 8. September von General Eisenhower über den Rundfunk bekanntgegeben wurde. Sogleich übernahm die Wehrmacht in Italien die Rolle einer Besatzungsmacht. Eine Wehrmachtsverkehrsdirektion Italien in Bologna übernahm die Kontrolle über die Staatsbahnen. Die italienischen Truppen wurden entwaffnet und arretiert. Vereinzelter Widerstand wurde mit größter Brutalität gebrochen und bestraft. Auf der griechischen Insel Kephallonia massakrierte die Wehrmacht am 20. und 21. September 1943 mindestens 5170 italienische Soldaten, die sich bereits ergeben und ihre Waffen abgeliefert hatten. Am 23. September 1943 verkündeten die später immer wieder für »ritterliche Kriegführung« gelobten Feldmarschälle Kesselring und Rommel, daß »irgendwelche sentimentalen Hemmungen gegenüber Banden in der Uniform des ehemaligen Waffenkameraden völlig unangebracht« seien.

Die Front gegen die Alliierten musste immer weiter zurückweichen: Am 27. September 1943 musste Foggia, am 30. September Neapel, aufgegeben werden. Am 13. Oktober erklärte die Regierung Badoglio dem Deutschen Reich den Krieg. Die italienischen Soldaten im deutschen Machtbereich wurden von der Besatzungsmacht und den verbliebenen faschistischen Organen aufgefordert, sich einem inzwischen errichteten Marionettenregime des von der SS aus der Gefangenschaft befreiten Mussolini zu unterstellen. Dies bedeutete aber zumeist den Einsatz an der deutschen Ostfront. Wer hierzu nicht bereit war, wurde ohne den schützenden Status des Kriegsgefangenen als »Militärinternierter« ins Reich verschleppt. Für 650.000 italienische Soldaten und 50.000 Zivilpersonen begann die Leidenszeit von Zwangsarbeit oder KZ-Haft. Etwa 45.000 von ihnen starben aufgrund der Drangsalierungen oder wurden willkürlich hingerichtet. Von den 40.000 Juden, »Zigeunern« und Widerstandskämpfern, die ab Herbst 1943 aus Italien in die »Vernichtungslager« deportiert wurden, überlebten nur 4000.

Der deutsche Rückzug aus Süditalien hinterließ im Eisenbahnnetz eine Spur der Verwüstung. Ende Oktober 1943 bilanzierte der Oberbefehlshaber Südwest: Gesprengt 12.210 m Brücken, 1930 m Durchlässe, 6565 m Tunnel, 668.700 m Gleis, aufgerissen 116.300 m Gleis, zerstört 77 Lokomotiven und 2043 Wagen. Die deutsche Besatzungsmacht, ihre dem Nachschub für die Apenninfront dienende Infrastruktur und besonders das Eisenbahnnetz im deutschen Machtbereich wurden von den Alliierten und den für die Befreiung ihres Landes kämpfenden Italienern immer stärker bedrängt. Luftangriffe setzten dem Bahnbetrieb genauso zu wie die Anschläge der im Sommer 1944 auf eine Stärke von 100.000 Mann geschätzten Partisanen. Die Wehrmacht unter Befehl von Feldmarschall Kesselring und die Waffen-SS rächten sich mit grausamem Terror gegen die Zivilbevölkerung. In zahlreichen Dörfern wurden die Bewohner (im wesentlichen konnten nur Frauen, Kinder und Alte aufgegriffen werden) erschossen oder bei lebendigem Leibe verbrannt. Plünderungen und Vergewaltigungen waren an der Tagesordnung und wurden von höheren Stellen geduldet.

Am 4. Juni 1944 wurde Rom befreit. Das Eisenbahnnetz war nun schon so brüchig geworden, dass der Abstand zwischen den Betriebsspitzen der Eisenbahn und der Front 200 km betrug. Ein Betrieb war nur noch nachts möglich. Am 26. Juli wurde Pisa und am 4. August Florenz geräumt. Die Unterbrechung des verbliebenen Netzes durch Bomben und Anschläge wurden immer systematischer.

Karl-Eugen Hahn[17] berichtete in seinen Erinnerungen ausführlich über den Bahnbetrieb in Mittelitalien unter den Bedingungen des Luftkriegs. Einige Auszüge in zeittypischer Mischung aus Sachlichkeit und trotzigem Pathos:

»Unsere Wiederherstellungstrupps wurden mehr und mehr geschult. Wie die Affen kletterten die Fahrleitungskolonnen auf den Masten herum, aber es glückte uns nicht, südlich Florenz den elektrischen Betrieb in nennenswertem Umfang wieder aufzunehmen. Kaum war die Fahrleitung gezogen, wurde sie schon wieder von Jabos (= Jagdbomber) abgeknallt; kaum war eine Brücke von den Pionieren wieder notdürftig zusammengeflickt, da sank sie schon wieder in den Staub oder stürzte in Flüsse und Bäche. (…) Es war ein aussichtsloser, nervenaufreibender Kampf gegen eine unmenschliche Übermacht. Die feindlichen Flugzeuge wurden so dreist, dass sie der italienischen Bevölkerung, die in der Nähe von Bahnanlagen wohnte, durch Flugzettel mitteilten, wann der nächste Angriff geflogen wurden. Sie hatten ja nichts zu riskieren, denn die Abwehr war gleich Null. (…)

Das Kriegsglück war wieder einmal eindeutig gegen uns. Wir mussten auch in Italien räumen. Dem Gegner durften so wenig wie möglich unserer immer knapper werdenden, wertvollen Kriegsgüter in die Hände fal-

H. J. Bandelow: »Italiener-Transport«

Als dieses Bild aufgenommen und archiviert wurde, hatte der Titel »Italiener-Transport« noch keinen makabren Beigeschmack. Damals waren die »Alpini« verbündete Truppen, die Mussolini – längst in politischer und wirtschaftlicher Abhängigkeit von Hitler, aber auch in völliger Verkennung der militärischen Stärke seines Landes – am »Ostfeldzug« teilnehmen ließ. Ab Herbst 1943 führten Transporte von Italienern nur noch in Gefangenschaft und Zwangsarbeit irgendwo in Deutschland oder auch im »Osten«.

17 Hahn, Karl-Eugen, S. 144 ff.

Presse-Illustrationen Heinrich Hoffmann PK-v. Kayser-WW 7-1-42: »Nachschub für Afrika. Panzer rollen nach dem Süden. Der Feldwebel überzeugt sich auf einem kurzen Halt noch einmal davon, ob alles in Ordnung ist.«
Abzug erworben, Berlin, den 28. Sept. 1942

Im September 1940 befahl Mussolini seinen Truppen in Libyen den Angriff auf die in Ägypten stehenden britischen Kräfte. Nach einem erfolgreichen britischen Gegenstoß ab Dezember 1940 ersuchte Mussolini seinen Verbündeten nördlich der Alpen um Hilfe. Mitte Februar 1941 traf das deutsche »Afrika-Korps« in Libyen ein. Es erzielte vor allem im Sommer 1942 große Erfolge gegen die Engländer. Eine Besetzung des Suezkanals und damit eine Unterbrechung der Seeverbindung von England zur Kronkolonie Indien schien nicht mehr ausgeschlossen.
Im Oktober 1942 gingen aber die inzwischen wesentlich verstärkten britischen Verbände zur Gegenoffensive über. Nachdem im November 1942 die Amerikaner in Marokko und Algerien gelandet waren, wurde das Afrika-Korps von zwei Seiten bedrängt. Am 13. Mai 1943 mussten die letzten Italiener und Deutschen in Afrika kapitulieren.
Das Foto stammt aus der Angriffsphase. Unter der italienischen Drehstromfahrleitung auf dem Brenner steht ein deutscher Transportzug mit »Panzer IV Ausf. F kurz« oder auch »F 1«. (Der F 2 hatte dann eine lange Kanone.) Die Brennerbahn wurde alsbald ein Ziel unablässiger Luftangriffe, war sie doch für die Versorgung des Afrika-Korps und später der Front in Italien von größter Bedeutung.

len. Auch das rollende Material der Eisenbahnen gehörte zu diesen kriegswichtigen Gütern. (...) Meist bis zur höchstzulässigen Grenze beladen, rollten die Züge seit Wochen zurück in vorläufig gesichertes Gebiet. Der einzig mögliche Weg führte über die wenigen Strecken des Apennin. Da der Gegner unsere Absichten erkannt hatte, versuchte er mit allen Mitteln, diese Abflusskanäle zu zerstören. Abwechselnd zerschlug er sie mit seinen Bombengeschwadern, die immer wieder danach strebten, Brücken, Tunnel, Bahnhöfe und die freie Strecke zusammenzuhacken, während seine Jagdbomber die Züge und Lokomotiven verfolgten und die elektrischen Oberleitungen täglich auf viele Hunderte, ja Tausende Meter Länge abknallten. Wir brauchten diese Fahrleitungen aber. Auf den Steilstrecken des Gebirges mit den vielen, langen Tunneln war die Fülle der in kurzer Zeit abzufahrenden Züge mit den wenig leistungsfähigen italienischen Dampflokomotiven nicht zu bewältigen. Die Tunnel verqualmten in wenigen Stunden derart, dass unser Zugpersonal darin erstickte; in den längeren, steigungs- und krümmungsreichen Strecken war es überhaupt ausgeschlossen, mit Dampfbetrieb durchzukommen. Ein erbittertes Ringen mit dem Gegner setzte ein. Was er in Minuten zerstörte, bauten wir in Stunden oder Tagen wieder auf. Aber wir beugten uns nicht. In treuer Arbeitskameradschaft mit Eisenbahnpionieren, OT und Technischen Truppen kämpften Eisenbahnbetriebstruppen und blaue Eisenbahner zäh und verbissen gegen den übermächtigen Gegner, mit allen Mitteln technischer Kraft, mit List, Tarnung und Täuschung, und wir schafften das Unglaubliche: Der Bezirk wurde in der Hauptsache über einen Schienenstrang geräumt, völlig blank gefegt; dem Tommy blieb nichts als ein paar Wagengerippe, die er selbst zerfetzt hatte, und die Trümmerhaufen zerstörter Bahnhöfe, Brücken und Tunnel.«

Der weitere alliierte Vormarsch vollzog sich nur langsam und wurde durch den harten Winter 1944/45

Besatzungsalltag in Norditalien 1944. Aufnahmeorte sind der Bahnhof Tavernelle Emilia bei Bologna (Strecke nach Verona) und der Bahnhof Santarcangelo di Romagna, der auf der wichtigen Strecke von der Adria am Nordrand des Apennin entlang nach Bologna gleich hinter Rimini liegt. Deutsche Soldaten und Feldeisenbahner sowie »blaue« Reichsbahner vertreten das deutsche Element, italienische Eisenbahner und Uniformierte der faschistischen Bewegung, die nur noch unter deutscher Aufsicht in der von Mussolini geleiteten »Sozialen Republik Italien« agieren durfte, vertreten die italienische Seite.
In Tavernelle Emilia steht eine E 626. Diese robuste Bo'Bo'Bo'-Lok wurde von den späten zwanziger Jahren an in 448 Exemplaren beschafft und war damit eine der meistgebauten Elloks ihrer Zeit. Sie beherrschte den Betrieb auf dem schnell wachsenden Gleichstromnetz und blieb bis in die neunziger Jahre unentbehrlich.
In Santarcangelo die Romagna weist ein Schild zum Dienstraum der »Capi deposito italiano e tedesco«, also der italienischen und deutschen »Bw-Chefs«.

aufgehalten. Die nach Verona zurückverlegte WVD übernahm ab Oktober 1944 in besonders gefährdeten Gebieten selbst den Bahnbetrieb. Im letzten Kriegshalbjahr waren etwa 1,5 Millionen Menschen für die Bahninstandsetzung eingesetzt. Erst am 9. April 1945 durchbrachen die Alliierten die Apenninfront, am 21. April überschritten sie den Po. Nachdem schon 1944 alle Eisenbahnverbindungen nach Frankreich unterbrochen worden waren, nachdem die Schweiz Anfang 1945 den Transitverkehr eingestellt hatte und nachdem die Strecken nach Kärnten und Slowenien unterbrochen worden waren, blieb die Brennerstrecke die einzige Verbindung nach Norden. Als die Kämpfe am 2. Mai 1945 endeten, waren bei den Italienischen Staatsbahnen (FS) zerstört oder beschädigt: Ein Viertel der Gleise, ein Drittel der Brücken, 60 % der Lokomotiven, 47 % der Dienstgebäude, 60 % der Güterwagen, 80 % der Personen-, Gepäck- und Postwagen, 90 % der elektrischen Leistungen, 57 % der Kraftwerke und 84 % der Eisenbahnfähren.

Die Zerstörung der Lokbehandlungsanlagen zwingt zu improvisierten Techniken bei der Bevorratung der 735.240 (Ordnungsnummer nur schwer lesbar) des Deposito Ancona. Die Kohle muss von einer primitiven Rampe in den Tender geschaufelt werden, das Wasser wird aus einem Bach hinaufgepumpt. Die 400 robusten 1'D-Loks der Reihe 735 waren zwischen 1917 und 1922 in den USA für Italien gebaut worden. Mit 470 Loks der Reihe 740 (zwischen 1911 und 1923 in Italien gebaut), den 400 Loks der Reihe 735 und den nach dem Zweiten Weltkrieg von der US-Armee übernommenen 243 Loks der Reihe 736, um nur die wichtigsten Typen zu nennen, waren 1'D-Loks die wichtigsten italienischen Güterzugdampfloks im 20. Jahrhundert. Trotz vieler steigungsreicher Strecken blieben Fünfkuppler selten. Am 18. Juli 1944 räumte die Wehrmacht Ancona, wo diese Aufnahme kurz zuvor entstanden war.

Von Süditalien aus konnten die Engländer und Amerikaner weite Gebiete von Südost-Frankreich über Süddeutschland, Böhmen, Mähren und Schlesien bis zum Balkan mit ihren Bombern erreichen, besonders mühelos aber die Militär- und Verkehrseinrichtungen im deutschen Herrschaftsgebiet in Norditalien bombardieren.

Das obere Bild zeigt die Trümmerwüste der Ausbesserungswerkstätte Florenz mit zerstörten Schnellzugwagen.

Auf dem mittleren Bild ist links eine Schnellzuglok der Reihe E 428 mit der Achsfolge 2'Bo'Bo'2' in der Gehäusevariante der E 428.001–122 zu sehen. Von dieser Serie wurden die E 428.035, 036, 040, 091 und 108 zwischen 1944 und 1946 wegen Kriegsschäden zunächst ausgemustert, zwischen 1947 und 1951 aber wieder aufgearbeitet. Nur die E 428.090 wurde verschrottet. Hinten steht die 735.325.

Unten hat der Luftkrieg einen Kesselwagen der RBD Hannover unter der Gleichstromfahrleitung des Bahnhofs Rimini erwischt, womit wieder an die Erzählung in der Kapitel-Einführung erinnert wird.

Deutsche Eisenbahner und italienische Hilfskräfte begutachten und beheben einen schweren Bomben- oder Minenschaden auf einer gemauerten Brücke auf der Strecke Bologna – Parma. Die Oberleitung ist völlig untauglich geworden. Immer mehr mussten ab 1944 in Oberitalien Dampflokomotiven die Zugförderung übernehmen. Zur Verstärkung des fast ausschließlich aus schwächeren und älteren Maschinen zusammengesetzten FS-Bestandes (letztes Dampflokbaujahr 1930!) wurden der WVD Italien ab Februar 1944 mehr als hundert 52er der Deutschen Reichsbahn zugeteilt. Sie wurden nach Kriegsende alle wieder zurückgegeben, so dass die FS neben den Griechischen Staatsbahnen die einzige Staatsbahn in einem vom Krieg betroffenen Land in Europa wurde, bei der keine Lokomotivtypen der Deutschen Reichsbahn verwendet wurden.

Typisch für die Poebene und andere Flachlandgebiete Italiens sind breite Flussbetten, die meist trocken liegen und nur in seltenen Regenperioden ganz mit Wasser gefüllt sind. Die langen Brücken über solche Kies- und Teichlandschaften waren empfindliche Ziele für die Bomber weitab von Wohngebieten und Arbeitsplätzen. Mehrere Flachbögen der zweigleisigen Brücke bei Fano sind zerstört und durch einen nur eingleisigen Stahlüberbau auf Holzpfeilern ersetzt worden. An elektrischen Betrieb ist nicht mehr zu denken. Zwei Loks der weiter oben schon vorgestellten Reihe 735 aus den USA führen einen Güterzug, bei dem die gedeckten Wagen auch von Menschen bevölkert sind, wie es in Zeiten mangelnden Personenzugverkehrs häufig der Fall war.

Bei Pesaro am Rande des Apennin wurde diese zertrümmerte und nur behelfsmäßig wieder aufgebaute Brücke aufgenommen. Auch hier ist eine zweigleisige elektrifizierte Strecke zur eingleisigen Dampfbahn geworden. Ein schiefer Pfeiler ist einbezogen. Zwei 1'D-Loks der Reihe 740, der meistgebauten Dampflokgattung Italiens, ziehen und schieben einen kurzen Güterzug.

Ein großer und schöner Viadukt im Apennin auf der Strecke Bologna – Pistoia (vermutlich Savaiana) hat drei Bögen eingebüßt. Auf einem eingleisigen Stahlprovisorium wird der Betrieb aufrechterhalten, und zwar in diesem Falle auch elektrisch.

Eine ganz ähnliche Situation bei einem anderen Viadukt im Apennin auf der Strecke Bologna – Pistoia (vermutlich bei Savaiana). Zwei Bögen fehlen und sind behelfsmäßig ersetzt. Auch hier können noch die E 428, E 626 und E 636 fahren – bis die Amerikaner die nächsten Bomben abwerfen oder die Freiheitskämpfer die nächste Sprengladung zünden. Allein Anfang Oktober 1944 waren 86 Brücken und 61 Streckenstörungen zu reparieren; die Brennerstrecke war an zehn Stellen beschädigt, die Betriebsspitze lag bei Brixen.

Eisenbahnen hinter dem Atlantikwall

Zwei gegen Ende des Ersten Weltkrieg und kurz danach aus den USA gelieferte 1'Dh2-Loks sind in einem französischen Depot von Bomben schwer getroffen worden. Die fast 2000 Loks waren unter dem Namen eines populären amerikanischen Generals als »Pershings« bekannt. Auf Seite 31 wurde eine solche Lok als PKP Tr 20 bzw. 56^{37} der DRB gezeigt.

Auch in diesem verwüsteten Depot der Nord-Region liegt vorne eine »Pershing« oder »140 americaine«. Die dahinter stehende 141 TA ist aus einer in Kanada gebauten 1'D-Lok in eine 1'D1'-Tenderlok umgebaut worden. Unter Dampf steht links die Dn2t-Maschine mit der Nummer 040 TA 6. Sie war in ihrer ursprünglichen Ausführung schon 1867 von Schneider gebaut worden und 1908 in La Chapelle zur Tenderlok umgestaltet worden. Der weiße Ring an der Rauchkammertür war die französische Variante des Luftschutzwarnanstrichs. Die Veteranin hat eine 140 A der Nordbahn (1'Dh4v von 1928 mit Belpaire-Feuerbüchse) ohne Tender am Haken. Hinten stehen wieder zwei beschädigte Pershings.

Auch nachdem Hitler 1941 die geplante Landung in England aufgeben musste, hatten die französischen Bahnen einen erheblichen Verkehr im deutschen Auftrag durchzuführen. Ein großer Teil der Fracht waren alsbald Baustoffe: Die deutsche Marine errichtete u.a. in Brest, La Rochelle und St. Nazaire Flottenstützpunkte und vor allem gigantische U-Boot-Bunker als Stützpunkte für den U-Bootkrieg gegen den amerikanischen Nachschub nach England – allgemein bekannt unter dem Namen »Schlacht im Atlantik«.

Spätestens seit ihrer Kriegserklärung an die USA im Dezember 1941 musste die deutsche Führung damit rechnen, dass die verbündeten britischen und amerikanischen Streitkräfte zu gegebener Zeit eine Landung an der Küste der »Festung Europa« irgendwo zwischen Norwegen und der Biskaya versuchen würden. Schon am 14. Dezember 1941 wurde erstmals ein »zweiter Westwall« an der besonders gefährdeten französischen Atlantik- und Kanalküste ins Auge gefasst. Im August 1942 verlangte Hitler den Bau von 15.000 Kampfständen und Bunkern und übertrug die Ausführung der Arbeiten der Organisation Todt, die seit dem Tod von Fritz Todt von Albert Speer geleitet wurde. Wenige Tage danach versuchten die Engländer und Amerikaner bei Dieppe erstmals eine Landung in Frankreich, wurden aber von den deutschen Verteidigern erfolgreich abgewehrt. Am 25. August 1942 folgte dann der offizielle Beschluss zum Bau des »Atlantikwalls«, mit dem einer weiteren und besser vorbereiteten Landung vorgebeugt werden sollte. Anfang 1944 waren dort mehr als 125.000 Zwangsarbeiter im Einsatz. Bis zur Invasion wurden 17,3 Millionen t Beton und 1,2 Millionen t Stahl in etwa 12.000 Bunkeranlagen und Geschützständen verbaut. Der Monatsbedarf der OT betrug hier zeitweise 800.000 t Beton.

Französische Arbeiter räumen in einem Lokdepot auf. Die Präsenz einer 230 G der Südwestregion und der Fahrleitungsmast deuten auf einen Ort an der mit 1500 V Gleichstrom elektrifizierten Strecke Paris–Tours–Bordeaux hin. Sie kann in etwa als Ostgrenze der großen Eisenbahnbombardierung vor der Invasion gelten. Wenig später erreichten die Angriffe aber auch das weiter landeinwärts gelegene Hinterland der immer weiter zurückgedrängten deutschen Westfront.

Am 6. März 1944 begann als konkrete Vorbereitung der Invasion die planmäßige Bombardierung der Verkehrswege in Westfrankreich. Zunächst wurden Rangierbahnhöfe und Lokomotivdepots nachhaltig zerstört. Sodann wurden die Brücken der auf die Küste zulaufenden Strecken unterbrochen. Dazu kam die »Jagd« auf Lokomotiven und fahrende Züge. Um der deutschen Seite keinen Hinweis auf den Ort der Landung zu geben, griffen die Alliierten die Eisenbahnen von Antwerpen bis zur Loiremündung an. Im Februar waren 277 Lokomotiven beschädigt worden, im März waren es bereits 508.

Die Lahmlegung der Nachschublinien für die Zeit nach der Invasion wurde von französischer Seite planmäßig unterstützt. Ankündigungen der Angriffe über Funk und Rundfunk hielten die Verluste unter Eisenbahnern und Anwohnern in Grenzen. Vielfältige Sabotagemaßnahmen und Anschläge (im März 1944 wurden 460 gezählt, im April 500) nahmen zu und zerstörten nun schon ganze Tunnel und Brücken. 18.000 Arbeiter der Organisation Todt wurden aus den Baustellen des Atlantikwalls abgezogen und für die Reparatur von Bahnanlagen eingesetzt.

Anfang Mai bestand in Frankreich ein Rückstau von 1700 Zügen. Ab Mitte Mai 1944 war ein geregelter Nachschub mit der Eisenbahn westlich der Linie Brüssel–Paris–Orléans nicht mehr möglich. Die 17. Panzerdivision, die von Südfrankreich aus an die bedrohte Nordküste verlegt wurde, brauchte aufgrund der Aktionen der Réstistance für die 250 km von Bordeaux nach Poitiers zehn Tage.

Am 6. Juni 1944 landeten die 2. britische Armee an der Ornemündung und die 1. amerikanische Armee auf dem Nordufer der Normandie. Binnen weniger Stunden war der Atlantikwall durchbrochen. Nur aus ganz wenigen der vielen Betonbunker zwischen Jütland und der spanischen Grenze war auch nur ein Schuss abgefeuert worden. Noch nicht einmal ganz

Zu Füßen des Doms von Lisieux auf halbem Wege von Paris nach Cherbourg und damit im unmittelbaren Hinterland des von den Alliierten zur Invasion auserkorenen Küstenabschnitts präsentierte sich dem Fotografen eine Trümmerwüste. Links sieht man die Vorderfront einer 131 TA, rechts eine 141 C. Die Loks stammen von der »ETAT« und gehören nun zur West-Region der SNCF.

fertig geworden, erwies sich das Riesenbauwerk nur noch als monströses Denkmal einer im Zeitalter des Luftkriegs völlig antiquierten Verteidigungsstrategie.

Die Alliierten hatten viel weiter westlich das Festland betreten als es die Deutschen erwartet hatten. Hitler hielt noch wochenlang Verteidigungskräfte zurück, weil er mit einem größeren Angriff an der Kanalküste rechnete. Die Alliierten konnten aufgrund ihrer Luftherrschaft und gegen eine nur schwache deutsche Abwehr ihren »Landungskopf« immer mehr verstärken und ausweiten. Deutsche Truppenverlegungen an die Invasionsfront wurden weiterhin nachhaltig gestört. Die von der Ostfront nach Westen verlegte 11. Panzerdivision brauchte acht Tage von Russland bis zum Rhein, aber 23 Tage von Straßburg bis Caen.

Ende Juni waren schon 850.000 alliierte Soldaten in der Normandie. Am 31. Juli 1944 brachen sie aus der Halbinsel aus und begannen mit einem schnellen Vormarsch zunächst nach Süden und dann ostwärts in Richtung Paris und Belgien. Eine geschlossene deut-

»Während der letzten Woche wurden Nazi-Bahnanlagen, Flugplätze und Flugzeugfabriken in Frankreich, Belgien und Deutschland regelmäßig bombardiert. Man kann erwarten, dass sich die Deutschen auf die Wiederherstellung ihrer Brücken, Eisenbahngleise und Rangierbahnhöfe konzentrieren werden, aber ihr Wiederaufbau wird mit der zunehmenden Zerstörung nicht Schritt halten können.« (Aus dem US-amerikanischen Heeresbericht vom 4. Mai 1944[18])

18 nach: Henry L. Stimson, Vorspiel zur Invasion, New York 1944

sche Abwehrfront konnte nicht mehr aufgebaut werden. Am 15. August landeten die Amerikaner auch an der französischen Mittelmeerküste und kamen durch das Rhônetal schnell nach Norden voran. Damit war die gesamte deutsche Position im Südwesten Frankreichs nicht mehr zu halten und musste schnellstens zurückgenommen werden. Am 25. August 1944 wurde Paris befreit. Bis Mitte September waren die Deutschen fast aus ganz Frankreich und Belgien verdrängt. Noch bis zuletzt wurden aber Juden und Widerstandskämpfer in Richtung Deutschland deportiert. Viele von ihnen wurden auf Zwischenstationen oder nach der Ankunft in deutschen Konzentrationslagern ermordet.

Am 15. Oktober 1944 verlief die deutsche Westfront etwa auf der Linie Brügge–Antwerpen–Aachen–Luxemburg–Metz–Nancy–Luxeuil. Am 21. Oktober 1944 betraten die Westalliierten bei Aachen das Reichsgebiet. Mit der »Ardennenoffensive« gelang den Deutschen zwischen 16. und 24. Dezember 1944 noch einmal ein überraschender Vorstoß im südlichen Belgien. Doch innerhalb der nächsten Wochen besetzten die Alliierten das gesamte linksrheinische Territorium. Am 7. März 1945 überschritten sie auf der »Ludendorff«-Eisenbahnbrücke bei Remagen den Rhein.

Und womit fuhren die Alliierten auf den wiederaufgebauten Gleisen der befreiten Länder? Schon aus den Landungsbooten im Juni 1944 kamen außer Panzern und LKW's auch kleine Dieselloks aufs Festland. Im August begann im Hafen Cherbourg das Ausladen amerikanischer 1'D- und Ct-Loks. Jede einzelne Maschine war mit Holz und Papier in der Feuerbüchse, Wasser im Kessel und Wasser und Kohle im Tender versehen! Bis Mitte Oktober 1944 waren von England aus 1300 Lokomotiven und 20.000 Güterwagen auf den Kontinent gebracht worden.

Am 25. April 1945 traf die 68. US-Division in Torgau an der Elbe mit der 58. sowjetischen Gardeschützendivision zusammen. Wie hatte doch Propagandaminister Dr. Joseph Goebbels in seiner Wochenzeitung »Das Reich« fast genau zwei Jahre zuvor am 2. Mai 1943 bemerkt? »An der Peripherie unserer Kriegsführung sind wir hier und da etwas anfällig.«

Offene Güterwagen der SNCF haben Totalschaden erlitten. General De Gaulle als Führer des freien Frankreich hatte nur zögernd der Verwüstung der Infrastruktur seines Landes zugestimmt. Doch gab es weder zur Invas on noch zu ihrer zerstörerischen Vorbereitung aus der Luft eine Alternative, wenn der Krieg in absehbarer Zeit beendet werden sollte und wenn man der Sowjetunion die Besetzung des Reiches nicht allein überlassen wollte.

Die entgleisten Elloks im Hintergrund gehören den von der Paris-Orlèans-Bahn zwischen 1924 und 1927 beschafften Bo'Bo'-Bauarten an. Auch hier kommt also ein Aufnahmeort an der elektrifizierten Stammstrecke dieser Gesellschaft Paris–Orlèans–Tours–Poitiers–Bordeaux in Betracht. Nach einem Luftangriff werden durchgehend befahrbare Gleise geschaffen. Der Oberbau besteht noch aus traditionellen Stuhlschienen, die wegen der weitgehend symmetrischen Profile von Schienenfuß und -kopf in Frankreich den Namen »double champignon« (= doppelter Pilz) tragen.
Unter Leitung und Aufsicht einer begrenzten Zahl deutscher Beamter wurde das SNCF-Netz weitestgehend von französischen Eisenbahnern betrieben. Neben 414.000 SNCF-Bediensteten waren Ende 1942 nur 6500 Reichsbahner in Frankreich eingesetzt. Daher war man auf die loyale Mitarbeit der Franzosen angewiesen. In den ersten Jahren der Okkupation hatten die deutschen Erfolge an den Fronten und die Propaganda des Vichy-Regimes noch durchaus die gewünschte Wirkung. Nachdem die Wehrmacht aber im November 1942 ganz Frankreich besetzt hatte und die Niederlage des Reiches absehbar wurde, nahm der Widerstand zu. 1944 arbeitete ein Großteil der französischen Eisenbahner für die inzwischen zentral geleitete Résistance.

»Während der Woche wurden besonders schwere Angriffe auf die vom Feinde benutzten Eisenbahnzentren in Frankreich, den Niederlanden, Luxemburg und Westdeutschland unternommen (…) Die Kampfflugzeuge bombardierten Lokomotiven, Flugzeuge am Boden und Flaktürme. Eisenbahnbrücken, Rangierbahnhöfe und Reparaturwerkstätten für Lokomotiven waren die täglichen Ziele. Das Transportwesen des Gegners im nordwestlichen Europa scheint schwer erschüttert zu sein.« (Aus dem US-amerikanischen Heeresbericht vom 11. Mai 1944[19])
»Wenn auch Nordfrankreich bis Holland und bis zur Loire das Hauptangriffsgebiet der Luftangriffe blieb, so dehnten sich die Angriffe fast über den ganzen französischen Raum aus, was dem Gegner dadurch möglich wurde, dass er in Foggia eine Flugbasis für seine 4-mot. Verbände und auf Corsica Flugplätze für seine 1- und

19 nach: Stimson a.a.O.

2-mot. Flugzeuge gewonnen hatte (...) Vom 20. bis 26. Mai wurden 500 Lokomotiven beschädigt. (...) Am 27.5. wurden im Westen 6000 Ein- und Durchflüge festgestellt, was einen bisher nicht beobachteten Höchsteinsatz bedeutete; 2000 Einflüge richteten sich gegen Nordfrankreich.«[20]

Zur Lokalisierung der dramatischen Fotos kann nur gesagt werden, dass es sich um Anlagen im 1500 V-Gleichstrom-Netz handelt. Elektrifiziert waren 1944 in (Nord)westfrankreich an Fernbahnen die Strecken von Paris nach Le Mans, nach Tours–Bordeaux–Spanien und nach Vierzon–Limoges–Toulouse.

20 Schramm, Percy S. (Hrsg.), Kriegstagebuch des Oberkommandos der Wehrmacht 1944-45 Teilband I, 4. Abschnitt, II. Teil, Die Vorbereitung der Westfront auf die anglo-amerikanische Invasion.

Nf
4
Nf
6
VOIE N°6
EVREUX EMBt

Ein Bahnhofsschild in der Trümmerwüste verrät, dass dieses Bild in Evreux auf der Strecke Paris–Cherbourg entstand. Dass solche Szenen noch 1944 bahnamtlich und durchaus mit Sinn für Bildgestaltung fotografiert wurden, ist erstaunlich. Mit dem forschen Optimismus der Aufräumungsaktionen von 1940/41 in frisch eroberten Gebieten konnte man diese Bilder ja nicht mehr veröffentlichen. Ob die Fotografen nach so hautnaher Konfrontation mit der Kriegslage noch an den »Endsieg« glaubten? Hans-Joachim Bandelow, ein in diesem Buch vielfach vertretener Fotograf, veröffentlichte jedenfalls in der »Reichsbahn«[21] im Juli 1944 den Artikel »Reichsbahn und Invasion« in extrem propagandistischem Tonfall.

21 Die Reichsbahn, 1944, Heft 29/30, S. 201

H. J. Bandelow

Diese Lokomotiven werden erst wieder nach der Befreiung Frankreichs fahren. Der schwere Fünfkuppler oben ist eine 050 TD der Nordregion (Baujahre 1930–1932).

W. Steiner, Berlin

»A. L. ROTTLAND DÜREN RHLD.« steht am Wasserkasten der schmalspurigen Baulok, die hier Loren auf eine Verladerampe gebracht hat, von der aus Baustoffe oder Erdaushub in offene Güterwagen gekippt werden. Hervorragende Aufnahmen mit Sinn für betriebliche Details und für künstlerische Fotografie. Solche Bilddokumente brachte weder der »Landser« noch der nach militärischer Dramatik jagende Bildberichterstatter der Propagandakompanie nach Hause.
Zahlreiche Baufirmen aus Deutschland und Frankreich wurden zusammen mit »Organisation Todt« und »Baustab Speer« für die Bauten am Atlantik herangezogen.

W. Steiner, Berlin: »Betrieb an der Beton-Mischanlage eines U-Bunkers am Atlantikwall«

Der offizielle Text auf der Rückseite dieses Bildes hat auch die regionale und thematische Zuordnung der beiden vorangegangenen Fotos gestattet. Hier ist eine sehr interessante Anlage zu sehen: Die Lokomotiven bringen die Lorenzüge zu einem Schrägaufzug. Von dessen oberem Ende aus wird das Material in die Mischanlage gekippt. Hinten ist schon die graue Mauer des U-Boot-Bunkers erkennbar.

»Baustofftransport am Atlantikwall (St. Nazaire)«

Die 030 TG 993 der Region Ouest der SNCF hilft in St. Nazaire an der Loiremündung beim Bau des U-Boot-Stützpunktes. Es handelte sich um einen der wichtigsten seiner Art. Zunächst diente hier auch das »Normandie-Dock« für die größten Schlachtschiffe (Tirpitzklasse) der Kriegführung im Atlantik. Es wurde aber im März 1942 durch ein britisches Kommandounternehmen zerstört, so dass nur noch der U-Boot-Bunker verwendbar blieb. Nach der Invasion igelte sich die deutsche Besatzung in der »Atlantikfestung« ein und hielt diese bis zum 8. Mai 1945.
Die Lok ist hochbetagt. Cail hatte sie 1856, also fast neunzig Jahre vor dem Aufnahmetag, als Schlepptenderlok gebaut. Ein Veteran ist auch der Dampfbagger. Am Himmel erkennen wir einen Fesselballon, der Luftangriffe erschweren soll.

»Bauarbeiten an einem U-Boot-Bunker am Atlantikwall (St. Nazaire)«

Hier sind zu sehen: Dieselbe Dampflok von links mit dem seitlichen Kohlenkasten, ein motorbetriebener Feldbahnzug, der U-Boot-Bunker aus der Nähe mit einem damals modernen Kran und hinten links auf Seite 195 gezeigte Betonmischanlage. Die riesigen Bauten dieser Art aus der Zeit der deutschen Besetzung sind noch heute an Frankreichs Westküste unübersehbar, so etwa die in Brest oder La Rochelle. Aber auch die vielen kleineren Befestigungsanlagen des Atlantikwalles halten Wind und Wetter stand und sind allenfalls durch das Meer selbst zu bezwingen, das ihnen hier und da das Fundament wegspült.

W. Steiner, Berlin: »Verschiebebahnhof im besetzten Westen«

Zwei deutsche Bahnbeamte stehen am Rande des mit Gleisbremsen modern ausgebauten Rangierbahnhofs Paris-Trappes.

W. Steiner, Berlin

Ein Truppentransport mit Artillerie hat auf einem unbekannten Bahnhof des elektrifizierten Netzes in Frankreich haltgemacht und wird von Posten bewacht. Nach Beginn der Invasion wurden zunächst Einheiten verlegt, um die Normandie-Halbinsel notdürftig abzuriegeln. Als dies misslungen war und die Alliierten einerseits vom Atlantik schnell bis Rennes (4. August), Le Mans (9. August) und Orlèans (17. August) vordrangen und zugleich nach der Landung bei Marseille (15. August) nordwärts vorstießen, musste die Wehrmacht in aller Eile sämtliche Truppen aus Südwestfrankreich zurückführen.

W. Steiner, Berlin: »Deutsche Waffeneisenbahner im besetzten Westen«

Vermutlich im elektrifizierten Teil desselben Rangierbahnhofs entstand die Nahaufnahme zweier Besatzungseisenbahner. Der blaue Eisenbahner rechts mit Stahlhelm und Gewehr trägt den Ärmelaufnäher »WVD Paris«.

Stempel: – Geheim – Die ist ein geheimer Gegenstand in Sinne § 88 Reichs Straf-Gesetzbuchs (Fassung v. 24.4.1934). Missbrauch wird nach den Bestimmungen dieses Gesetzes bestraft, sofern nicht andere Strafbestimmungen in Frage kommen. Lg. Kdo. Belgien/ Nord-Frankreich Luftgaubildstelle Prüfnummer: 15927 und 15948/42, HVD Brüssel

Auf den Rückseiten der Fotos hat sich außer dem Luftgaukommando auch die HVD Brüssel mit Stempeln verewigt, deren Zuständigkeit über Belgien hinausreichte. Die militärischen Wehrmachtsverkehrsdirektionen (WVD) Brüssel und Paris waren am 15. Juni 1942 in zivile Hauptverkehrsdirektionen (HVD) umgewandelt worden. Von Dünkirchen/ Dunkerque aus hatten die Engländer im Mai/Juni 1940 zunächst den Kontinent überstürzt verlassen. Hier an der engsten Stelle des Ärmelkanals erwartete man ab 1942 auch am ehesten ihre Wiederkehr. Die Wehrmacht rüstete sich mit Geschützbunkern und Maschinengewehrstellungen sogar auf den Bahnsteigen. Tatsächlich kamen die Alliierten dann 1944 viel weiter südwestlich aufs Festland. Die abgeschnittene Festung Dünkirchen wurde bis zur deutschen Kapitulation gehalten.

Frauen im Dienst für Bahn und Krieg

Den Frauen waren vom Beginn des Eisenbahnzeitalters an nur Funktionen niedrigen Ranges für das arbeitsteilige Räderwerk zugedacht. Man stellte sie als Tagelöhnerinnen für schwere Erdarbeiten im Bahnbau ein, sie konnten bei der Reinigung von Gebäuden und Fahrzeugen »Verwendung finden« oder ihren als Bahnwärter beschäftigten Ehemann unterstützen. Nur in geringer Zahl wurden Frauen im Schrankenwärterdienst oder im Billetverkauf beschäftigt. Aufgaben mit größerer Verantwortung für die wertvolle Technik, der Lok- und Zugdienst und die Repräsentation in Uniform gegenüber dem Publikum waren den Männern vorbehalten. Nur ihnen standen überhaupt fachliche Ausbildungsmöglichkeiten offen. Um die Wende zum 20. Jahrhundert öffneten die Staatsbahnen den Frauen zögernd die unteren Beamtenlaufbahnen und somit den Büro- und Schalterdienst. Bevorzugt wurden Töchter von Eisenbahnbeamten eingestellt, die Besoldung war schlechter als für Männer gleichen Dienstranges, mit der Eheschließung endete das Dienstverhältnis ohne Pensionsanspruch.

Die erste große Änderung brachte der Erste Weltkrieg. Als immer mehr Männer an die Fronten abrücken mussten, entdeckte man die Frauen als Arbeitskraftreserve oder gar als »Dritte Kriegswaffe«[22]. Von untergeordneten Arbeitertätigkeiten durften sie nun schnell

22 vgl. Anne Schmucker, Frauen am Schienenstrang, in Bernhard Schoßig (Hrsg.), Unter dem geflügelten Rad, München 2001

W. Steiner, Berlin

So zeigte die offizielle Reichsbahn den Fraueneinsatz für den »totalen Krieg« gern. Eine adrett uniformierte Schaffnerin gibt vor einem Triebwagen des Stuttgarter Nahverkehrs dem »Parteigenossen« und Träger des Eisernen Kreuzes Auskunft über die Fahrzeiten.

auch in die kaufmännischen Funktionen in Fahrkartenausgaben und Güterabfertigungen, in die Bahnsteigaufsicht und in den Schaffnerdienst vordringen. Da eine Fachausbildung fehlte und nicht kurzfristig nachzuholen war, hatte der Aufstieg seine Grenzen.

Nach dem Ersten Weltkrieg wurden die Frauen schnell wieder aus dem Bahndienst zurückgedrängt. Die drückende Arbeitslosigkeit begünstigte die Polemik gegen »Doppelverdiener«. Dieser heute kaum mehr geläufige Begriff meinte Ehepaare, bei denen Mann und Frau berufstätig sind. Das gesamte Arbeitsleben war im übrigen noch von allerlei pseudowissenschaftlichen Dogmen geprägt, wonach Frauen aus den unterschiedlichsten Gründen für technische Berufe oder vorgesetzte Positionen ungeeignet seien.

Ab 1933 gehörten die Lehren von der naturgewollten Rollenverteilung zwischen Mann und Frau zur biologistischen Staatsideologie. »Nicht im Beruf kannst Du glücklich sein, Dein richtiger Wirkungskreis ist das Heim« schallte es den Frauen nun vielstimmig entgegen. Die Frau sollte als Mutter ihre persönliche Erfüllung und ihre staatspolitische Rolle finden.

Ab 1939 gab die Staatsführung erneut den Erfordernissen des selbst herbeigeführten Krieges den Vorzug vor den eigenen Propagandasprechblasen von gestern. Wie schon seit 1935 für die Männer galt die Vorschrift eines generellen sechsmonatigen Reichsarbeitsdienstes ab September 1939 auch für die »weibliche Jugend«. Zunächst noch zögernd, mit zunehmender Dauer und Intensivierung des Kriegs aber immer stärker, machten Behörden wie die Reichsbahn von der Möglichkeit der »Dienstverpflichtung« von Frauen Gebrauch. Wie schon im Ersten Weltkrieg hielt man Büro- und Fernmeldedienst, Fahrkartenverkauf und -kontrolle, Abrechnungsarbeiten für Güter-, Gepäck- und Expressgutverkehr, Bahnsteig- und Zugbegleiterdienst sowie Schrankenwärterposten für die günstigsten Betätigungsfelder der weiterhin meist nicht spezifisch ausgebildeten Frauen.

Max Ittenbach, Berlin

Auch hier wird auf dem Bahnsteig der richtige Weg gewiesen. Die Abteile gleich hinter der Schaffnerin waren laut Klebezetteln in den Fenstern auf einem Teil des Laufweges nicht für die Reisenden bestimmt, sondern für »Deutsche Polizei« bzw. »Deutsche Zollbeamte«. Es dürfte sich also um einen Zug des internationalen Verkehrs gehandelt haben, den es ja bis in die letzten Jahre des Krieges hinein auch für zivile Reisende durchaus gab. Die Auslandskursbücher enthielten Verbindungen in die Schweiz, durch das besetzte Frankreich nach Spanien und Portugal, in die verbündeten Staaten Italien, Ungarn, Rumänien und Bulgarien sowie nach Skandinavien.

Lichtbildstelle der RBD Linz

Kleine Analogie zu der im Schlager jener Jahre besungenen »lieben kleinen Schaffnerin« – eine freundlich lächelnde junge Dame am Fahrkartenschalter.

Große Zufriedenheit mit den dienstverpflichteten Frauen wollte sich nicht einstellen. Da Mädchen und Frauen aus der Arbeiterschaft großenteils längst berufstätig waren, konnten weibliche Kräfte am ehesten aus dem »bürgerlichen« Milieu gewonnen werden. Entsprechend ihrer niedrigen Funktion wurden sie nur gering entlohnt, weiterhin auch noch geringer als Männer mit der selben Tätigkeit. Vielfach entwickelte sich keine ausreichende Motivation, weil die soziale Herkunft Erwartungen auf einen privilegierteren Lebenszuschnitt geweckt hatte, sei es im Beruf, sei es als nicht berufstätige Ehefrau gemäß überkommenem Muster. Soweit Mütter oder größere Töchter aus kinderreichen Familien eingesetzt wurden, waren Fehlzeiten wegen häuslicher Erfordernisse unvermeidbar. Eine jüngst erschienene Dokumentation[23] schildert ein Universum disziplinarischer Probleme mit dienstverpflichteten jungen Frauen im Bahndienst.

In fast allen von Deutschland annektierten oder besetzten Gebieten war die Geschlechterstruktur im Bahndienst in den dreißiger und vierziger Jahren des 20. Jahrhunderts ähnlich wie in Deutschland: Männer dominierten in den mittleren und höheren Beamtenlaufbahnen und den technischen Berufen, führten die Züge, leiteten die Bahnhöfe, trugen die Verantwortung in den Stellwerken und waren in den behördlichen Führungsebenen ohne Konkurrenz; Frauen übten nachrangige und zuarbeitende Tätigkeiten aus und wurden in Zeiten geringeren Bedarfs auch am schnellsten wieder verdrängt. Ausnahme war die Sowjetunion, wo eine formelle Gleichberechtigung oder besser gesagt Gleichbehandlung von Mann und Frau galt. Sie gab zwar Frauen (vielfach nur theoretische!) Aufstiegs-

23 Rolf Swoboda, Dienstverpflichtete Frauen bei der Reichsbahndirektion Essen während des Zweiten Weltkrieges, Jahrbuch für Eisenbahngeschichte, Band 33 (2001), S. 17 ff.

W. Steiner, Berlin

Mit Schirmmützen sind die beiden weiblichen Bahnsteigaufsichten ausgerüstet, die unter den Fahrleitungen im Stuttgarter Hauptbahnhof geschwinden Schrittes mit den Befehlsstäben ihren nächsten Aufgaben zustreben.

möglichkeiten, nötigte sie aber auch rücksichtslos zum Einsatz in schwersten körperlichen Arbeiten wie dem Gleisbau und dem Heizerdienst.

Eine zynische Gleichheit im Unrecht galt für die besonders ab 1942 im Deutschen Reich immer zahlreicher eingesetzten Zwangsarbeiterinnen und Zwangsarbeiter. Bei ihnen nahm man vorhandene berufliche Qualifikationen in Anspruch, unterschied die Geschlechter aber nur nach der reinen Körperkraft. Von der faschistischen Mutterideologie bekamen die »Fremd-« und »Ost«-arbeiterinnen die grausame Kehrseite zu spüren: Ihre Fortpflanzungsfähigkeit oder gar ihre Schwangerschaft oder ihre Kinder galten unter völkisch-rassischen Kriterien nichts. Dass die Schwerarbeit den Frauen unter diesen Aspekten schadete, wurde vom Regime nicht nur hingenommen, sondern war sogar erwünscht; Schwangerschaften wurden oft gegen den Willen der Frauen abgebrochen, neugeborene Kinder dem Tod durch Hunger und Vernachlässigung preisgegeben.

Max Ittenbach, Berlin

Ein kollegiales Gespräch auf dem Bahnsteig: Die Heiterkeit der Szene wirkt künstlich, doch das Foto ist mit der geschickten Einbeziehung der Signale und des Kirchturms wieder ein kleines Meisterwerk. Der Turm der katholischen St. Sebastians-Kirche erlaubt die Zuordnung des Motivs zum Stettiner Bahnhof in Berlin.

Insgesamt sind zum Bahndienst der Frauen im Zweiten Weltkrieg keine auffälligen Besonderheiten im Vergleich zum Fraueneinsatz in anderen Bereichen von Verwaltung und Volkswirtschaft festzustellen. Genaue Erinnerung und sorgfältige Dokumentation verdient diese Thematik aber ohne jeden Zweifel.

Ein vielfach verschachteltes System »Bild im Bild«! Der Grafiker hat einen Plakatentwurf gezeichnet, in dem ein Eisenbahner und eine Eisenbahnerin wiederum vor einem Plakat stehen. Der Entwurf wurde fotografiert – und das Foto wird nach sechzig Jahren in diesem Buch gezeigt.
Sprachlich ging die Hinwendung zu den Frauen bei der Bahn nicht sehr weit: Die freundliche Berufsanfängerin muss als »neuer Kamerad« firmieren.

Walter Hollnagel, Hamburg: »In einer Fernsprechzentrale einer Eisenbahndirektion im Osten«

Der Übersichtsplan hinten lässt erkennen, dass die Aufnahme in Snamenka entstand. Die Telefonistin im Vordergrund kommt laut Ärmelaufnäher von der RBD Essen. Im Fernmeldewesen wurden besonders viele Frauen eingesetzt, und zwar sowohl bei der Wehrmacht und der Reichspost als auch bei der Reichsbahn. Die manuelle Vermittlung der Ferngespräche erforderte einen immensen Personalaufwand.

Max Ittenbach, Berlin

Ein grauer Soldat und eine blaue Eisenbahnerin im tiefsten Winter vor einem preußischen Abteilwagen.

Lichtbildstelle der RBD Linz

Vor dem Fronturlauberzug (»SFR«) oder D-Zug mit Wehrmachtsabteil (»DmW«) unterhalten sich die Schaffnerin und die Aufsichtsbeamtin (mit österreichischem Befehlsstab!) mit einem Feldgendarmen. Hinter diesem ist eine Rot-Kreuz-Helferin erkennbar, die den Reisenden Getränke verabreicht.

Below, Stettin

Auf einen Bahnübergang in den einst österreichischen Teilen des Reichsbahnnetzes deutet auch die Architektur des Hauses im Hintergrund hin. Die Schrankenwärterin trägt einen warmen Mantel wohl aus privatem Bestand. Regelmäßig jeden Dienstag und Freitag mussten die Posten ihre Ausrüstung mit Fahne und Horn präsentieren, damit sich ein zur »Signalschau« vorbeifahrender Kontrollbeamter von der Vollständigkeit überzeugen konnte. Von der Realität des »totalen Krieges« scheint auch dieses Bild unendlich weit entfernt zu sein.

H. J. Bandelow, Berlin: »Bahnübergang im Osten«

Trügerische Idylle strahlt auch dieses Bild aus der besetzten Sowjetunion aus. Die alte Holzschranke wird waagerecht bewegt. Nur entfernt an deutsche Muster erinnert das Warnkreuz. Die Schrankenwärterin mag schon vor dem deutschen Einmarsch hier Dienst getan haben.

Max Ittenbach: »Schrankenwärterin«

Der Dienst von Frauen an den Schrankenkurbeln der Bahnübergänge war im Zweiten Weltkrieg keine Besonderheit mehr. Sächsischer oder altösterreichischer Bauart war das riesige Läutewerk, wie es einst für das Zugmeldeverfahren einschließlich der Verständigung der Schrankenwärter gebräuchlich war. Die kkStB-170 scheint ein Nummernschild nach tschechischem Muster am Führerhaus zu tragen, so dass ein Aufnahmeort im Übergangsbereich zwischen »Protektorat«, »Sudetenland« und dem Südrand Sachsens anzunehmen ist.

Mit einem einfachen Kratzer, einem Reisigbesen und einer Büchse vielleicht mit Desinfektionsmittel reinigt eine Frau in eisiger Kälte einen Personenzug. Der Wagen links wird laut Rahmenaufschrift in Jägerndorf im Ostsudetenland unterhalten.

Frauen säubern die Fenster von Schnellzugwagen. Klebefolien auf den Innenseiten der Fenster ermahnen die Reisenden zur Einhaltung der Verdunkelungsvorschriften.
Schwere und schlecht bezahlte Putzarbeiten überließ man auch vor und nach den Kriegen vielfach den Frauen. Die tiefschürfenden Bedenken, ob die Berufe des Lokführers oder eines Dienststellenleiters mit der – von Männern definierten! – »wahren Bestimmung« der Frau vereinbar seien, wurden gegen derartige körperliche Arbeit nicht vorgebracht.

Darf nicht veröffentlicht werden ohne schriftliche Genehmigung des RVM

Harte körperliche Arbeit! Die Sowjetunion hatte den Frauen gleiche Rechte wie den Männern gegeben, ihnen aber auch dieselben Pflichten auferlegt. Die Beseitigung aller Rechte und Mitbestimmungsmöglichkeiten der Arbeiter(innen) und die Umstellung des gesamten Arbeitslebens auf eine militärähnliche Zwangsorganisation in der Stalinzeit ließ hiervon nur die Pflichten übrig. Unter deutscher Besetzung ging die rechtlose Schwerarbeit weiter. Hier wird Schlacke aus der Grube zwischen den Schienen nach oben geschaufelt und vom Haufen aus weiter in die offenen Güterwagen. Mit solcher Arbeit mussten Frauen und Mädchen zumeist auch ihre Kinder, Geschwister und ältere Familienmitglieder ernähren, weil sich die Männer, Väter und Brüder an der Front, in der Kriegsgefangenschaft oder in der Zwangsarbeit befanden, sich der Partisanenbewegung angeschlossen hatten – oder nicht mehr am Leben waren.

Max Ittenbach, Berlin: »Einheimische Arbeiterinnen im Osten«

Frauen sortieren und verladen Stahlschrott. Diese Art von Arbeitskraft war billig: Das Bild zeigt mindestens 50 Frauen unter Aufsicht von nicht viel mehr als fünf Männern. Eine Frau rechts arbeitet barfuß.

Korte, Berlin

Frauen (teilweise barfuß) und Männer bei gemeinsamer Gleisarbeit. Bauzugdienst leistet die 56 769 des Bw Rositten. Sie war im Dezember 1941 vom Bw Magdeburg-Rothensee in die Sowjetunion gekommen und blieb dort auch über das Kriegsende hinaus.

Walter Hollnagel, Hamburg: »Schienenschweißplatz in Osten«

Schienenreste, wie sie bei der Räumung von Sprengstellen in den Strecken oder bei Bauarbeiten massenhaft anfielen, werden wieder zu längeren Strängen zusammengeschweißt. Vorhandene Notizen von Walter Hollnagel besagen, dass er einen solchen Schweißplatz im Sommer 1943 in Jassinowataja fotografiert hat. Frauen sind für Transport und Zurechtrücken der Teile zuständig. Viele verrichten ihre Arbeit zwischen den schweren Stahlteilen barfuß.

Pathos und Alltag der Arbeit

Ein Teil der Fotos aus dem Archiv des Reichsverkehrsministeriums stellt den Eisenbahner in unerschütterlich dienender oder gar heroischer Arbeitspose in den Mittelpunkt der Bildaussage und greift damit ein Motiv auf, das von den zwanziger Jahren an sehr beliebt war, von allen faschistischen Bewegungen sehr gepflegt und im »sozialistischen Realismus« bis ins späte 20. Jahrhundert kultiviert wurde. In Prosa oder Lyrik, per Gemälde oder Statue, mit den Ausdrucksmöglichkeiten der Fotografie oder des Films wurde der körperlich schwer arbeitende Mann idealisiert und dem Kriegshelden oder dem sportlichen Wettkämpfer an die Seite gestellt. Muskelpakete und grimmig entschlossene Gesichter sollten Kraftentfaltung und Einsatzbereitschaft »für die Sache« symbolisieren, straffe Haltung und konzentrierter Blick standen für revolutionäre Wachsamkeit, und ein in die Ferne weisender rechter Arm sowie starr am Betrachter vorbeiblickende Augen sollten Verinnerlichung der Visionen der »Bewegung« beweisen.

Die solcherart überhöhte Darstellung des Arbeiters sollte an alle Kämpfer an den Produktions»fronten« appellieren, den dargestellten Recken nachzueifern. Alle totalitären Systeme legten ja dem »Volk« die Verantwortung auf, mit ständig weiter gesteigertem Einsatz jene Glücksverheißungen zu realisieren, an denen es trotz aller Versprechungen der Führung immer noch fehlte.

Das Spektrum der Eisenbahnerberufe war für die Gewinnung von Stereotypen zur Heroisierung durchaus ergiebig. Der trotz Nebel oder Schneesturm unbeirrbare Lokführer, der in nächtlicher Einsamkeit wa-

Max Ittenbach, Berlin

Eine schwungvolle Art, Papierholz zu verladen! Der Holzstamm mitten im Fluge verleiht dem Bild eine hervorragende Dynamik. Ein kleiner Kran hätte die Arbeit effektiver erledigt, bildlich aber weniger geboten.

Max Ittenbach, Berlin

Die Kompression des Schotters mit der Stopfhacke war eine der anstrengendsten Arbeiten bei der Eisenbahn vor der Einführung entsprechender Maschinen, die diesen Vorgang mit einer vom Menschen nicht aufbietbaren Kraft erledigen. Beim Betrachten der Bilder mit den im einheitlichen Takt arbeitenden Männer glaubt man den Klang des Stahls auf dem Stein fast zu hören. Nähere Betrachtung zeigt jedoch, dass die Arbeiter als statische »Denkmäler« verharren, bis die Aufnahme im Kasten ist. Ein Eisenbahner trägt Holzschuhe, deren Verwendung seinerzeit stark propagiert wurde

chende Mann auf dem Stellwerk, der Streckenarbeiter in der Sommerhitze, ihnen allen widmeten verschiedenste politische Systeme wohlfeile Heldenverehrung, statt ihnen mit kürzeren Dienstzeiten und besseren Sozialeinrichtungen real die Arbeit zu erleichtern.

Das Kapitel »Pathos der Arbeit« steht durchaus in Zusammenhang mit dem vorangegangenen über die Frauenarbeit. Dass man sich über so viele Jahrzehnte nicht mit der Vorstellung anfreunden konnte, eine Frau könne eigenverantwortlich Züge lenken, Fahrstraßen freigeben oder Betriebswerke leiten, hat gewiss auch mit einer ideologisch aufgeladenen Ästhetik zu tun. Den Herrscher über die Technik und Bezwinger aller Gefahren wollte man sich eben nur als Mann vorstellen, während die Frau in Berufsbereichen nicht allzu weit ab von der Ikone der Mutter und Nährerin bleiben sollte.

Unsere Bilder gehören nicht zu den kitschigsten Zeugnissen ideologischer Arbeitsverklärung. Sie zeigen vielmehr Anklänge an den – seit 1933 natürlich verpönten – sozialkritischen Realismus der zwanziger

Jahre und haben durchaus dokumentarischen Wert. Manche Personenstudie wirkt eher verhalten ironisch als heldenhaft. Die Fotografen der Reichsbahn waren zwar der herrschenden Ideologie verpflichtet, aber doch auch in der ganzen Breite der Lichtbildkunst ih-

RAD-Kriegsberichter Ofm. Kreten: »Kriegseinsatz des RAD im Osten. Arbeitsmänner beim Nageln von neu gelegten Schienen. Im Hintergrund Reste eines zerstörten sowjetischen Zuges.«
Gegen die Veröffentlichung bestehen von Seiten des Reichsarbeitsdienstes keine Bedenken, Berlin, den 16.7.42.
Militärisch und politisch freigegeben!
Vom RAD mit Schrb. vom 5.9.42 zur Vfg. gestellt

Wie auf so vielen Fotos geht es auch hier um die Umspurung sowjetischer Strecken. Seinerzeit waren die Schienen fast überall in Osteuropa noch einfach auf die Schwellen genagelt. Das System mit einer auf die Schwelle geschraubten Unterlegplatte und der darauf wiederum mit Schrauben befestigten Schiene war noch nicht weit verbreitet.

rer Zeit verwurzelt. Zugleich wollten sie als Kenner des Eisenbahnwesens stets auch sachliche Bildinhalte vermitteln.

Bei der Erwähnung ästhetischer Ähnlichkeiten zwischen den bildlichen Selbstinszenierungen der Diktaturen sei eine Anmerkung zu biografischer Kontinuität erlaubt: Max Ittenbach, einer der in diesem Buch meistvertretenen Bildautoren, veröffentlichte nach 1945 prächtige Bildbände zur Verklärung von Alltag und Arbeit im DDR-Sozialismus. Scharfe verbale Abgrenzungen von Faschismus und Militarismus fehlten nicht. Doch wurden solche Erscheinungen nicht mehr als Belastungen der eigenen Biografie und des eigenen künstlerischen Werdegangs erwähnt, sondern als Probleme Westdeutschlands und West-Berlins in sicherer Entfernung verortet …

Schrammen, Siems-Lübeck

Hier sind ältere Bahnunterhaltungsarbeiter am Werk. Ihre Bekleidung erinnert an Arbeiterbilder aus dem 19. Jahrhundert. Von Schutzhelmen und stabilen Sicherheitsschuhen war noch keine Rede. Ein Arbeiter steht vorschriftswidrig auf der Schiene.

Max Ittenbach, Berlin

Die Stromschienen der Berliner S-Bahn auf dem linken Foto verraten, dass die Arbeiter und die uniformierten Beamten auf dem Streckennetz der Reichshauptstadt aufgenommen wurden. Teilweise liegen Stahlschwellen, wie man sie – letztlich ohne durchschlagenden Erfolg – bis in die zwanziger Jahre als Alternative zur teuren Holzschwelle produziert hatte.

RAD-Kriegsberichter Arnold, Prop.-Kp.RAD, Osten, 1941: »Umbau des russischen Gleises auf deutsche Normalspur. Arbeitsmänner beim Schienenabladen. Zensurvermerk Bild-Pr. Frei 14.11.41, OKW frei 14.11.41, Honorar an Atlantic«
Gegen die Veröffentlichung bestehen von Seiten des Reichsarbeitsdienstes keine Bedenken, Berlin, den 7.9.42. Militärisch und politisch freigegeben.

Von einem belgischen Wagen heben etwa zwölf Mann die Schienen hoch und lassen sie seitlich herunterrutschen. Sicher ein reichlich lärmerzeugendes Verfahren.

Donath, Berlin: »Wiederherstellung der durch sowjetruss. Bombenangriff zerstörten Gleise auf dem Hbf Smolensk bei 26 Grad Kälte«

Auch die Meisterung des viel zitierten russischen Winters gehört natürlich in die Rubrik »Pathos der Arbeit«. Rechts steht ein Obergefreiter der Wehrmacht.

W. Steiner, Berlin: »Umspurzug im Osten«

Wie bei den Gleisen erforderte auch bei den Fahrzeugen die Umstellung von 1524 auf 1435 mm Spurweite unter vielerorts primitiven Bedingungen den Einsatz von sehr viel Körperkraft. Im Bild geht es aber momentan nicht um die Umspurung des zweiachsigen gedeckte Güterwagens. Vielmehr ist er entgleist und wird manuell wieder auf den richtigen Weg gebracht. Die hierbei verwendeten technischen »Hilfsmittel« sind bemerkenswert!

W. Steiner, Berlin: »Umspurarbeiten im Osten«

Blaue Eisenbahner und einheimische Arbeiter spuren Radsätze um. Ein Wagen des Umspurzuges verrät seinen Heimatbahnhof Berlin-Rummelsburg. Wenige hundert Meter von dort entfernt, in Karlshorst, wird im Ergebnis dieses Krieges einige Jahre später die Sowjetunion die unumschränkte Regierungsgewalt über einen Teil Deutschlands ausüben – unvorstellbar im Jahre 1941 auf dem Höhepunkt deutscher Expansion nach Osten, als die Machtphantasien in Richtung Kaspisches Meer und Ural keine Grenzen kannten.

W. Steiner, Berlin

»Gute Stimmung« in allen Lebens- und Kriegslagen war eine wichtige Botschaft der gesteuerten Medien. Frohe »Arbeitskameradschaft« zwischen dem alten Reichsbahner und seiner jungen Kollegin und strahlende Sonne im Stuttgarter Hauptbahnhof. Der vormalige BBÖ-Wagen im D-Zug Wien–Straßburg hat am 17.8.42 in Simmering eine Untersuchung erhalten.

Max Ittenbach, Berlin: »Abfertigung eines Güterzuges auf einem Berliner Güterbahnhof«

Zwei klassische Eisenbahnergestalten in Berlin-Pankow. Sie sind zu alt für den »Osteinsatz« – und hoffentlich zu lebenserfahren für den vom Zeitgeist verlangten mörderischen Fanatismus. Wie mag es ihnen ergangen sein, als dann ab 1944 auch die alten Jahrgänge zum Volkssturm einberufen wurden und Berlin nach der Verwüstung aus der Luft auch noch Schlachtfeld wurde?

Max Ittenbach, Berlin

Ein ganz ähnliches Motiv fotografierte der Kollege in Berlin vor einem preußischen Abteilwagen. Der Reichsbahner trägt das Kriegsverdienstkreuz.

H. J. Bandelow, Berlin

Und noch ein »Pärchen« im Rangierbahnhof. Die Beamten werden die Zugschlusslaternen auf den letzten Wagen des einfahrenden Güterzuges stecken und diesen im Packwagen begleiten.

Max Ittenbach, Berlin, und Korte, Berlin

Kein spezielles Kriegsmotiv, aber auch wieder ein Sinnbild für die Arbeit am Schienenstrang: Wartungsarbeiten an den petroleumbeleuchteten Formsignalen. Links handelt es sich um Hauptsignal, das gleich zwei Möglichkeiten zur Vorbeifahrt trotz »Halt«-Stellung bereithält: Die drei weißen Lichter des »Vorrücksignals« gestatten die Weiterfahrt auf Sicht bei Störung des Hauptsignals. Die »M-Tafel« (rotes M in Schreibschrift) und erlaubt vorsichtige Vorbeifahrt auf mündlichen oder fernmündlichen Auftrag. Das zweiflügelige Signal rechts kann »Halt«,»Fahrt mit Höchstgeschwindigkeit« und »Fahrt mit Geschwindigkeitsbeschränkung auf 40 km/h« signalisieren.

Muskelarbeit am Schienenheber. Solche Fotos gab es zwischen 1930 und 1960 oft, und man konnte mit ihnen den »Einsatz für den Führer« genauso trefflich illustrieren wie die »Kampfentschlossenheit beim Aufbau des Sozialismus«, sie passten aber auch in den »Bundesbahnkalender 1951«, in Broschüren der Eisenbahnergewerkschaften oder in die Ausstellungen von Eisenbahner-Fotozirkeln.

Heimatfront

Lichtbildstelle der RBD Frankfurt (Main), Paul Trost: »Die Weihnachtspost«

Vor der Halle des Frankfurter Hauptbahnhofes wurde die Szene mit der vorweihnachtlichen Paketverladung aufgenommen. Die 38 1868 war bis Mai 1942 in Friedberg beheimatet und wurde dann in den »Osten« geschickt, wo sie verschollen blieb.

38 1868

Der im Ersten Weltkrieg aufgekommene und im Zweiten Weltkrieg häufig gebrauchte Begriff der »Heimatfront« setzt eine Kriegführung an äußeren »Fronten« voraus. In beiden Weltkriegen war jedem Schulkind geläufig, wo »unsere Truppen«, wo »wir« gerade standen. Dabei ist die Erscheinung klar bestimmbarer Fronten kriegsgeschichtlich noch nicht sehr alt. Bis ins 19. Jahrhundert waren Kriege Aneinanderreihungen von Feldzügen, deren Erfolge sich mit Einnahme oder erfolgreicher Verteidigung bestimmter Städte, Festungen, Flussübergänge, Gebirgspässe oder Häfen entschied. Die Landkarte des Krieges bestand aus Pfeilen entsprechend der Stoßrichtung solcher Feldzüge, nicht aber aus langen Fronten, die den jeweils gesicherten Besitzstand der Kontrahenten markierten. Der amerikanische Bürgerkrieg in den sechziger Jahren des 19. Jahrhundert war der erste Krieg mit »Fronten« zwischen Massenheeren.

Sie wurden dann nach dem deutschen Misserfolg an der Marne im September 1914 typisch für den Ersten Weltkrieg. In dessen Verlauf erlangte dann der Begriff »Heimatfront« realen und propagandistischen Inhalt. Real war die Vorstellung einer »Heimatfront«, weil der moderne »totale« Krieg zwischen hoch entwickelten Industriestaaten tatsächlich nicht mehr nur an den Fronten vor Verdun oder am Isonzo entschieden wurde, sondern auch in Rüstungsbetrieben und Kunstdüngerfabriken. Propagandistisch aufgeladen wurde der Begriff »Heimatfront« im Interesse der am Kriege gut verdienenden Industriellen, der »vaterländischen« Journalisten und der immer zahlreicher werdenden Bürokraten, denen an dem Nachweis gelegen war, dass auch sie einen verantwortungsvollen und entsagungsreichen »Kampf« an einer »Front« führten.

Nachdem es ab November 1918 in Europa Fronten eines Krieges nicht mehr gab, wurde die »Heimatfront« keineswegs obsolet. Bei allen Unterschiedlichkeiten haben die Diktaturen der zwanziger und dreißiger Jahre gemeinsam, dass sie die Lösung ökonomischer und administrativer Aufgaben mit der Wortwahl und den Mobilisierungstechniken aus den Zeiten der »Heimatfront« des Weltkrieges propagierten. Ob faschistisches Italien, ob kommunistische Sowjetunion: Uniformierte Einheiten zogen in die »Ernteschlacht«, in die »Trockenlegungsoffensive«, in »Kriege« gegen Mückenplage und Analphabetismus.

Ab 1939 gab es wieder »Fronten« – und in Deutschland eine »Heimatfront«. Eine im Vergleich zum Ersten Weltkrieg vervielfachte Zahl von Funktionären, Propagandisten und Nutznießern des Regimes war darauf bedacht, ihre risikolosen Machenschaften und Verbrechen, ihre Bereicherungs»feldzüge« in den besetzten Gebieten oder auf Kosten von Juden sowie ihre Projektierungsarbeit für irreale Bauvorhaben als Dienst für die kämpfende Front auszugeben – an der man sich selbst nicht so gerne engagieren wollte. Natürlich eignete sich das riesige technische System der Eisenbahn mit ihrem Millionen»heer« uniformierter Arbeitskräfte hervorragend zur Darstellung des »Dienstes der Heimat an der schwer ringenden Front.« Immer wieder wurden Bahnhöfe zu Kulissen spezieller Komödien für die Goebbelspropaganda der Kino-Wochenschauen. So konnte man, als im Dezember 1941 zehntausende von Soldaten in Rußland erfroren, rührselig genug pünktlich zum Heiligen Abend die Gründung der »Reichswintersachensammlung« ins Gesetzblatt schreiben und an den Verladerampen der Güterbahnhöfe gutbürgerliche ältere Damen beim Abliefern ihrer Pelzmäntel filmen.

Wie im Ersten Weltkrieg gab es reale Aspekte der Kriegführung von der Heimat aus. Die Weiterentwicklung der Waffentechnik, die Substitution fehlender

Breuer-Courth, Stuttgart: »Abschied von der Heimat«

Blaue Eisenbahner fahren vom Stuttgarter Hauptbahnhof aus zum Einsatz irgendwo jenseits der Reichsgrenzen. So mancher von ihnen wird Frau und Kind nie wiedersehen.

Stg

Rohstoffe durch synthetische Produkte und die Erhöhung der Produktivität mussten als »kriegswichtig« oder gar »kriegsentscheidend« eingestuft werden. Wie amateurhaft und albern freilich bis in höchste Führungskreise hinein die kriegswirtschaftliche Mobilmachung ab 1942 betrieben wurde, zeigt eine Anekdote aus dem Leben von Albert Speer, dem Minister für Bewaffnung und Munition, später umfassend für Kriegsproduktion: Bei einer Bahnreise von Berlin zum Führerhauptquartier nach Rastenburg demontierte er im Zugabteil eigenhändig eine Fülle von Metallteilen wie Kleiderhaken, Leselampen, Taschenuhrhalter und Griffe am Waschbecken. Das Zugpersonal musste sich diesen Vandalismus wohl oder übel gefallen lassen. Speer schickte seine Beute an den Staatssekretär im Reichsverkehrsministerium Ganzenmüller mit dem Ersuchen, solche Teile generell aus den Zügen zu entfernen und der Buntmetallsammlung zuzuführen.[24]

Der zunächst verbale und administrative Krieg an der Heimatfront wurde blutige Wirklichkeit, als die Städte des Reiches zu Schlachtfeldern im Luftkrieg wurden. Die in aller Regel militärisch unnötige Bombardierung ziviler Ziele, von der deutschen Luftwaffe etwa in Warschau, Rotterdam, Coventry, London und Belgrad vorexerziert, richtete sich ab 1942 zunehmend gegen deutsche Städte. Mit den Daten Lübeck 28. März 1942, Köln 30. Mai 1942, Möhne- und Ruhrtalsperren 17. Mai 1943 und Hamburg 24. Juli 1943 begann eine Zerstörungswelle, die bis zum Frühjahr 1945 neben unendlichen wirtschaftlichen und kulturellen Werten hunderttausende Menschenleben kostete. Die hiervon schwer betroffene Reichsbahn und die Bahnen im deutschen Machtbereich wurden in ihrer Funktionsfähigkeit erst ab Mitte 1944 nachhaltig beeinträchtigt. Trotz erheblicher Verwüstungen auf den Bahnanlagen an vielen Orten hatte die Dichte des Streckennetzes und der übrigen Eisenbahn-Infrastruktur zunächst immer wieder recht schnell die Umleitung der Züge und die jedenfalls notdürftige Behebung der Schäden ermöglicht. Das Bild der Bahnhöfe wurde freilich immer erschreckender. Auch wenn die Züge rollten, waren doch viele Gebäude nur noch Baracken zwischen schwarzen Ruinenwänden. Für die Eisenbahner, die auf schwer beschädigten Bahnanlagen und bei ständig wachsender »Luftgefahr« ihren Dienst verrichteten, war »Heimatfront« nicht mehr nur ein Begriff hohler Propaganda. Ab 1944 kam zu den Gefahren des Bombenkrieges die zielgerichtete Bedrohung durch Tiefflieger, die speziell Jagd auf Lokomotiven und Züge machten.

Auch unter den Bedingungen des Luftkrieges vergaß das Regime nicht seine menschenverachtenden Prinzipien: Zwangsarbeiter durften keine Schutzräume aufsuchen. Die Insassen von KZ-Transporten waren in den versperrten Wagen den Bomben und Bordwaffen ausgeliefert. Makabrerweise konnte ein Angriff auf einen solchen Zug im Einzelfall aber auch die Rettung aus der tödlichen Falle der Vernichtungsmaschinerie bedeuten. Vor allem in den besetzten Gebieten hatten Insassen angegriffener Züge reale Chancen zur Flucht.

Ab Spätherbst 1944 wurden dann alle Fronten zu Heimatfronten, weil die Kriegsschauplätze nun innerhalb der Reichsgrenzen lagen. »Front« war jetzt überall, auf pommerschen und schlesischen Bahnhöfen voller Flüchtlinge unter Artilleriebeschuss genauso wie in Treuchtlingen, wo am 23. Februar 1945 ein Luftangriff nicht weniger als 600 Todesopfer kostete; an der Eisenbahnbrücke von Remagen, auf der am 7. März 1945 die ersten amerikanischen Panzer den Rhein überquerten genauso, wie ganz zuletzt auf den erbittert umkämpften Bahnhöfen im Berliner Stadtgebiet.

24 nach. Dan van der Vat, Der gute Nazi, Leben und Lügen des Albert Speer, Berlin 1997 (Henschel)

Max Ittenbach, Berlin: »Betreuung eines Urlauberzugs auf einem Bahnhof in Thüringen«

Da seinerzeit durch Thüringen nur die Strecke Probstzella–Halle/Leipzig elektrifiziert war, kommen nur wenige Bahnhöfe als Aufnahmeorte in Betracht. Die Szenerie deutet am ehesten auf Saalfeld hin. Die Versorgung durchreisender Soldaten zeigte man in beiden Weltkriegen immer wieder gerne, gehörte sie doch zu den vielen Elementen einer vordergründigen Beruhigung und zu den Symbolen einer vermeintlich sorgsam vorausschauenden Allbedachtsamkeit eines Staates, der für so vieles sorgte und doch gewiss auch Mittel und Wege zu einem letztlich siegreichen Abschluss des Krieges kennen würde.

Reichsbahn-Direktion Augsburg, Lichtbildstelle

In die Heimat transportierte Verwundete werden aus einem Lazarettzug in Krankenwagen umgeladen. Frontal sieht man einen »Adler« mit dem Kennzeichen »II Z« des bayerischen Regierungsbezirks Schwaben und Neuburg, rechts einen Wagen des Heeres. Die Präsentation von Kriegsverletzten im Zweiten Weltkrieg folgte festgelegten Stereotypen. Die perfekt organisierte Heimschaffung und Behandlung und die herzliche Anteilnahme der Heimat standen im Vordergrund, grausame Entstellungen und für den Rest des Lebens einschneidend wirksame Behinderungen waren tabu.

Reichsbahndirektion Stuttgart, tRS Nedell, Stuttgart-Bad Cannstatt: »Hbf Stuttgart«

Eingängige Parolen sollten Eisenbahner, Reisende und Güterverkehrskundschaft an ihre Pflichten für den »Endsieg« erinnern. Der Spruch »Räder müssen rollen für den Sieg« erschien an besonders vielen Gebäuden und Lokomotivtendern. Reiner Zufall war, dass die mit Spruchband versehene Eingangshalle des Stuttgarter Hauptbahnhofes wie eine riesenhafte Vergrößerung des »Volksempfängers« aussah, aus dem die Dauerpropaganda zum Thema »Sieg oder Untergang« zu hören war.

W. Steiner, Berlin

Selbst das ehrwürdige Dienstgebäude der Reichsbahndirektion Berlin am Schöneberger Ufer 1–3 trägt eine Tafel mit der »germanisch« angehauchten Alliteration von Staatssekretär Ganzenmüller.

Lichtbildstelle der Reichsbahndirektion Frankfurt (Main), Paul Trost: »Urlauber am Ostbahnhof Frankfurt (M)«.
Gesehen und zur Veröffentlichung freigegeben der Bahnbevollmächtigte ... 1942

Auch hier die bekannte Parole. Weitere Sprüche dieser Art lauteten: »Erst siegen, dann reisen« oder »Unnötige Reisen verlängern den Krieg«.
Das Grüppchen Soldaten dürfte diese Parolen im Augenblick nicht weiter kümmern – Hauptsache Urlaub!

Lichtbildstelle der Reichsbahndirektion Frankfurt (Main), Paul Trost: »Fahrbares Stellwerk beim Bf Ffm Süd«

Auf der Basis großer gedeckter Güterwagen der modernen Bauart »Dresden« wurden mobile provisorische Stellwerke eingerichtet, die bei Bedarf schnell zum Einsatzort gebracht werden konnten. Es wurden sowohl Wagen bereitgehalten, die ein mechanisches Hebelstellwerk enthielten, als auch solche, in denen ein elektromechanisches Stellwerk eingerichtet war. Die Installierung eines mechanischen Stellwerks dauerte bis zur Aktivierung aller Seil- und Drahtzüge 4 bis 6 Tage, der betriebsfertige Anschluss eines elektrischen Stellwerks nur 3 bis 5 Tage. Provisorien sind oft langlebig: Manches Güterwagen-Stellwerk blieb jahrzehntelang in Verwendung.

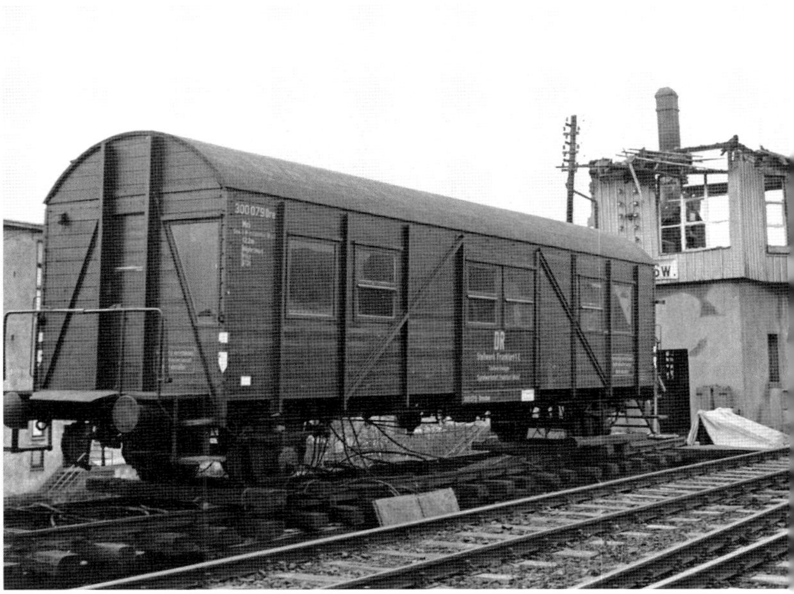

Walter Hollnagel, Hamburg

Auf dem Hauptbahnhof zu Hannover waren kriegsbedingt die Bauarbeiten zur Erneuerung der Hallenkonstruktion zu Erliegen gekommen. Auf dem Bahnsteig wird Ende 1944 der Dienst in sogenannten »Einheitskauen« verrichtet. Dies waren zerlegbare hölzerne Buden, die in Anlehnung an die Aufbauten gedeckter Güterwagen konstruiert waren. Sie konnten etwa als Rangiererbuden, als Unterkünfte für Bahnsteigaufsichten, als Blockstellen oder als Schrankenwärterhäuschen gute Dienste tun.

Walter Hollnagel, Hamburg

Hier stehen die Einheitskauen in Reih und Glied. Wie für die Behelfsstellwerke gilt auch für sie: So manche wurde über viele Jahre benutzt. Die eine oder andere mag noch heute existieren. Tagtäglichen Dienst dürfte aber wohl kein Eisenbahner mehr in einer solchen Bude versehen.

Eine hier nur auszugsweise wiedergegebene Bildserie zeigt schwere Zerstörungen im RAW Tempelhof im Süden Berlins. Diese Identifizierung – wie auch so manche andere Datierung oder Lokalisierung in diesem Buch – liest sich leichter als sie zu realisieren war. Erst nach vielfacher Betrachtung konnte auf einem der Fotos ein Berliner Bahnzug in genau 1 mm Höhe und 18 mm Länge erkannt werden. Da preußische T 3 als Werkloks zu sehen sind, musste im längst vergriffenen Standardwerk von Moll und Wenzel[25] über diese Gattung festgestelt werden, welches der vielen Berliner Ausbesserungswerke T 3 besaß. Nachdem so der erste Hinweis auf Tempelhof gewonnen war, war es möglich, in einem sorgfältig bebilderten Buch über den Anhalter Bahnhof[26] weiter zu suchen. Hier finden sich Luftaufnahmen der britischen Luftwaffe von 1943, die eine eindeutige Zuordnung erlaubten.
Die obere Übersichtsaufnahme zeigt einen Blick nach Norden. Die Hallen waren fast alle zerstört. Im Hintergrund schleppt eine 91er einen Güterzug über die Verbindung von der Anhalter Bahn nach Nordosten zum Ringbahnhof Tempelhof.
Der Blick unten richtet sich nach Osten. Eine T 3 rangiert emsig. In der linken oberen Bildecke ist ein großer Luftschutzbunker sichtbar. Er hat ein spitzes Dach, zu dem man nach verheerenden Bombenexplosionen auf den flachen Dächern der früheren Bauart übergegangen war. Aufnahmestandort war beide Male der Wasserturm beim Lokschuppen.

25 Gerhard Moll und Hansjürgen Wenzel, Die Baureihe 89.70 (preußische T 3), Freiburg 1981
26 Rainer Knothe, Anhalter Bahnhof, Entwicklung und Betrieb, Freiburg 1997

Der ausgebrannte Abteilwagen der Reichsbahnbauart ist auf dem oberen Bild der Gegenseite links etwa in der Mitte der oberen Drittels erkennbar. Zuständig war das RAW Tempelhof für Personen- und Güterzugtenderloks, Straßen-Kfz, zwei- und dreiachsige Personen- und Packwagen, Post- und Bahndienstwagen. Die Zuweisung dieser Fahrzeuge war bedingt durch die kurzen Hallen- und Schiebebühnengleise des Werks, dessen bauliche Grundausstattung aus den siebziger Jahren des 19. Jahrhunderts stammte. Der Zwangsarbeiter Borivoj Lenc erinnert sich[27]: »Ein paar Monate war ich auch im RAW Berlin-Tempelhof. Im April 1943 wurde es von den Amerikanern zerstört, aber nicht vollständig.«

27 Sonderfahrt nach Schnellbrief, Zeitzeugnisse zu Zwangsarbeitertransporten in Berlin während des Zweiten Weltkrieges, Verkehrsgeschichtliche Blätter 2001, S. 147, Berlin

Auch die Szene mit der Bergung und Säuberung von Ziegelsteinen ist in der Mitte des rechten Viertels des Panoramas auf der linken oberen Gegenseite gerade noch erkennbar. Noch ein, zwei Jahre, dann klopfte man überall im Trümmermeer von Berlin Steine für den Wiederaufbau …

Walter Hollnagel, Hamburg

So drastisch konnten die Folgen eines Bombentreffers mitten im Bahnhof sein. Ein riesiger Krater unterbricht Ende 1944 einen Bahnsteig und mindestens zwei Gleise in Braunschweig. Links ist auch eine Doppelkreuzungsweiche der Explosion zum Opfer gefallen. Doch die Züge im Hintergrund – links ist Zuglok eine 93^5 – beweisen: Der Betrieb geht weiter. Erst als solche Krater die weiten Gleisfelder flächendeckend zerpflügt hatten, brach die Funktion der Bahnhöfe zusammen.

Walter Hollnagel, Hamburg

Ein Volltreffer 1944 auch vor dem Lokschuppen des Bw Braunschweig Hbf. Die hinten qualmende 38 1348, die sich einen anderen Weg zu ihrem Zug suchen muss, gehörte bis Oktober 1943 zum Bw Soltau und dann bis Kriegsende zum Bw Stendal. Neben ihr steht eine Schwesterlok. Hinten links ist ganz klein und schwach die Szenerie des links gezeigten Fotos erkennbar.

RBD Kassel

Bomben sind in ein Reichsbahn-Ausbesserungswerk gefallen und haben an Halle und Einrichtungen sowie an den zur Untersuchung anstehenden Loks der Reihe 93^5 (pr. T 14^1) erhebliche Schäden angerichtet, keineswegs aber die Arbeit zum Erliegen gebracht.

RBD Kassel

Wenige Meter weiter in der selben Halle ist alles intakt. Die 58 1049 des Bw Paderborn und eine 39er auf dem linken Gleis, eine 58^{23} (polnische Ty 23) vom Bw Bobrinskaja in der Ukraine auf dem mittleren Gleis und die preußischen Tender rechts können zur Vorbereitung der Haupt- oder Zwischenuntersuchungen weiter abgerüstet und auseinandergenommen werden. Ganz vorne in der Mitte hat der große Laufkran schon eine Lok angehoben und nur die Radsätze zurückgelassen. Die Tender tragen die bekannten Parolen »Räder müssen rollen für den Sieg!« und »Erst siegen, dann reisen!«.
Der Hallengrundriss und die Auswahl der zugewiesenen Baureihen lassen den Schluss zu, dass die Aufnahmen im RAW Paderborn Hbf entstanden sind.

Roehrich-Transocean-Europapress: »Reichsbahn bricht Bombenterror, Bild 3. In den Schuppen lagert wertvolles Gut, das bei einem Brand sofort geborgen werden muss, wenn ein Teilraum des Gebäudes nicht mehr vor den Flammen gerettet werden kann.«

Roehrich-Transocean-Europapress: »Reichsbahn bricht Bombenterror, Bild 6. Schaufel um Schaufel fliegt in den Bombentrichter und bald ist der Krater wieder ausgefuellt, so daß mit dem Neulegen der Gleise begonnen werden kann. Noch nicht einen Tag nimmt diese Arbeit in Anspruch und dann rollen wieder die Zuege.«

Roehrich-Transocean-Europapress: »Bombenterror kann Arbeitsfreudigkeit nicht zerstören, Bild 8. An den zerstörten Bahnanlagen wird fieberhaft gearbeitet. Sie sind besonders wichtig und werden mit allen Kräften schnellstens wieder in Ordnung gebracht.«
Aufschrift mit Rotstift: ***»gesperrt«***

Dieses Bild zeigt buchstäblich den trostlosen Hintergrund der Durchhaltepropaganda. Gewiss werden die Züge wieder über die Brücke fahren – aber zwischen den Ruinen jener Heimat und jenes Reiches, für dessen vorgeblichen Nutzen eine verantwortungslose Regierung halb Europa verwüstet und die ganze Kampfkraft Russlands und Amerikas gegen das eigene Land herausgefordert hatte.
Unser Fotozyklus aus dem kurzlebigen Imperium zwischen Ostfront und Atlantikwall endet hier. Weitere Bilder müssten folgen, von den Luftangriffen des Jahres 1945, vom Chaos der Flucht, von der mutwilligen Zerstörung der Bahnanlagen durch die eigene Wehrmacht, von entkräfteten Häftlingen auf letzten sinnlosen Transporten – doch für solche Aufnahmen gab es keinen amtlichen Auftrag mehr. So soll ein Textbeitrag das Buch beschließen. Die Perspektive eines damals achtjährigen Jungen bürgt für Unmittelbarkeit der Beobachtung abseits von Pathos oder Selbstmitleid. Der Verfasser Otto Genz war über sein gesamtes Berufsleben in der gesetzlichen Rentenversicherung tätig und zuletzt Leiter der Beratungsstelle der Landesversicherungsanstalt Oberbayern. Er verbringt seinen Ruhestand in der Nähe von München.

Rückzug von Stalingrad bis Berlin

Nur in einer militärisch halsbrecherischen Weise war die größte östliche Ausdehnung des deutschen Machtbereichs im Herbst 1942 möglich geworden: Die Flanken der an die Wolga und in den Kaukasus vorgedrungenen Armeen konnten nicht gesichert werden, feste Fronten verliefen am Don und in der Steppe südlich von Stalingrad nicht. Die Fahrlässigkeit dieser Strategie rächte sich sehr bald: Am 22. November 1942 gelang der Roten Armee die Abschnürung der 284 000 deutschen und rumänischen Soldaten in der allzu weit vorgeschobenen Position Stalingrad. Hitler untersagte ihren Ausbruch nach Westen. Die versprochene Versorgung der eingekesselten Sechsten Armee auf dem Luftwege erwies sich als völlig ungenügend und brach alsbald völlig zusammen. Und wieder machte von der Ostsee bis zu den Steppen des Südens ein eisiger Winter den deutschen Soldaten schwer zu schaffen. Am 2. Februar 1943 kapitulierten nach schwersten Kämpfen und entsetzlichen Entbehrungen die Reste der deutschen Verbände in Stalingrad. Für 108 000 Deutsche begann nun die Leidenszeit der Gefangenschaft in der Sowjetunion. Bis 1945 sollte sich ihre Zahl auf 3,5 Millionen erhöhen. In sowjetischem Gewahrsam, der für manche bis 1955 dauerte, starben 33 Prozent der deutschen Kriegsgefangenen.

In Deutschland (und in aller Welt) wurde die Tragödie von Stalingrad als deutliches Zeichen für die nun unabwendbare Niederlage des Deutschen Reiches erkannt. Unter schneller Aufgabe aller südsowjetischen

Below, Stettin

Getreu dem Prinzip der »verbrannten Erde« setzte die Wehrmacht beim Rückzug zur nachhaltigen Zerstörung des Oberbaus den »Schienenwolf« ein. Die damit zerstörten Streckenlängen wurden im Rückblick meist überschätzt. Die deutschen Teilrückzüge erfolgten so schnell, daß für das Aufreißen der Gleise keine Zeit blieb. Neben dem abgebildeten Schienenwolf ist eine 52 mit dem Kennzeichen des Bw Minsk G erkennbar.

2

Below, Stettin

Der erste sowjetische Vorstoß über die vor dem Krieg gültig gewesene deutsche Ostgrenze führte im Oktober 1944 bis nach Gumbinnen in Ostpreußen. Am 21. Oktober konnten deutsche Kräfte die Stadt wiedererobern und sie noch einmal genau drei Monate lang halten. In dieser Zeit entstand die Aufnahme mit dem abgeschossenen Panzer T 34 auf der Viehrampe am Bahnübergang Goldaper Straße.

Eroberungen des Jahres 1942 zog sich die Wehrmacht auf eine Frontlinie Orel–Charkow–Taganrog zurück und behielt östlich der Meerenge von Kertsch nur den »Kuban-Brückenkopf«, um eine neue Kaukasus-Offensive nicht gänzlich auszuschließen.

Versuche, wie schon 1942 auch 1943 mit einer Sommeroffensive die Gebietsverluste des Winters auszugleichen, scheiterten vollständig. Der aufwendige Versuch, den »Kursker Frontbogen« zu begradigen, endete mit dem Verlust des Raumes Orel. Unaufhörliche Angriffe überlegener sowjetischer Verbände drängten die deutsche Front mit Ausnahme des nördlichsten Abschnittes ständig weiter zurück. Fast die gesamte Ukraine mit Charkow, Dnjepropetrowsk und Kiew mußte 1943 geräumt werden, die deutsche Besatzung der Krim konnte jetzt nur noch auf dem Seeweg versorgt werden.

Im Januar 1944 wurde auch die Heeresgruppe Nord zum Rückzug fast bis zur alten Ostgrenze Estlands und Lettlands gezwungen. Die 900 Tage währende Belage-

»Beutewagen« 1996

Unzählige Reisende fahren heute mit schnellen Zügen ohne Halt durch den kleinen Bahnhof Georgensgmünd an der Strecke Treuchtlingen–Nürnberg und schenken einem unscheinbaren, seit vielen Jahren abgestellten Güterwagen keinerlei Beachtung. Nur wenige erkennen ihn als stummen Zeugen der Geschichte: Vor mehr als einem halben Jahrhundert war dieser Wagen »im Osten« erbeutet worden, von ukrainischen oder russischen Hilfskräften umgespurt worden und unter der Eigentumsbezeichnung »DR Ru« für die Material- und Menschentransporte der deutschen Besatzungsmacht eingesetzt worden, bis er schließlich im Chaos der letzten Kriegsmonate nach Westdeutschland kam. Von der Deutschen Bundesbahn nicht mehr sehr lange eingesetzt, verbrachte er einen geruhsamen Lebensabend als Lagerraum in dem kleinen mittelfränkischen Bahnhof. Im Dezember 1998 war er verschwunden …
Aufnahme im Juni 1996: Andreas Knipping

rung Leningrads konnte aufgebrochen werden; sie hatte von den 3 Millionen Einwohnern der Stadt fast einem Drittel durch Hunger, Kälte und unmittelbare Kriegseinwirkungen den Tod gebracht.

Im April 1944 vertrieb die Rote Armee die Okkupanten von der Krim und aus Odessa und überschritt die rumänische Grenze. Die Front verlief im Süden nur noch unwesentlich weiter östlich als die Angriffslinie des 22. Juni 1941. Am dritten Jahrestag jenes makabren Datums eröffnete die Sowjetarmee eine Offensive gegen die Heeresgruppe Mitte in Weißrußland. Jetzt waren es die Deutschen, die in einer gigantischen Kesselschlacht aufgerieben wurden. Die Wehrmacht verlor im Juni 1944 pro Tag 10 000 Mann! Minsk, Baranowitschi, Wilna, Kaunas und Lublin wurden im Juli 1944 befreit. Am 1. August 1944 erreichte die Rote Armee die baltische Ostseeküste und schnitt die deutschen Truppen in Kurland ab. In Maidanek betraten die Sowjets das erste Vernichtungslager der Nazis und gaben der Welt Einblick in die unfaßbaren Details des Judenmordes, der allein in diesem Lager eineinhalb Millionen Opfer gefordert hatte.

Im August 1944 wechselte Rumänien unter der unmittelbaren Drohung des sowjetischen Einmarsches die Fronten. Damit wurde der Roten Armee im Süden der Schulterschluß mit den jugoslawischen Partisanen möglich.

Im Norden standen die Russen nun an der Grenze Ostpreußens. Im Oktober 1944 überschritten sie diese Grenze und verbreiteten mit Mord und Vergewalti-

»Beutewagen« 1996

Eine fast verwischte Spur: Vielfach übermalt und nur noch als Relief sichtbar ist das Emblem der Sowjetischen Staatsbahn an diesem in Chomotuv/Komotau in Nordböhmen ohne Fahrgestell als Schuppen dienenden Wagenkasten. Der mit dem ersten Foto des Buches begonnene Kreis hat sich geschlossen.
Aufnahme im Mai 1996: Andreas Knipping

gung an der deutschen Zivilbevölkerung Angst und Schrecken. Weiter nach Süden verlief die Front im Winter 1944/45 quer durch Polen, die Slowakei und Ungarn.

Am 14. Januar 1945 begann eine neue russische Offensive, die zum sofortigen Zusammenbruch der deutschen Ostfront führte. Am 26. Januar erreichte die Rote Armee die westpreußische Ostseeküste und sperrte damit den Landweg von Ostpreußen zum übrigen Reich; am 30. Januar überschritt sie bei Küstrin erstmals die Oder. Die Leiden der im tiefsten Winter überstürzt flüchtenden deutschen Zivilbevölkerung waren unbeschreiblich.

Die letzte halbwegs stabile deutsche Abwehrlinie verlief im Frühjahr 1945 von Pommern entlang der Oder und dem Riesengebirge nach Oberschlesien und weiter an der Ostgrenze Mährens und Österreichs.

Die abschließende Angriffsoperation der Russen begann am 16. April 1945 an der Oderfront und führte innerhalb weniger Tage zur Einschließung und Eroberung Berlins. Am 30. April 1945 hißte ein Sowjetsoldat die Rote Fahne auf dem Reichstag.

Sowjetische Breitspurlokomotiven fuhren nun bis Berlin und Potsdam ins Zentrum des Deutschen Reiches, sowjetische Transportoffiziere leiteten den Eisenbahnbetrieb in weiten Teilen Mitteleuropas zwischen Mecklenburg und der Steiermark, deutsche Männer und Frauen mußten nun mit Schraubenschlüssel und Schienenzange Reichsbahngleise demontieren und zum Abtransport nach Osten verladen, deutsches Personal mußte auf Reichsbahnloks mit kyrillischen Beschriftungen für die Siegermacht fahren. Doch das sind bereits andere Kapitel der deutsch-russischen Geschichte und der Geschichte der militärischen Dienstbarmachung der Eisenbahn.[1]

Die Sammlung enthält nur wenige Fotos aus der Rückzugsphase. An der Dokumentation der Niederlage bestand kein propagandistisches Interesse.

---

[1] Wer hierzu weiterlesen möchte, sei insbesondere verwiesen auf:
Garn, Robin, (Hrsg.), Reichsbahn ohne Reich, Band 1, Berlin 1996 (Lok-Report) und
Reimer, Michael, Meyer, Lothar, Kubitzki, Volkmar, Kolonne, Die Deutsche Reichsbahn im Dienste der Sowjetunion, Stuttgart 1998 (Transpress)

Ein Achtjähriger erlebt die Flucht mit der Reichsbahn 1945

Erinnerungen von Otto Genz an die Flucht von Januar bis März 1945 von Massau im Kreis Leipe (polnisch Lipno) nach Ascheberg in Schleswig-Holstein

Ich wurde 1936 in Marienwerder/Westpr. geboren und ging dort auch ab 1942 in die Schule, bis mein Vater 1943 nach Massau versetzt wurde. Dieser Ort lag im Kreis Leipe (polnisch Lipno) zwischen Thorn und Warschau. Schon im frühesten Kindesalter war ich von der Eisenbahn fasziniert. Leider gab es in Massau keinen Bahnhof; der war in Nachbarort Schwarzendorf an der Strecke Thorn–Nasielsk (Kursbuchnr. 132 t). Ich war dort so oft wie möglich und beobachtete von der Brücke über die Gleise den Betrieb. Gut kann ich mich an die vielen Militärzüge, aber auch die Gefangenentransporte, erinnern.

Im Kreis Leipe gab es deutsche Schulen, aber auch polnische. Die Bauernhöfe und Güter wurden meist von Baltendeutschen bewirtschaftet, die polnischen Eigentümer wurden als Arbeiter beschäftigt. Auch wir hatten einen Bauernhof, auf dem »der Pole« nur noch Verwalter war.

Im Herbst 1944 gab es auf einmal viel Unruhe, wir Kinder mussten einige Male im Haus bleiben, wir hörten von Partisanen und Aufstand in Warschau. Dann mussten die Polen Panzergräben ausheben, und bei uns im Ort war viel Militär und SS. Stellmacher hatten aus den Pferdewagen Planwagen gebaut, die für eine eventuelle Flucht bereitstanden.

Doch zu Weihnachten kamen die Großeltern aus Stettin zu Besuch. Ich hörte immer zu, wenn sich die Erwachsenen unterhielten, und vernahm ständig »so schlimm wird es nicht werden (...) der Führer wird es schon machen« und häufig das Stichwort »Wunderwaffe«. Ganz plötzlich reisten die Großeltern wieder ab. Nun wurde wieder an den Planwagen gearbeitet. Die Eltern wurden unruhiger und sprachen immer häufiger über die Flucht »ins Reich« (zu dem der »Warthegau« ja seit 1939 eigentlich offiziell gehörte!). Mitte Januar 1945 wurde die Lage ernster, und die Eltern unterhielten sich auch in unserer Anwesenheit über die Flucht.

(Die Rote Armee hatte am 12. Januar 1945 ihre »Weichsel-Oder-Offensive« begonnen und erreichte bereits am 23. Januar in Niederschlesien die Oder. Zugleich rückte sie weichselabwärts in Richtung Ostsee vor und schnitt Ostpreußen vom restlichen Reichsgebiet ab. Pommern lag abseits der Hauptangriffsrichtung und blieb bis Ende Februar 1945 in deutscher Hand.)

Ich kann mich gut erinnern, dass noch geschlachtet wurde, um genügend zu Essen zu haben. Der polnische Fleischer räucherte viel und stellte eine Unmenge Würste her. Und dann ging es am 19. Januar 1945 ganz schnell. Alles, was auf die beiden Pferdewagen ging, wurde aufgeladen, Kisten und Porzellan und Kleidung und natürlich Betten für uns fünf Kinder. Unsere Mutter erhielt vom Vater eine Pistole, denn die Pferdewagen wurden von zwei polnischen Kutschern geführt, die bestimmt nicht begeistert darüber waren, ins Deutsche Reich zu fahren. Der Vater musste beim Volkssturm bleiben. Es war im Januar 1945 bitterkalt. Es lag Schnee, der teilweise gefroren und hart wie Eis war. Wir Jungen waren warm genug angezogen, mit Lederstiefeln, dicken Strümpfen, Mantel und einer gestrickten Mütze, die über den Kopf zu ziehen war, bis nur noch Augen, Nase und Mund herausschauten, gut gegen den kalten Wind.

Der Sammelpunkt für die Flüchtlinge aus dem Kreis Leipe war Flatow in Pommern gleich hinter der bis 1937 gültigen Reichsgrenze. Als wir dann am Mittag losfuhren, war die Hauptstraße nach Thorn voll von Fluchtwagen zumeist mit Frauen, Kindern und alten Leuten. Unsere beiden Wagen waren so voll geladen, dass ich mit meinen achteinhalb Jahren bis zum Abend als Antreiber neben dem Pferdewagen laufen musste.

Gegen Abend stockte die Wagenkolonne. Die Polen wussten, dass die Russen sehr nahe waren, und streuten die eisglatten Straßen nicht mehr. Es lagen schon Pferdewagen im Straßengraben. In der Nacht wurden wir Kinder im Wagen gut eingepackt. Es ging nicht mehr weiter. Es hieß, die Fähre über die Drewenz (im Verlauf der alten Reichsgrenze bis 1918) werde von den Polen nicht mehr in Gang gehalten. Deutsches Militär war nicht zu sehen, und alle hatten fürchterliche Angst vor den Russen. Irgendwann in der Nacht kam mein Vater mit einem Kameraden. Sie hatten uns mit Reitpferden eingeholt und wollten sehen, wie weit wir gekommen waren. Alsbald kehrten sie zu ihrer Truppe zurück. Dann kann ich mich erinnern, wie auf einmal Polen kamen. Die Wagen wurden aufgerichtet und zur Fähre gebracht; so ging es langsam weiter, und wir kamen über den Fluss. Wir mögen zwei oder drei Tage auf überfüllten Straßen unterwegs gewesen sein. Die Front kam immer näher, und wir Kinder hörten ständig: »Nur weg, die Russen kommen!«

(Die Rote Armee erreichte und überschritt die Drewenz am 22. Januar 1945).

In Kulmsee nördlich von Thorn war Schluss, ein Kutscher war mit dem vollen Planwagen schon abhanden gekommen. Die Mutter nahm einen Koffer mit den nötigsten Sachen, wir Jungen bekamen einen großen Brotbeutel mit Essbarem, darunter viel geräucherte Gänsebrust. Auf dem Bahnhof in Kulmsee war ein heilloses Durcheinander, die Bahnsteige waren abgeriegelt, es wurde Nacht. Der Wartesaal quoll über von Menschen mit ihren Habseligkeiten. Der Bahnhofswirt hatte mit meiner Mutter und ihren fünf Kindern Mitleid, so durften wir Kinder unter der Theke neben dem Bierfass schlafen. Am nächsten Tag wurde der Zugang zum Bahnsteig freigegeben, und zwar zunächst für Mütter mit Kindern. Bald kam dann auch ein Leerzug mit preußischen Abteilwagen, der dann mit Menschen überfüllt abfuhr.

(OKW-Lagebericht 25. Januar 1945: »Die eigenen Kräfte setzen sich bei Kulmsee ab.«)

Als Eisenbahnliebhaber hatte ich sogar einen Fensterplatz. Ich empfand die Fahrt als endlos, doch irgendwann waren wir auf dem überfüllten Hauptbahnhof von Danzig. Die vielen Menschen wollten alle nur weg, denn man hörte schon immer ein drohendes Grollen von den Kämpfen zwischen Danzig und Ostpreußen.

(Am 26. Januar 1945 nahm die Rote Armee Marienburg ein und unterbrach damit die von Kulmsee nach Danzig befahrene Fluchtstrecke.)

Als der Lautsprecher einen Zug ankündigte, wurde das Gedränge und Geschiebe auf dem Bahnsteig rücksichtslos, bis Feldgendarmerie und Eisenbahner etwas Ordnung schufen. Dann erinnere ich mich, wie Mütter mit kleinen Kindern in den Zug gelassen, teilweise durch die Abteilfenster gehoben, wurden. Nun war unsere Mutter mit den kleinen Mädchen im Zug, und wir Jungen waren draußen. In jeder Weise haben wir uns zwischen den Erwachsenen hindurchgezwängt und fanden uns schließlich in der Toilette eines Wagens wieder. Erst geraume Zeit nach Abfahrt des Zuges gelang es uns, in das Abteil unserer Mutter zu gelangen. Später hielt der Zug und wurde von Militärpolizei nach wehrfähigen Männern durchsucht.

Unsere Mutter wollte immer noch zum vereinbarten Zielort des Trecks nach Flatow. Von Danzig aus in weitem Bogen über Lauenburg und Neustettin nach Südwesten ging es gut voran, und ich hatte sogar wieder Zeit zur Beobachtung des Zugverkehrs und der Loks. Zwei Typen waren mir sehr geläufig, nämlich schon von Marienwerder her die 38 und später die Baureihe 52. Wir kamen bis Schneidemühl, einem für mich sehr großen Bahnhof mit unendlich vielen Zügen und natürlich der Baureihe 52 mit dem Spruch auf dem Tender »Räder müssen rollen für den Sieg«.

In Schneidemühl hieß es, es ginge nicht mehr weiter, die Russen kämen näher. Das Ziel Flatow wurde aufgegeben, neuer Fluchtpunkt war der Bauernhof von Onkel Franz in Rügenwalde an der Ostseeküste.

(Am 31. Januar 1945 wurde Schneidemühl von den Russen eingeschlossen; etwa zwei Tage später ging Flatow verloren.)

Aber erstmal war meine Aufsicht über die Geschwister auf dem Bahnsteig durch das dauernde Beobachten des Zugverkehrs nachlässig: Der kleine Bruder war weg. Der Bahnhof war überfüllt von Flüchtlingen. Nur mit Mühe fand meine Mutter den Kleinen in den Menschenmassen.

Der nächste Fahrtabschnitt wieder in nördlicher Richtung nach Schlawe in Pommern verlief ganz gut; am nächsten Tag waren wir dort. Wir mussten nach Rügenwalde umsteigen. Es war alles noch normal, die Bahn fuhr nach Plan. Beim Onkel angekommen, gab es erst einmal warmes Essen und dann hieß es »ab ins Bett« mit richtigen Federbetten.

Die Ruhe währte jedoch nicht lange. Im Radio wurde zwar immer von »Siegen« gesprochen, aber ich weiß noch, wie mein Onkel sagte: »Der Russe ist durchgebrochen, Ihr müsst sofort abreisen«. Und schon ging es wieder nach Schlawe, um einen Zug nach Stettin zu bekommen. Diesmal war der Bahnhof voller Flüchtlinge. Nach relativ kurzer Zeit kam dann ein Zug, wieder mit preußischen Abteilwagen. Ich sehe noch, wie die kleinen Kinder ins Gepäcknetz gelegt wurden. Auf der Fahrt nach Stettin wurde auch wieder nach wehrfähigen Männern gesucht, einer aus dem Waggon wurde in Frauenkleidern erwischt.

(OKW-Lagebericht 6. März 1945: »Bei Schlawe wurde die eigene Front zurückgenommen.«)

Kurz vor dem Stettiner Hauptbahnhof hielt der Zug auf der Drehbrücke über die Oder. Es war Bombenalarm, viel habe ich nicht mitbekommen, wir Kinder mussten uns auf den Boden und soweit möglich unter die Bänke legen. In Stettin überall Trümmer und Rauch, die Straßenbahn fuhr nicht. Wir gelangten zu Fuß zu den Großeltern am Stadtrand. Es war Anfang Februar, es lag Neuschnee. In der Siedlung der Großeltern war nur ein Haus von einer Luftmine getroffen, hiervon standen nur noch schwarze Außenwände. Wir Jungen waren von diesem Volltreffer sehr beeindruckt. In der Nähe war auch ein englischer Bomber abgeschossen worden, wir durften aber dort nicht hin. Fast täglich gab es Bombenalarm. Wir bestaunten die vielen Flüchtlingstrecks mit Pferd und Wagen. Viele waren schon Wochen unterwegs, und es war weiterhin bitterkalt. Und immer noch redeten die Erwachsenen von Wunderwaffe und Endsieg.

Wir schippten gerade Schnee, als wir unseren Vater erblickten, der unrasiert und mit dreckigen Wehrmachtsklamotten wieder einmal einen Abstecher von der weiter südlich nun schon an der Oder verlaufenden Front zu uns gewagt hatte. Dann beratschlagten die Erwachsenen, was zu tun sei, denn schon wieder hieß es »die Russen kommen, Frauen und Kinder raus aus Stettin!«

Am nächsten Tag wieder wie gehabt zu einem von Menschenmassen erfüllten Bahnhof. Er war von Militärpolizei gesperrt, keiner durfte auf die Bahnsteige. Irgendwie hat mein Vater es aber mit Hilfe eines Freundes bei der Feldgendarmerie (»Kettenhunde«) geschafft, dass wir auf den Bahnsteig kamen. Wir bekamen Platz in einem mit Stroh ausgelegten Güterwagen. Nach geraumer Zeit fuhr der Zug ab. Er wurde oft auf Nebengleise geschoben, es gab auch immer wieder Fliegeralarm. Mehrere Tage dauerte die Fahrt von Stettin nach Lübeck.

Unser Ziel war Ascheberg (Holstein), wo ein Bruder meines Vaters lebte. Aus Lübeck kann ich mich noch an den großen Wartesaal erinnern, der noch nicht zerbombt war. Hier gab es nach Tagen wieder einmal eine warme Suppe. In Schleswig-Holstein war es fast friedensmäßig, nur sehr viele Tieffliegerangriffe. Mit einem planmäßigen Zug erreichten wir Ascheberg. Auf dem in Richtung Kiel nicht fertiggestellten zweiten Streckengleis standen dutzende zerschossene Loks; später sollte dies mein liebster Spielplatz werden. Die Glasröhren der Wasserstandsanzeiger dienten uns als Indianerblasrohre.

Nach ein paar Tagen – es war inzwischen fast Ende März – musste ich wieder in die Schule. Wieder hieß es morgens »Heil Hitler, setzen!«, und weiterhin war von »Endsieg« und »Wunderwaffe« die Rede. Erst nach der Kapitulation verschwand die Wehrmacht, und die Engländer rückten ein. Die deutlichste Änderung war zu Beginn jedes Schultages zu verspüren: Nun wurde plötzlich gebetet.

Literaturverzeichnis

1. Allgemeingeschichtliche Werke

Friedrich **Andrae, Auch gegen Frauen und Kinder, Der Krieg der deutschen Wehrmacht gegen die Zivilbevölkerung in Italien 1943-1945**, München 1995 (Piper)

Reinhard **Barth** und Friedemann **Bedürftig, Taschenlexikon Zweiter Weltkrieg**, München 2000 (Piper)

Gerald **Reitlinger, Ein Haus auf Sand gebaut, Hitlers Gewaltpolitik in Russland 1941-1944**, Gütersloh o.J. als deutsche Lizenzausgabe (Bertelsmann) der englischen Urfassung, London 1958

Reinhard **Rürup** (Hrsg.), **Der Krieg gegen die Sowjetunion 1941-1945**, Berlin 1991 (Argon)

Percy S. **Schramm, Kriegstagebuch des Oberkommandos der Wehrmacht**, 8 Bände, Herrsching 1982 (Pawlak)

2. Eisenbahngeschichtliche Veröffentlichungen

a) Bücher

Jürgen U. **Ebel** und Hansjürgen **Wenzel, Die Baureihe 74**, Die Geschichte der preußischen T 11 und T 12, Freiburg 1995 (Eisenbahn-Kurier)

Eisenbahnen und Eisenbahner zwischen 1936 und 1940 und zwischen 1941 und 1945, Dokumentarische Enzyklopädie Bände IV und V, Frankfurt (Main) 1973 (Redaktor)

Jens **Freese, Schienenstrang nach Stalingrad**, München 2003 (GeraMond)

Alfred B. **Gottwaldt, Kriegslokomotiven**, Entstehung und Schicksal der deutschen Lokomotivtypen des Zweiten Weltkrieges, Stuttgart 1970 (Franckh)

ders., Heeresfeldbahnen, Stuttgart 1998 (Transpress)

Helmut **Griebl** und Hansjürgen **Wenzel, Geschichte der deutschen Kriegslokomotiven**, Wien 1971 (Slezak)

Karl-Eugen **Hahn, Eisenbahner in Krieg und Frieden**, Frankfurt (Main) 1954 (Lanzenreiter)

Herman Gijsbert **Hesselink** und Norbert **Tempel, Eisenbahnen im Baltikum**, Münster 1996 (Lok-Report)

Anthony J. **Heywood** und Ian D. C. **Button, Soviet locomotive types** (the Union Legacy), Malmö 1995 (Stenvall)

Raul **Hilberg, Sonderzüge nach Auschwitz**, Mainz 1981 (Dumjahn)

Jahrbuch für Eisenbahngeschichte 2001, Band 33, Werl 2001 (Deutsche Gesellschaft für Eisenbahngeschichte) mit den Beiträgen
- Alfred B. **Gottwaldt, Die Eisenbahner der Hauptverkehrsdirektion Paris während der Okkupationszeit in Frankreich 1940-1944, Funktionen und Funktionäre**
- Rolf **Swoboda, Dienstverpflichtete Frauen bei der Reichsbahndirektion Essen während des Zweiten Weltkrieges**

Andreas **Knipping, Eisenbahn im Krieg**, München 2005 (GeraMond)

ders., Eisenbahnen im Ersten Weltkrieg, Freiburg 2004 (Eisenbahn-Kurier)

ders., Das große Buch der Reichsbahnzeit, München 2004 (GeraMond)

Eugen **Kreidler, Die Eisenbahnen im Machtbereich der Achsenmächte während des Zweiten Weltkrieges**, Göttingen 1975 (Musterschmidt)

Alfred C. **Mierzejewski, Bomben auf die Reichsbahn**, Der Zusammenbruch der deutschen Kriegswirtschaft 1944-1945, Freiburg 1993 (Eisenbahn-Kurier)

Gerhard **Moll** und Hansjürgen **Wenzel, Die Baureihe 91** (preußische T 9), Freiburg 1984 (Eisenbahn-Kurier)

J. **Nurminen** und F. M. **Page, Russian Locomotives Volume 2 1904-1924**, ohne Orts- und Verlagsangabe 1992

Kurt **Pätzold** und Erika **Schwarz, "Auschwitz war für mich nur ein Bahnhof", Franz Novak - der Transportoffizier Adolf Eichmanns**, Berlin 1994 (Metropol)

Janusz **Pielkalkiewic, Die Deutsche Reichsbahn im Zweiten Weltkrieg**, 5. Aufl., Stuttgart 1998 (Transpress)

Hans **Pottgiesser, Die Deutsche Reichsbahn im Ostfeldzug 1939-1944**, Neckargemünd 1960 (Scharnhorst Buchkameradschaft)

Witali A. **Rakow, Russische und sowjetische Dampflokomotiven**, Berlin 1988 (Transpress)

Michael **Reimer, Lokomotiven für die Ostfront – Menschen und Maschinen im Zweiten Weltkrieg**, München 1999 (GeraMond)

Hans-Joachim **Ritzau** und Erich **Hermann, Als Eisenbahnpionier im Zweiten Weltkrieg,** Pürgen 1988 (Zeit und Eisenbahn)

Wolfgang **Sawodny, Die Panzerzüge des Deutschen Reiches 1904-1945**, Freiburg 1996 (Eisenbahn-Kurier)

Hans-Wolfgang **Scharf, Eisenbahnen zwischen Oder und Weichsel** – Die Reichsbahn im Osten bis 1945, Freiburg 1981 (Eisenbahn-Kurier)

Josef Otto **Slezak, Breite Spur und weite Strecken**, Ein Streifzug durch das Eisenbahnwesen der Sowjetunion, Berlin und Wien 1963 (Transpress und Slezak)

Hansjürgen **Wenzel, Die preußische P 8** – Die Baureihe 3810, Freiburg 1994 (Eisenbahn-Kurier)

ders., Die Baureihe 55, Wuppertal 1976 (Eisenbahn-Kurier)

ders., Die Baureihe 57, Wuppertal 1974 (Eisenbahn-Kurier)

ders., Lokomotiven ziehen in den Krieg, Band 1, Wien 1977 (Slezak)

ders. und Johann Stockklausner, Lokomotiven ziehen in den Krieg, Band 2, Wien 1980 (Slezak)

ders. und Johann Stockklausner, Lokomotiven ziehen in den Krieg, Band 3, Wien 1980 (Slezak)

b) Artikel und (Sonder)hefte von Zeitschriften

Die Geschichte der Baureihe 57.10, Eisenbahn-Kurier Themen Heft 4, Freiburg 1991

Die Reichsbahnzeit, Bahn-Spezial Nr. 4/1994, München (GeraNova)

Die Reichsbahnzeit 1920-1945, Bahn-Extra Nr. 5/2000, München (GeraNova)

Eisenbahn im Krieg, Bahn-Extra Nr. 2/2002, München (GeraNova)

Eisenbahn im Dritten Reich, Bahn-Extra Nr. 5/2004, München (GeraNova)

Lokomotiven im Krieg, Bahn-Extra Nr. 5/2006, München (GeraNova)

Hans-Joachim **Bandelow, So kämpften sie!** Vom wehrhaften Einsatz deutscher Osteisenbahner, Die Reichsbahn 1943, S. 149 ff.

ders., Reichsbahn und Invasion, Die Reichsbahn 1944, S, 201 ff.

Otto **Hirsch**, Vor 40 Jahren: Anschlag auf den Fronturlauberzug Brest-Orel, Eisenbahn-Kurier Heft 9/1983, S. 26

Henning **Kollmann, Die Umspurung in Rußland**, Eisenbahn-Kurier Heft 2/1983, S. 17

Münzer, Deutsche Eisenbahner im besetzten Frankreich, Zeitschrift des Vereins mitteleuropäischer Eisenbahnverwaltungen 1941, S. 105 ff.

Johann **Stocklausner, Reichsbahndirektion Königsberg, Bezirke Bialystok und Suwalki**, Eisenbahn-Kurier Heft 7/1980, S. 5

Hansjürgen **Wenzel, Bahnbetriebswerke in den besetzten Gebieten am 1. April 1943 – Polen und Sowjetunion**, Eisenbahn-Kurier Heft 1/1979, S. 17

Manfred **Weisbrod** und Horst J. **Obermayer, Die Baureihe 52**, Eisenbahn-Journal Sonderausgabe II/1996, Fürstenfeldbruck (Merker)

Hans **Wiegard** und Manfred **Weisbrod, Die BR 42**, Eisenbahn-Journal Sonderausgabe III/1999, Fürstenfeldbruck (Merker)

Stichwortverzeichnis

Lage im Osten - 22.10.41